LEGENDÄRE
Schiffsreisen

60 unvergessliche Trips auf dem Wasser

Abra-Fahrt in Dubai: S. 30

Türkische *Gulet* bei Sonnenuntergang: S. 222

Inhalt

Vorwort	6
Über dieses Buch	8

Afrika & Naher Osten

Safari auf dem Chobe (Botsuana und Namibia)	12
Mit der Feluke auf dem Nil (Ägypten)	16
Das Okavangodelta im Mokoro (Botsuana)	22
Tsiribihina-Flussfahrt (Madagaskar)	26
Dubai Creek im Abra (VAE)	30
Kapstadt: An Bord eines Fischkutters (Südafrika)	34

Amerika

Mississippi: Raddampfer (USA)	40
Maine: Windjammer (USA)	46
Florida: Glasbodenboote (USA)	50
Lake Powell: Hausboot (USA)	54
Staten Island Ferry (USA)	58
Die Niagarafälle aus der Nähe (Kanada)	62
Am nördlichen Polarkreis (Grönland und Kanada)	66
San Juan Islands (USA)	70
Tagestour durch die Inside Passage (Kanada)	74
Reise zwischen den Meeren (Panama)	78
Die Bahamas mit dem Postschiff (Bahamas)	82
Río de la Plata (Argentinien und Uruguay)	86
Titicaca-See (Peru)	90
Abenteuer Amazonas (Peru)	94
Die Galápagos-Inseln (Ecuador)	100
Patagonien und Feuerland (Chile)	106

Asien

Komodo-Nationalpark (Indonesien)	114
Halong-Bucht (Vietnam)	118
Okinawa-Inseln (Japan)	124
Kerala Backwaters (Indien)	128
Mekong (Vietnam und Kambodscha)	134
Mahakam (Indonesien)	140
Star Ferry (Hongkong, China)	144
Jangtse (Festlandchina)	148
Ayeyarwady (Myanmar)	154
Der Chao Phraya in Bangkok (Thailand)	158

Niagarafälle: S. 62

Bangkok – auf dem Chao Phraya: S. 158

Dubrovnik an der dalmatinischen Küste: S. 176

Schnellboot auf dem Tonlé Sap (Kambodscha)	162	Fahrt durch die Ostsee (Finnland–Schweden)	242
Europa		**Ozeanien**	
Donaukreuzfahrt (Deutschland–Ungarn)	168	Die Marquesas (Französisch-Polynesien)	248
Llangollen-Kanal (Vereinigtes Königreich)	172	Sydneys Manly Ferry (Australien)	254
Dalmatinische Küste (Kroatien)	176	Mit dem Frachter nach Pitcairn (Pitcairninseln)	258
Queen Mary 2 (USA–Vereinigtes Königreich)	182	Cook Strait Ferry (Neuseeland)	262
Venedigs Canal Grande (Italien)	186	Kimberley Coast (Australien)	268
Wolga (Russland)	190	Segeln am Ningaloo Reef (Australien)	272
Bosporus (Türkei)	194	Hauraki Gulf auf der Nordinsel (Neuseeland)	278
Canal du Midi (Frankreich)	198	Neuguineas Küste (Papua-Neuguinea)	282
Pilgerreise zu den Aran-Inseln (Irland)	202		
Fähre von Santander nach Portsmouth		**Bis ans Ende der Welt**	
(Spanien–Vereinigtes Königreich)	208	Expedition zu Meeressäugern (Antarktis)	288
Ägäis (Griechenland)	212	Reise um die Welt (global)	294
Auf der Themse (Vereinigtes Königreich)	218		
Blue Cruise (Türkei)	222		
Orkney und Shetland (Vereinigtes Königreich)	228	Register	298
Hurtigruten (Norwegen)	232	Über die Autoren	302
Paris von der Seine aus (Frankreich)	238	Impressum	304

LEGENDÄRE SCHIFFSREISEN

Vorwort

● JESSICA WATSON

Auf einem Schiff – egal welcher Größe – zu reisen, ist ein ganz besonderes Erlebnis. Es zu betreten bedeutet, Sicherheiten, genaue Zeitpläne und den Status quo hinter sich zu lassen und sich auf ein mehr oder weniger großes Abenteuer einzulassen. Denn auf dem Wasser ist man Mutter Natur ausgeliefert – wer an Bord eines Schiffes geht, sollte sich dessen bewusst sein. Man muss sich an die Gegebenheiten anpassen und annehmen, was das Wetter an Unerwartetem zu bieten hat.

Manchmal sind es aber gerade die ungünstigen Witterungsbedingungen, die für die unvergesslichen Momente sorgen. Zum Beispiel machte ich bei völliger Windstille – für Segler sehr frustrierend! – die vielleicht wunderbarste Erfahrung, die ich je auf dem Wasser hatte. In dieser besonderen Nacht mitten auf dem Indischen Ozean war das Meer so ruhig, dass sich die Sterne darin auf wunderbare Art spiegelten. Ich konnte nicht sagen, wo der Himmel aufhörte und wo das Wasser anfing – überall leuchteten Sterne.

Auf dem Wasser zu reisen ist zudem eine ausgezeichnete Art zu entschleunigen. Man lernt die einfachen Dinge wieder zu achten, den weiten Himmel, den leeren Horizont, Sonnenauf- und Sonnenuntergänge. Frischer Seewind sorgt für einen gesunden Appetit und die Wertschätzung für Nahrungsmittel steigt – es gibt nichts Besseres.

Zu diesen einfachen Dingen gehört auch das Wasser selbst. In den 210 Tagen, die ich 2010 auf meiner Weltumsegelung allein auf dem Meer war, lernte ich die Schönheit des Ozeans ganz besonders zu achten. Es wurde mir nie langweilig, auf die Wellen zu schauen und jedes winzige Detail, jede ihrer unterschiedlichen Formen zu bemerken, die Art wie sie sich immer wieder neu bilden und an windigen Tagen mit weißen Schaumkronen und Gischtschwaden vorbeiziehen.

Wenn man einen Moment innehält und aufs Wasser schaut, wird man bald feststellen, dass das Wasser unter einem – ob Fluss, See oder Ozean – ein sich bewegendes Mosaik ist, das vom Wetter erzählt, durch das es geformt wird. Dies zu beobachten ist faszinierend und unglaublich beruhigend.

Vielleicht sind aber auch die Einfachheit des Lebens an Bord und der Verlust der Dinge, die wir an Land als selbstverständlich erachten, für ein neues Gefühl des Erstaunens verantwortlich, wenn man sein Ziel erreicht hat. Bei meiner Rückkehr war ich überwältigt vom Geruch der Erde und der Vegetation, den lebendigen Farben – und natürlich von der heißen Dusche. Man weiß die kleinen Dinge des Lebens wieder zu schätzen. Selbst eine kurze Zeit an Bord kann entschleunigen und neue Perspektiven eröffnen. Für mich z. B. gibt es nichts Schöneres, als von den sanften Bewegungen eines Bootes in den Schlaf gewiegt zu werden.

Ob man nun eine der in diesem Buch beschriebenen Reisen macht oder allein auf dem Wasser ist: Ich wünsche gute Fahrt und immer eine Handbreit Wasser unterm Kiel!

An der Wolga: S. 190

Karibische Farben: S. 82

Verlockende Antarktis: S. 288

Über dieses Buch

NORA RAWN, LONELY PLANET

Egal, ob man lieber den salzigen Wind im Gesicht spürt oder ruhige Flusssafaris bevorzugt, wir bei Lonely Planet haben alle nur erdenklichen Gewässer nach inspirierenden Schiffsreisen abgesucht, die Abenteuer und einen Ausbruch aus der Alltagsroutine versprechen. Schon vor vielen Jahrhunderten fuhren die Menschen in alle nur vorstellbaren Richtungen über die Meere. Ihr Abenteuer- und Entdeckergeist hat die Lonely Planet-Autoren dazu inspiriert, auf Frachtschiffen und Fischerbooten in die entlegensten Winkel der Welt zu fahren, auf Postbooten durch die Bahamas zu schippern und auf historischen Windjammern über die Meere zu segeln.

Aber nicht nur das Fortbewegungsmittel macht den Reiz einer Reise auf dem Wasser aus: Sie bietet Gelegenheit, Flüsse zu befahren, die lange Zeit wichtige Transportwege waren, Highlights der Weltkultur zu erkunden oder die enorme Biodiversität zu bewundern, wie sie z.B. die Wolga und der Amazonas zu bieten haben. Sie ist auch eine perfekte Möglichkeit, einige der mitreißendsten Orte der Welt zu besuchen – von den griechischen Inseln bis hin zu den Galapagosinseln.

Die in diesem Buch beschriebenen historischen Boote sind in verschiedensten Regionen zu Hause: *Mokoros*, traditionelle Einbäume im Okavangodelta (UNESCO-Welterbe) in Botsuana, *Feluken* mit ihren eleganten Lateinersegeln in Ägypten, klassische *Gulets* in der Türkei, nostalgische *Narrowboats* im Vereinigten Königreich und in Frankreich. Auch wenn Kreuzfahrtschiffe und Fähren heute bestens ausgestattet sind, bietet eine Schiffstour doch die Chance, eine Zeitreise zu unternehmen und den Rhythmus des Lebens von einst kennenzulernen. Es gibt Reisen mit primitiven Übernachtungsmöglichkeiten an Bord, bei denen man mit anderen Passagieren an Deck unterm Sternenhimmel schläft. Aber auch Reisen um die Welt in eigenen Suiten mit Privatbutler sind möglich.

Die Vielfalt der Angebote ist groß, sie reicht von Fahrten in Glasbodenbooten durch die Quellen Floridas bis zu relaxten Trips in strohgedeckten *Kettuvallams* durch die Backwaters in Kerala. Raddampfer im Stil der 1800er-Jahre fahren über den Mississippi, Kreuzfahrtschiffe auf dem Jangtse bieten Karaoke-Abende auf Mandarin, auf den langsamen Amazonas-Schiffen kann man in einer Hängematte relaxen. Wer eine traditionelle Kreuzfahrt bevorzugt, aber dennoch etwas Besonderes sucht, dem bieten sich die Antarktis und Papua-Neuguinea an. Lust, es den Einheimischen gleichzutun? Entlang der norwegischen Küste mit ihren vielen Fjorden verkehren die Hurtigruten-Fähren und auf der Fähre durch Patagonien reist man mit der indigenen Bevölkerung Feuerlands.

Mehrwöchige Reisen übers offene Meer sind eine Sache. Es ist aber auch äußerst reizvoll, eine Stadt vom Wasser aus zu erkunden. Sei es die Fahrt durch den Victoria Harbour, ein Trip mit Hongkongs klassischer *Star Ferry*, die Fahrt über die Themse durch London oder über den Chao Phraya quer durch Bangkok, jeder Trip auf dem Wasser hat seinen ganz eigenen Reiz. Wir von Lonely Planet stellen in diesem Buch unsere 60 Lieblingstörns vor und hoffen, den einen oder anderen zu einer Schiffsreise zu inspirieren.

LEGENDE

 Kreuzfahrtschiff
 Segelboot
 Laufen / Wandern
 Schöne Aussicht
 Abstecher
 Aktivität
 Günstig: bis 50 €
 Mittlere Preisklasse: 51 – 700 €
 Lokales Boot
 Fähre
 Abenteuer im Wasser
Essen & Trinken
Teuer: über 700 €

AFRIKA & NAHER OSTEN

LEGENDÄRE SCHIFFSREISEN

LEGENDÄRE SCHIFFSREISEN

Safari auf dem Chobe

BOTSUANA UND NAMIBIA

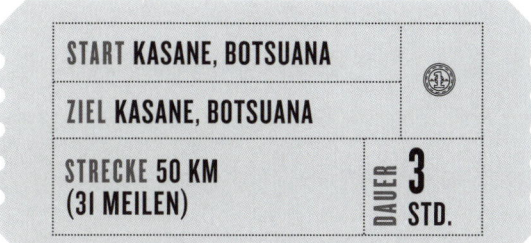

Mit seiner wohl großartigsten Tierwelt auf Erden lässt der Chobe alles Vergleichbare verblassen. Dieser ruhige, majestätische Fluss, der sich seinen Weg durch den nördlichen Teil des Chobe National Park vorbei an üppig bewachsenen Flussebenen bahnt und die Grenze zwischen Botsuana und Namibia bildet, ist vor allem für seine Elefanten, aber auch für so ziemlich alle anderen Tiere der afrikanischen Nahrungskette bekannt. Sie alle versammeln sich am Ufer des Flusses, während man gemächlich ganz ohne das Geholper auf der ungemütlichen Straße an ihnen vorbeigleitet.

❶ AUF DEM WASSER

Der Chobe entspringt in Angola, fließt dann ostwärts durch den Caprivizipfel und mündet bei den „Four Corners", dem Vierländereck von Botsuana, Namibia, Sambia und Simbabwe, in den Sambesi.

Das Zentrum für die Bootstouren ist Kasane, eine kleine Stadt am Rand der Wildnis. Sie liegt 8 km westlich des Zusammenflusses von Chobe und Sambesi. Zahlreiche Safari-Veranstalter und Lodges säumen Kasanes Flussufer, sie alle bieten Flussfahrten an – Luxus- wie Billigtrips. Mehr Geld bedeutet hier aber nicht zwangsläufig mehr Tiere – ein Glück für Reisende mit kleinem Geldbeutel.

Von Kasane fährt man langsam nach Westen, wo sich der Chobe gleich hinter der Stadt breit und ruhig präsentiert, was die latente Gefahr durch Flusspferde

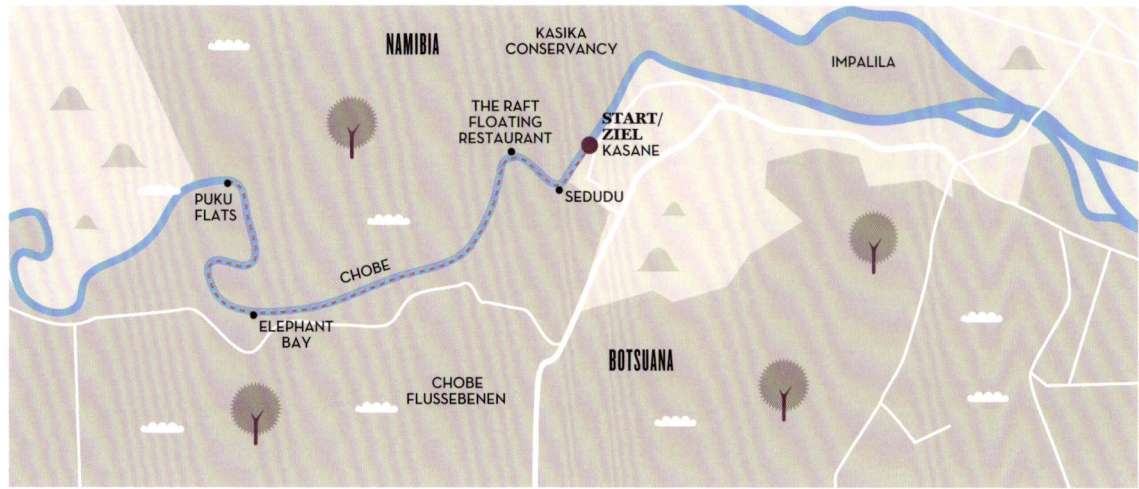

und Krokodile erst mal vergessen lässt. Teure Safari-Lodges mit strohgedeckten Giebeldächern stehen inmitten von Bäumen direkt am Südufer des Flusses. Viele Lodges haben einen eigenen Anleger, kleine Holzstege, an denen Privatboote auf Gäste warten.

Je weiter man flussaufwärts tuckert, desto größer wird die Aufregung. Karten werden herumgereicht, auf denen die Stellen markiert sind, an denen man Tiere beobachten kann. Kameras mit langen, sorgsam geputzten Objektiven werden auf Stative gestellt und ausgerichtet, denn am Chobe lassen die Tiere nie lange auf sich warten. Schnell ist man in einer völlig anderen Welt – die ganze Vielfalt der wilden Tierwelt lässt sich blicken, sogar Löwen und Leoparden auf Nahrungssuche. Über allem stehen aber die größten und majestätischsten Säugetiere unseres Planeten: die Afrikanischen Elefanten.

Je nach Jahreszeit kann man vielleicht die schilfbewachsene Insel Sedudu sehen. In der Trockenzeit waten Wasserbüffel, Elefanten und Letschwe durch den Fluss zum Grasen hinüber auf die Insel. In der Regenzeit liegt sie quasi unter Wasser, was die Flusspferde dort aber nicht davon abhält, dicht an dicht im Wasser zu hocken und nur ihre Augen und Nasen zu zeigen. An der Nordseite von Sedudu liegt The Raft Floating Restaurant vor Anker – hier kann man mittags ein Barbecue-Büffet genießen, ohne den Blick von den Tieren abwenden zu müssen.

Die meisten Zählungen der Elefantenpopulation am Chobe haben mehr als 50 000 ergeben, aber es heißt auch, dass im Park auf einen Quadratkilometer fünf Elefanten kommen. Egal, wie viele es sind, die Elephant Bay ist Kult, denn hier kann man beobachten, wie große Herden über einen sandigen Hang zum Trinken, Spielen und Baden hinunter zum Flussufer kommen. Wer diese überwältigenden Tiere aus der Nähe sieht, wird nicht nur von der Größe überrascht sein (die Boote können nahe heranfahren), sondern

SEDUDU

In den 1990er-Jahren war die Insel Sedudu der Grund für ausufernde Grenzstreitigkeiten zwischen Namibia und Botsuana. Das Problem wurde schließlich vor dem Internationalen Gerichtshof gelöst, der die Insel 1999 Botsuana zusprach. Im Geiste der internationalen Zusammenarbeit dürfen Touristenboote aus beiden Ländern noch immer auf beiden Seiten der Insel ungehindert herumfahren.

auch von der Anmut, mit der sie sich durch den Busch oder – noch besser – beim Baden im Wasser bewegen.

Aber Elefanten sind nicht alles. In den hiesigen Gewässern tummeln sich Krokodile und am Ufer toben verspielte Paviane. Giraffen, Zebras, Wasserbüffel und Gnus kommen zum Fressen an das grüne Flussufer. Löwen, Leoparden und Geparde sind seltener zu sehen. Manchmal kann man sie aber bei Sonnenuntergang dabei beobachten, wie sie sich die Lippen lecken. Während das Boot sich durch die grasbewachsenen Puku Flats schlängelt, sieht man vielleicht Pukus, eine seltene Art der Afrikanischen Antilope. Zu erkennen sind sie an ihren eingekerbten, nach innen gebogenen Hörnern und ihrem stämmigen Körperbau.

Auf der Rückfahrt nach Kasane konzentriert man sich dann auf die nicht weniger spektakuläre Vogelpopulation am Chobe. Die Vogelwelt am Flussufer ist mit über 450 verzeichneten Spezies außerordentlich vielfältig. Am lautesten sind die Schreiseeadler mit ihrem

 Wer von Kasane aus gen Westen schippert, kann luxuriöse Lodges zwischen den Bäumen erspähen.

 In Ufernähe von Sedudu Island langsam an Flusspferden vorbeifahren.

 An der Elephant Bay Elefantenherden beim Baden, Trinken und Spielen beobachten.

LEGENDÄRE SCHIFFSREISEN

unverwechselbaren Schrei, wenn sie sich ins Wasser auf einen Fisch stürzen. Es ist der Sound, den man auch nach Verlassen des Boots in Kasane noch lange in den Ohren haben wird.

❷ AN BORD

Die Tagesausflüge finden auf einfachen Schiffen mit harten Sitzen und Schatten spendenden Planen statt. Auf den kleinen Booten haben vielleicht zehn Fahrgäste Platz, auf den größeren bis zu 40. An Bord der teureren Schiffe gibt's sogar Bars.

❸ LUXUS GEWÜNSCHT?

Auf dem Chobe verkehren auch Luxushausboote. Die *Zambezi Queen* verfügt über 14 exklusive Suiten mit Klimaanlage, großen Fenstern und privaten Balkonen, sodass man die Wildtiere tatsächlich vom Bett aus sichten kann. Es werden zwei- oder dreitägige Flusstouren angeboten (https://zqcollection.com).

❹ LOS GEHT'S

Die Schiffe starten in Kasane in Botsuana und an verschiedenen Privatlodges, die den Fluss in Stadtnähe säumen. Vor- und nachmittags werden Abfahrten angeboten, hinzu kommen Tagesausflüge und auch zwei- bis dreitägige Touren. Die meisten Anbieter haben eine Website, über die man buchen kann. In der Trockenzeit – die beste Zeit zum Tiere beobachten – ist die Nachfrage hoch – also frühzeitig buchen. Wer in einer Lodge am Flussufer übernachtet, kann sich bei der Reservierung über die Angebote informieren. **BS**

OBEN: Zebras beim Durchqueren des Flusses **MITTE:** Auf dem Chobe **UNTEN:** Ein Löwe im Chobe National Park **SEITE 12:** Ein scheuer Leopard

 Auf den grasbewachsenen Puku Flats Ausschau halten nach seltenen Pukus.

 Am Flussufer Löwen oder ihre Beutetiere, die Gnus, entdecken.

 Nach einer Tagestour auf dem Fluss sollte man noch einen Bootsausflug bei Sonnenuntergang in Betracht ziehen.

LEGENDÄRE SCHIFFSREISEN

Mit der Feluke auf dem Nil

ÄGYPTEN

START **ASSUAN**
ZIEL **EDFU**
STRECKE **119 KM (74 MEILEN)**
DAUER **3 TAGE**

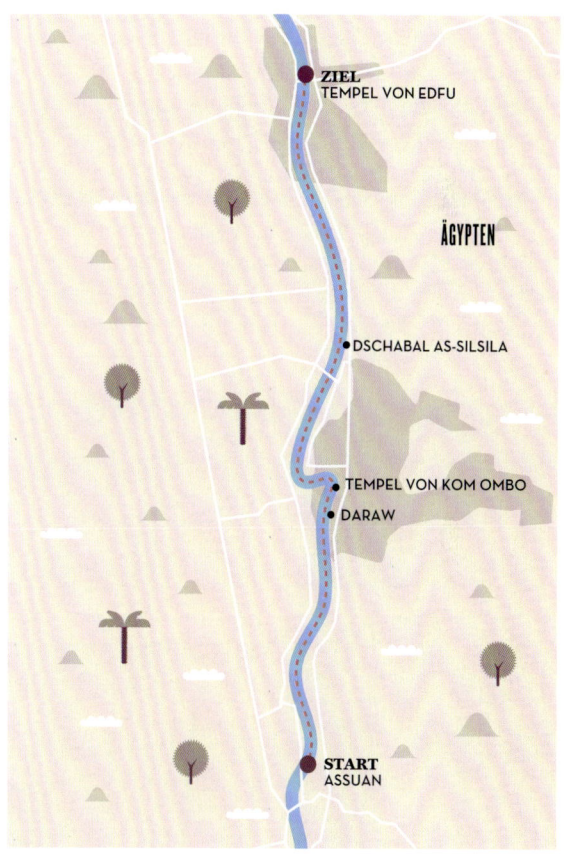

Wenn man morgens seinen Kopf aus dem Schlafsack steckt, sieht man vielleicht ein paar Reiher, die über das Deck fliegen und sich dann an dem von Palmen gesäumten Ufer niederlassen. Später wird der Anker gelichtet und los geht's für einen weiteren Tag auf einem der großartigsten Flüsse der Welt. Während das fruchtbare Herzstück Ägyptens an einem vorbeizieht, schnappt man sich eins der vielen Kissen an Deck, relaxt und plaudert mit der nubischen Besatzung. Eine Nil-Fahrt ist eine Tour durch die Vergangenheit.

❶ AUF DEM WASSER

Zu Zeiten der Pharaonen war Assuan das Tor zwischen den Zivilisationen des alten Ägyptens stromabwärts und Nubiens im Süden. Auch heute noch profitiert die Stadt von ihrer strategischen Lage am Nil. Hier ist auch der Ausgangspunkt für eine Nilfahrt auf einer Feluke (*felucca;* traditionelles Segelboot).

Das einfache Leben an Bord bietet Gelegenheit, den Alltag für ein paar Tage zu vergessen. Auf den meisten Touren werden Zwischenstopps eingelegt (auf dem Programm eines Drei-Tage-Törns sollten die großen Tempel in Kom Ombo und Edfu stehen). Die Route hängt zunächst von einem selbst und dem Kapitän ab, letztlich richtet sie sich aber nach der Laune des Windes. Los geht's in Assuan, wo der Nil breit und träge ist. Auf der Fahrt gen Norden sitzt man nur eine Handbreit über der Wasseroberfläche an Deck, man kann also das Leben an und auf dem Fluss aus nächster Nähe erleben.

Wer seinen Trip richtig plant, kann am ersten Tag in Daraw anlegen und dort in das wuselige Chaos des Markts eintauchen. Hier werden Hunderte Kamele aus dem Sudan lautstark ge- und verkauft. Völlig ein-

LEGENDÄRE SCHIFFSREISEN

„Das Anstrengendste an einem Feluken-Trip ist der Sprung vom Boot ins Wasser."

gestaubt geht man dann wieder auf die Feluke, um das Eigentliche einer Nilfahrt zu genießen: Nichtstun. Die sonnendurchflutete Landschaft mit üppig grünen Getreideäckern zieht schemenhaft vorbei. Am Ufer des von Dattelpalmen gesäumten Flusses entdeckt man Bauern auf ihren Eseln. Außer den ans Boot klatschenden Wellen und dem Wind in den Segeln ist nichts zu hören. Das ägyptische Niltal verführt einen und man verfällt der wohligen Trägheit. Wenn der Wind einschläft, ist es Zeit für einen starken, schwarzen Tee und ein kühles Bad. Das Anstrengendste an einem Feluken-Trip ist der Sprung vom Boot ins Wasser.

DSCHABAL AS-SILSILA

Historisch besonders Interessierte sollten nicht nur die großen Tempel besichtigen, sondern einen Feluken-Trip mit Zwischenstopp beim Dschabal as-Silsila, dem antiken Sandstein-Steinbruch zwischen Kom Ombo und Edfu, unternehmen. Der abgebaute Sandstein wurde für den Bau der größten Monumente in Luxor benutzt. Der Steinbruch ist übersät mit Stelen, Heiligengräbern und Felsinschriften.

 In Assuan WLAN und die moderne Zeit hinter sich lassen, sich zurücklehnen und den ruhig fließenden Nil betrachten.

 In Daraw den Sprung ins kühle Nass dieses großartigen Flusses wagen.

 Sich im Kom-Ombo-Tempel die Beine vertreten und die Reliefs und Säulen bestaunen.

LEGENDÄRE SCHIFFSREISEN

LINKS: Kom-Ombo-Tempel
UNTEN: Traditionelle Beilage
UNTEN LINKS: Der Tempel von Edfu
SEITE 16: Sprung von einer Feluke ins Wasser

Am zweiten Tag steht der Besuch des Tempels von Kom Ombo mit seiner Säulenfassade auf dem Programm. Hier hat man Gelegenheit, sich die Beine in den großen Säulenhallen zu vertreten und die heiligen Stätten in Augenschein zu nehmen, wo Sobek, der Krokodilgott, einst angebetet wurde. Am dritten Tag endet die Nilfahrt in der Nähe von Edfu mit dem Besuch des Tempels von Edfu. Die goldfarbenen Steinmauern mit gewaltigen Reliefs und das von Statuen des Horus in Form eines Falken bewachte Tor bilden den Abschluss der Nilfahrt.

Auch wenn die Tempel des antiken Ägyptens den Anstoß zu dieser Reise gegeben haben, wird man später vor allem an die Abende zurückdenken. Daran wie das Boot am Ufer festgemacht wird, wie die Sonne hinter den Palmen untergeht und an das Abendessen im Kerzenschein. Auch an das von der Crew am Ufer entfachte Lagerfeuer, an die Klänge der *Darbuka* (Be-

chertrommel) und die traditionellen nubischen Lieder wird man sich erinnern. Und an den Schlaf auf dem sanft schaukelnden Boot unterm Sternenhimmel.

❷ AN BORD

Eine Feluke ist ein offenes Holzsegelboot. Die zwei- bis dreiköpfige Mannschaft nimmt meist sechs bis acht Gäste an Bord und kümmert sich neben der Bootsführung auch um die Zubereitung der Mahlzeiten, serviert Tee und zeigt den Gästen abends manchmal, wie man auf den traditionellen Trommeln spielt.

Geschlafen wird im Freien an Deck, es gibt keine Toiletten an Bord. Tagsüber kann der Kapitän am Ufer eine kurze Toilettenpause einlegen. Abends, wenn die Feluke festgemacht ist, wird von den Crews an Land ein Loch gebuddelt und eine Plane rundherum aufgestellt. So entsteht ein Toilettenzelt. Essen und Tee sind

 Nach dem Sonnenuntergang in der Nähe von Dschabal as-Silsila den Sternenhimmel ganz ohne Lichtverschmutzung betrachten.

 Den Tempel von Edfu, eines der am besten erhaltenen antiken Monumente, besichtigen.

 Das Ende des Trips ist eine letzte Nacht unterm Sternenhimmel.

LEGENDÄRE SCHIFFSREISEN

im Preis des Trips enthalten, Getränke jedoch nicht. Die Crew stellt für kalte Getränke, die mit an Bord gebracht werden, eine Kühlbox zur Verfügung.

❸ ANDERE TOUREN

Eine kürzere Feluken-Fahrt startet in Kom Ombo (2 Tage, 1 Übernachtung). Eine längere Tour endet in Esna (4 Tage, 3 Nächte). Wem mehrere Tage an Bord einer Feluke etwas zu lange erscheinen, kann einen Bootseigner anheuern und mit ihm einen ganzen oder halben Tag rund um die Inseln bei Assuan segeln.

❹ LUXUS GEWÜNSCHT?

Zwischen Assuan und Luxori verkehren viele Kreuzfahrtschiffe. Sie bieten die Möglichkeit einer Nilfahrt, ohne auf den Komfort einer eigenen Kabine verzichten zu müssen. Bei einem typischen Drei-Tages-Trip ist man nur einen ganzen Tag auf dem Nil. Die historische MS *Sudan*, die in dem Film *Tod auf dem Nil* zu sehen ist, und die MS *Philae* der Oberoi-Hotelgruppe bieten Schiffsreisen mit mehr Zeit auf dem Fluss an.

Wer den Komfort der Kabine auf einem Kreuzfahrtschiff wünscht, aber im gemächlichen Tempo einer Feluke reisen möchte, für den bietet sich eine Fahrt auf einer größeren Dahabieh mit Doppellateinersegel an. Die *Orient* und die *Meroe* gehören zu den Besten.

❺ LOS GEHT'S

Mehrtägige Feluken-Trips starten in Assuan. April, Mai, Oktober und November sind die besten Monate dafür. Die Fahrten werden in der Regel in Assuan gebucht. Einzelreisende und Pärchen müssen vielleicht ein oder zwei Tage warten, bis der Kapitän weitere Gäste anheuern konnte. Man sollte an Assuans Uferstraße direkt mit den Kapitänen Kontakt aufnehmen und sich im Hotel Empfehlungen geben lassen. Wer vorab buchen möchte, kann sich an einen der beiden angesehenen Anbieter wenden: Captain Jamaica und Aswan Individual. Kapitäne müssen ihre Passagiere einen Tag vor der Abfahrt bei der Polizei anmelden. Die Anmeldegebühr beträgt zwischen 5 und 10 LE. **JL**

LEGENDÄRE SCHIFFSREISEN

Das Okavangodelta im Mokoro

BOTSUANA

START **MAUN**

ZIEL **MAUN**

STRECKE 1,6 KM (1 MEILE) BIS 32 KM (20 MEILEN)

DAUER 2 STD. – EINE WOCHE

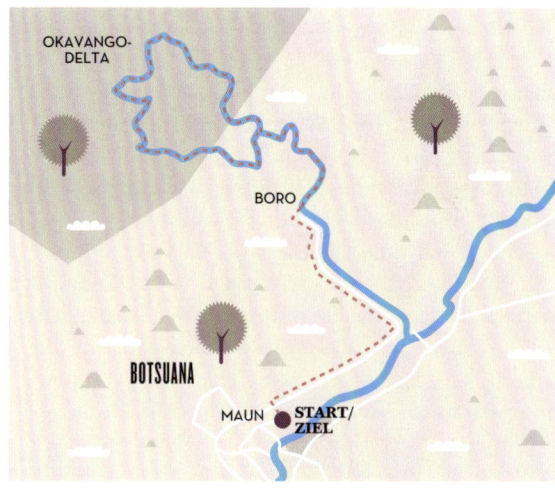

 Der Okavango endet im Herzen des südlichen Afrikas. Das mächtige Flussbett verästelt sich in dem roten Sand der Kalahari in Botsuana. Seine zahllosen Ströme und die wie Fangarme anmutenden Flüsschen bilden ein fast 20 000 km² großes Binnendelta. Trotz des jährlich weniger werdenden Wassers entsteht neues Leben, Pflanzen- und Tierwelt haben Unglaubliches zu bieten, alles erscheint wie eine einzige mächtige Wüstenblume. Hier befindet sich wohl Afrikas ursprünglichste Wildnis, und wie könnte man sie besser erkunden, als in einem schmalen *Mokoro*, einem traditionellen Einbaum, mit dem man durch die unzähligen von Schilf gesäumten Wasserwege gleitet.

❶ AUF DEM WASSER

Eine Fahrt im *Mokoro* bedeutet Loslassen und Festhalten gleichermaßen. Schon bald nach dem Ablegen wird man überrascht feststellen, dass der Wunsch nach Erlebnissen wie einer Big-Five-Safari verblasst, sobald man überwältigt vor den Naturwundern und der Schönheit des Okavangodeltas steht.

Auf dem Boden eines *Mokoro* sitzend entdeckt man die Ehrfurcht gebietende Macht der einfachsten Bewegungen, egal ob man nun seine Hand ausstreckt, um das Schilf zu berühren, oder sich zurücklehnt, um Zwergflamingoschwärme zu beobachten, die den Himmel leuchtend rosa und schwarz färben. Ohne das Gepolter und Geklapper eines offenen Safari-Fahrzeugs kann man die Stille wie auch die Klänge der Natur erleben. Das Ohr nimmt selbst zarteste Geräusche wahr, z. B. wie das Wasser das *Mokoro* streichelt oder wie die Palmenblätter im Wind tanzen. Vogelgezwitscher und der Ruf von Tieren klingen schon bald wie Chorgesang.

Auch dem Auge wird vieles geboten. Man sucht nicht mehr konzentriert nach Nashörnern oder Löwen. Man schaut neugierig wie mit den Augen eines Kindes herum. Schon die kleinsten Details erfreuen: winzige Frösche im Schilf oder das Plätschern der vom *Mokoro* erzeugten Wellen.

Vielleicht ist es der Kontrast zu den zerfurchten Pisten, über die man in den letzten Tagen fuhr. Jetzt wirkt die Stille, mit der sich das *Mokoro* sanft durchs Wasser bewegt, über alle Maßen beruhigend. Bevor

LEGENDÄRE SCHIFFSREISEN

aber die Liebesaffäre mit dem *Mokoro* beginnt, fragen sich die meisten Besucher: „Da soll ich einsteigen?".

Es ist wahrscheinlich das einfachste Boot, das man je gesehen, geschweige denn betreten hat. Das traditionelle Gefährt ist schief und krumm. Es ragt kaum 30 cm aus der Wasseroberfläche heraus und ist gerade so breit, dass man darin sitzen kann. Es dauert ein paar Minuten, bis man den Gedanken, in diesem zerbrechlichen Gefährt möglicherweise auf einen Elefanten zu treffen, über Bord geworfen hat. Wenn man aber erst einmal abgelegt und gesehen hat, dass der hinten stehende Staker ausreichend Erfahrung und Know-how mitbringt und das Boot ruhig durch die ersten Wasserwege fährt, beruhigen sich die Nerven schnell. Das ist der Moment des Loslassens.

Schnell findet man Freude an der Tatsache, dass man quasi unter der Wasseroberfläche sitzt. Man fühlt sich als Teil der Umgebung, und mit den Augen derart dicht an der Wasseroberfläche gewinnt man den Eindruck, dass alles bis ins Unendliche reicht. Von nun an genießt man entspannt alles, was der Okavango einem bietet – farbenfrohe Schwärme seltener Vögel, Büffelherden in der Ferne oder einfach nur ein faszinierendes Labyrinth aus malerischen, von Schilf gesäumten Wasserwegen. Man bewegt sich im Schneckentempo. Die Begeisterung in einem *Mokoro* lässt sich aber nicht in Kilometern pro Stunde messen, sondern vielmehr in Momenten pro Stunde.

❷ AN BORD

Traditionelle *Mekoro* (Plural) waren hier im Landesinneren elementar wichtig. Sie wurden aus Baumstämmen geschnitzt und boten außer vielleicht einem Sitzkissen auf dem Boden keinerlei Annehmlichkeiten. Die modernen Varianten sehen ähnlich aus und erwecken den gleichen Eindruck, allerdings bestehen sie aus glasfaserverstärktem Kunststoff. Jedes *Mokoro* hat

FLUTEN IN DER TROCKENZEIT

Dass das Okavangodelta während des Höhepunkts der Trockenzeit am meisten Wasser führt, ist eine Laune der Natur. Das liegt daran, dass das sich im Delta stauende Wasser aufgrund der schon Monate zuvor im weit entfernten Hochland Angolas niedergegangenen Regenfälle ansteigt. So steigt der Wasserpegel des Okavango und schafft eine Oase inmitten der Kalahari.

 Nach der Fahrt im Allradwagen von Maun zum Anleger in Boro steht man staunend vor einem *Mokoro*.

 Unbedingt den Moment auskosten, in dem das majestätische Okavangodelta sichtbar wird!

 Auf einem geführten Spaziergang vom Camp durch die wilde Natur erspäht man nicht selten Elefanten.

LEGENDÄRE SCHIFFSREISEN

LINKS: Ein traditionelles Mokoro
UNTEN: Gabelracke bei der Verteidigung ihres Nests
SEITE 22: Luftaufnahme des Okavangodeltas

Platz für zwei Gäste, die voreinander sitzen. Dahinter steht der Bootsführer, der das Boot langsam und geschickt mit einer Stange durch die flachen Gewässer des Deltas bewegt.

❸ LOS GEHT'S

Planmäßige *Mokoro*-Fahrten gibt es nicht. Es besteht aber die Möglichkeit, in den östlichen Gebieten des Deltas selbst Ausflüge über den Okavango Kopano Mokoro Community Trust (OKMCT; www.okmct.org.bw) zu organisieren. In dem Safariknotenpunkt Maun werden Trips (hin & zurück, ein bis mehrere Tage) angeboten. Die mehrtägigen Fahrten mit Übernachtung kann man je nach Geldbeutel mit und ohne Verpflegung buchen. Letzteres heißt aber auch, dass man nicht nur sein Zelt, sondern auch seine eigenen Kochutensilien mitbringen muss. Die beste Zeit für diese Trips ist von Juli bis Oktober, denn dann sind der Wasserpegel hoch und der Himmel strahlend blau. In der Hauptsaison bieten die meisten Lodges im Delta kurze *Mokoro*-Ausflüge an. Die zumeist am Spätnachmittag stattfindenden Fahrten enden mit einem Sundowner an einer besonders malerischen Stelle. **MP**

 Nach der Erkundung des Deltas am Vormittag könnte man versuchen, selbst ein *Mokoro* mit der Stange fortzubewegen.

 Man beginnt schon, dem Ende des *Mokoro*-Ausflugs nachzutrauern, obwohl noch nicht einmal der vierte von fünf Tagen zu Ende ist.

 Auf dieser Reise sieht man das letzte wilde Tier und nimmt sich fest vor wiederzukommen.

Tsiribihina-Flussfahrt

MADAGASKAR

 *Sich auf dem Tsiribihina treiben zu lassen, ist in Madagaskar äußerst beliebt – und das aus gutem Grund: Während der dreitägigen Flussfahrt zwischen Miandrivazo und Belo-sur-Tsiribihina sieht man einen Teil des Landes, in dem sich das Leben auf dem Fluss und nicht auf den Straßen abspielt. Langsames, entspanntes Reisen vom Feinsten. Man bewundert die Landschaft, sieht die Welt (im wahrsten Sinne des Wortes) an sich vorüberziehen, liest ein Buch und plaudert mit Crew-Mitgliedern oder Mitreisenden. Mehr gibt es an Bord nicht zu tun.*

❶ AUF DEM WASSER

Nach dem Ablegen am späten Vormittag gleitet das flache *Chaland* zunächst über den breiten Fluss durch Agrarebenen und Reisfelder. Es ist nicht der schönste Teil der Reise, aber es ist total fesselnd, die Menschen zu beobachten: Männer, die angeln oder versuchen, mit ihren überladenen Zebukarren den Fluss zu überqueren, Frauen, die am Flussufer Wäsche waschen, und fröhlich am Ufer rumtobende Kinder. Es ist eine

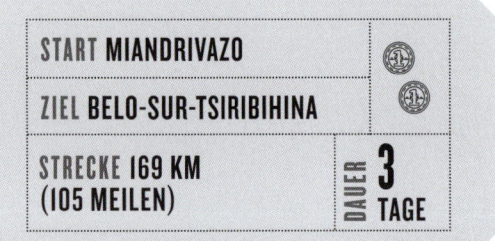

START **MIANDRIVAZO**
ZIEL **BELO-SUR-TSIRIBIHINA**
STRECKE **169 KM (105 MEILEN)**
DAUER **3 TAGE**

besondere Freude anzuschauen, wie ruhig sich das Leben hier abspielt – eine wunderbare Gelegenheit, den madagassischen Alltag kennenzulernen.

Am frühen Nachmittag ändert sich die Landschaft dramatisch: Der Fluss wird schmaler, kurviger und die Felder am Ufer weichen steilen roten Klippen. Die Tsiribihina-Schlucht mit ihren vielen Tieren, darunter Krokodile und Lemuren, ist der malerischste Flussabschnitt. Meist verlangsamt der Skipper die Fahrt oder macht sogar eine Kehrtwende, damit man neue Eindrücke von Schlucht und Tieren bekommt. Das zweite Highlight des Nachmittags ist ein Stopp an den hiesigen Wasserfällen (Dusche gefällig?) und ein Spaziergang durch ein Dorf. Egal wo, man hat immer eine Horde strahlender Kinder um sich herum. Abends wird dann auf einer großen Sandbank ein Zeltlager

LEGENDÄRE SCHIFFSREISEN

DER AFRIKANISCHE BAOBAB

Sechs der neun Baobab-Spezies stammen aus Madagaskar. Wegen seiner kräftigen wurzelartigen Zweige haben die Madagassen dem Boabab den Spitznamen „Himmelswurzel" verliehen. Der Legende nach hat Gott mit dem Baobab den schönsten Baum auf Erden geschaffen. Der eifersüchtige Teufel beschloss daraufhin, den Baum falsch herum einzupflanzen, damit er ihn in der Hölle sehen konnte!

plantagen gab und noch immer Tabak angebaut wird. Gegen Mittag schippert man durch enge Schluchten und anschließend durch Laubwälder. Die mächtigen Kapokbäume (auch als Wollbaum bekannt) und die kultigen Baobabs geben vor allem in ihrem Winterkleid ein eindrucksvolles Bild ab. Auf einem Spaziergang durch den Wald informiert der Guide über die verschiedenen Pflanzenspezies und ihre Nutzung. Abends werden dann wieder Zelte aufgebaut und ums Lagerfeuer herrscht Fröhlichkeit. Zudem kommt man in den Genuss eines traumhaften Sternenhimmels.

Am dritten Tag erreicht das Boot das Delta des Tsiribihina, in dem immer mehr Baobabs zu sehen sind. Vom Anleger in Belo-sur-Tsiribihina machen sich die Reisenden dann entweder auf den Weg gen Süden in die Stadt Morondava mit ihrer berühmten Baoballee oder gen Norden in den Nationalpark Tsingy de Bemaraha, der seinen Namen den schroffen Kalksteinspitzen verdankt.

rund ums Lagerfeuer aufgeschlagen. Bevor man sich am Feuer niederlässt, wird das Abendessen an Bord serviert. Oft gesellt sich die Crew zu den Gästen, es wird geplaudert und gesungen. Manchmal werden auch lokale Musiker und Tänzer eingeladen.

Nach einem herzhaften Frühstück geht's am nächsten Morgen weiter. Unterwegs werden mehrere Stopps eingelegt, u. a. in Begidro, wo es früher große Tabak-

 Von seinem Platz in der ersten Reihe das Alltagsleben im ländlichen Madagaskar beobachten.

 Auf dem Oberdeck sitzen und die wunderschönen Tsiribihina-Schluchten genießen.

 Ein erfrischendes Bad unter den grandiosen Wasserfällen nehmen.

LEGENDÄRE SCHIFFSREISEN

LINKS: Madagaskars berühmte Baobabs
LINKS UNTEN: Auf dem Wasser in Madagaskar
SEITEN 26/27: Traditionelle Fischer-Pirogues (Einbäume) bei Sonnenuntergang auf dem Tsiribihina

❸ BUDGET-ALTERNATIVE

Eine preiswertere – und für einige authentischere – Erfahrung ist die Fahrt in einer hölzernen *Pirogue*, dem traditionellen Einbaum. Sie sind langsamer, leiser und dezenter als die *Chalands*. Andererseits verlangen sie Schwerstarbeit (diese ganze Paddelei!) und bieten weniger Komfort: Man kann sich auf ihnen nicht bewegen, Schatten sucht man vergebens. In der Regel bieten die Kanus ein oder zwei Personen plus *Piroguier* (Skipper) Platz. Buchbar sind diese Touren über die *Chaland*-Anbieter oder über einen Veranstalter direkt in Miandrivazo.

❷ AN BORD

Die Touren starten in Miandrivazo, der eigentliche Einstiegpunkt befindet sich aber ca. 30 km weiter südlich im Dorf Masiakampy. Der Transfer im Allradwagen dauert ca. 90 Minuten. Auf den *Chaland* genannten Motorbooten – früher für den Transport von Tabak genutzt – finden je nach Größe sechs bis zwölf Gäste Platz. Die *Chalands* legen am späten Vormittag ab. Das untere Deck hat einen langen Tisch, auf dem die Mahlzeiten serviert werden. Auf dem Oberdeck stehen Sonnenliegen, von denen aus man traumhafte Ausblicke genießt. Ein Sonnendach sorgt für Schatten. Der größte Nachteil dieser ansonsten relativ behaglichen *Chalands* ist ihr Motorengeräusch. Außerdem gibt es an Bord keine Toiletten … Die Mannschaft errichtet jeden Abend auf den Sandbänken ein Zeltlager (Zwei-Personen-Zelte mit Campingmatten, Laken und Decken). Die Mahlzeiten sind meist hervorragend.

❹ LOS GEHT'S

Vor dem Ablegen sollte man sich vor Ort über die aktuelle Sicherheitslage informieren. Wenn es die Bedingungen erlauben, werden in der ganzen Trockenzeit (April–Nov.) Bootsfahrten auf dem Tsiribihina angeboten, Hauptsaison ist von Juli bis September. Da die Trips in einer wirklich abgelegenen Gegend stattfinden, handelt es sich um All-Inclusive-Pauschalpakete. Alkoholische Getränke kosten extra. Die beiden Hauptanbieter sind Mad Caméléon und Espace Mada. Einzelreisende können noch in letzter Minute buchen, Gruppen sollten lange im Voraus reservieren, vor allem wenn sie einen bestimmten Termin vor Augen haben. Wer zudem zum Tsingy Nationalpark will, für den lohnt sich ein Pauschaltrip. Das ist aber kein Zwang. **EF**

 Mit einem Führer durch Madagaskars kultige Baobab-Wälder wandern.

 Am Flussufer das Leben am Lagerfeuer und den spektakulären Sternenhimmel genießen.

 Nach der Flussfahrt sollte man sich dann auf den Weg zum Nationalpark Tsingy de Bemaraha machen.

LEGENDÄRE SCHIFFSREISEN

Dubai Creek im Abra

VAE

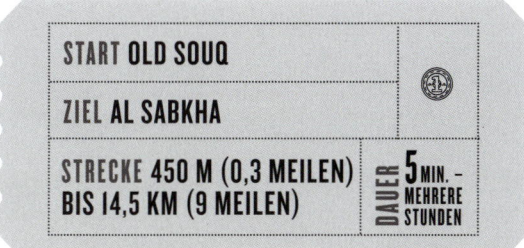

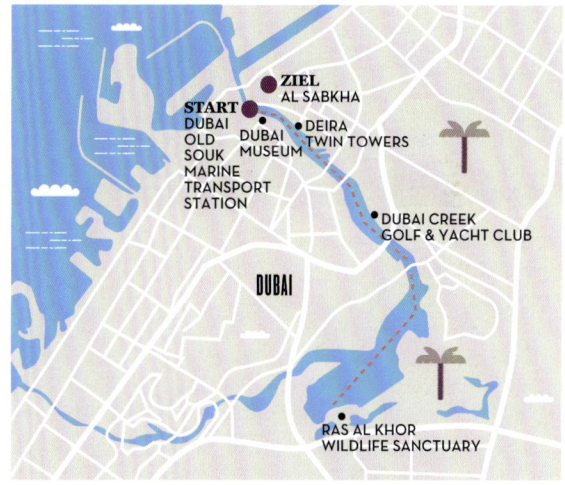

Die Fahrt in einem Abra auf dem Dubai Creek ist ziemlich kurz. Sie könnte in der Tat nur fünf Minuten dauern. Es reichen aber ein paar kurze Momente in einem der traditionellen Holzboote, um seinen Eindruck von Dubai zu revidieren. Abras werden hier seit Jahrhunderten benutzt. Die Boote versetzen einen wie eine Zeitmaschine in eine andere Welt. Wenn man durch die alten Märkte und schmalen Gassen fährt, bekommt man einen Einblick in das Dubai von einst, aus der Zeit vor rekordbrechenden Wolkenkratzern, wetterunabhängigen Skiresorts und Einkaufszentren, die Städten gleichen.

❶ AUF DEM WASSER

Am besten lassen sich *Abras* vielleicht als eine Mischung aus Floß und Boot beschreiben. *Abras* werden in der Megastadt Dubai so ziemlich von jedem benutzt – von Einheimischen auf ihrer mittäglichen Shopping-Tour, Geschäftsleuten, die ein Meeting auf der anderen Seite des Meeresarms haben, und Touristen auf der Suche nach der Seele der Stadt jenseits des Glitzers und der ewigen Baustellen. Auf den Standardstrecken werden die Fahrgäste in kaum zehn Minuten einfach nur über den Meeresarm gebracht. Es heißt aber, dass Touristen länger an Bord bleiben und hin- und herfahren dürfen, um auf der Fahrt von den alten Souks ins Zentrum und zurück vielleicht ein Gefühl des alten Dubai zu bekommen.

Wer länger an Bord bleiben möchte, kann sich eines der 150 *Abras* für einen Privatausflug mieten und so den 14 km langen Meeresarm erkunden, den Lebensnerv der Stadt. Vom Alten Souk in Deira tuckern die Boote auf dem Meeresarm durch Dubais Geschichte. Sobald man die Altstadt verlassen hat, macht die Skyline einen Sprung um ein paar Jahrzehnte nach vorn und Glastürme säumen die Ufer des Meeresarms. Aber obwohl *Dhows* und *Abras* hier mit größeren Schiffen um Platz konkurrieren, kann man sich doch noch immer vorstellen, wie der Meeresarm in seiner Blütezeit als Handelsplatz für Perlen und den Fang des Tages aussah.

Schon bald passiert man die Al-Maktoum-Brücke, die erste Brücke, die in der Stadt errichtet wurde. Sie hat optisch nicht viel zu bieten, war aber 1963 eine wichtige Neuerung, um schnell über den Meeresarm zu kommen. Nun nimmt der Schiffsverkehr ab und es

OBEN: Flamingo-Fütterung im Naturschutzgebiet Ras Al Khor
RECHTS: Ein Kapitän auf seinem *Abra*
SEITE 30: Fahrt auf dem Dubai Creek

❷ AN BORD

Ein *Abra* ist ein auf ein Minimum reduziertes Boot, das 20 Fahrgästen auf Holzbänken in der Mitte des Decks Platz bietet. *Abras* kommen bei den kurzen Überfahrten über den Meeresarm sowie bei zweistündigen Erkundungstouren zum Einsatz.

❸ LOS GEHT'S

Abras fahren planmäßig alle fünf Minuten ab. Die Strecke Deira Old Souq – Bur Dubai wird von 5 Uhr bis Mitternacht bedient. *Abras* zwischen Al Sabkha und Dubai Old Souq verkehren rund um die Uhr. Diese Überfahrten müssen nicht im Voraus gebucht werden, wer allerdings ein privates *Abra* anheuern möchte (besonders idyllisch bei Sonnenuntergang!), muss das mindestens 24 Stunden im Voraus über die Roads & Transport Authority (RTA) tun (www.rta.ae). **LC**

ist an der Zeit, sich zurückzulehnen und die bemerkenswerte Gartengestaltung der Stadt zu genießen. Sowohl der Dubai Creek Park am Westufer als auch der Dubai Creek Golf & Yacht Club an der Ostseite punkten mit perfekten Rasenflächen.

Dubai ist eine Meisterin des Geheimnisvollen. Die Stadt überrascht ihre Besucher immer dann, wenn sie glauben, sie zu durchschauen. Kurz vor dem Ende der Fahrt wird man von Hunderten Flamingos, Störchen, Schnepfenvögeln, Regenpfeifern und anderen Wasser- und Sumpfvögeln überrascht. Ein Vogelschutzgebiet ist vielleicht das Letzte, was man in dieser Stadt mit Mega-Malls und Luxushotels erwarten würde. Aber in Dubai lernt man, dass das Unerwartete die Norm ist. Das Ras Al Khor Wildlife Sanctuary von seinem Platz auf einem alten Holz-*Abra* aus zu bewundern ist ein passendes Finale für diesen kurzen Ausflug hinter die Kulissen des Stadtzentrums von Dubai.

DUBAI WATER CANAL

2016 wurde der Dubai Water Canal eröffnet. Im Grunde genommen verwandelte er Dubais Stadtzentrum in eine Insel. Er beginnt dort, wo der Meeresarm endet, schneidet eine 3 km lange Furche durch die Business Bay und verbindet den Meeresarm mit dem Persischen Golf. Am Kanal befinden sich Hotels, ein Einkaufszentrum, zahllose Restaurants und viele Wege, die zu sehenswerten Bauten führen.

 Man sollte mit einem Bummel durch die schmalen Gassen des Dubai Spice Souq beginnen.

 Unbedingt die Deira Twin Towers auf einem Foto festhalten.

 Beim Passieren des Dubai Creek Golf & Yacht Club Gefahr durch umherfliegende Golfbälle!

 Ausschau halten nach den im Ras Al Khor Wildlife Sanctuary nistenden Zugvögeln.

 Die traditionellen Holz-*Dhows* bewundern, die den Weg der *Abras* auf dem Dubai Creek kreuzen.

 Auf dem Rückweg zum Anleger das Dubai Museum im alten Al Fahidi Fort besuchen.

LEGENDÄRE SCHIFFSREISEN

Kapstadt: An Bord eines Fischkutters

SÜDAFRIKA

START KAPSTADT
ZIEL TRISTAN DA CUNHA
STRECKE 2801 KM (1740 MEILEN)
DAUER 7 TAGE

In einer Zeit, in der jeder Moment unserer Reise auf Instagram publik gemacht wird, in der die Satellitennavigation sicherstellt, dass wir uns nicht verlaufen, in der uns Mitfahragenturen dorthin bringen, wo wir hin müssen und Airbnb garantiert, dass wir bei unserer Ankunft ein Bett haben, ist ein Trip nach Tristan da Cunha eine Reise in die Vergangenheit. Wer schon immer mal wie anno dazumal vor dem Internet reisen wollte, kann sich diesen Traum auf einer einwöchigen Fahrt mit dem Fischkutter von Kapstadt, Südafrika, gen Westen zu einer der abgelegensten bewohnten Inseln der Welt erfüllen – Tristan da Cunha. Auf diesem Trip besinnt man sich auf das Wesentliche, denn man muss sich selbst unterhalten. Der Fahrplan richtet sich übrigens nach der Wettervorhersage.

❶ AUF DEM WASSER

Kaum ist Kapstadts Tafelberg nicht mehr zu sehen, überkommt einen ein Gefühl der Einsamkeit. Zuerst gibt es keinen Handyempfang mehr. Dann ist man plötzlich nur noch von dem riesigen Atlantik umgeben, der sich in alle vier Himmelsrichtungen erstreckt. Der Zeitvertreib an Bord ist einfach: Man liegt in der Koje und liest – vorausgesetzt, dass man nicht seekrank ist.

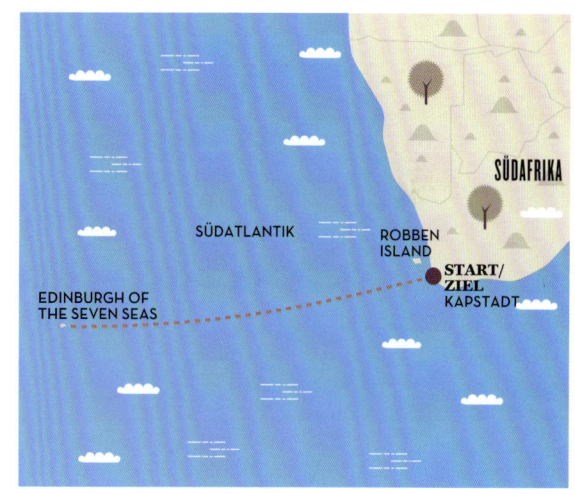

Man geht gelegentlich an Deck, schnappt sich einen Deckchair, beobachtet die Wellen … Die einfachen Mahlzeiten werden in der Messe zusammen mit den anderen Passagieren eingenommen – Bewohner der Insel Tristan da Cunha auf dem Weg nach Hause, manchmal auch Traveller. Wenn man das Glück hat, einen schwatzhaften Inselbewohner an Bord zu haben, dann sind die Mahlzeiten das Highlight des Trips. Man bekommt einen Einblick in das Leben auf einer Insel, die 2415 km von der nächsten Siedlung entfernt ist.

Wenn sich Seekrankheit bemerkbar macht – selbst erfahrene Seeleute erwischt es manchmal, wenn sie in die berühmt-berüchtigten *Roaring Forties* (starke Westwinde in Teilen der Südhalbkugel) kommen –, kann die einwöchige Schiffsreise schnell zur Hölle werden. Und gerade wenn man sich fragt, ob man die Schaukelei überstehen und jemals ankommen wird, sieht man den Schatten der Vulkaninsel Tristan da Cunha in der Ferne. Klar, die Reise ist noch nicht zu Ende – es kommt noch das oft spannende Von-Bord-

LEGENDÄRE SCHIFFSREISEN

UNTEN: Die abgeschiedene Insel Tristan de Cunha
RECHTS: Der Tafelberg
DARUNTER: Attraktion unterwegs: ein zehnarmiger Tintenfisch
SEITE 34: Fischkutter vor Kapstadt

Gehen. Tristans Hafen ist nicht für große Schiffe ausgebaut. Oft wird vor der Küste geankert und der letzte Abschnitt in einem kleinen Boot zurückgelegt. Wie man umsteigt, hängt stark von den Bedingungen beim Ausschiffen ab. Vielleicht wird man in einer an einem Kran hängenden Metallkiste vom Schiff gehoben. Vielleicht muss man aber auch selbst an einer am Schiffsrumpf befestigten Strickleiter hinunterklettern. Unter einem schaukelt ein Boot in den Wellen und man kann nur hoffen, dass man den Schritt nach unten in einem Moment der Ruhe wagen kann und nicht, wenn ein nervenzerreißender Schwall eiskalten Meerwassers plötzlich unter den Füßen auftaucht.

Betritt man schließlich die Insel – mit etwas Pech nach mehreren Tagen des Wartens auf den geeigneten Moment –, wird man im Hafen von vielen der 254 Bewohner Tristans begrüßt. Wie die ganze Fahrt selbst, so ist auch der Aufenthalt auf Tristan ein Schritt in die Vergangenheit. Altmodische Gastfreundschaft mit Tee und Keksen tritt an die Stelle des Whatsappens mit

Einen flüchtigen Blick auf Robben Island werfen. Auf dieser Gefängnisinsel war einst Nelson Mandela inhaftiert.

Fünf ganze Tage lang nichts als den weiten, rauen Ozean genießen.

Bei Annäherung an Tristan Albatrosse auf der Jagd nach Fischen im Kielwasser beobachten.

LEGENDÄRE SCHIFFSREISEN

AUF DER INSEL

Besucher halten sich in der Regel eine Woche auf der Insel auf. Dort warten einfache Freuden auf sie: den schwindelerregenden Vulkan besteigen, in der Inselkneipe eine Dose Bier trinken oder eine holprige Runde Golf im Beisein von Kühen und Hühnern spielen. Vogelfreunde können einen Ausflug zum nahen Nightingale Island unternehmen, auf der etwa eine Million Vögel, aber keine Menschen leben.

> „Wie die ganze Fahrt selbst, so ist auch der Aufenthalt auf Tristan ein Schritt in die Vergangenheit."

abwesenden Freunden. Klar, die Fahrt hierher kann beschwerlich sein, doch sind ein paar Tage Seekrankheit ein kleiner Preis für die Möglichkeit einer Reise in eine andere Zeit.

❷ AN BORD

Die meisten Schiffe, die sich auf den Weg zur Insel machen, sind Fischkutter. Die herzhaften Mahlzeiten (Vollpension) werden in der Messe serviert. An Bord kann man nichts kaufen. Snacks, Getränke und Mittel gegen Seekrankheit muss man selbst mitbringen. Die Kabinen sind einfach – Schlafkojen, ein kleiner Tisch und ein Spind. Für die etwa ein Dutzend Passagiere gibt es ein Gemeinschaftsbad. Eine Ausnahme ist das Forschungsschiff S. A. *Agulhas*, die jährlich im September mit bis zu 100 Passagieren diese Reise antritt.

❸ LOS GEHT'S

Zehn Schiffe pro Jahr unternehmen diese Fahrt. Alle Reisen müssen über den Inselausschuss (www.tristandc.com) gebucht werden. Auf den meisten Schiffen gibt es nur ein paar Betten, sodass man mehrere Monate im Voraus buchen sollte. Keine Zwischenstopps unterwegs! Sommer (Nov. – Jan.) ist die beste Reisezeit. Tristan ist britisches Territorium: vorab checken, ob man ein Visum benötigt. Die Genehmigung des Besuchs der Insel muss vorher vom Inselausschuss erteilt werden. Flexible Reisedaten sind ein Muss, denn je nach Wetter- und Seebedingungen können sich die Abfahrten der Schiffe tagelang verzögern. Wenn ein Inselbewohner medizinische Hilfe benötigt, kann es sein, dass man seinen Platz abtreten muss. **LC**

- Nach Tagen ohne Land in Sicht endlich die Umrisse von Queen Mary's Peak erkennen.
- Wenn die ganze Insel das Boot bei der Ankunft in Edinburgh of the Seven Seas begrüßt, muss man einfach lächeln.
- Man sollte ein Fernglas im Gepäck haben, um die vielen gefiederten Bewohner auf Nightingale Island zu beobachten.

AMERIKA

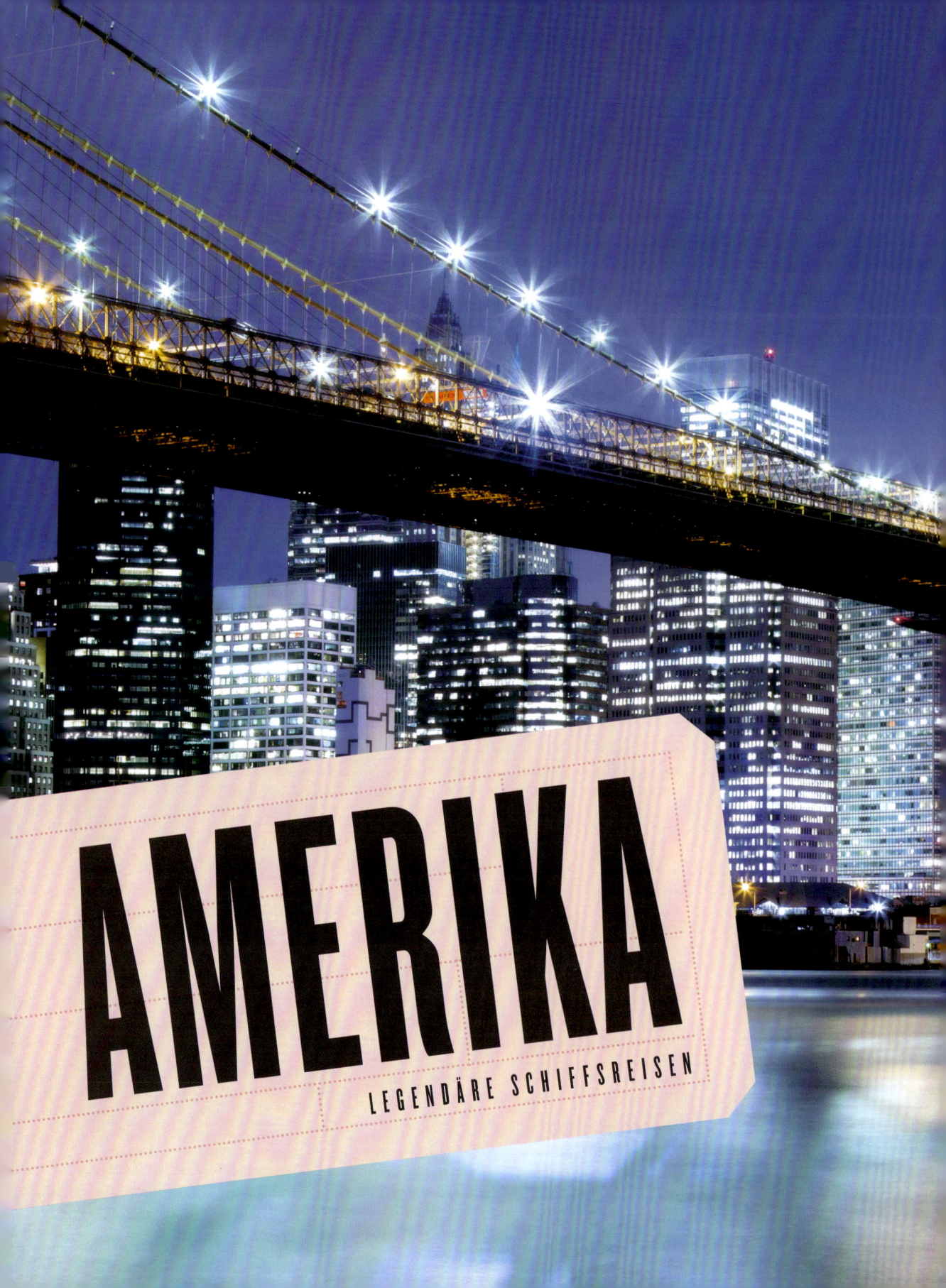

LEGENDÄRE SCHIFFSREISEN

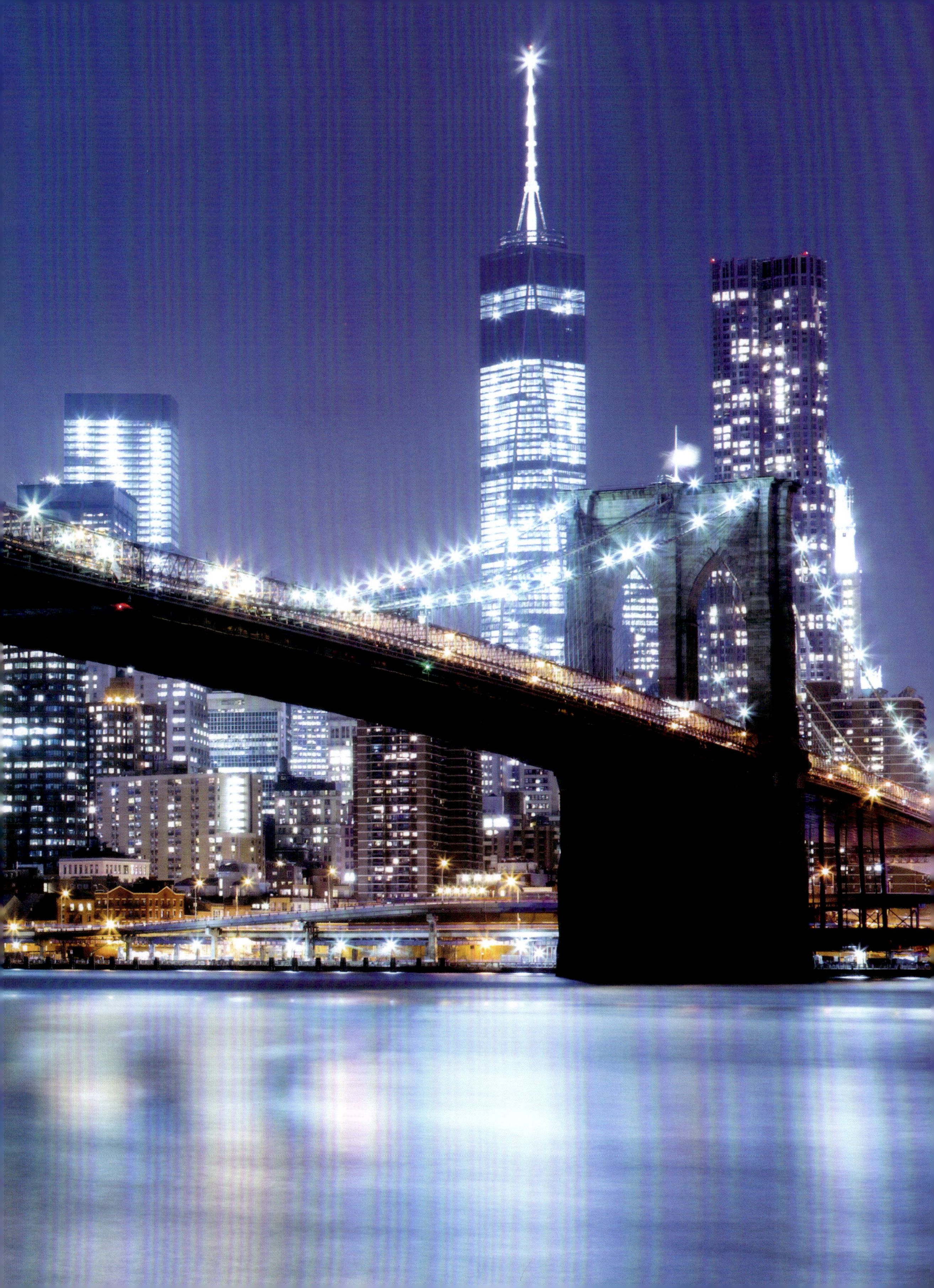

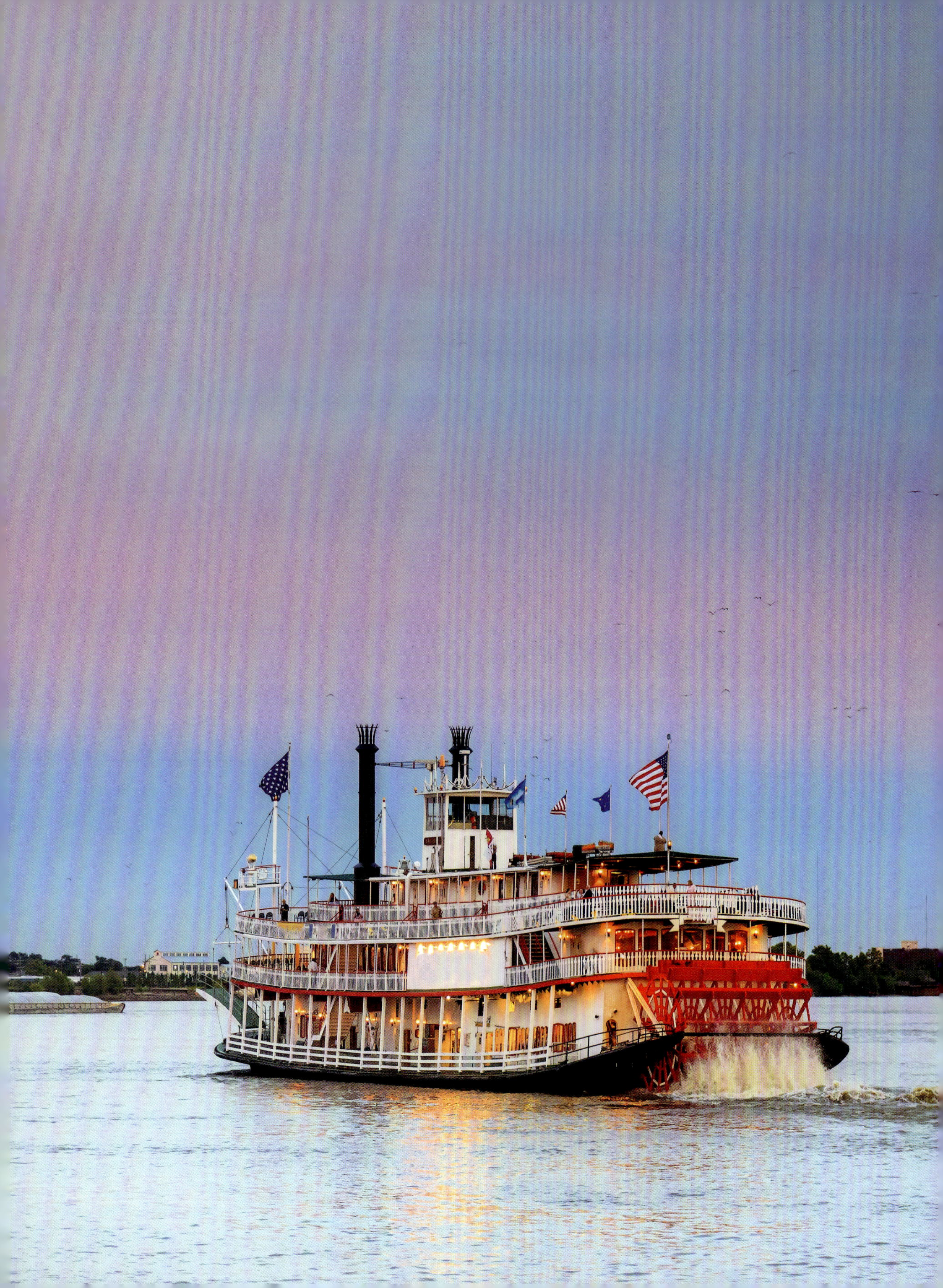

LEGENDÄRE SCHIFFSREISEN

Mississippi Raddampfer

USA

START ST. LOUIS, MISSOURI
ZIEL ST. PAUL, MINNESOTA
STRECKE 947 KM (588 MEILEN)
DAUER 9 TAGE

Nur wenige Flüsse lösen so viele Gefühle aus wie der Mississippi, der Lebensnerv des Landes. An einigen Stellen wirkt er so unendlich wie das Meer, an anderen ist er so schmal wie ein Kanal. 3784 km lang schlängelt er sich vom Lake Itasca in Minnesota zum Golf von Mexiko und passiert unterwegs zehn Bundesstaaten. Eines ist jedenfalls klar: Der Mississippi ist ein mächtiger, großer Fluss. Und es gibt keine bessere Art ihn kennenzulernen als an Bord eines klassischen Raddampfers wie der American Queen.

❶ AUF DEM WASSER

Betritt man die *American Queen*, geschieht etwas Besonderes: Man taucht in eine Zeit ein, in der es noch üblich war, auf Flüssen zu reisen. Der größte je gebaute Raddampfer mit seinen schattigen, filigranen Decks und seiner prächtigen Doppeltreppe, die man in Abendgarderobe hinabschreitet, trägt seinen majestätischen Namen zu Recht. Das Personal alter Schule läuft im Speisesaal umher, poliert die holzgetäfelte Bibliothek auf Hochglanz und kümmert sich um die mit Velourstapete und Antiquitäten ausgestatteten Suiten. Unterhaltung fehlt natürlich auch nicht – u. a. treten jeden Abend im Engine Room Jazz- und Country-Bands auf. Viele Gäste begnügen sich aber damit, im Schaukelstuhl zu relaxen oder am Pool auf dem Oberdeck die vorbeiziehende Landschaft zu genießen.

Und dann ist da noch der Mississippi selbst. Die malerischen kleinen Orte und die weiten Wiesen und Felder von der Straße aus zu erkunden, ist eine Sache, sie vom Fluss aus zu sehen, lässt sie in einem völlig anderen Licht erscheinen. Die Routen der Raddampfer sind unterschiedlich. Die Fahrt auf dem Oberlauf von St. Louis nach St. Paul führt beispielsweise mitten durch

LEGENDÄRE SCHIFFSREISEN

die Mark-Twain-Gegend, vorbei an verschlafenen Städtchen und fruchtbarem Ackerland, die zu Geschichten wie *Die Abenteuer des Huckleberry Finn* anregten.

Bevor sich im 18. und 19. Jh. Kolonisten und Pioniere als Farmer, Pelztierjäger und Holzfäller am Fluss niederließen, war der Upper Mississippi Heimat der amerikanischen Ureinwohner, was an einigen Ortsnamen zu erkennen ist. Französische Pelztierjäger gründeten 1764 St. Louis in Missouri – eine beeindruckende Stadt an einer Flussbiegung. Ihr bekanntestes Wahrzeichen ist der kolossale Gateway Arch, der in den 1960er-Jahren als glitzerndes Symbol der im 19. Jh. nach Westen stattfindenden Expansion der USA errichtet wurde.

Der Raddampfer tuckert gemütlich weiter und schnell weicht der Lärm der Stadt der Weite des Flusses. Die Tage an Deck vergehen geruhsam, gelegentlich sind Reiher und Weißkopfseeadler zu sehen und immer wenn der Raddampfer eine Schleuse passiert, bläst die Pfeifenorgel ihr Lied in die Luft.

NOCH EIN LITERATISCHES ERBE

In einem Schreiben, das der in St. Louis geborene Lyriker und Dramatiker T.S. Eliot 1930 an den Journalisten Marquis W. Child richtete, hielt er eine Lobrede auf seine Kindheit an dem großen Fluss und behauptete, dass der Mississippi „eine tiefere Wirkung" auf ihn gehabt habe als andere Orte auf der Welt. Robert Crawfords Biografie *Young Eliot: From St Louis to The Waste Land* ist eine beeindruckende Schilderung seiner Kindheit und frühen Jugend.

- Wenn sich der Raddampfer auf den Weg macht, heißt es, St. Louis und dem monumentalen Gateway Arch Lebewohl zu sagen.
- Zum Beobachten der Weißkopfseeadler, Reiher, Kraniche, Pelikane und all der anderen Vögel sollte man ein Fernglas im Gepäck haben.
- Hannibal, Mark Twains Tummelplatz, der ihn zu vielen seiner Bücher inspirierte, unter die Lupe nehmen.

LEGENDÄRE SCHIFFSREISEN

LINKS: Jackson Square in New Orleans am Ende des Mississippi **RECHTS:** Gateway Arch in St. Louis
UNTEN: Skyline von St. Paul. **SEITE 40:** Ein Raddampfer auf dem Mississippi in der Nähe von New Orleans
SEITE 44/45: Die *American Dutchess* bei der Ankunft in Prairie du Chien

Hannibal mit all den Galerien und Antiquitätenläden ist auf den ersten Blick ein bescheidener Ort. Doch diese Stadt in Missouri hat in der Literatur ihren festen Platz als Heimat von Samuel Langhorne Clemens alias Mark Twain. In dem hiesigen Museum, das sich über acht Gebäude erstreckt, erfahren Besucher alles über die Charaktere, die in seinen jungen Jahren eine Rolle spielten und ihn später zu seinen Geschichten inspirierten, darunter Tom Blankenship (in *Die Abenteuer des Huckleberry Finn*) und Laura Hawkins (Becky Thatcher in *Die Abenteuer des Tom Sawyer*). In seinen Memoiren aus seiner Zeit als Raddampferkapitän beschreibt Twain die Stadt in *Leben auf dem Mississippi* (1883) als Ort mit einem Lebensrhythmus fast so langsam wie die Schiffe, die auf dem Fluss dahintreiben.

Weiter geht's nach La Crosse in Wisconsin. Der Ort wurde von dem Entdecker Zebulon Pike 1805 so genannt, da das gleichnamige Ballspiel dort gespielt wurde. In Red Wing, Minnesota, sollte man sich ein Fahrrad ausleihen und einen 32 km langen Abschnitt des Cannon Valley Trail in Angriff nehmen. Der Weg folgt einem Nebenfluss des Mississippi durch Laubbaumwälder und Grassteppen.

Nicht nur Twain fand Romantik in dem Fluss, den er in *Leben auf dem Mississippi* als „so ruhevoll wie ein Traumland" beschrieb. Der große F. Scott Fitzgerald ist ebenfalls am Fluss geboren – in St. Paul. Wenn der pfirsichfarbene Sonnenuntergang dem Nachthimmel weicht und der Raddampfer seinem letzten Anlaufhafen entgegenfährt, versteht man, warum Literaten in diesem Fluss ihre Poesie gefunden haben.

In La Crosse durch den Riverside Park und die benachbarten Friendship Gardens bummeln.

In Red Wing auf ein Fahrrad steigen und den tierreichen Cannon Valley Trail entlangradeln.

Die historischen Straßen von St. Paul, dem Geburtsort von F. Scott Fitzgerald, erkunden.

LEGENDÄRE SCHIFFSREISEN

„Das Beste: Es handelt sich um echte Dampfschiffe, die ihre Schaufelräder tatsächlich benutzen."

❷ AN BORD

Auf diesem klassischen Oldtimer reist man mit Stil. Mit den filigranen Metallarbeiten, der holzgetäfelten Bibliothek, dem Grand Saloon und den Aussichtsdecks, auf denen die Klänge der Dampfpfeifenorgel ertönen, wird eine Zeit des eleganten Reisens heraufbeschworen. Alle Unterkünfte – von luxuriösen Außengemächern mit privater Veranda bis hin zu vornehmen Suiten – bieten viel Platz und Details aus alten Zeiten. Das Beste ist aber, dass es sich um echte Dampfschiffe handelt, die ihre Schaufelräder tatsächlich benutzen.

❸ ANDERE TOUREN

Drei Raddampfer (die *American Queen*, die *American Duchess* und die *American Empress*), die alle von der American Queen Steamboat Company betrieben werden, bieten eine große Auswahl an Routen an, darunter auf dem Illinois River von St. Louis nach Chicago und dem Lower Mississippi von New Orleans nach Memphis. In zwei Wochen kann man den gesamten Mississippi River von Red Wing bis nach New Orleans kennenlernen.

❹ LOS GEHT'S

Die durchschnittliche Dauer einer Raddampferfahrt beträgt neun Tage, für den gesamten Mississippi werden 23 Tage veranschlagt. Tickets bekommt man online oder telefonisch. Man sollte lange im Voraus buchen, vor allem für Fahrten in den Sommermonaten. Die meisten Fahrten sind one-way mit mehreren im Preis enthaltenen Landausflügen. Die meisten Fahrten werden vom Frühjahr bis zum Herbst angeboten. Im Preis enthalten sind außerdem eine Hotelübernachtung vor dem Ablegen, Transfers, alle Mahlzeiten an Bord, 24-Std.-Zimmerservice, nicht alkoholische Getränke sowie Bier und Wein zum Abendessen. **KW**

COURTESY OF THE AMERICAN QUEEN STEAMBOAT COMPANY

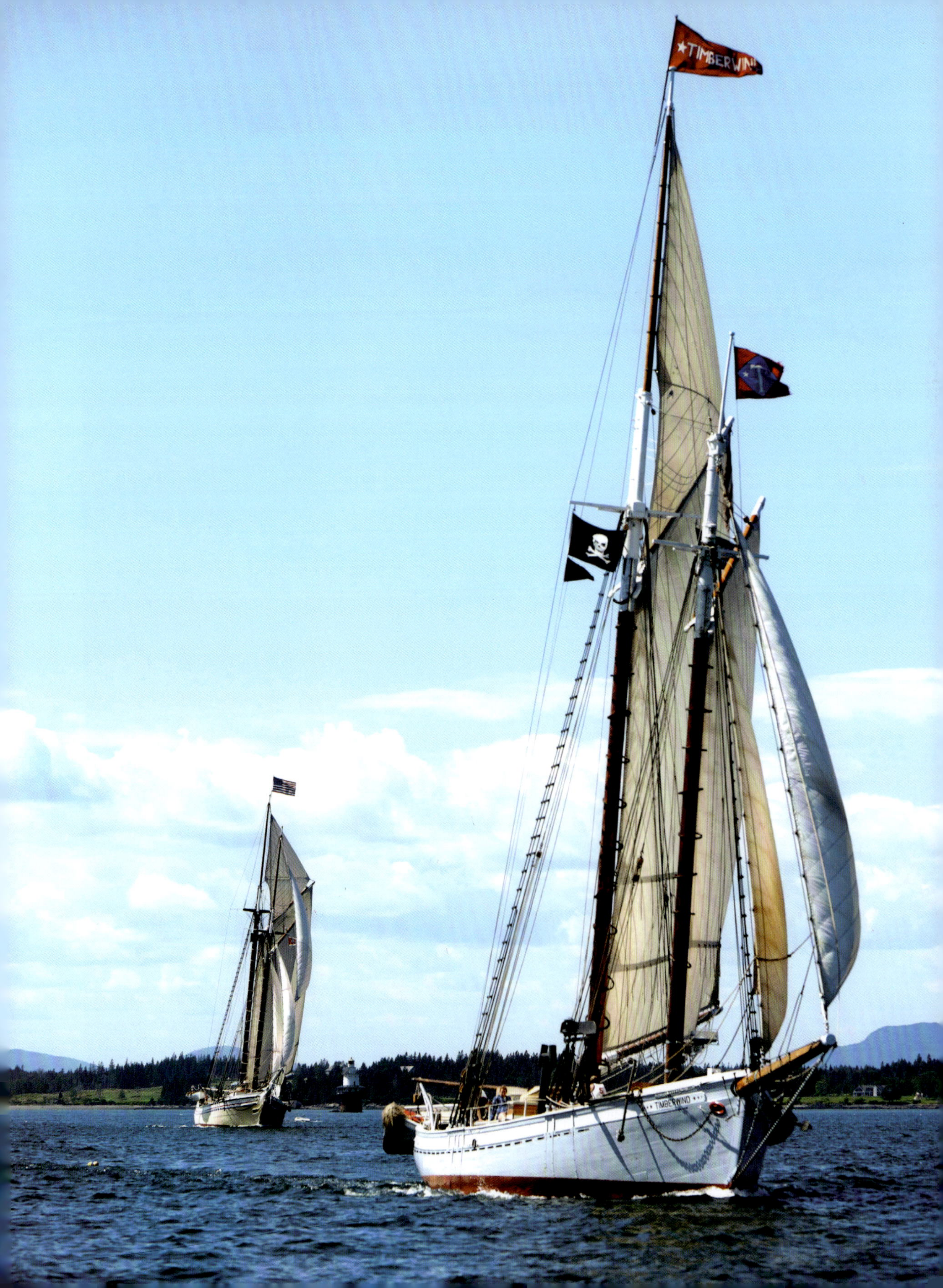
TIMBERWIND

LEGENDÄRE SCHIFFSREISEN

Maine Windjammer

USA

START CAMDEN ODER ROCKLAND
ZIEL CAMDEN ODER ROCKLAND
STRECKE 93–222 KM (50–125 MEILEN)
DAUER 3, 4, 6 NÄCHTE

Ein Segeltörn auf einem historischen Windjammer ohne festen Zeitplan und ohne Ablenkung durch das moderne Leben – New-England-Romantik vom Feinsten. Ein solcher Törn bedeutet, zwischen Leuchttürmen, kolonialzeitlichen Küstenorten in Maine und Hunderten von einsamen Inseln mit Kiefernwäldern und Granitfelszungen herumzuschippern. Bevor Passagiere mitgenommen wurden, befanden sich an Bord dieser Schoner mit den hohen Masten Handelsmatrosen, Fischer und Austernbagger. Zwei der aktiven Passagierwindjammer stammen aus 1871. Windjammertörns sind weniger eine Kreuzfahrt als vielmehr lebende Geschichte, man hilft beim Segelhissen und singt Seemannslieder – aber nur, wenn man nicht allzu sehr damit beschäftigt ist, zu relaxen oder zu schlemmen.

❶ AUF DEM WASSER

Auf seinem ersten Windjammertörn lernt man die nautische Terminologie – Backbord und Steuerbord, Halse und Wende –, es ist eine Schande, aber es gibt keinen Segelausdruck, der „gemütlich bummeln" entsprechen würde. Denn nichts würde die Fahrt eines Windjammers besser beschreiben als „nautisches Bummeln".

Manchmal verleiht Reisen neuen Antrieb, sich körperlichen oder kulturellen Herausforderungen zu stellen, manchmal verleitet es aber auch zum puren Nichtstun. Maine-Windjammer-Törns gehören entschieden zur letzten Kategorie. Man wird ermutigt, sich auszuruhen und zu genießen, man kann aber auch mit anpacken, ideal für alle, die schon immer wissen wollten, wie das eigentlich geht mit der Segelei. Man kann helfen, die Kette aufzuschießen (d. h. die Ankerkette flach auf den Boden legen nachdem man sie an Bord geholt hat, damit man sie später wieder wie geschmiert hinunterlassen kann), die Segel zu hissen …

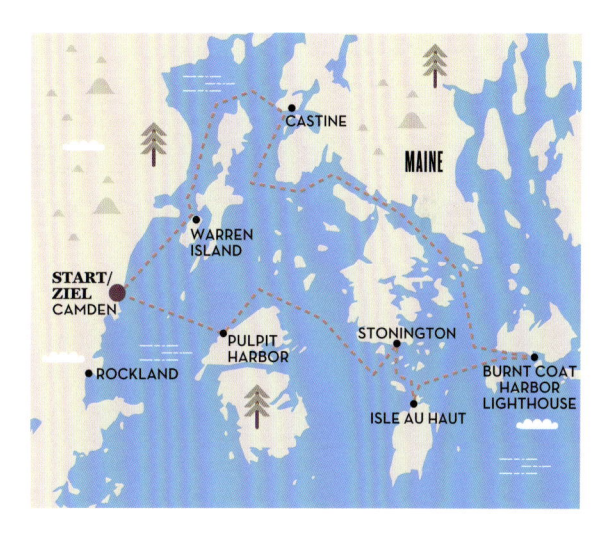

Nach all diesem (Nichts-) Tun hat man ein herzhaftes Mahl verdient. Zitronen-Schnittlauch-Brötchen, Meeresfrüchtesuppe, Pancakes mit Maine-Blaubeeren: Windjammertörns sind bekannt für frische, köstliche Speisen. Annie Mahle, zweite Kapitänin an Bord der *J & E Riggin*, hat sogar schon drei Kochbücher mit Gerichten veröffentlicht, die sie auf dem gusseisernen Ofen des Schiffes aus dem Jahr 1927 zubereitet hat.

Dieses Segelschiff erweckt in der Tat den Eindruck einer Pension aus dem 19. Jh. Nach ein oder zwei Ta-

LEGENDÄRE SCHIFFSREISEN

gen an Bord sind die meisten der modernen Gerätschaften in den Kabinen in Vergessenheit geraten und es wird stattdessen an Deck mit neuen Freunden geplaudert (etwa die Hälfte der Passagiere sind Wiederholungstäter). Zwischen den Inselwanderungen zeichnet man Leuchttürme oder spielt Cribbage. Statt Kasino, Shuffleboard oder Disko besteht die Unterhaltung darin, Steine übers Wasser springen zu lassen, Sternschnuppen zu beobachten oder mehr über die Geschichte und Kultur an der Küste Maines zu erfahren.

„Egal, wohin einen der Windjammer bringt, man kann sicher sein, dass man Leuchttürme sehen wird."

Eines der Highlights ist die Fahrt durch die Penobscot Bay mit ihren Hunderten von Inseln. Vielleicht wird in Pulpit Harbor auf der North Haven Island angelegt und zu einem Felsvorsprung mit Blick über die idyllische Bucht gewandert. Vielleicht werden auch die Orte Stonington oder Castine besucht, um die historische Architektur zu bewundern, oder die Isle au Haut angelaufen, um durch den Acadia National Park zu wandern. Egal, wohin einen der Windjammer bringt, man kann sicher sein, dass man Leuchttürme sehen wird.

Und da man ja in Maine ist, endet jeder Windjammertörn mit einer Hummerparty. Die Crew besorgt fangfrische Hummer und dämpft sie in Seetang unterm Sternenhimmel an einem Inselstrand – würdiger Abschluss einer wahrlich besonderen Erfahrung!

❷ AN BORD

Dieser Trip ist etwas für diejenigen, die mehr Wert auf Abenteuer als auf Luxus legen. Nasszellen (Toiletten und Duschen) sind fast immer Gemeinschaftsbäder. Die Kabinen liegen dicht nebeneinander, Ohrstöpsel nicht vergessen! Ein paar Windjammer sind weniger rustikal, aber der Charme liegt doch in der Authentizität!

❸ ANDERE TOUREN

Die Karibik ist der einzige andere Ort, in der Törns auf historischen Windjammern angeboten werden. Erscheint die Flotte in Maine vielleicht etwas einfach, ist die in der Karibik exklusiver. Die Kabinen auf den Windjammern dort sind geräumiger, viele haben eine private Toilette oder sogar eine Dusche.

❹ LOS GEHT'S

Mittwochs und samstags sind die beliebtesten Starts. Die Törns mit zwei bis elf Übernachtungen finden von Ende Mai bis Anfang Oktober fast täglich statt. Acht Windjammer haben sich unter www.sailmainecoast.

SEGELN WIE AUF DEM MAINE QUARTER

Wer sich schon mal die Rückseite des Maine Quarter (Geldstück) angeschaut hat, hat vielleicht festgestellt, dass rechts neben dem abgebildeten Leuchtturm ein prachtvoller Großsegler abgebildet ist. Es ist die *Victory Chimes*, einer der Maine-Windjammer, auf dem man auch heute noch mitsegeln kann. Er wurde 1900 ursprünglich als Küstenhandelsschiff gebaut und war im Zweiten Weltkrieg in der Chesapeake Bay im Einsatz.

Nach einem Tag, den man mit Shoppen, Sightseeing und Speisen zugebracht hat, geht man in Camden oder Rockland an Bord.

In Pulpit Harbor auf der North Haven Island sieht man mehr Sterne als man sich vorstellen konnte.

Eine Wanderung auf der pittoresken Isle au Haut im Acadia National Park mitten in der Penobscot Bay unternehmen.

OBEN: In Bar Harbor an Bord des Windjammers *Margaret Todd* gehen **RECHTS:** Bass Harbor Lighthouse im Acadia National Park
SEITE 47: Ein Windjammer unter Segeln

com zusammengeschlossen, drei unter www.maine-windjammercruises.com. Zudem gibt es die *J & E Riggin* (www.mainewindjammer.com). Einige der Themen-Törns (Herbstlaub, Essen und Wein) sind Monate im Voraus ausgebucht. Alle Törns starten in Camden oder in Rockland, Maine. Die Strecke wird täglich neu beschlossen, es ist aber immer eine Wanderung, höchstwahrlich ein historischer Ort und mit ziemlicher Sicherheit am letzten Abend eine Hummerparty am Strand enthalten. In der Zwischensaison (Mai & Juni, Sept. & Okt.) kann es kühl sein, dafür sind die Törns aber oft preiswerter. In Juli und August ist am meisten los, dann ist auch das Wetter am besten. **AL**

© RON THOMAS / GETTY IMAGES

- In Castine oder Stonington die stattlichen Gebäude im Georgianischen und Federal Stil aus dem 19. Jh. bewundern.
- Wie wär's mit einem Bummel zur Burnt Coat Harbor Light Station, einem der Leuchttürme, die man auf einem Windjammertörn sieht.
- Eine traditionelle Maine-Hummerparty genießen, die meist in einer Bucht auf einer einsamen Insel stattfindet.

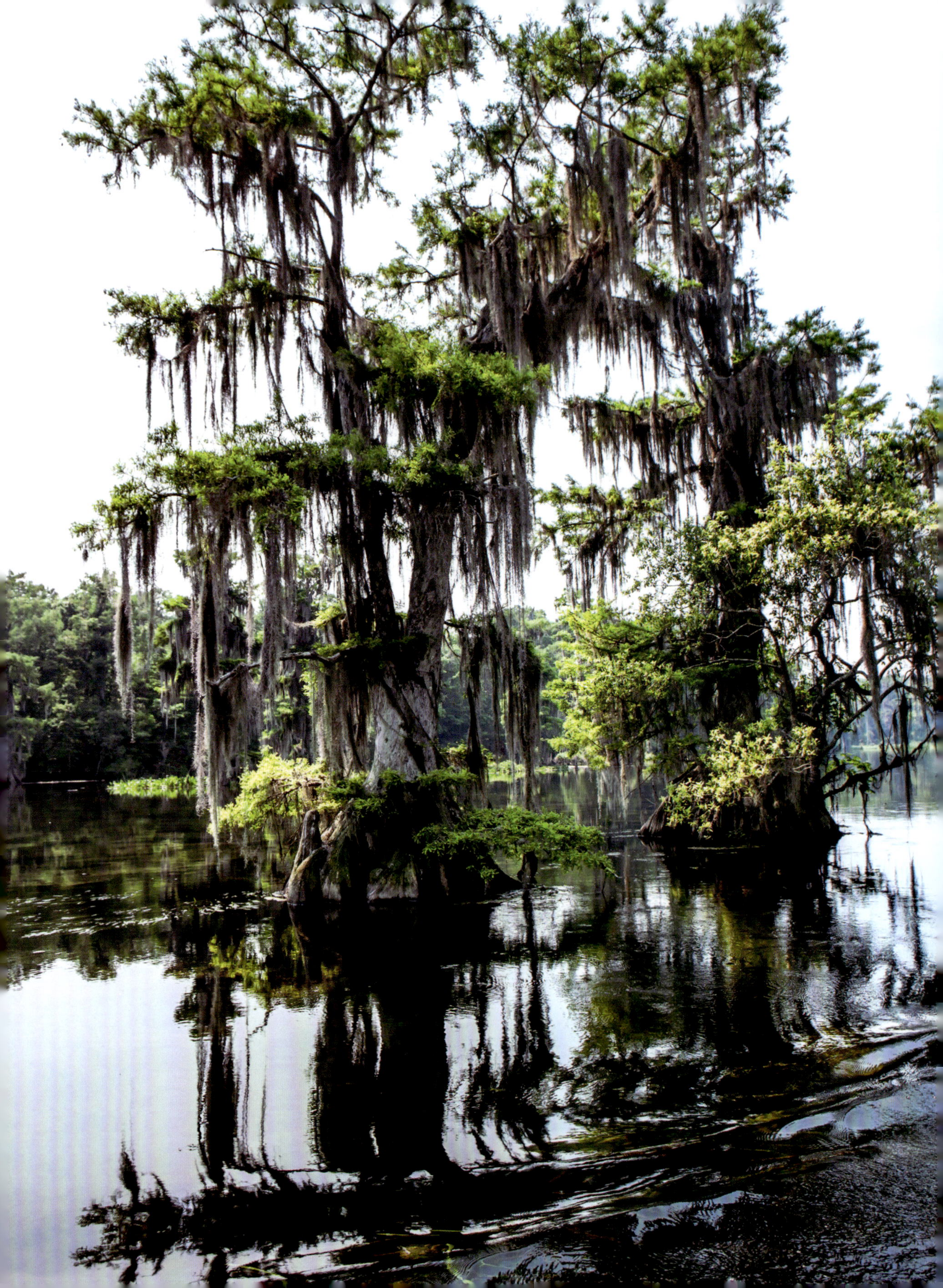

LEGENDÄRE SCHIFFSREISEN

Florida Glasbodenboote

USA

START/ZIEL WAKULLA, SILVER & RAINBOW SPRINGS

ZIEL WIE START

STRECKE EINIGE KM (MEILEN)

DAUER 30 MIN. – MEHRERE STUNDEN

Die ersten Europäer, die Floridas rund 700 Naturquellen sahen, dachten, sie seien verzaubert. Sie blubbern saphirblau, türkisfarben und aquamarinblau aus dem Erdboden und erwecken den Eindruck von Luftspiegelungen in dem subtropischen Wald. Schon im 19. Jh. strömten Touristen zu den Quellen. Heute werden auf einigen der größeren Quellen Ausflüge in Glasbodenbooten angeboten – besser kann man diese wunderbaren Wasserflächen kaum erkunden.

❶ AUF DEM WASSER

Wer an Florida denkt, hat wahrscheinlich Strände, Miami und Micky Maus im Sinn. Jenseits der goldenen Strände und tropischen Städte des Bundesstaates gibt es aber noch ein anderes, wildes Florida. Ein Florida mit staubigen Orangenbuden am Straßenrand, mit von Moos überwucherten Sümpfen, mit Alligatoren, deren von Mücken eingenebelte Augen in der Dämmerung blinzeln, und mit Austernbuden, deren blecherne Jukebox-Musik bis spät in die Nacht dröhnt. Auf den Landstraßen trifft man auf magische Attraktionen: In überirdischem Blau glitzernde Naturquellen, in denen sich Fische, Seekühe und manchmal auch äußerst mysteriöse Kreaturen tummeln. Also nichts wie rauf auf ein altes Glasbodenboot – und der Zauber beginnt.

Im gleich nördlich der Hauptstadt Tallahassee gelegenen Wakulla Springs State Park fahren Touristen seit den 1870er-Jahren über einen 5 km langen Abschnitt tiefen, grünen Wassers. Damals sichteten sie in 46 m Tiefe Schildkröten und Alligatoren. Heute ist die Sicht aufgrund der Tannine, die über Nebenflüsse hierher gelangen, geringer, und die Glasbodenboote fahren nur an Wochenenden mit klarer Sicht raus. Aber der Trip ist noch immer grandios. Man gleitet durch den moosbewachsenen Zypressenwald, in dem Teile des in den 1930er-Jahren gedrehten Tarzan-Films aufgenommen wurden. Danach springt man in das 21 °C warme Wasser und relaxt anschließend in der im spanischen Stil erbauten Lodge at Wakulla Springs, in deren Lobby man von Old Joe, einem ausgestopften, 3 m langen Alligator, begrüßt wird.

Im Inland, in der Nähe der malerischen Stadt Ocala („Horse Capital of the World"), befindet sich der Silver Springs State Park, eine echt floridanische Touristenattraktion. Hier wurden 1878 die ersten Glasboden-

LEGENDÄRE SCHIFFSREISEN

DAS MASTODON IN DEN WAKULLA SPRINGS

1850 entdeckte die 20-jährige Sarah H. Smith in den Tiefen der Wakulla Springs enorme Knochen und Stoßzähne. Smith identifizierte sie ganz richtig als ein Mastodonskelett, das seit über 10 000 Jahren gut erhalten in dem klaren Wasser lag. Das Skelett wurde 1930 schließlich geborgen und befindet sich heute im Museum of Florida History in Tallahassee.

boote eingesetzt. Sie setzten Touristen über, die mit Dampfschiffen auf dem Silver River unterwegs waren. Heute gleiten die Boote über Seegras und schroffe, unter der Wasseroberfläche liegende Felsformationen sowie über die Mammoth Spring, die weltgrößte artesische Quelle in einer Kalksteinformation. Dem Park ist sein wunderbar historisches Flair mit Picknicktischen, Schaukelstühlen und Eisbuden erhalten geblieben. Ausschau halten nach Rhesusaffen – in den 1930er-Jahren wurden einige dieser Tiere hier ausgesetzt, um die Jungle-Cruise-Atmosphäre zu verstärken. Noch heute kann man hier und da einen Affen entdecken, der sich durch die Äste schwingt.

Der Besuch der Rainbow Springs im Norden von Central Florida bietet die Gelegenheit, selbst Kapitän eines Glasbodenbootes zu sein. Mit einem kleinen Charterboot kann man auf dem 9,2 km langen Rainbow River herumschippern und in dem flachen Wasser unter dem Boot Barsche, Otter und Schildkröten beobachten. Anschließend wandert man zu einem silbrig glitzernden Wasserfall, schnappt sich sein Fernglas zum Beobachten der Watvögel oder springt zum Schnorcheln in den Fluss. Es ist kaum vorstellbar, aber die ganze Gegend war vor der Eröffnung der Walt Disney World Anfang der 1970er-Jahre eine Haupttouristenattraktion. Heute geht es hier entspannter zu, was sowohl für Mensch als auch Tier gut ist.

❷ AN BORD

Die meisten Ausflüge in Glasbodenbooten sind nur kurz: eine halbe bis eine ganze Stunde. Man kann sich auf eine langsame Fahrt und unterhaltsame Kommen-

---

- Eine Seekuh entdecken, die in dem sanften Wasser der Wakulla Springs überwintert.
- Eine Nacht in der grandiosen, in den 1930er-Jahren im spanischen Stil erbauten Lodge at Wakulla Springs verbringen.
- Über die Mammoth Spring gleiten. Die artesische Quelle in einer Kalksteinformation versorgt Silver Springs mit Wasser.

LEGENDÄRE SCHIFFSREISEN

tare der Guides gefasst machen. Wer ein Boot ausleiht, sollte mindestens ein paar Stunden veranschlagen.

❸ LOS GEHT'S

Die Abfahrtzeiten der Boote sind abhängig von Jahreszeit, Wochentag und Wetter – man erfährt sie auf der Website oder telefonisch. Normalerweise gibt es keinen Grund, eine Tour im Voraus zu buchen. Charterboote können über die Websites der Betreiber gebucht werden. Der Sommer ist die schönste Zeit zum Baden in den Quellen, im Winter ist die Chance, Seekühe zu sichten am größten. Wer picknicken möchte: Bitte alle Überreste und Verpackungen wieder mitnehmen! **EM**

LINKS: Ein Glasbodenboot bei Silver Springs
RECHTS OBEN: Eine Seekuh in den Quellen
RECHTS UNTEN: Silver Glen Spring
SEITE 50: Louisianamoos im Wakulla Springs State Park

Einen Rhesusaffen beobachten, wie er bei Silver Springs in den Bäume rumtobt.

Den 9,2 km langen Rainbow River im eigenen Glasbodenboot erkunden.

Vom Boot ins Wasser springen und in dem flachen Rainbow River schnorcheln.

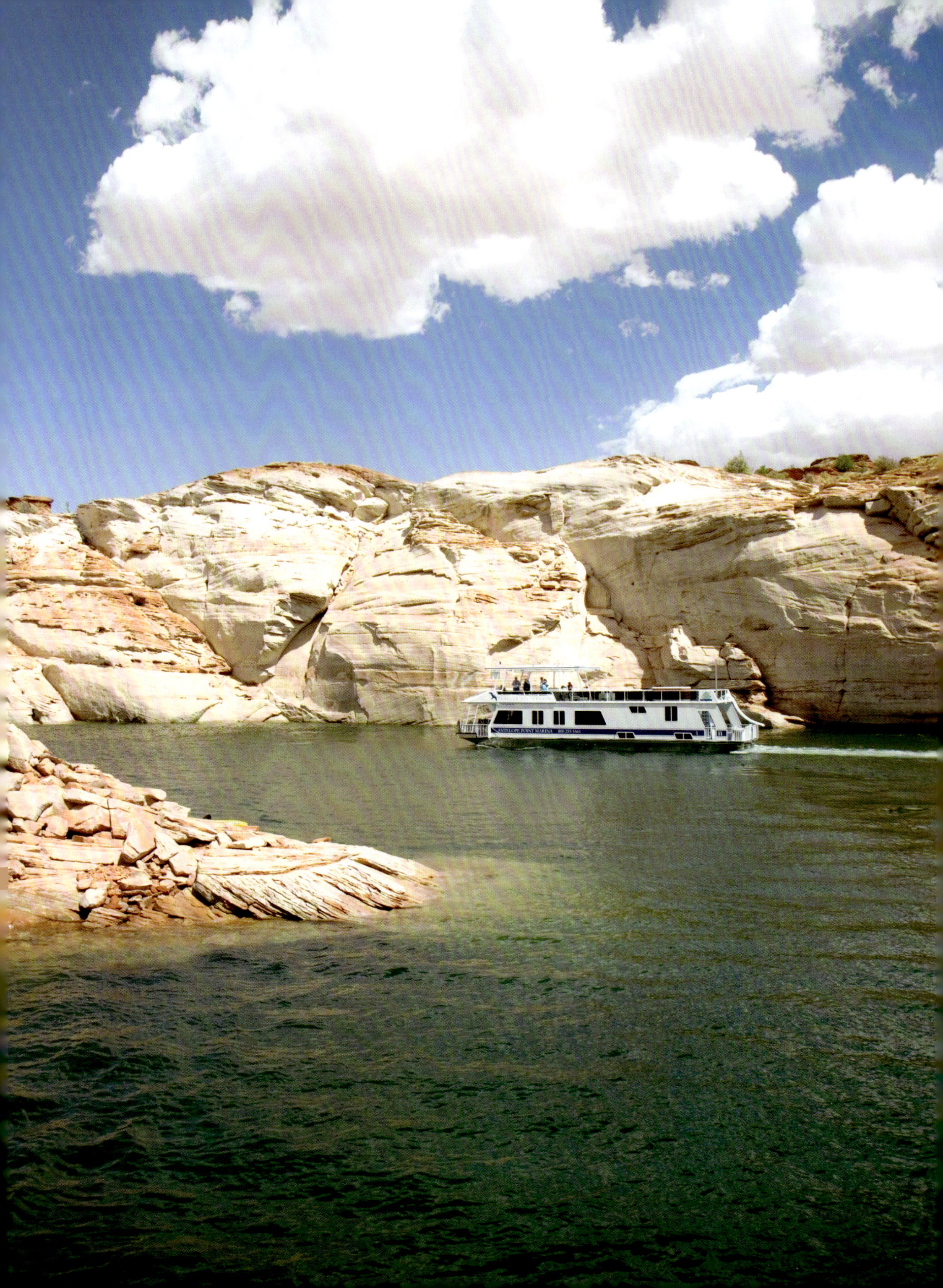

LEGENDÄRE SCHIFFSREISEN

Lake Powell Hausboot

USA

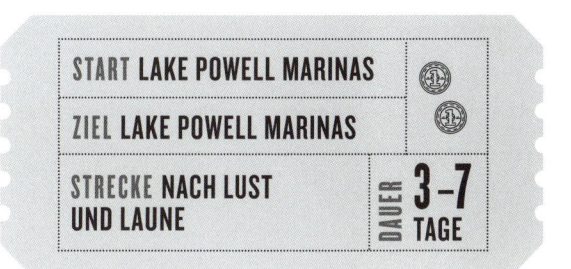

START	LAKE POWELL MARINAS
ZIEL	LAKE POWELL MARINAS
STRECKE	NACH LUST UND LAUNE
DAUER	3–7 TAGE

Der von der Sandsteinmondlandschaft Südutahs abgeschnittene Lake Powell verfügt über eine einzigartige Kraft, die einen die raue Energie der gewaltigen Wildnis des Südwestens der USA vor Augen hält. Auf der Fahrt durch das Canyon-Labyrinth dieses 647 km² großen, von Menschenhand geschaffenen Sees kann man einsame Buchten erkunden, zu archäologischen, von den Anasazi hinterlassenen Stätten wandern, Wasserski auf dem glasklaren Wasser laufen oder auch einfach nur an Deck eines 15 m langen Hausboots relaxen. Es ist der perfekte Ort, um die Ruhe und Gelassenheit eines der größten künstlichen Seen Amerikas zu genießen.

❶ AUF DEM WASSER

Bevor der Glen Canyon Dam in den 1960er-Jahren am Zusammenfluss des San Juan River und des Colorado River gebaut wurde, bestand der Glen Canyon aus einem enormen Labyrinth von Canyons aus dem sagenhaft roten Navajo Sandstone mit mehr als 2000 archäologischen Stätten. Mit der Schaffung des Lake Powell wurde hier einer von Amerikas malerischsten Seen geboren, der alljährlich von über 2 Mio. Menschen besucht wird. Sie alle planschen hier im Wasser, fahren mit Booten zu einsamen Buchten und genießen die überwältigende Schönheit und Größe des Sees. Der See ist das Produkt eines Kompromisses zwischen Mensch und Natur. An der 3156 km langen Uferlinie bieten 96 größere Nebencanyons den Besuchern Zugang zu

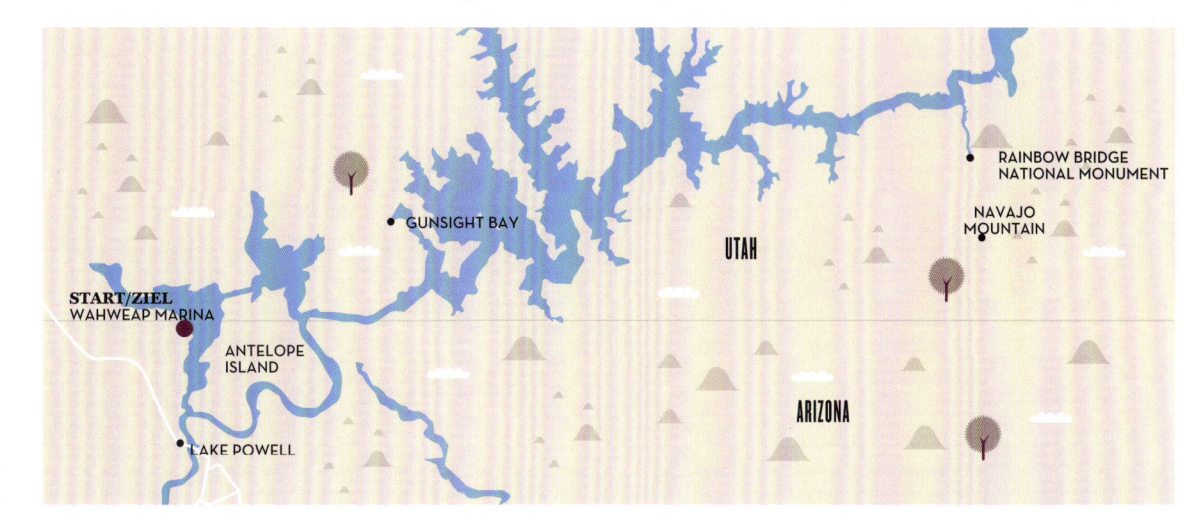

© DOUGLAS PEEBLES PHOTOGRAPHY / ALAMY STOCK PHOTO

LEGENDÄRE SCHIFFSREISEN

UNBEDINGT LESENSWERT

Edward Abbeys Bücher über den Südwesten Amerikas sind Pflichtlektüre. In seinem Roman *Die Monkey-Wrench-Gang* führt er die Leser in die Welt der nonkonformistischen Umweltschützer ein, die sich für die Zerstörung des Glen Canyon Dam einsetzen. Anschaulicher geht's in seinem Buch *Die Einsamkeit der Wüste* zu. Dieses Werk über Umweltschutz und Natur enthält auch ein spannendes Kapitel über den Glen Canyon, bevor er geflutet wurde.

einer unglaublichen Wasserlandschaft. Hier, wo Felsen auf Wasser und Himmel treffen, wird einem die ganze Schönheit des Sees bewusst.

Selbstverständlich kann man die unglaublichen Canyons und breiten Flussbetten, die sich an der Grenze zwischen Utah und Arizona erstrecken, im Rahmen geführter Touren befahren. Die meisten Besucher hier entscheiden sich aber dafür, den See auf eigene Faust zu erkunden – per Kajak, Speedboat und Hausboot. Eine Hausbootfahrt ist eine einzigartige Erfahrung. Sie ähnelt einer Fahrt im Wohnmobil – mit dem Unterschied, jederzeit ins klare Wasser springen zu können.

Die Fahrt beginnt in einer der großen Marinas wie Wahweap oder Dangling Rope. So ziemlich jeder kann ein Hausboot führen. Mit Karte, Kompass und gefüllter Kühlbox begibt man sich auf Erkundungstour – das Tempo bestimmt man selbst. Viele fahren nur zu einer beliebten Bucht und bleiben dort. Andere erkunden die Nebencanyons. Für Wasserskiläufer und Wakeboarder ist der See nur einen Schritt vom Paradies entfernt. Es lohnt, zusätzlich zum Hausboot ein Speedboat zu mieten. So kann man an einem Ort übernachten und Tagesausflüge in andere Gegenden des Sees unternehmen, ohne allzu viel Sprit zu verbrauchen.

Der Rhythmus der Natur bestimmt die Tage. Frühaufsteher können den Sonnenaufgang über den roten Klippen genießen. Später schwimmt man in seiner Privatbucht zu einer netten kleinen Insel. Mittagessen gibt's oben auf dem Deck (und anschließend ein Kartenspielchen). Man kann einen Gruppenausflug zu einer nahegelegenen Bucht unternehmen (und vielleicht von einer Klippe springen). Nachmittags gönnt man sich ein Nickerchen oder liest an Deck in einem Buch. Nach dem Abendessen kuschelt man sich in eine Ecke und genießt die einfache Freude des Wartens auf Sternschnuppen.

- In der Wahweap Marina rauf aufs Hausboot und los geht's.
- Einen perfekten weißen Sandstrand im Gunsight Canyon entdecken.
- Am Ende des Oak Creek Canyon über die in einen Sandsteinhügel gehauenen Navajo Stairs wandern.

LEGENDÄRE SCHIFFSREISEN

LINKS: Der Reflection Canyon in der Abenddämmerung
SEITE 54: Bootsfahrt auf dem Lake Powell

dem Hausboot auch noch ein Speedboat zu chartern. Damit kann man die weit entfernten Canyons erkunden, auch Wakeboarding und Tubing sind möglich – also Spaß für die ganze Familie. Einige Marinas bieten sogar Chef-on-Board-Pakete an.

© JOHNNY ADOLPHSON / SHUTTERSTOCK

❶ LOS GEHT'S

Hausboote ebenso wie geführte Touren sind das ganze Jahr über im Angebot (www.lakepowell.com, www.lakepowellhouseboating.com und www.houseboating.org). Die besten Schnäppchen macht man, wenn man seinen Trip sechs Monate im Voraus plant. Die Abenteuer auf eigene Faust dauern drei bis sieben Tage, für kürzere Trips sollte man ein Motorboot in Betracht ziehen. In der Hauptsaison im Sommer ist es höllisch heiß. September ist fantastisch, dann ist es kühler und es sind weniger Menschen auf dem Wasser. In Vorfrühling, Winter und Spätherbst kann es kalt sein. Der Pegelstand kann ein Problem darstellen, vor allem in Dürrejahren sollte man darauf achten.

Die Boote sind in der Regel für maximal zwölf Personen zugelassen. Wer sein eigener Kapitän sein will, muss mindestens 18 Jahre alt und im Besitz eines gültigen (Kfz-) Führerscheins sein. In der Marina bekommt man eine Einweisung. Findet sich unter der „Besatzung" kein Kapitän, kann man einen anheuern.

Man sollte jede Menge Sonnencreme und Mückenspray im Gepäck haben! Da die Angelmöglichkeiten hier ausgezeichnet sind, ist es ratsam, das entsprechende Equipment mitzubringen und sich eine Anglerlaubnis zu besorgen. Aufblasbares Wasserspielzeug nicht vergessen! **GB**

❷ AN BORD

In der Marina gibt's eine Einführung: Man erfährt, wie man das Boot steuert, den Anker wirft und Unfälle vermeidet. Anschließend sollte man ein wenig üben. Man muss sich vorab mit allem, was man für den Trip benötigt, eindecken: Getränke, Essen, Wasserspielzeug, Gesellschaftsspiele usw. In den Marinas gibt es kleine Geschäfte und Tankstellen. Die Auswahl ist aber nur gering – und die Preise sind meist hoch.

❸ BUDGET-/LUXUS-ALTERNATIVEN

Das Spektrum der angebotenen Hausboote reicht von super preiswerten, 14 m langen Booten mit wenig Schnickschnack bis hin zu zweistöckigen, 23 m langen Luxusbooten mit Flachbild-TV und Küchenarbeitsplatten aus Granit. Der wahre Luxus besteht darin, neben

---

Mit einem Speedboat zum Forbidden Canyon mit der Rainbow Bridge fahren, eine der größten natürlichen Sandsteinbrücken der Welt.

Zu einem einsamen Wasserfall am Ende des Anasazi Canyon laufen.

Am Canyonrand zum Hole in the Rock stapfen und den umwerfenden Blick über die unverdorbene Wildnis genießen.

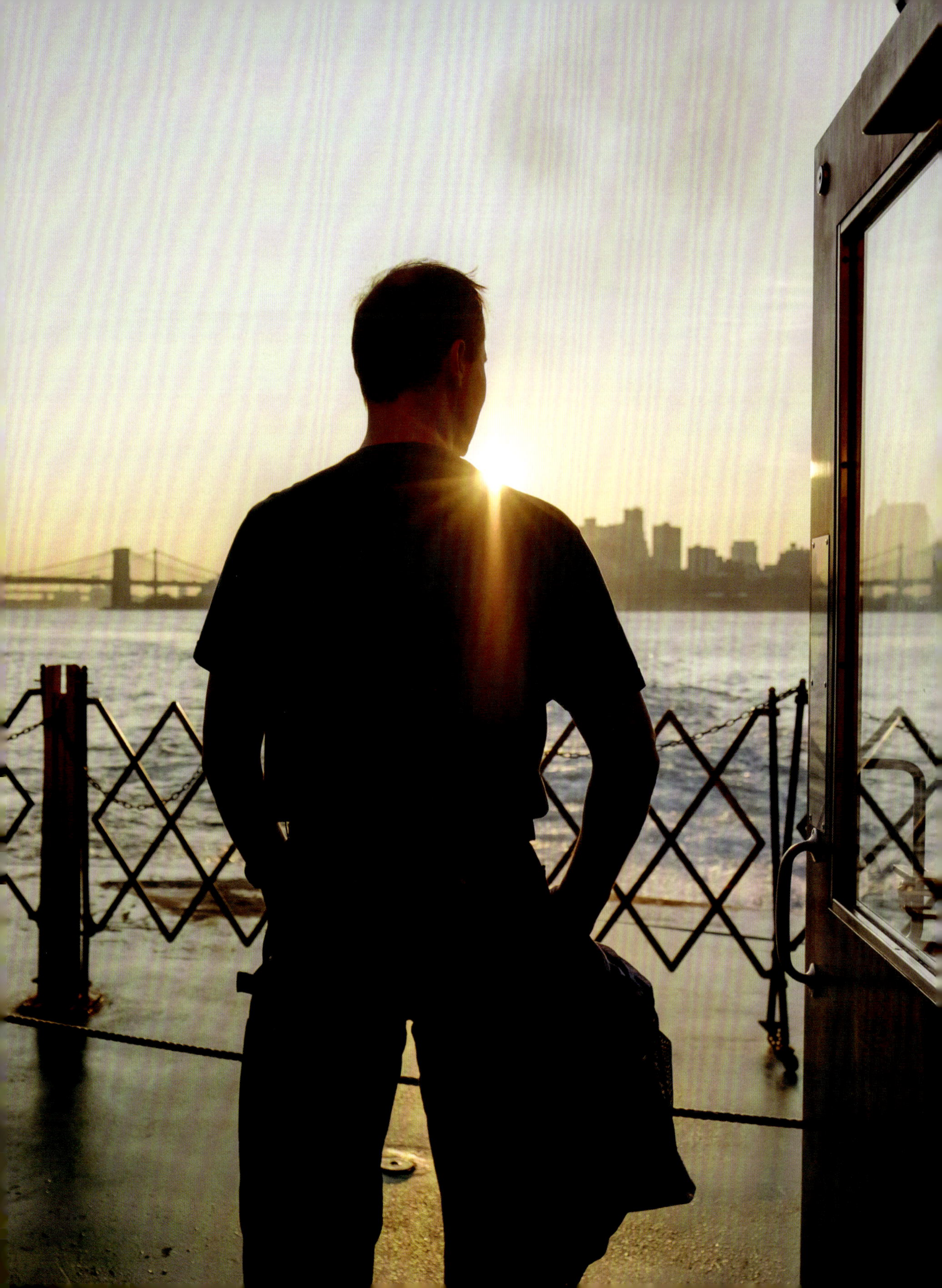

LEGENDÄRE SCHIFFSREISEN

Staten Island Ferry

USA

START	WHITEHALL FERRY TERM.	GRATIS
ZIEL	ST. GEORGE FERRY TERM.	
STRECKE CA. 8 KM (5 MEILEN)		DAUER 20 MIN.

Wenn man durch die Straßenschluchten Manhattans läuft, vergisst man leicht, dass man auf einer Insel ist. Möwen und der salzige Geruch von Wasser sind aber immer nur ein paar Blocks entfernt. Dies sowie eine grandiose Aussicht kann man nicht besser genießen als an Bord der Staten Island Ferry, die ihre Fahrgäste gratis befördert. Fast 23 Mio. Menschen benutzen jährlich die Fähre vom Battery Park zur Staten Island, dem oft zu Unrecht übersehenen fünften Stadtbezirk.

❶ AUF DEM WASSER

Orangefarbene Lunchbox, schwimmende Untergrundbahn, Kreuzfahrtschiff des armen Mannes – die Staten Island Ferry bietet einen einmaligen Einblick in das New Yorker Leben. Große kitschige Werbeposter richten sich an Anwälte, Polit-Aktivisten und New Yorker Elektriker. Auf dem Schoß vieler der meist dösenden Pendler liegt die *Daily News*. Junge Finanztypen in Nadelstreifenanzügen, alte Hasen, die Wettformulare studieren, Club-Kids, Schreiberlinge, die schnell etwas ins Notebook tippen, Kiffer, Nagelknipser, Flaschensammler mit vollen Einkaufswagen, frisch Verliebte: Sie alle benutzen Seite an Seite mit staunenden Touristen aus aller Welt diese Fähre. Es ist ein Mikrokosmos der Möglichkeiten, die diese Stadt bietet.

Erst nachdem die Fähre abgelegt hat, sind die Hochhäuser Lower Manhattans in ihrer ganzen Pracht zu sehen. Abends, wenn die Lichter in den Büros von Aktivität (Deadlines? Big deals? Putzkolonne?) zeugen, erwecken die Gebäude den Eindruck, sie seien für die Weihnachtszeit geschmückt. Bevor der Hudson in der Ferne in den Atlantik mündet, biegt die Fähre nach rechts ab, und die dem Fluss zugewandte Seite New Jerseys zeigt sich mit einer stetig zunehmenden Zahl von Türmen in Jersey City und Hoboken.

Linker Hand befindet sich die flache Governors Island – zunächst Armee-Stützpunkt, später Basis der US-Küstenwache und heute ein saisonaler Park und Kunstraum, der den Blick auf Brooklyns Ufer versperrt. Je nach Wetter ist die Freiheitsstatue mit all ihren Details oder nur schemenhaft im Dunst zu sehen. Und dann ist da auch noch die post-apokalyptisch wirkende Uferzeile von Bayonne, an der gigantische Kräne aussehen wie Transformer in action. Das gedrungene Robbins Reef Lighthouse macht nicht viel her, aber

© GUILLAUME GAUDET / LONELY PLANET

die Geschichte der Frau, die nach dem Tod ihres Ehemannes dort mehr als 30 Jahre lebte, liest sich wie Seemannsgarn: Offenbar hat sie ihre Kinder täglich mit einem Ruderboot nach Staten Island zur Schule gebracht und soll 50 Schiffbrüchige gerettet haben.

Wer hinunter auf das schäumende Kielwasser schaut, bekommt eine Vorstellung von der Geschwindigkeit des Schiffes (16 Knoten bzw. 30 km/h). Im Hafen ist viel Verkehr – Polizeiboote in Aktion, Segelboote auf Vergnügungsfahrt und Lotsenboote, die mit Containern beladenen Frachtschiffen den Weg zum Atlantik zeigen.

Staten Island und der St. George Terminal rücken ins Blickfeld, genau wie das funkelnde Baseball-Stadion der Minor League Staten Island Yankees („The Pizza Rats"). Die Bauarbeiten an dem benachbarten Einkaufszentrum gehen schnell voran, die Pläne für das größte Riesenrad der Welt scheinen aber auf Eis zu liegen. Nur ein paar Blocks von den stattlichen historischen Regierungsgebäuden entfernt macht das Viertel einen heruntergekommenen Eindruck. Viele Touristen gehen von Bord und durch das kleine Einkaufszentrum im Terminal gleich wieder zurück in die riesige Wartehalle, um mit dem nächsten Boot zurückzufahren. Im Hintergrund der am Kai liegenden Fähre wartet die Stadt darauf, deren Gäste wieder in Empfang zu nehmen.

❶ AN BORD

Die Sitze auf der aus acht Fähren bestehenden Flotte sind zwar ergonomisch, aber nicht sehr einladend (2020 werden drei neue Schiffe mit Sitzen in neuem Design in Betrieb genommen), und nicht jedes Boot hat Außenbereiche und größere Vordecks. Auf dem größten Schiff, der *Andrew J. Barberi*, finden 6000 Fahrgäste Platz, und bis auf eine Fähre haben alle Sitzplätze auf drei Decksebenen. Auf jedem Boot sind einfache Snacks, Hotdogs, Bier usw. erhältlich. Toiletten gibt's selbstverständlich auch.

❷ ANDERE TOUREN

Die Überfahrt zur Freiheitsstatue und nach Ellis Island ist kurz. Die Circle Line bietet alle klassischen Sightseeing-Touren an. NYC Ferry (2,75 US$, Fahrräder 1 US$) verkehrt seit Mai 2017 zwischen Manhattan, Brooklyn, Queens und der Bronx und ist eine besonders beliebte und idyllische Art, die Strände in Rockaway, Queens, zu erreichen.

❸ LOS GEHT'S

Der Fährterminal ist in Manhattan nur ein paar Schritte von den U-Bahnlinien 4, 5, 1, R, J und Z entfernt. In der Rushhour (besser meiden!) fahren die Fähren alle 15 oder 20 Minuten, sonst alle 30 Minuten. Einfach an Bord gehen: Die Fahrt kostet nichts! Radfahrer steigen unten ein, Autos sind nicht zugelassen. In Staten Island

DIE ERSTEN FÄHREN

Die ersten Fähren zwischen Staten Island und Manhattan waren kleine Segelboote, die von Farmern Anfang der 1740er-Jahre benutzt wurden. In den 1830er-Jahren übernahm Cornelius Vanderbilt, der später der reichste Mann Amerikas werden sollte, die Kontrolle der marktbeherrschenden Fährgesellschaft. Vanderbilt führte einen Fahrplan ein (bis dahin legten die Fähren ab, wenn sie voll waren) und beherrschte die Strecke bis zum Sezessionskrieg.

© DROP OF LIGHT / SHUTTERSTOCK

Vom hinteren Deck sieht man die in der Ferne langsam kleiner werdenden Bürotürme am Battery Park und das One World Trade Center.

Von Backbord hat man einen schönen Blick auf Governors Island.

Steht man an Steuerbord, kommt man in den Genuss eines freien Blicks auf Ellis Island und die Freiheitsstatue.

OBEN: Die Staten Island Ferry mit dem One World Trade Center im Hintergrund
RECHTS: Die Freiheitsstatue im New York Harbor
SEITE 59: Blick auf Lower Manhattan

müssen alle aussteigen, man kann danach aber wieder an Bord gehen. Tipp: Eine Fahrt in den Sonnenuntergang hat etwas Besonderes.

An den altmodischen Snackbars an Bord bekommt man Fast Food. Wer nach der Überfahrt etwas Gehaltvolleres wünscht, stattet der Enoteca Maria oberhalb des St. George Ferry Terminals einen Besuch ab. Die Hälfte der auf der Karte stehenden Speisen wird nach Großmutters Rezepten aus verschiedenen italienischen Regionen zubereitet. **MG**

Bayonne in New Jersey bietet mit seinem Gewerbegebiet am Ufer den Blick auf riesige Schiffskräne.

Ausschau halten nach Robbins Reef Lighthouse, das die Einfahrt in die verkehrsreichste Fahrrinne und in die Newark Bay markiert.

Wenn man sich St. George nähert, ist rechts der Baseball-Platz der Staten Island Yankees zu sehen.

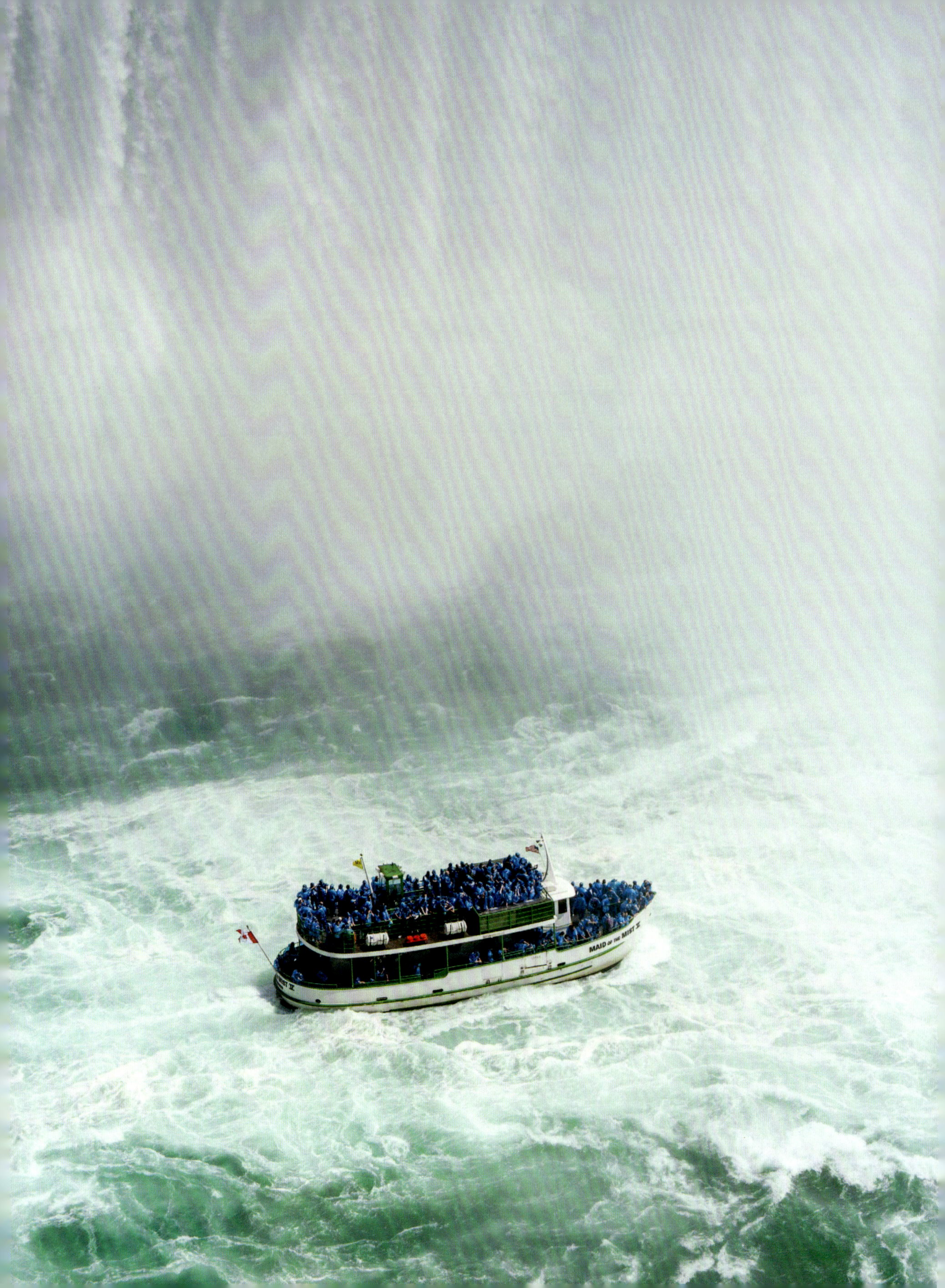
MAID OF THE MIST

LEGENDÄRE SCHIFFSREISEN

Die Niagarafälle aus der Nähe

KANADA

START NIAGARA FALLS
ZIEL NIAGARA FALLS
STRECKE 2,2 KM (1,4 MEILEN)
DAUER 20 MIN.

An den Horseshoe Falls, dem Hauptwasserfall der Niagarafälle, zeigt sich die Natur von ihrer gewaltigsten Seite. Das tosende blaugrüne Wasser an der Grenze zwischen den USA und Kanada bietet von jedem Aussichtspunkt (und davon gibt's viele) ein majestätisches Bild. Wer alles aus der Nähe und mit Gischt im Gesicht sehen möchte, muss – wie schon zahlreiche Stars und Royals – im Boot zum Fuß des Wasserfalls in den Sprühregen fahren. Eine feuchte, wilde und spaßige Angelegenheit, die, obgleich sie nur 20 Minuten dauert, bleibenden Eindruck hinterlässt.

❶ AUF DEM WASSER

In Wasserfallterminologie ausgedrückt sind die Niagarafälle nicht besonders groß – sie gehören noch nicht einmal zu den Top 500 weltweit –, wenn es aber um die reine Kraft geht, so können sich nur wenige Kaskaden auf Erden mit ihnen messen. Grob 3086 *tons* (2800 metrische Tonnen) Wasser stürzen jede Sekunde mit einer Geschwindigkeit von bis zu 109 km/h über die Kante in den Niagara River. Die Quelle all dieser Kraft ist das Wasser der vier Großen Seen Nordamerikas, das vom Eriesee durch den Niagara River zum Ontariosee und weiter in den Sankt-Lorenz-Strom und in den Atlantik fließt.

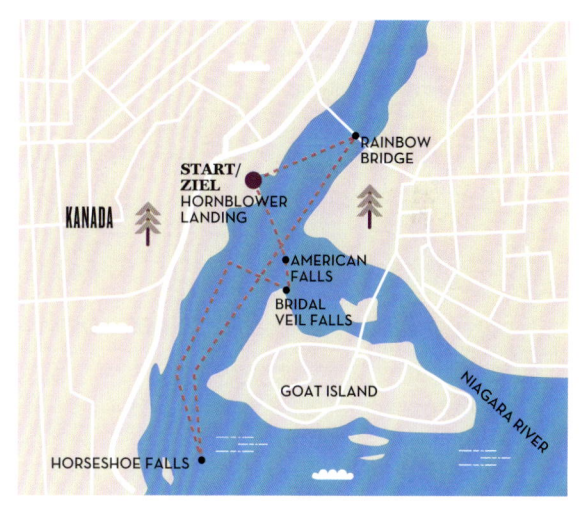

Um in den Genuss eines Panoramablicks aller drei Wasserfälle – die Horseshoe Falls, die kleineren American Falls und die Bridal Veil Falls – zu kommen, fahren die Besucher entweder nach Niagara Falls, Ontario, auf der kanadischen Seite, oder nach Niagara Falls, New York, auf der US-Seite. Jede Stadt bietet ihr eigenes Niagara-Erlebnis an: eine Bootsfahrt mit der *Maid of the Mist* (New York) oder mit den *Hornblower Niagara Cruises* (Ontario). Seit der Inbetriebnahme der *Maid of the Mist* 1846 gab es waghalsige Rettungsmanöver, Cameo-Auftritte und Besuche von unzähligen Staatschefs und Stars, darunter Marilyn Monroe, Stephen Hawking, Prince William und Prince Harry. Die Tour auf der kanadischen Seite trägt den Spitznamen *Voyage to the Falls*. Bei beiden Anbietern stehen 20-minütige Trips für alle Altersklassen zum Fuß der Horseshoe Falls und zurück auf dem Programm.

In Kanada beginnt diese berühmte Reise in selten grandioser Natur mit einem roten Regenponcho. Marilyn wäre damit sicher nicht einverstanden gewesen. Wer

LEGENDÄRE SCHIFFSREISEN

UNTEN: Das historische Prince of Wales Hotel in Niagara on the Lake
RECHTS: Gischt bei den American Falls
SEITE 62: In der Gischt der Horseshoe Falls

sich ein Outdoor-Abenteuer wünscht, kann auf diesen Gratisponcho verzichten. An Bord kommt man vom Oberdeck mit Panoramablick und vom verglasten Unterdeck in den Genuss eines beeindruckenden Blicks, wenn sich das Boot langsam auf die Niagara Gorge mit ihren schroffen Klippen zubewegt.

Die American Falls fallen sturzflutartig auf riesige Felsblöcke, über dem so verursachten Schaum und den Gischtschwaden bilden sich Regenbögen. Nebenan, nur durch eine kleine Insel getrennt, prasseln die schmalen Bridal Veil Falls hinunter. Sie sind ein Vorgeschmack dessen, was noch kommt. Der Lärm der tosenden Horseshoe Falls wird immer lauter, schon bald kommt der ganze Wasserfall in Sicht und enorme Gischtschwaden steigen wie aus einem dampfenden Kessel nach oben.

Langsam nähert sich das Schiff dem Wasserfall, Zentimeter für Zentimeter durch das schäumende blaugrüne Wasser bis zu dem knapp 60 m hohen Vorhang des sich über eine Breite von etwa 1000 m in die Tiefe stürzenden Wassers. Einige behaupten, dass sich der Name Niagara von einem Wort des indigenen Irokesen-Volks ableitet und „donnerndes Wasser" bedeutet – man wird bald erfahren, warum. Es ist ein Gefühl von gewaltiger Kraft, wenn einem die Gischt ins Gesicht spritzt und der Lärm in den Ohren dröhnt. Je nach Windstärke und -richtung ist jeder Trip anders – man kann klare Sicht haben oder von Gischt umgeben sein. Wie in einem hypnotischen Schleier fährt das Boot so dicht heran, dass man den Sturz des Wassers förmlich spürt. Auf der Rückfahrt wird man dann wieder trocken und kann die Szenerie am Fluss genießen, u. a. die gewaltige Fassade eines verlassenen, 100 Jahre alten Kraftwerks, den an die Space Needle erinnernden Skylon Tower, der die Skyline der Niagarafälle krönt, und die Rainbow Bridge, die flussabwärts Kanada und die USA verbindet.

- Den Regenponcho anziehen und bei Hornblower Landing an Deck gehen.
- Die donnernden American Falls beobachten, wie sie aus einer Höhe von 57 m auf das Felsbett knallen.
- Ausschau halten nach den schmalen, in den Fluss stürzenden Bridal Veil Falls.

LEGENDÄRE SCHIFFSREISEN

BOOTSTRIP AB NIAGARA FALLS, USA

Besucher der Wasserfälle auf der amerikanischen Seite können mit der berühmten, originalen *Maid of the Mist* fahren. Genau wie bei dem kanadischen Pendant führt die Tour vorbei an den American Falls und den Bridal Veil Falls zu den tosenden Horseshoe Falls. Ausgangspunkt und Endpunkt ist aber Niagara Falls, USA.

❷ AN BORD

Die Trips finden auf der *Niagara Wonder*, der *Niagara Thunder* oder auf einem der Schwesterschiffe statt. Es sind Katamarane mit zwei Decks, die 700 Personen Platz bieten. Das untere Deck hat einen Innenbereich mit einfahrbaren Glaswänden. Ferner gibt es Sitzplätze für Besucher mit eingeschränkter Mobilität, sowie Audio-Kommentare und Gratis-WLAN.

❸ ANDERE TOUREN

Hornblower Niagara Cruises bietet auch drei „Light-Mist"-Trips an, die nicht so dicht an die Horseshoe Falls heranfahren: einen 20-minütigen Abendtrip, Sonnenuntergang und abendliche Beleuchtung der Wasserfälle inklusive, den 40-minütigen Falls Illumination Cruise – die Wasserfälle werden in der Abenddämmerung farbenfroh angestrahlt –, und den 40-minütigen Falls Fireworks Cruise mit abendlichem Feuerwerk. Auf den Abendtouren gibt's Musik und an der Bordbar Snacks, Craftbier und Wein aus der Niagara-Region.

❹ LOS GEHT'S

In der Saison starten die Touren ungeachtet des Wetters alle 15 Minuten. Die Saison beginnt im Frühjahr (der Start hängt sehr vom Wetter ab) und dauert bis zum 30. November. In der Hauptsaison (Mai–Aug.) werden die Trips von 8.30 bis 20.30 Uhr angeboten, wenn die Tage kürzer werden, finden die letzten Fahrten früher statt. Tickets kann man vor Ort kaufen, aber auch vorab online reservieren. Letzteres empfiehlt sich vor allem für die oft ausverkauften Abendfahrten. Um die Massen zu umgehen, kommt man in der Nebensaison oder vor 11 bzw. nach 16 Uhr. **SM**

☆ Die Erhabenheit, die Gischt und das donnernde Getöse der legendären Horseshoe Falls erleben.

🔭 Auf der Rückfahrt die Rainbow Bridge zwischen Kanada und den USA bewundern.

👓 Nach dem Ausflug ein Barbecue genießen und mit einem Craftbier oder Niagara-Wein im Riverside Patio anstoßen.

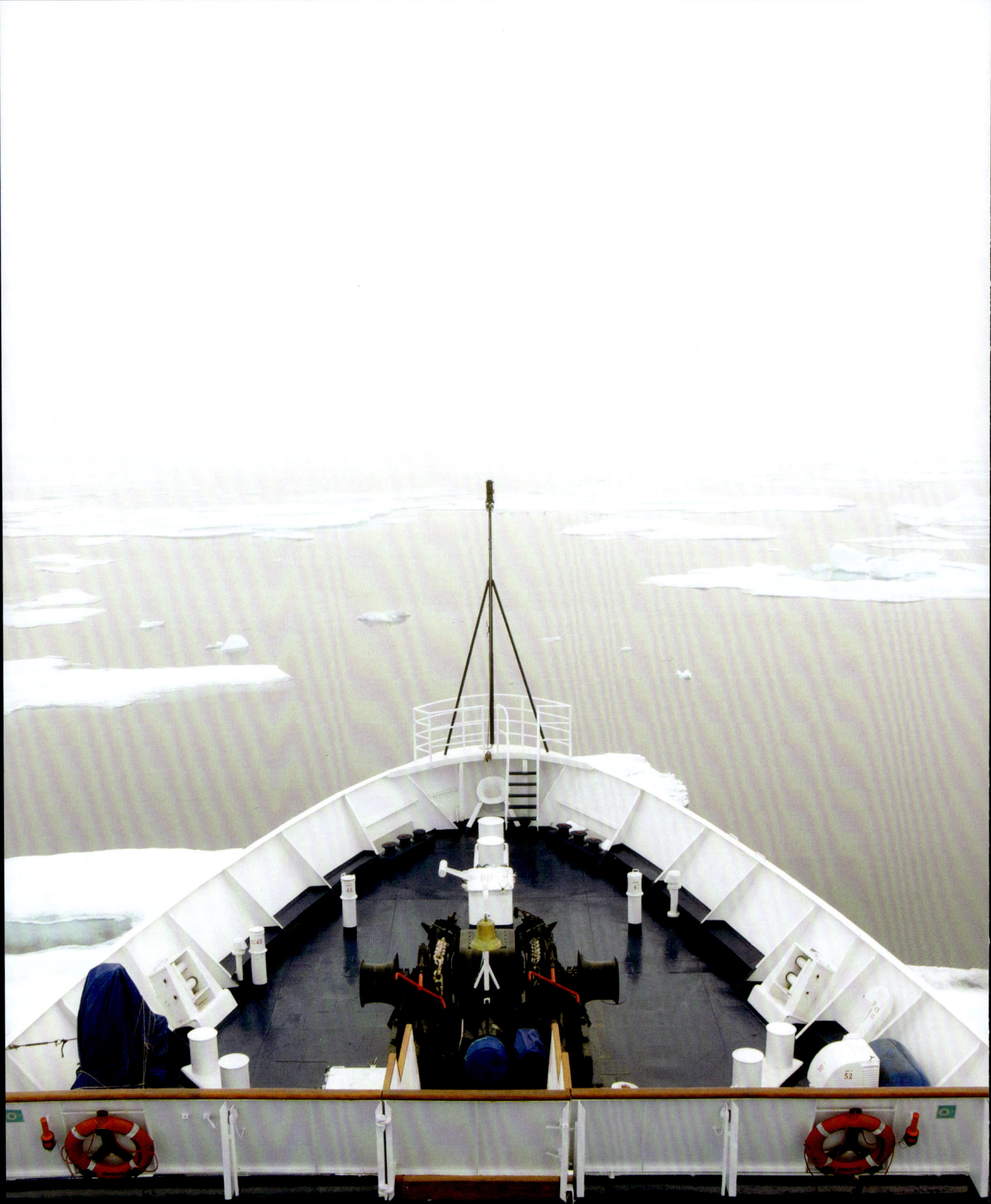

LEGENDÄRE SCHIFFSREISEN

Am nördlichen Polarkreis

GRÖNLAND UND KANADA

START KANGERLUSSUAQ, GRÖNLAND
ZIEL IQALUIT, KANADA
STRECKE 2657 KM (1650 MEILEN)
DAUER 11 TAGE

Diese Reise mit One Ocean Expeditions führt auf der Vavilov nach Westgrönland und Baffin Island. Unterwegs bekommen Reisende einen Eindruck von der kargen, atemberaubend schönen Welt der Arktis. Ein Leben am Polarkreis ist keine einfache Sache, in seiner Schönheit ist es aber auch unvergleichlich. Bei einem Trip hierher taucht man in eine andere Naturwelt ein. Obwohl Umweltschäden in der Gegend sicht- und unbestreitbar sind, bleibt es doch eine mystische Erfahrung zu sehen, wie die im Sommer endlos scheinende Sonne die Eisberge zum Glitzern bringt. Ein Besuch dieser rauen Region ist nicht zuletzt für diejenigen bedeutsam, die wissen wollen, wofür Umweltschützer so hart kämpfen.

❶ AUF DEM WASSER

Auf dem Weg zu dem Zwischenstopp in Ilulissat navigiert der Schiffskapitän sachkundig durch die Disko Bay in Grönland und passiert vorsichtig Hunderte riesiger Eisberge. Der Expeditionsleiter hat in der Zwischenzeit den Passagieren die erforderliche Kleidung ausgehändigt, um in die Zodiacs steigen zu können. Glitzernde Tafeleisberge ragen neben den Zodiacs in den Himmel. Später am Tag bietet eine Fahrt an die Küste die Möglichkeit, zu einem Aussichtspunkt oberhalb der Stadt mit Blick über das Eisfeld zu wandern.

In den ersten Tagen in Westgrönland werden malerische arktische Städte und Dörfer besucht. In Sisimiut mit seinen hellen, in Primärfarben leuchtenden Häusern bekommt man einen ersten Eindruck vom Leben in der Arktis. Bei One Ocean Expeditions geben Inuit-Guides und traditionelle Kunsthandwerker ihr Wissen über die Region weiter.

Bei der zweitägigen Fahrt durch die Davis Strait bietet sich die Gelegenheit, sich mit einem Fernglas in der Hand auf der Brücke niederzulassen, in der Hoffnung, Finnwale, Buckelwale und Pottwale zu erspähen. Im Hochsommer berührt die Mitternachtssonne spätabends oder frühmorgens fast den Horizont, um sofort wieder aufzugehen und den Himmel in strahlendes Rosa-Gold zu färben – der Sonnenuntergang geht direkt in den Sonnenaufgang über. Mit etwas Glück kann man schon im Spätsommer Polarlichter sehen.

Nach Überqueren der Meerenge legt das Schiff irgendwo am Sunshine Fjord an. Hier können die Passagiere wählen zwischen einer Wanderung oder einer Zodiac-

LEGENDÄRE SCHIFFSREISEN

fahrt über den Nördlichen Polarkreis. Die Gewässer des Fjords eignen sich auch perfekt für Kajaktouren.

Das Schiff nimmt dann Kurs vorbei an der schroffen Küstenlinie von Baffin Island nach Cape Mercy. Im Winter ist das Packeis in dieser Gegend dick, bildet sich im Sommer aber zurück. Ein idealer Ort, um Eisbären zu beobachten. Auch Monumental Island und die Lower Savage Islands sind bei Bären beliebte Jagdgründe. Die Gewässer rund um die Lower Savage Islands sind reich an Nahrung und ziehen die unterschiedlichsten Meeresbewohner an.

Traumhaft ist auch ein Aufenthalt in Pangnirtung. Das abgelegene Inuit-Dorf in Nunavut ist umgeben von schroffen, vereisten Gipfeln und Sommerblumen. Es ist das Tor zum Auyuittuq National Park und hat eine boomende Kunstszene sowie unzählige Outdooraktivitäten zu bieten. Das Highlight sind die außergewöhnlichen lokalen Kunstgalerien, deren Künstler mühevoll sowohl traditionelle als auch zeitgenössische Werke schaffen.

Diese Reise ist voller rauer Wirklichkeiten und magischer Momente. Das Eis weicht zurück und das Wasser wird wärmer. Die Menschen, die sich hier ein Leben aufgebaut haben, versuchen, sich den modernen Anforderungen anzupassen, und das in einer Welt, die besser für Lebewesen mit Flossen und Klauen geeignet ist. Ein riesiger Buckelwal erscheint klein angesichts der Eisberge, die gelegentlich durch die Davis Strait treiben. An den gigantischen Berghängen gedeihen zahllose winzige Wildblumen. Dies sind die Momente, in denen sich Wirklichkeit und Größenverhältnisse in ein völlig neues Verständnis des Begriffs „Wildnis" verwandeln.

❷ AN BORD

Der tägliche Weckruf des Expeditionsleiters motiviert die Passagiere. An den meisten Tagen unternehmen die Reisenden zwei Ausflüge an Land. An den Tagen auf

DAS SCHIFF

Die *Akademik Sergey Vavilov* wurde als Forschungsschiff konstruiert und ist mit einem komplexen internen Eisbrechsystem, Bug- und Heckstrahlrudern sowie Doppel-Umkehrschrauben ausgestattet, wodurch das Schiff einfach, leise und schnell zu manövrieren ist. Da die Gäste die Brücke betreten dürfen, wird der Kontakt mit der Crew ermöglicht. Außerdem ist die Brücke der beste Ort zum Beobachten von Walen.

- In dem farbenfrohen, netten Küstenort Sisimiut, Grönlands zweitgrößter Stadt, einen ersten Eindruck von arktischen Gemeinschaften bekommen.
- Beobachten, wie gigantische Tafeleisberge vom Jakobshavn-Gletscher abbrechen.
- Sich vom Sunshine Fjord über den nördlichen Polarkreis trauen.

LEGENDÄRE SCHIFFSREISEN

LINKS: Ein Eisberg vor der Küste Kanadas
UNTEN: Ein Grönlandhund
SEITE 66: Ein Kreuzfahrtschiff bei der Fahrt durch die Eisschollen

dem Wasser besuchen sie Vorträge oder verbringen ihre Zeit an Deck mit dem Beobachten von Tieren.

❸ ANDERE TOUREN

Es gibt viele Touren vom Fernen Osten Russlands nach Spitzbergen und ins arktische Norwegen, auf denen man das Land der Mitternachtssonne erkunden kann. Reisende, die eher zielorientiert sind, wählen eine Tour zum Nordpol oder über die Nordwestpassage.

❹ BUDGET-/LUXUS-ALTERNATIVEN

Die *Vavilov* bietet eins der erschwinglicheren Abenteuer im Norden an. Es gibt aber auch Luxus-Alternativen. Polar-Reisen (www.polar-reisen.ch) ist eine gute Anlaufstelle auf der Suche nach der richtigen Kombination von Schiff und Reiseroute.

❺ LOS GEHT'S

Die Schiffe starten in Kangerlussuaq, Grönland. Touren sind in der Regel sechs Monate oder mehr im Voraus über One Ocean Expeditions oder über einen Reisedienstleister wie Polar-Reisen buchbar. Auf vielen Trips werden auch verschiedene Aktivitäten angeboten, z. B. Kajakfahren, Schneeschuhwandern und Foto-Seminare. Alle Expeditionsreisen in die Arktis sind Rundtouren. Die Arktisfahrten finden von Juli bis September statt, die Charterflüge zur Hafenstadt sind oftmals im Preis inbegriffen. **SS**

Bei der Fahrt um Cape Mercy nach Eisbären Ausschau halten.

Im abgelegenen Ort Pangnirtung Inuit besuchen, die für ihre traditionelle Kunst und ihr Kunsthandwerk bekannt sind.

In dem Labyrinth zwischen den Lower Savage Islands eine Fahrt im Zodiac unternehmen und die arktische Tierwelt beobachten.

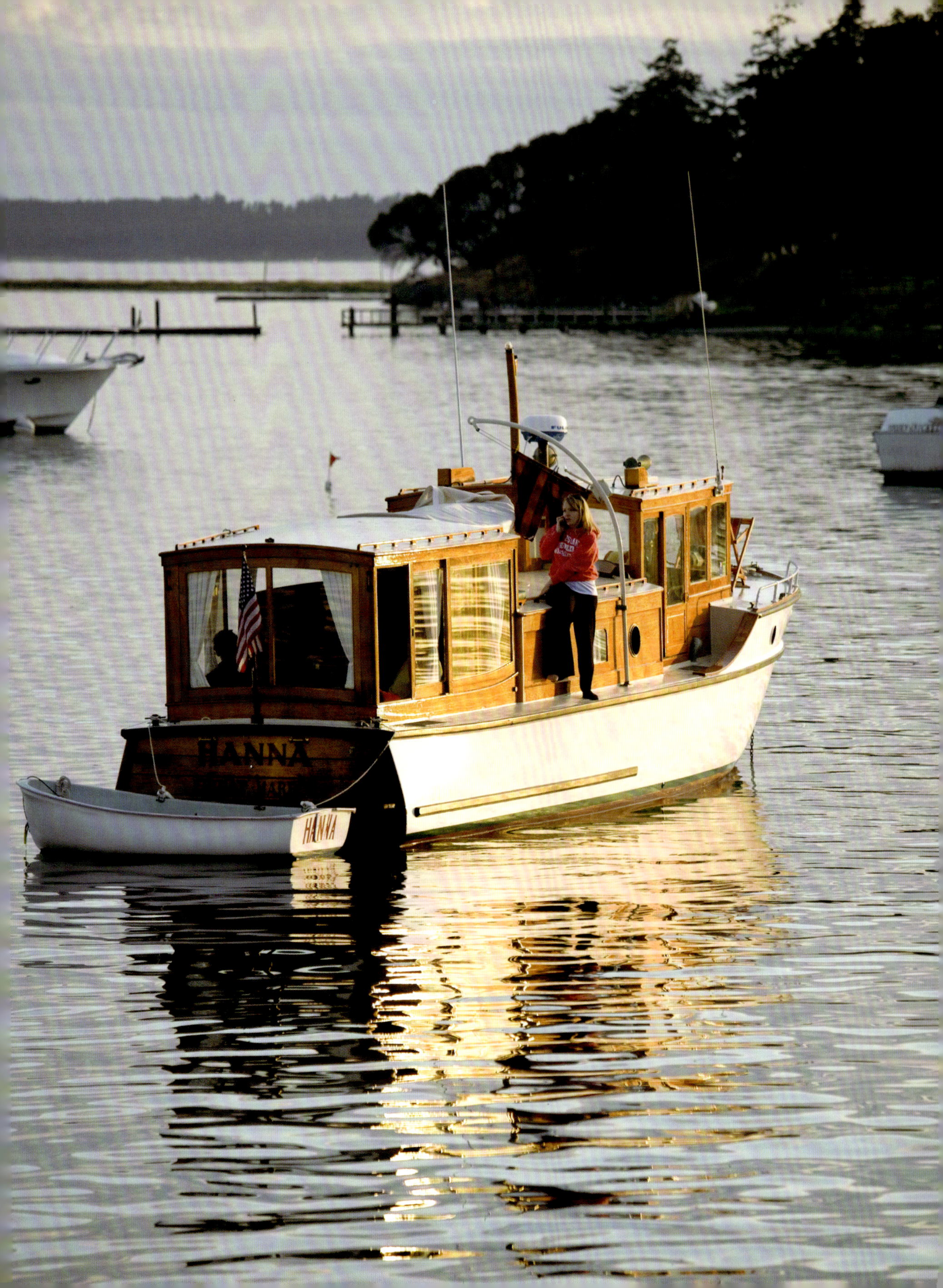
HANNA
HANNA

LEGENDÄRE SCHIFFSREISEN

San Juan Islands

USA

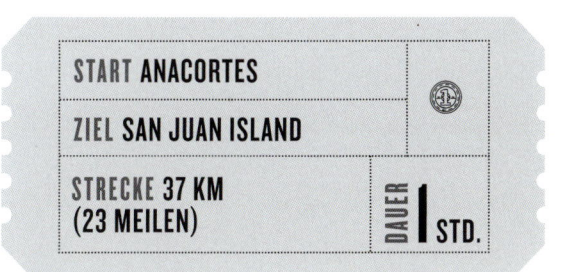

START ANACORTES
ZIEL SAN JUAN ISLAND
STRECKE 37 KM (23 MEILEN)
DAUER 1 STD.

In der äußersten nordwestlichen Ecke der USA versteckt sich ein komplexes Puzzle aus über 400 Inseln und Inselchen, die zusammen unter dem Namen The San Juans bekannt sind. Im Gegensatz zum größtenteils dicht besiedelten Festland hier ist diese Gegend ruhig und kaum zersiedelt. Die verschlafenen Außenposten erreicht man am besten mit den Washington State Ferries. Die zuverlässigen Schiffe fahren von Anacortes gen Westen durch eine Wasserwelt, in der sich Mensch und Natur eine nur allzu seltene Ruhe bewahren konnten.

❶ AUF DEM WASSER

Es wäre schwierig, alle 172 Inseln der San Juan Islands in einem Jahr, schon gar nicht während einer einzigen Reise, zu besuchen. Glücklicherweise gibt es aber die Washington State Ferries und somit eine Vorauswahl von vier Inseln: die flache, leicht mit dem Fahrrad zu erkundende Lopez Island, die kleine, teils private Shaw Island, die wilde, schroffe Orcas Island und die „Hauptstadt", die San Juan Island.

Kaum hat man der kleinen Hafenstadt Anacortes Adieu gesagt, kommen am Horizont die vielen Inselchen in den Blick. Die Fahrt geht durch die bewaldete Inselgruppe gen Westen. Wer gerade aus einem Ort mit mehr als 30 000 Einwohnern kommt, den überfällt sofort eine gewisse Heiterkeit. Es ist, als hätte man eine unsichtbare Linie zwischen dem modernen Amerika und einer weniger hektischen Zeit passiert.

Wenn im Sommer die Urlauber bepackt mit Kajaks, Fahrrädern und Picknickkörben eintreffen, herrscht auf

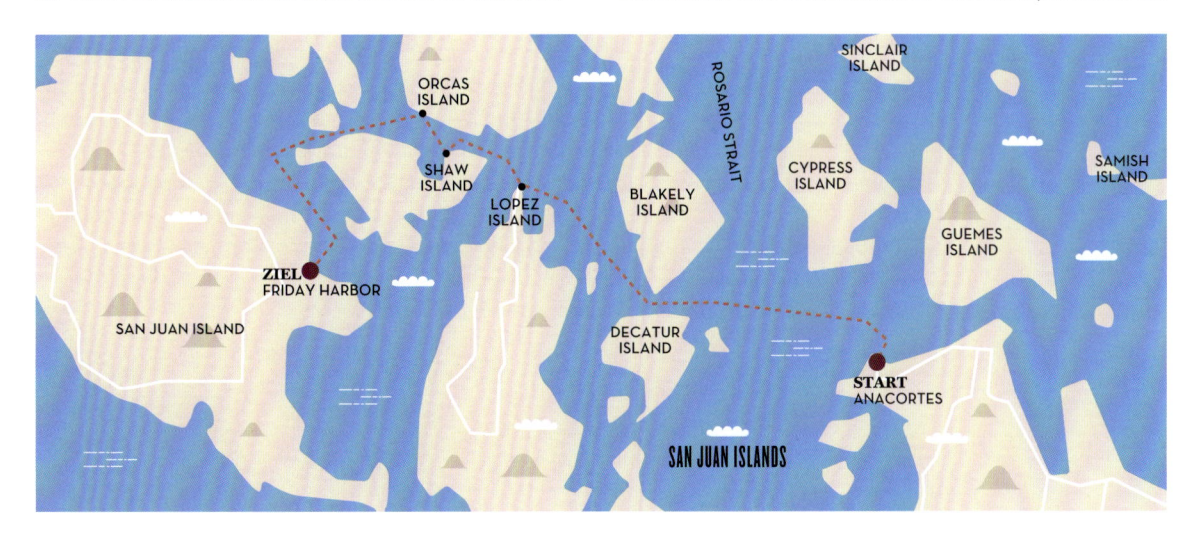

LEGENDÄRE SCHIFFSREISEN

den Inseln eine unbeschwerte Ferienatmosphäre. Sobald Schwertwale in Sicht kommen, bricht Hektik aus: Die Menschen stürzen an Deck, eilen von Backbord nach Steuerbord – mit dem aufnahmebereiten Handy in der Hand.

Die natürliche Geografie der Inseln begünstigt das Wachstum eleganter Douglastannen, robuster Zedern und rostroter Erdbeerbäume, die in diesem gemäßigten Regenwald überall an den felsigen Küstenlinien oder steilen Hängen stehen. Die ersten Inseln, an denen man vorbeifährt, sind kaum bewohnt und größtenteils privat, mit diskret versteckten Häusern. Doch gelegentlich kann man ein schickes Refugium oben auf einer Klippe oder in einer ruhigen Bucht entdecken.

Jede der Hauptinseln hat ihre eigene Persönlichkeit, und die Stammgäste haben ihre Favoriten. Lopez, der erste Stopp, gilt als entspannteste Insel. Einheimische Autofahrer zeigen den Lopez-Gruß – einfaches Heben von zwei Fingern am Lenkrad – und Gäste fahren unter den strengen Blicken des schneebedeckten Mt. Baker auf ihren Rädern durch ein Flickwerk idyllischer Felder.

Hinter Lopez schippert die Fähre an der Küste weiter durch das enge Fahrwasser zwischen Shaw Island und Orcas Island. Weißkopfseeadler hocken auf hohen Douglastannen und beidseits der Fähre tauchen kleinere Wasserfahrzeuge, darunter auch Kajaks, auf. Freizeitskipper lieben die San Juans wegen der geschützten Gewässer, der einsamen Strände und gepflegten Marinas.

Der Fähranleger von Orcas Island ist klein, wird aber viel genutzt. Die wie eine Satteltasche geformte Insel mit nur wenig flachem Gelände bietet den gesamten Outdoor-Mikrokosmos des Pazifischen Nordwestens. Man kann Kajaks mieten, den höchsten Berg (732 m) des Archipels, Mt. Constitution, erklimmen oder einfach nur an den Stränden Muscheln sammeln.

Zurück auf See fährt die Fähre nach San Juan Island. Die Chance, Schwertwale zu Gesicht zu bekommen, wird immer größer. In Friday Harbor, der einzigen Siedlung, die in dieser Gegend als Stadt durchgeht, gibt's Marinas, in der teure Jachten liegen. Mit 142 km² ist San Juan Island kaum kleiner als Orcas Island. Die Insel ist ein Mischmasch aus grünen Hecken und hübschen Schindelhäusern, Ampeln und Fast-Food-Ketten sind hier ebenso fremd wie Tiger und Elefanten. Kanadas Westküste ist quasi in Reichweite. Die internationale, durch die Haro Strait verlaufende Grenze war einst ein politisch heißes Eisen, das Mitte des 19. Jahrhunderts Briten und Amerikaner fast in einen Krieg verwickelt hätte. Am Ende der Reise kann man noch ein Insel-Highlight besuchen – einen historischen Park, in dem die damalge eigentümliche militärische Pattsituation umfassend erklärt wird.

Auf Lopez Island die Finger zum „Lopez-Gruß" heben.

Die kleinen Grüppchen beobachten, die an dem winzigen Anleger von Shaw Island von Bord gehen.

Auf Orcas Island einen Zwischenstopp einlegen und ein Kajak mieten.

LEGENDÄRE SCHIFFSREISEN

LINKS: Watmough Head auf Lopez Island
SEITE 70: Ein Boot vor Lopez Island

DER SCHWEINEKONFLIKT

1859 brach zwischen Großbritannien und den USA fast ein Krieg um die San Juan Islands aus, nachdem ein US-Siedler auf San Juan Island das Schwein eines irischen Farmers erschossen hatte. Daraufhin entsandten beide Seiten Truppen und Kriegsschiffe in die Region. Militärisch ergab sich ein Patt – und die Diplomatie siegte. Am Ort des Schweinemordes befindet sich heute der San Juan Island National Historic Park.

AN BORD

Luxuriös sind sie nicht, die Schiffe der Washington State Ferries, doch erfüllen sie ihren Zweck. Sie bieten bequeme Sitze, gute (leicht überteuerte) Snackbars, große Fenster, durch die man grandiose Ausblicke genießen kann, und viele Aufenthaltsmöglichkeiten an Deck.

ANDERE TOUREN

Es gibt unzählige Möglichkeiten, auch die anderen Inseln im und um den Puget Sound zu besuchen. Bei Seattlern, die an den Wochenenden auf der Suche nach etwas Ruhe sind, ist die Bainbridge Island Ferry seit eh und je sehr beliebt.

LOS GEHT'S

Fähren zu den San Juan Islands legen im Sommer zwischen 4 und 23 Uhr etwa stündlich in Anacortes ab. Wer mit einem Fahrzeug unterwegs ist, sollte auf der Website der Washington State Ferries reservieren. Fußgänger und Radfahrer können die zwischen den Inseln verkehrenden Fähren kostenlos benutzen. Wer auf jeder der vier Inseln einen Zwischenstopp einlegen möchte, muss auf Lopez Island in eine zwischen den Inseln verkehrende Fähre umsteigen. Die beste Reisezeit mit trockenem, sonnigem Wetter in Washingtons Nordwesten sind die Monate Juli bis September. Fernglas nicht vergessen und unterwegs nach Schwertwalen Ausschau halten. **BS**

- Wenn man sich San Juan Island nähert, Ausschau nach Schwertwalen halten.
- In einem der Cafés in Friday Harbor, in dem Produkte vom Bauernhof direkt auf den Tisch kommen, einen Snack genießen.
- Dem faszinierenden San Juan Island National Historic Park einen Besuch abstatten.

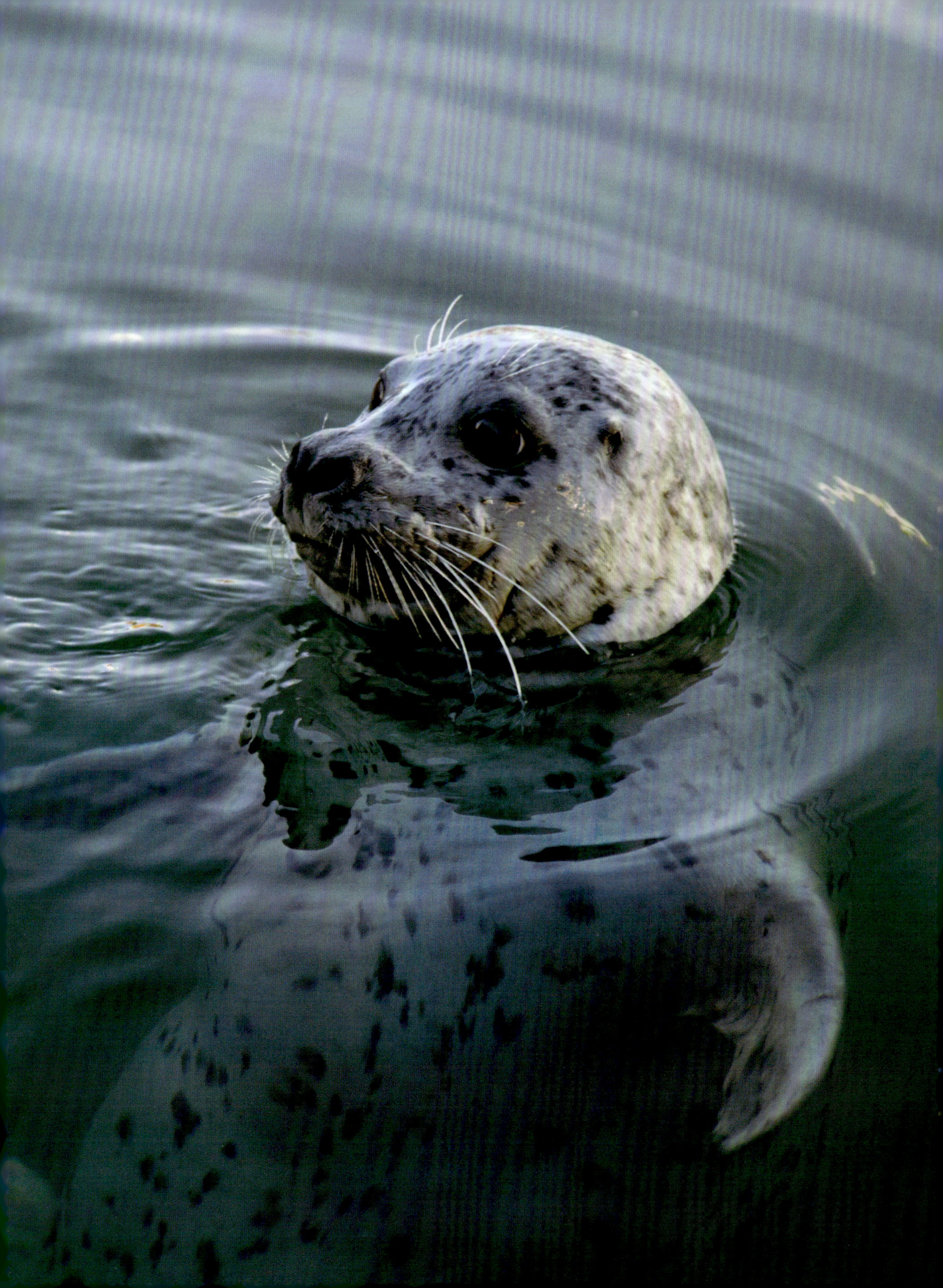

LEGENDÄRE SCHIFFSREISEN

Tagestour durch die Inside Passage

KANADA

START PORT HARDY
ZIEL PRINCE RUPERT
STRECKE 507 KM (315 MEILEN)
DAUER 1 TAG

Unweigerlich verliebt man sich als Reisender in Kanadas imposante Landschaft. Von gewaltigen Bergen und riesigen Wäldern bis hin zur Küste mit breiten Fjorden ist die spektakuläre Wildnis des Landes atemberaubend schön. In den Genuss der besten Aussicht kommt man an Bord der Fähre von Port Hardy nach Prince Rupert, die durch British Columbias herrliche Inside Passage fährt. Diese grandiose Tour gen Norden bietet ein wirklich plastisches Schaubild der Küste mit ihren Klippen und ihrer Tierwelt. Das Allerbeste ist aber, dass man total relaxen kann. Man sucht sich einfach einen Platz in der ersten Reihe und lässt die wunderbare kanadische Landschaft an sich vorüberziehen.

❶ AUF DEM WASSER

Es ist 7.30 Uhr Sommerzeit in Port Hardy am Nordzipfel von Vancouver Island. Die Sonne scheint seit zwei Stunden, aber es ist noch immer kühl und ruhig auf dem mit Tau bedeckten Deck der MV *Northern Expedition*, einer strahlend weiß gestrichenen BC-Fähre, auf der über 500 Menschen Platz finden. Ein ohrenbetäubendes Tuten und ein polterndes Vibrieren unter den Füßen kündigen das pünktliche Ablegen des Schiffes an. Plötzlich werden Fotoapparate und Handys gezückt: Die Weißkopfseeadler, die die Bäume an der Küste bevölkern, fliegen auf, um nach Fischen zu tauchen, die durch die ablegende Fähre aufgeschreckt werden. Schon lange bedienen Kreuzfahrtschiffe Richtung Alaska die Strecke zwischen den idyllischen Inseln und der Wildnis auf dem Festland British Columbias. Auf der Route nach Prince Rupert am Nordzipfel von BC sind aber auch Fähren unterwegs, auf denen man für wenig Geld in den Genuss des Bergpanoramas kommt.

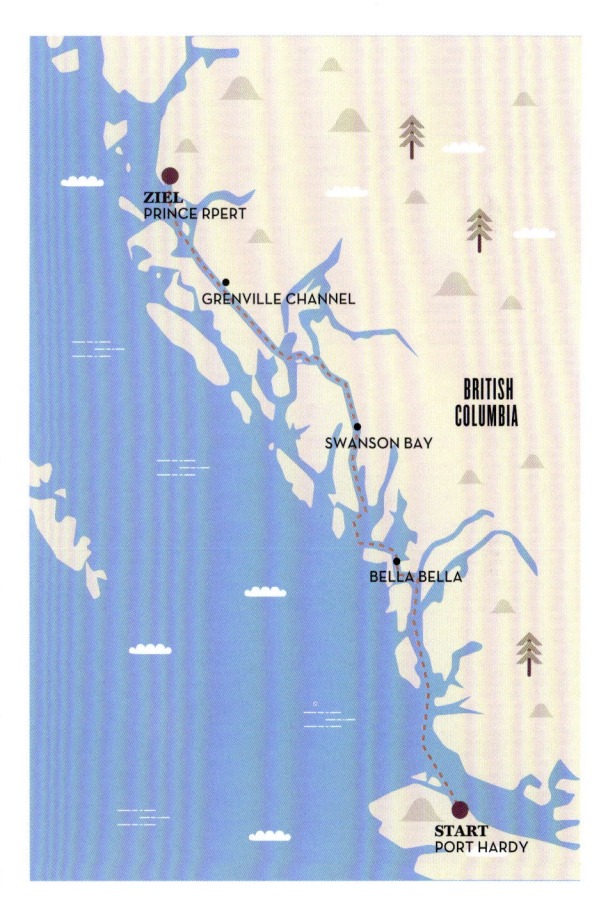

LEGENDÄRE SCHIFFSREISEN

Die einen Tag dauernde Tour bietet auch eine tolle Möglichkeit, die Seele baumeln zu lassen. Nachdem die Gastronomie-Angebote an Bord (Seafood-Büffet!) und der kleine Souvenirladen (Bücher über die First Nations) erkundet wurden, lassen es die Passagiere während der 16-stündigen Fahrt auf dem modernen Schiff bald gemächlicher angehen. Viele laufen mal draußen herum, mal dösen sie faul in den bequemen Vinylsesseln unter Deck.

In der Regel gibt es zwei Typen von Passagieren: Einheimische, die einfach nur von A nach B wollen, und Besucher aus Übersee, die sich einen Traum erfüllen und die Aussicht geradezu aufsaugen. Die Gruppen vermischen sich, oft herrscht eine geschwätzige Kameradschaft an Bord, vor allem auf den Außendecks, wo auf der Gitarre geklimpert und Karten gespielt wird, und wo Pärchen eng umschlungen die Landschaft genießen.

Von dieser Landschaft können selbst die Einheimischen den Blick nicht abwenden. Das Schiff gleitet durch glitzernde Gewässer vorbei an mehrfarbig leuchtenden Gipfeln, von denen viele von dichten Wäldern bedeckt sind. Sandbuchten, Leuchttürme mit roten Dächern und alte Siedlungen mit ungewöhnlichen Namen wie Namu und Dryad Point sind hier und da an Land zu sehen. Mit etwas Glück sichtet man wilde Tiere.

Tummeln sich Schwertwale in der Nähe, gibt der Kapitän das meist bekannt, was zu einem plötzlichen Ansturm auf die Außendecks führt. Die Menschen verstummen in dem Moment, in dem Wale gesichtet werden. Dann suchen sie sich einen geeigneten Platz zum Fotografieren. Aber Schwertwale sind nicht die einzigen Bewohner hier, man sollte auch Ausschau halten nach Robben, die sich auf Felsen in der Sonne räkeln, und Schweinswalen, die zum Spaß mit dem Schiff um die Wette schwimmen. Sie gewinnen übrigens immer.

Im Lauf des Tages werden die Passagiere immer träger. Viele liegen stundenlang an Deck in der Sonne, andere packen ihr sorgfältig vorbereitetes Picknick aus,

IDYLLISCHER HOTSPOT

Schroffe, bis zu 1067 m hohe Gipfel säumen den Grenville Channel, einen der topografisch dramatischsten Abschnitte der Inside Passage. Er wird normalerweise etwa vier Stunden vor Prince Rupert erreicht, ist 69 km lang, aber an der schmalsten Stelle nur 427 m breit. Die Hauptwasserstraße für Schiffe, die das ruhige Wasser nutzen, hat auch Spitznamen wie *The Slot* oder *The Big Ditch*.

- Beim Ablegen in Port Hardy sollte man an Deck sein und die Weißkopfseeadler beobachten.
- Ausschau halten nach Bella Bella, der Heimat einer der größten First-Nations-Gemeinschaften in der Region.
- Den Leuchtturm bei Boat Bluff, eines der meistfotografierten Motive an der Strecke, knipsen.

LEGENDÄRE SCHIFFSREISEN

IM UHRZEIGERSINN VON LINKS: Eine der BC Ferries beim Passieren des Whytecliffe Park. Schiffe in Port Hardy. Wildvögel in Port Hardy.
SEITE 74: Ein Seehund vor Fisherman's Wharf auf Vancouver Island

das sie im Freien genießen. Ein wohliges Gefühl entspannter Zufriedenheit stellt sich ein, wenn die Nachmittagssonne den Himmel in leuchtendes Gold taucht.

Die Landschaft im Norden erscheint dann schroffer, Wolken werfen Schatten über die Wälder und die silbern leuchtenden Wasserfälle ähneln Tentakeln an den Klippen. Sobald es kühler wird, gehen viele Passagiere unter Deck. Einige bleiben aber draußen und genießen den Sonnenuntergang. Nach einem langen, lebensbejahenden Tag kommt schließlich Prince Rupert in Sicht.

❷ AN BORD

Die 2009 gebaute MV *Northern Expedition* ist ein modernes Passagier- und Fährschiff mit Café und einem nur im Sommer geöffneten Restaurant. Es gibt viele bequeme Sitze an Bord – die Fensterplätze sind schnell besetzt. Gegen einen Aufpreis stehen aber auch kleine Privatkabinen zur Verfügung.

❸ LOS GEHT'S

Von Mitte Juni bis Mitte September legen Schiffe auf der Inside-Passage-Route jeden zweiten Tag um 7.30 Uhr in Port Hardy ab. Im restlichen Jahr fährt das Schiff nur einmal pro Woche samstags um 18 Uhr ab. Buchen kann man unter www.bcferries.com, ohne Reservierung geht nichts. Es wird empfohlen, möglichst früh zu reservieren, vor allem wenn man eine Kabine haben oder ein Fahrzeug mitnehmen möchte. Urlauber fahren in der Regel nur eine Strecke, entweder von Port Hardy nach Prince Rupert oder umgekehrt. Zwischenstopps sind in Bella Bella und Klemtu möglich. In Prince Rupert gibt es Anschluss an die Haida-Gwaii-Fähre oder den VIA Rail's Train nach Jasper, Alberta.

Man sollte sich Snacks und Getränke mitbringen, damit man nicht von den Angeboten an Bord abhängig ist. Ein Fernglas und einen Pulli für kühlere Abende einzupacken ist ebenfalls keine schlechte Idee. **JL**

Zwischen den Bäumen nach einem Backsteinschornstein suchen, der auf die Geisterstadt Swanson Bay hinweist.	Fotos vom Grenville Channel, dem schmalsten Abschnitt der von Bergen gesäumten Landschaft, machen.	Etwas Zeit in Prince Rupert verbringen und unbedingt das Museum of Northern British Columbia besuchen.

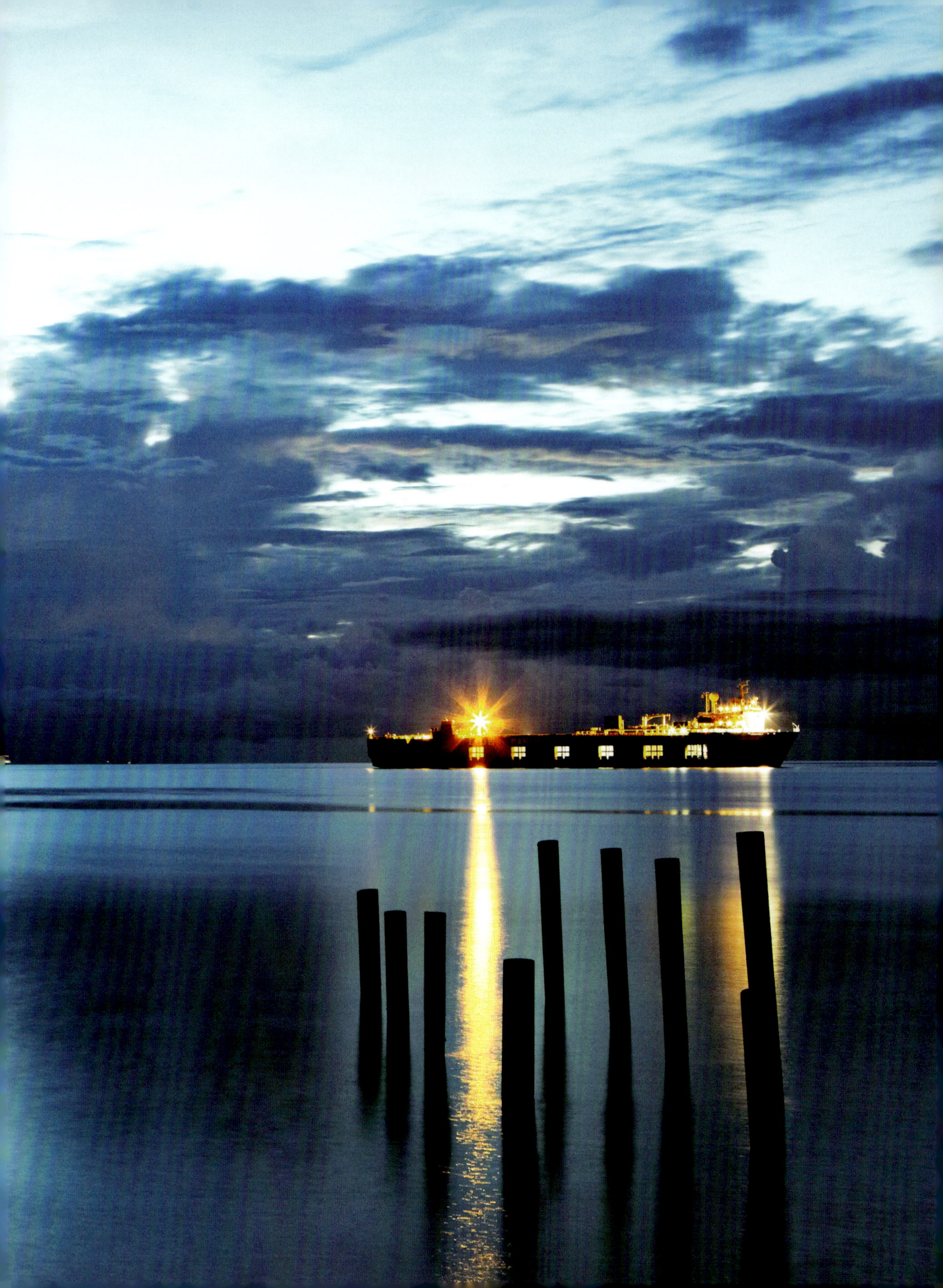

LEGENDÄRE SCHIFFSREISEN

Reise zwischen den Meeren

PANAMA

START PANAMA-STADT
ZIEL PANAMA-STADT
STRECKE 547 KM (340 MEILEN)
DAUER 9 TAGE

Ruinen inmitten einer wuseligen Innenstadt. Dichte Regenwälder – nur ein paar Kilometer entfernt von den hohen Glastürmen und den Asphaltstraßen einer florierenden Metropole. Genau das ist Panama, ein dynamisches und abwechslungsreiches Land, das vielerlei Abenteuer verheißt. Der Gatun Lake bietet sich zum Kajakfahren an, das Fort San Lorenzo zu einer Besichtigung und die Gewässer um die Pearl Islands zum Schnorcheln. Egal, welche Vorlieben man hat, auf einer Reise zwischen den Meeren mit EcoCircuitos, einer Organisation, die Ökotourismus und Bildung fördert, taucht man in alles ein, was für Panama typisch ist.

❶ AUF DEM WASSER

Die Fahrt über den Sambú River und einen Nebenfluss hinein in den Urwald ist die einzige Möglichkeit, mit einer der ältesten indigenen Gruppen Panamas in Kontakt zu kommen. Die Emberá – „Flussmenschen" – leben seit Jahrhunderten in der Darién-Region. Hier bekommt man einen authentischen Einblick in die Vergangenheit. Die Emberá-Kinder zeigen einem den Weg über einen matschigen Pfad hinunter zum Dorf. Ihre Eltern präsentieren mit Stolz ihre kunstvollen Schnitzarbeiten und handgewebten Körbe. Einige werden in ihre strohgedeckten Stelzenhäuser einladen, vielleicht erklingt sogar ein altes Emberá-Lied.

Nach Hitze und Schweiß im Urwald geht's zurück auf den 34 Meter langen Katamaran *Panama Discovery* und zu den Pearl Islands mit ihren kühlen Gewässern. Die einst für ihren Überfluss an diesem wertvollen Gut bekannten Inseln San Telmo und Mogo Mogo sind heute ein Naturspielplatz. Sportler fahren Kajak, Naturliebhaber schnorcheln und Erschöpfte relaxen an dem einsamen Strand. Es gibt endlos viele Möglichkeiten.

Von der Fahrt zum Panamakanal bekommt man nichts mit, man nähert sich ihm nachts. Nach der Ankunft dort sollte man sich sofort zum Bug des Katamarans begeben und den Blick auf die gigantischen Metalltore richten – eine Perspektive, die das Miraflores Visitor Center ebensowenig bieten kann wie eines der riesigen Kreuzfahrtschiffe. Auch erlebt man dort nicht so unmittelbar, wie das einzigartige Schleusensystem funktioniert.

Das Abenteuer geht weiter – vom Panamakanal bis zur Mündung des Río Chagres. Es herrscht Stille auf dem Spaziergang durch die in üppigem Grün liegen-

LEGENDÄRE SCHIFFSREISEN

DAS GEHEIMNIS DES PANAMAHUTS

Wer an Panama denkt, denkt wahrscheinlich als erstes an die schicken Strohhüte mit breiter Krempe. Aber wer weiß schon, dass der Panamahut aus Ecuador kommt? Das Toquillastroh, aus dem die Hüte hergestellt werden, wächst in Panama. Durch Gold Reichgewordene, die im 19. Jh. an die Westküste fuhren, kauften die Hüte auf ihrer Reise durch Panama in Massen – und schon hatte der Hut seinen Namen weg.

den Ruinen des Fort San Lorenzo. Es geht eine leichte Brise, wie der Fluss Chagres unten gegen die Ufer schlägt, kann man kaum hören. Der Guide wird von Piraten und Gold, von Angriffen und Plünderungen erzählen. In Erinnerung bleiben werden aber der Rundumblick und die dunklen, kühlen Steinlabyrinthe der Festung.

Es gibt noch ein Vergnügen, für das man kein Schiff benötigt – eine Fahrt mit der Panama Canal Railway. Das Einzige, was vielleicht noch farbenfroher ist als die Geschichte der Eisenbahn, ist die Aussicht auf der Fahrt von Colón zurück nach Panama-Stadt.

❷ AN BORD

Der Katamaran *Panama Discovery* hat eine Länge vom 34 m (110 ft.) und bietet Platz für 24 Passagiere. Die Crew besteht aus elf Personen, es gibt Schnorchelequipment und Kajaks an Bord. Jede der zwölf Kabinen verfügt

---

Die einzigartigen Handarbeiten, die die Emberá-Frauen anbieten, bewundern und kaufen.

In den mit Gewässern rund um die Pearl Islands schnorcheln und die lebendige Unterwasserwelt bestaunen.

Am Bug der *Panama Discovery* stehen und zuschauen, wie die Schleusen des Panamakanals funktionieren.

LEGENDÄRE SCHIFFSREISEN

LINKS: Fort San Lorenzo unweit Colón
MITTE: Blick auf die Karibik
RECHTS: Letzte Arbeiten an einem Panamahut
SEITE 78: Vor dem Panamakanal auf die Einfahrtserlaubnis wartender Frachter

über ein eigenes Bad mit Dusche. Das Hauptdeck im Innenbereich ist mit großen Fenstern und einem gemütlichen Sofa eingerichtet. Der hervorragende Schiffskoch serviert bis zu drei Mahlzeiten täglich und das eifrige Personal füllt die Gläser mit allem, was das Herz begehrt.

❸ BUDGET-ALTERNATIVE

Wenn das Budget für eine neuntägige Tour nicht reicht, bietet sich ein eintägiger Ausflug auf dem Panamakanal an. Panama Marine Adventures hat Fahrten in Richtung Norden oder Süden im Angebot. Man kann zwischen einer Teilstrecke (4–5 Std.) und der ganzen Strecke (10–12 Std.) wählen.

❹ LOS GEHT'S

Los geht's von März bis Juni einmal im Monat sowie einige Male Ende Oktober und November. Tickets sollten mindestens einen Monat im Voraus gebucht werden. Die Strecke steht vorab fest. Die Reisenden werden von EcoCircuitos am Tocumen International Airport abgeholt und dort auch wieder hingebracht. Die beste Reisezeit ist in der Trockenzeit (Dez.–Mai). Die Touren werden aber auch in der Regenzeit (Juni bis Nov.) angeboten. **AJ**

Am Fort San Lorenzo Ausschau halten nach der *Mimosa pudica*, auch „Sinnpflanze" genannt, da sich ihre Blätter bei Berührung schließen.

Die Landschaft auf einer Fahrt mit der Panama Canal Railway genießen; schlechte Plätze gibt es nicht.

Zurück in Panama-Stadt sollte man sich seinen eigenen Panamahut kaufen.

MailBoat

LEGENDÄRE SCHIFFSREISEN

Die Bahamas mit dem Postschiff

BAHAMAS

START NASSAU
ZIEL NACH LUST UND LAUNE!
STRECKE 80 KM (50 MEILEN) BIS 644 KM (400 MEILEN)
DAUER 5 STD. – MEHR ALS EIN TAG

Sie sind vom Typ her eher Schildkröte als Feldhase? Ein Mensch mit mehr Zeit als Geld? Dann könnte Inselhopping mit dem Postschiff zwischen den rund 30 bewohnten Bahamas-Inseln genau der richtige Plan für Sie sein. Man sitzt stundenlang – manchmal tagelang – auf dem Deck eines schwankenden Frachters zwischen Postsäcken und Paletten mit Erbsendosen und hat nichts anderes zu tun, als auf den strahlend blauen Atlantik zu schauen. Hört sich nach Hölle an? Dann sollten Sie es sein lassen. Hört sich nach Himmel auf Erden an? Dann nichts wie rauf aufs Postschiff!

❶ AUF DEM WASSER

Laute Rufe hallen durch den Hafen von Nassau auf der Insel New Providence, während die Träger Kartons mit frischen Ananas, Lattenkisten mit lebenden Schneckenmuscheln, riesige Schmalzdosen und andere Güter des täglichen Bedarfs an und von Bord des farbenfrohen Schiffes schleppen. Es folgt die nächste Fracht: Sie!

Die berühmten Postschiffe der Bahamas fahren seit mehr als 70 Jahren zwischen den weit verstreuten Inseln des Archipels hin und her. Heute nehmen die meisten Einheimischen winzige Flugzeuge, wenn sie irgendwohin wollen. Aber Postschiffe sind noch immer die Lebensader für die kleineren Inseln, denn sie transportieren so ziemlich alles – Post, Nahrungsmittel, Schulbücher, medizinische Geräte – und laden es auf Inseln wie Ragged Island und Deadman's Cay ab. Und sie befördern Passagiere, ganz gleich, ob diese Geld sparen wollen oder Flugangst haben. Für Abenteuerlustige und Geduldige ist die Fahrt mit dem Postschiff eine Reise durch die Karibik, wie man sie schon vor Jahrzehnten unternommen hat – geruhsam (und ohne WLAN).

Es ist extrem schwer vorherzusehen, wann die Postschiffe fahren. Das hängt von der Verfügbarkeit der Crew genauso ab wie vom Wetter. Auf ein bestimmtes Schiff muss man mitunter tagelang. Wenn jedoch die Fahrt wichtiger ist als das Ziel, kann man auch an Bord des erstbesten auslaufenden Schiffes gehen.

Auf den Schiffen gibt es keinerlei Schnickschnack. Man teilt sich das Deck – oder auf längeren Trips eine einfache Kabine – mit Fremden. Wer sich für eine Fahrt auf einem Postschiff entscheidet, dem sind wahrscheinlich die Freuden des Reisens wie es die Einheimischen

LINKS: Ein Tänzer am Neujahrstag auf dem Junkanoo-Straßenfest in Nassau
RECHTS: Sanfte Wellen am Cabbage Beach
SEITE 82: Ein altes Postboot

und zahlreichen mit Wasser gefüllten Kalksteintrichtern? Zwischen Hin- und Rückfahrt liegen mehrere Tage, sodass man genügend Zeit hat, „seine" Insel zu erkunden. Welche auch immer man ansteuert, viele schaukelnde Meilen auf See, Sonnenuntergänge, wie sie sonst nur auf Ölgemälden zu sehen sind, und ein grandioser Sternenhimmel sind so gut wie garantiert.

❷ AN BORD

Die Postroute der Bahamas wird von älteren Frachtern und neueren, schnelleren Katamaranen bedient. Die Frachter bieten Sitzmöglichkeiten an Deck und sparta-

tun, bekannt. Man wird stundenlang mit neuen Freunden quatschen, sich warme Kalik-Biere und Dosen mit Wiener Würstchen teilen. Vielleicht wird man sogar im Zielhafen zum Abendessen eingeladen.

Wohin führt einen die Reise? Vielleicht auf Harbour Island, wo sich Promis an den pinkfarbenen Stränden tummeln und die Nächte in winzigen Bars durchfeiern. Vielleicht ist das Ziel aber auch Long Island, wo Apnoetaucher die kühlen Tiefen von Dean's Blue Hole erkunden, einen 202 m tiefen Trichter vor der Küstenlinie. Es könnte auch sein, dass der Bug in Richtung Inagua, den südlichsten Distrikt des Landes, zeigt, wo es riesige Salinen gibt und wo etwa 80 000 pinkfarben leuchtende West Indian Flamigos zu Hause sind.

Auf einer Reise mit dem Postschiff durch die Bahamas entdeckt man ein Land, das ein ganzes Universum von den Casinos und überfüllten Stränden von Nassau entfernt ist. Wie wär's mit Cat Island, auf der die Bewohner noch immer *Obeah* praktizieren, eine Art afro-karibische Spiritualität, die auf die Tage der Sklaverei zurückzuführen ist. Oder mit der großen, jedoch kaum bewohnten Insel Andros mit ihren Kiefernwäldern

DAS LEBEN EINES PIRATEN

Die Meeresregion, in der heute die Postboote herumfahren, wurden einst von Piratenschiffen heimgesucht. Von den 1600er-Jahren an durchsuchten Piraten die Gewässer nach spanischen Galeonen, um sie zu plündern. Der berühmteste Pirat war Edward Teach alias Blackbeard. Bevor er ein feindliches Schiff enterte, band er sich brennende Lunten in seinen pechschwarzen Bart, wodurch er so manchen Kapitän dazu brachte, kampflos zu kapitulieren.

Am geschäftigen Potter's Cay in Nassau zuschauen, wie die Boote mit Obst, Fisch und mehr beladen werden.

Sich an den pinkfarbenen Stränden des lockeren, gern von Jungstars besuchten Harbour Island in der Sonne aalen.

Rund um die Abaco-Inseln auf Grätenfischfang gehen, eine beliebte Freizeitbeschäftigung von Yachties und Freizeitsportlern.

nische Kabinen, auf den Katamaranen residiert man in Lounges mit TVs und Snackbars. Auf längeren Strecken gibt's einfache Gerichte wie Fisch und Reis mit Erbsen.

❸ LOS GEHT'S

Postschiffe haben feste Fahrpläne. Die werden aber nur selten eingehalten. Am besten geht man zum Anleger (in Nassau ist das Potter's Cay) und erkundigt sich. Wer hinsichtlich des Ziels flexibel ist, hat es einfacher. Die meisten Schiffe fahren einmal pro Woche ab und sind zwei bis sechs Tage später wieder zurück. Wer nicht so lange auf einer Insel warten möchte, kann eventuell auch mit dem Schiff hinfahren und zurück fliegen (Achtung: Viele Inseln werden nur unregelmäßig angeflogen!). Im Voraus zu buchen ist nicht erforderlich. Die Hurrikansaison, die in der Regel vom Sommer bis Ende Herbst dauert, sollte man meiden. Auf den meisten Schiffen wird einfaches Essen serviert, es ist aber ratsam, eigene Snacks und Wasser mitzubringen. **EM**

Vor Andros am Kontinentalschelf tauchen, wo das Meer plötzlich 1829 m tief wird.

In dem kristallklaren Wasser vor der Big Major Cay zusammen mit den berühmten schwimmenden Schweinen baden.

Auf der entlegenen Insel Great Inagua Tausende in allen Farben des Sonnenuntergangs leuchtende Flamingos beobachten.

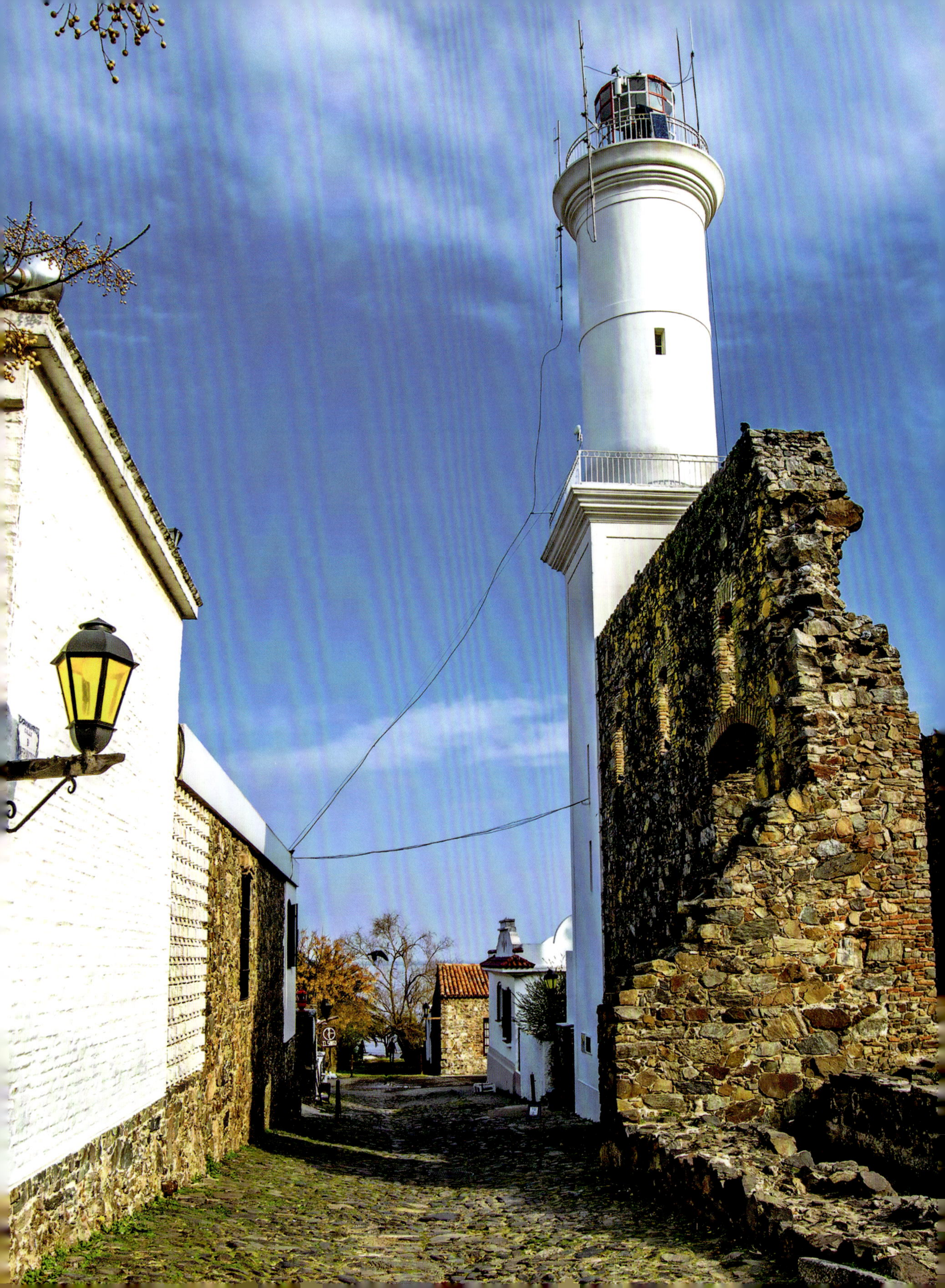

LEGENDÄRE SCHIFFSREISEN

Río de la Plata

ARGENTINIEN UND URUGUAY

START BUENOS AIRES, ARGENTINIEN
ZIEL MONTEVIDEO, URUGUAY
STRECKE 48 KM (30 MEILEN)
DAUER 2 STD.

Mit einer der weltweit größten Mündungen bildet der Río de la Plata eine natürliche Grenze zwischen Argentinien und Uruguay. Wer diese breite, in den Atlantischen Ozean mündende Wasserstraße überquert, verlässt die Ausgelassenheit von Buenos Aires und landet in der (etwas) gedämpfteren und entspannteren Atmosphäre von Montevideo. Nach der Erkundung des argentinischen Dreigespanns Tango, Fußball und perfekt gegrillte Steaks von freilaufenden Rindern taucht man ein in das grandiose Jugendstilstadtbild der Hauptstadt.

❶ AUF DEM WASSER

Man hat nicht oft Gelegenheit, mit dem Boot von einer großen Hauptstadt in eine andere zu fahren. Bevor man Buenos Aires verlässt, sollte man den labyrinthartigen Cementerio de la Recoleta, die letzte Ruhestätte der einstigen argentinischen First Lady Eva Perón, besuchen. Zwischen all den kunstvoll verzierten Mausoleen auf dem Friedhof erscheint die einfache Gedenktafel überraschend bescheiden. Südöstlich vom Friedhof sprach Evita in den 1940er-Jahren vom Balkon der Casa Rosada zu den Massen, und ganz in der Nähe halten Las Madres de Plaza de Mayo (die Mütter des Platzes der Mairevolution) jeden Donnerstag ergreifende Mahnwachen, um der Opfer der von 1976 bis 1983 herrschenden Militärjunta in Argentinien zu gedenken. Heute, in einer weniger angespannten Zeit, wird in den *milongas* (Tanzsalons oder Tanzpartys) traditioneller Tango getanzt – Tangounterricht ist eine beliebte Aktivität von

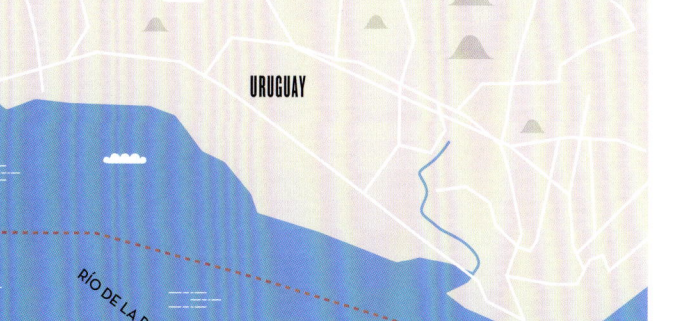

LEGENDÄRE SCHIFFSREISEN

Buenos-Aires-Besuchern. Tanzen, Fußball und das wahrscheinlich weltweit beste Grillfleisch zu genießen sind *die* Leidenschaften der Porteños, wie die Bewohner dieser Stadt genannt werden. Jeden Sonntag findet die San Telmo Feria (Straßenfest) mit Straßenkünstlern, Antiquitätenhändlern und Kunsthandwerkern statt.

Am Hafen Dársena Norte nimmt man dann Abschied von Buenos Aires und seinen Annehmlichkeiten. Auch wenn man bei der Abfahrt nach Montevideo von Buenos Aires nur moderne Bürogebäude sehen wird, die die sanierten Puerto Madero Docks säumen, so behält man doch lebhafte Erinnerungen an Geschichte, Kultur und Sport sowie die Küche Argentiniens. An der Einfahrt in den Río de la Plata kommt der Yacht Club Argentino in den Blick, der 1911 von dem französischen Architekten Eduardo Le Monnier entworfen wurde. Der Turm des Gebäudes ähnelt einem Leuchtturm und bildet einen altmodischen Kontrast zu den kastenförmigen, modernen Gebäuden, die im Kielwasser der Fähre immer kleiner werden.

Der Zusammenfluss von Río Uruguay und Río Paraná erreicht an der Mündung in den Atlantischen Ozean eine Breite von 225 km. Wenn die Buquebus-Fähre gen Osten nach Montevideo fährt, stellt sich unweigerlich der Eindruck ein, auf dem Meer zu sein. Während der Fahrt entlang des Nordufers erblickt man am Bug stehend links die historische Stadt Colonia del Sacramento in Uruguay. Warum der Fluss Río de la Plata („Silberfluss") heißt, wird klar, wenn man sieht, wie die Oberfläche des Wassers im Sonnenlicht glitzert. Vor dem Schiff kommt schließlich Montevideo in Sicht.

Von Montevideos restauriertem Fährterminal aus dem 19. Jh. sind es nur ein paar Schritte zum Mercado del Puerto. Der Markt in diesem äußerst beliebten, unter Denkmalschutz stehenden Gebäude ist voller *parrillas,* populären Grillrestaurants. Beginnen sollte man hier mit einem *medio y medio aperitivo*, ein erfrischender fifty-fifty-Mix aus Sekt und Weißwein, gefolgt von einem gegrillten Stück Fleisch, Gemüse und Meeresfrüchten. Nach dem Genuss von *matambre* (mit hart gekochten Eiern, Gemüse und Kräutern gefüllter Rinderrollbraten) ist ein Spaziergang über Montevideos Rambla quasi ein Muss. Die Rambla verläuft fast 23 km entlang des Río de la Plata. Viele Bewohner Montevideos kommen hierher zum Angeln, Spazierengehen, Joggen und Radfahren.

❷ AN BORD

An Bord der Fähren auf dem Río de la Plata gibt es mehrere Klassen und Angebote. Am erschwinglichsten ist die Economy Class mit Sitzplätzen in einer Gemeinschaftskabine. In der etwas besseren Tourist Class ist die Kabine geräumiger. In den Cafés werden Getränke

---

In La Viruta, einer beliebten *milonga* in Buenos Aires, Tango tanzen lernen.

Auf der San Telmo Feria nach Schnäppchen suchen und dem Soundtrack der Straßenkünstler lauschen.

Dem schicken Yacht Club Argentino in Buenos Aires einen Besuch abstatten und relaxen.

LEGENDÄRE SCHIFFSREISEN

LINKS: Puente de la Mujer in Buenos Aires
SEITE 86: Das Barrio Histórico in Colonia del Sacramento, Uruguay

und leichte Snacks angeboten. Eine gute Kombi ist ein *café cortado* (Espresso mit einem Schuss Milch) und eine *medialuna* (kleines argentinisches Croissant). Passagiere der Business Class können sich auf bequemere Sitze, einen geräumigen Café-Bereich, kostenlosen Kaffee, Gebäck, Schaumwein und Snacks freuen. Auch dürfen sie vor allen anderen an Bord gehen. Obwohl die Überfahrt nach Uruguay relativ kurz ist, ist an Bord durchgehend ein Duty-free-Shop geöffnet.

❸ ANDERE TOUREN

Es gibt außerdem regelmäßige Fährverbindungen von Buenos Aires zur Hafenstadt Colonia del Sacramento, westlich von Montevideo. Colonia del Sacramento ist eine der ältesten Siedlungen Uruguays. Die Kopfsteinpflasterstraßen im Barrio Histórico (Historisches Viertel) stammen aus dem 17. Jh., also aus einer Zeit, in der die Region unter portugiesischer Herrschaft stand. Colonia del Sacramento ist ein beliebter Tagesausflug von Buenos Aires aus. Von hier kann man auch mit dem Bus weiter nach Montevideo fahren.

❹ LOS GEHT'S

An den meisten Tagen fahren zwei Fähren von Buenos Aires nach Montevideo. Es ist empfehlenswert, im Voraus einen Platz auf der Buquebus-Fähre zu buchen, vor allem an Wochenenden und Feiertagen. Auch die Weiterreise per Bus in den uruguayischen Badeort Punta del Este sollte vorab gebucht werden, ebenso wie mehrtägige Pauschalpakete (inkl. Unterkunft) in Montevideo oder Colonia del Sacramento. **BA**

DIE GRAF SPEE

Im Dezember 1939 fand das erste größere Seegefecht des Zweiten Weltkriegs statt, die Schlacht vor dem Río de la Plata. Drei Schiffe der britischen Marine kämpften gegen die deutsche *Graf Spee*, die im Südatlantik Handelsschiffe angegriffen hatte. Um weiteren Konflikten aus dem Weg zu gehen, versenkte der Kapitän der beschädigten *Graf Spee* sein Schiff schließlich in dem neutralen Hafen von Montevideo.

- Auf der Fahrt mit der Fähre nach Montevideo den wie ein Meer erscheinenden Río de la Plata genießen.
- Auf dem Mercado del Puerto in Montevideo in einer *parrilla* ein Festmahl bestellen.
- Seite an Seite mit Uruguayern auf Montevideos Rambla, der spektakulären Uferstraße, flanieren.

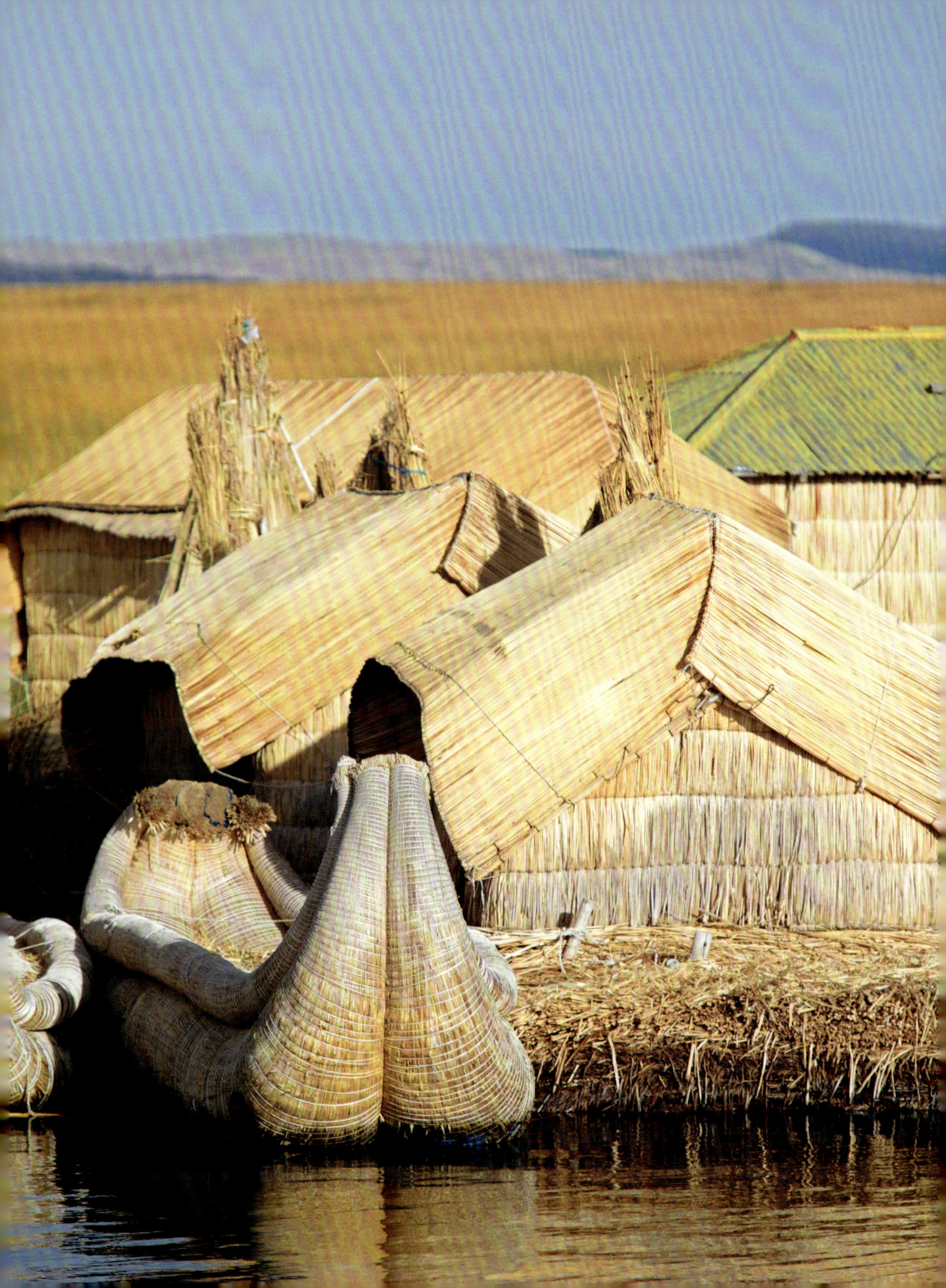

LEGENDÄRE SCHIFFSREISEN

Titicaca-See

PERU

START **PUNO**
ZIEL **TAQUILE**
STRECKE **35 KM (22 MEILEN) EINFACHE FAHRT**
DAUER **1½–3 STD.**

Auf dieser Bootsfahrt von Puno über den Titicaca-See zur Isla Taquile bekommt man ein Gefühl für das auf der Insel herrschende Tempo. Das einfache Boot gleitet vorbei an den von Menschenhand aus Schilf geschaffenen Uros-Inseln. Langsam erreicht man die hügelige Isla Taquile. Hier stricken die Männer, und zwar nur die Männer, farbenfrohe Kleidungsstücke, und die Frauen weben breite Hüftbänder. Strom gibt es nicht, aber dafür kann man auf dieser Digital-Detox-Kur in jede Richtung umwerfende Blicke genießen – auf den See, die bolivianischen Berge in der Ferne und die steinernen Torbögen auf den Inselwegen.

❶ AUF DEM WASSER

Wenn es morgens noch kühl ist, gibt es einen Moment, in dem man feststellt, dass die Sonne einen Schalter umgelegt und der See sich in einen den blauen Himmel reflektierenden Spiegel verwandelt hat. Der Panflötenspieler an Bord des Bootes legt eine Pause ein und schon schiebt jeder den Faltenvorhang vor dem Fenster zurück, um den Blick zu genießen. Schier endlos schimmert das silberblaue Wasser im funkelnden Sonnenlicht. Das ist der Titicaca-See, der größte See Südamerikas und auf 3800 m der höchste schiffbare See der Welt. Mit Ausnahme der gezackten Andengipfel, die den Horizont schmücken, sieht man nichts als Wasser.

Man bietet dem Wind auf dem Bootsdach die Stirn und entdeckt auf beiden Seiten grünes Schilf, das sich im Kielwasser des Boots hin und her bewegt. Die gelben Schilfinseln von Uros ziehen vorbei. Weiße Schlauchboote mit Anglern dümpeln im Wasser oder werden mithilfe von langen Ruderstangen durch die Schilfgärten bewegt. Kinder winken. Dann taucht die Isla Taquile in der Ferne auf. Wollte man die Insel malen, würde man nur einen goldfarbenen Klecks für die Hügel, ein paar khakifarbene Spritzer für die *kolle*-Bäume, die ihre Äste in die Höhe strecken, und ein paar blaue Tupfen für den Himmel benötigen.

Wenn man auf Taquile durch einen Torbogen schlendert, überfällt einen sonnendurchflutete Nostalgie. Die Männer sitzen, sie stricken, tragen schwarze Hosen und Westen, weiße Hemden und Pudelmützen, an deren Farbe man ihren Familienstand erkennt. Die farbenfroh gekleideten Frauen mit schwarzen Kopftü-

LEGENDÄRE SCHIFFSREISEN

chern stehen an Mauern gelehnt. Und egal wohin man schaut, der See ist sichtbar und erstaunlich hoch, sodass man den Kopf recken muss, um den Horizont zu sehen. Und überall duftet es nach See und Gras.

Die Gastfamilie lächelt einen an, kommuniziert wird auf Quechua und mit Gesten. In dem einfachen Haus mit Wellblechdach kocht die Mutter wohlschmeckenden, mit Kräutern gewürzten Fisch und Quinoa-Suppe. Abends wird Chicha getrunken und in der Haupthalle auf der Isla Taquile getanzt, zuvor gibt's aber eine Führung über die von den Inkas angelegten Terrassen. Unterwegs sieht man Frauen, die Schafe hüten, und strickende Männer. Sie sind unterwegs zur bedeutendsten Stätte auf der Insel, wo die Göttin Pachamama (Mutter Erde, Feste im Januar) geehrt wird. Je höher man kommt, desto mehr spürt man, wie wichtig es für die Gastgeber ist, dass man sie sieht. Boliviens in der Ferne liegende Cordillera Real wird immer deutlicher. Und dann erblickt man ihn, den 3000 Jahre alten Tempel

ISLAS UROS

Frauen mit schönen Filzhüten begrüßen die Gäste auf diesen von Menschenhand geschaffenen Inseln aus gebündeltem Totora-Schilf, das am Titicaca-See gedeiht. Touren zu den Inseln sind auf einem drachenförmigen Schilfboot möglich – ein passendes Fortbewegungsmittel für ein Volk, das vor etwa 1000 Jahren auf den See flüchtete, um den sich auf ihrem Land ausbreitenden Inkas zu entkommen.

- Aufs Oberdeck klettern und den freien Blick auf den Titicaca-See und Puno genießen.
- Eine der Islas Uros, die von Menschenhand aus Schilf geschaffenen Inseln, betreten.
- In einem Drachenboot rund um die Islas Uros fahren und die totale Ruhe genießen.

LEGENDÄRE SCHIFFSREISEN

LINKS: Steinmauern auf der Isla Taquile **MITTE:** Die schwimmenden Islas Uros **UNTEN:** Steinmauern auf der Isla Taquile. Blick von oben auf den Titicaca-See
SEITE 90: Schilfboote und Häuser auf den Islas Uros

aus der Vorinkazeit, einfach gemauert aus übereinandergestapelte Backsteinen. Das Dach darüber bildet der in allen Blautönen leuchtende Himmel.

❷ AN BORD

Die flachen, Fähren ähnelnden Boote haben bequeme Sitze, große Fenster und unter Umständen windige Oberdecks. Die diversen Anbieter nehmen sehr unterschiedliche Preise für die gleichen Plätze. Auf den Schiffen ist kein Essen erhältlich. In den geführten Touren ist ein Mittagessen auf Taquile im Preis enthalten.

❸ ANDERE TOUREN

Schnellboote sind kleiner und erreichen die Insel in der halben Zeit. Aber die ruppigen Bewegungen können zum Problem werden, wenn man sich noch nicht an die Höhe gewöhnt hat. Am Hafen in Puno kann man auch in ein etwas preiswerteres Boot ohne geführte Tour steigen, aber auch wer mit diesem Boot fährt, muss auf der Isla Taquile ein geringes Eintrittsgeld bezahlen. Man sollte sich vom Kapitän versichern lassen, dass wirklich eine Fähre zurückfährt.

❹ LOS GEHT'S

Vormittags fahren mehrere Schiffe zur Isla Taquile. Die Fahrt kann man im Reisebüro in Puno am Vortag buchen. Die öffentlichen Fähren vom Hafen müssen nicht im Voraus reserviert werden. Es empfiehlt sich eine Tour, die auf der Isla Taquile eine Übernachtung (Gastfamilie) vorsieht. Von Juni bis August sind die Nächte kalt, aber trocken und die Tage sonnig.

Snacks und Wasser für die Bootstour nicht vergessen. Auf der Isla Taquile gibt es keinen Strom. **PT**

Durch die Torbögen auf der Isla Taquile gehen und in eine andere Welt eintauchen.

Bei einer Familie frisch zubereitete Quinoa-Suppe probieren und alles über die Textilherstellung auf der Isla Taquile erfahren.

Den sternklaren, lichtverschmutzungsfreien Himmel über einem Tempel aus der Zeit vor den Inkas bewundern.

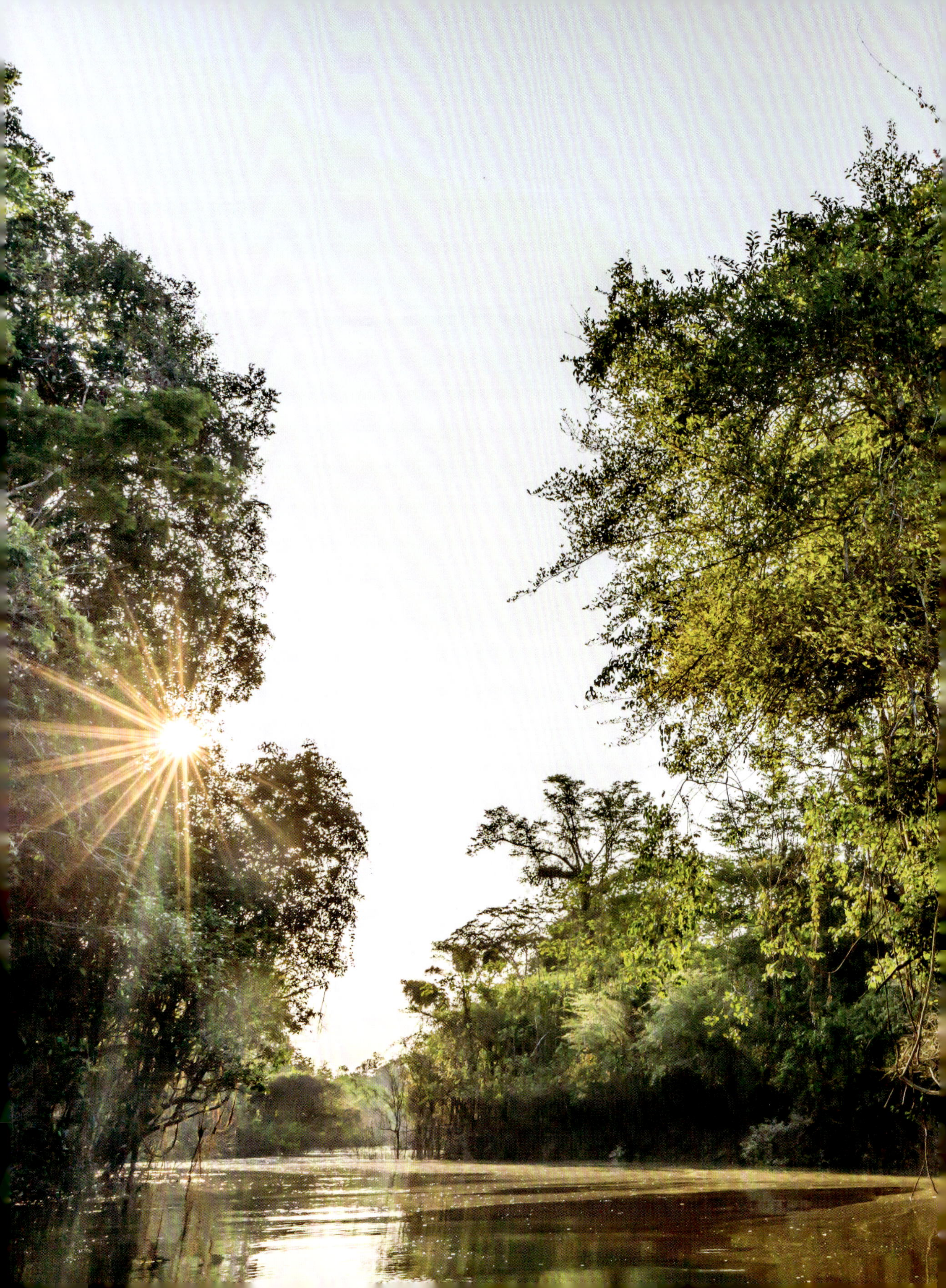

LEGENDÄRE SCHIFFSREISEN

Abenteuer Amazonas

PERU

START IQUITOS
ZIEL SANTA ROSA
STRECKE 480 KM (298 MEILEN)
DAUER 10 STD.

Iquitos ist die größte Stadt, die nicht auf dem Landweg zu erreichen ist. Sie liegt abgeschnitten von der Außenwelt in der feuchten Wildnis im Norden des peruanischen Urwalds. Hier dreht sich alles um Boote, der interessante Trip auf dem Fluss ist eine zehnstündige Fahrt auf einem 480 km langen Abschnitt stromabwärts zum Dreiländereck von Peru, Kolumbien und Brasilien. Wer nicht auf einem der behäbigen Frachtschiffe, einem der stets überfüllten alten CONFLUAM-Schnellboote oder gar auf einem Kreuzfahrtschiff fahren möchte, kann nun die komfortable neue High-Speed-Fähre von CONFLUAM nutzen. Diese Fahrt durch die artenreichsten Gegenden unseres Planeten ist eine wunderbare Gelegenheit, in das Spektakel am Amazonas einzutauchen.

❶ AUF DEM WASSER

Zuerst gab es die Boote der abenteuersuchenden Konquistadoren, dann die der Gummibarone und seit Iquitos einen großen Hafen bekommen hat, gibt es die schwerfälligen Frachtschiffe. Das neueste Schiff auf dem mächtigen Amazonas in Iquitos ist eine High-Speed-Fähre von CONFLUAM (Conscorcio Fluvial del Amazonas). Wenn man es schafft, um 3 Uhr aufzustehen, um zur Abfahrt pünktlich am Hafen zu sein, kann man von dieser Neuerung profitieren. Luxus, mag man denken, wenn man sich die Augen reibend mitten in der Nacht am überfüllten Anleger steht, ist kein passendes Schlagwort für diesen Trip. Es muss aber gesagt werden, dass

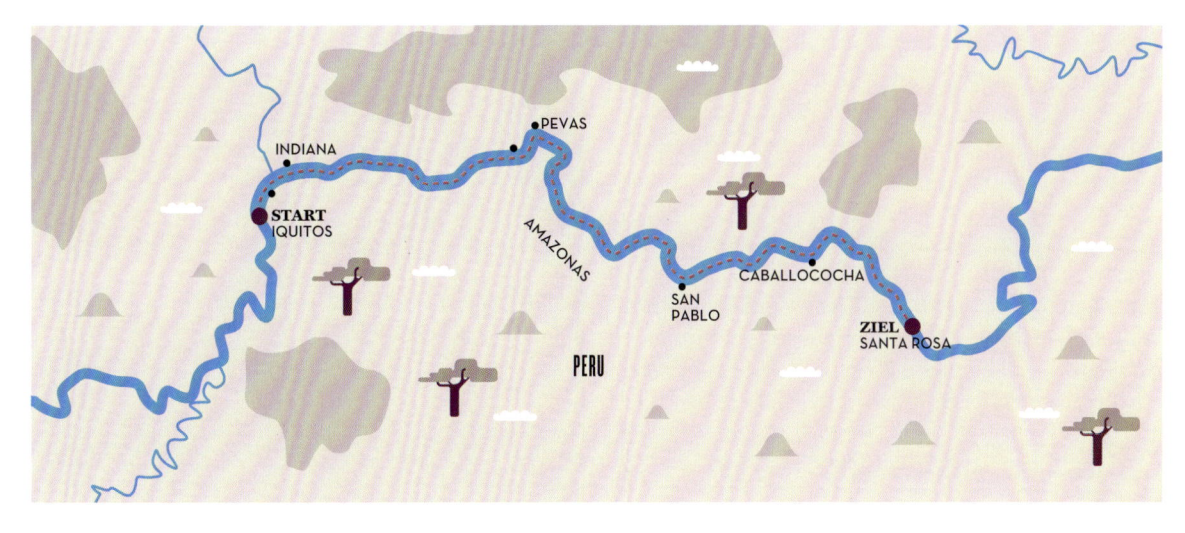

LEGENDÄRE SCHIFFSREISEN

die CONFLUAM-Schiffe mit ihren Lederliegesitzen, Tischen und Gratismahlzeiten luxuriöser sind als alle anderen Schiffe auf der Route Iquitos – Santa Rosa und das zu einem erschwinglichen Preis.

Iquitos, der Ausgangspunkt, ist keine Stadt, die man fluchtartig verlässt. Die energiegeladene Metropole – teils Barackenstadt, teils voller Kolonialgebäude – wird sicher einen bleibenden Eindruck hinterlassen, sei es wegen der schicken Restaurants am Flussufer oder des schwimmenden Markts in Belén. In dessen farbenfrohem, schmuddeligem Chaos wird alles verkauft, was der Urwald zu bieten hat, von Insektenlarven über in Flaschen abgefülltes Ayahuasca bis zu Schamanen-Parfüm. Noch halb schlafend überkommen einen Zweifel an dieser besonderen Fahrt, vor allem wenn man zwischen seinen dösenden Mitreisenden sitzt. Wenn die Fähre dann aber abgelegt hat und in die überraschend kühle Nacht losschießt, ist jenseits des Schiffs bald kein künstliches Licht mehr zu sehen.

Allein aufgrund der schieren Größe des Landes ist es für Peruaner zur Gewohnheit geworden, in öffentlichen Verkehrsmitteln zu schlafen, doch trotz der guten Ausstattung des Bootes wird es einem nicht leicht fallen, ein Nickerchen zu machen. Das liegt daran, dass der Amazonas nicht etwa ein ruhiger Fluss, sondern ein reißender, trüber Strom ist. Er ist hier mehr als 2 km breit und in den Wassermassen treiben baumgroße Gegenstände. Zudem tummelt sich eine unbestimmbare Anzahl von Booten auf dem Wasser, von Kanus der indigenen Bevölkerung bis hin zu riesigen Holz und Erdöl transportierenden Frachtern. Für eine ruhige Fahrt zu sorgen ist bei der Geschwindigkeit, mit der das CONFLUAM-Boot flussabwärts rast, für jeden Kapitän eine kaum erfüllbare Herausforderung.

Wenn dann nach zwei Stunden Fahrt der Tag anbricht, weiß man, dass das frühe Aufstehen nicht umsonst war. In der zunehmenden Schwüle des Morgens kann man trotz der schnellen Fahrt wunderbar wilde Tiere sichten. Rosafarbene Amazonasdelfine tummeln sich vor dem Schiff, hier und da liegen Kaimane am schlammigen Flussufer herum und Faultiere hängen

RECHTS: Ein Haus in der Nähe von Iquitos
SEITE 94: Das Obere Amazonasbecken

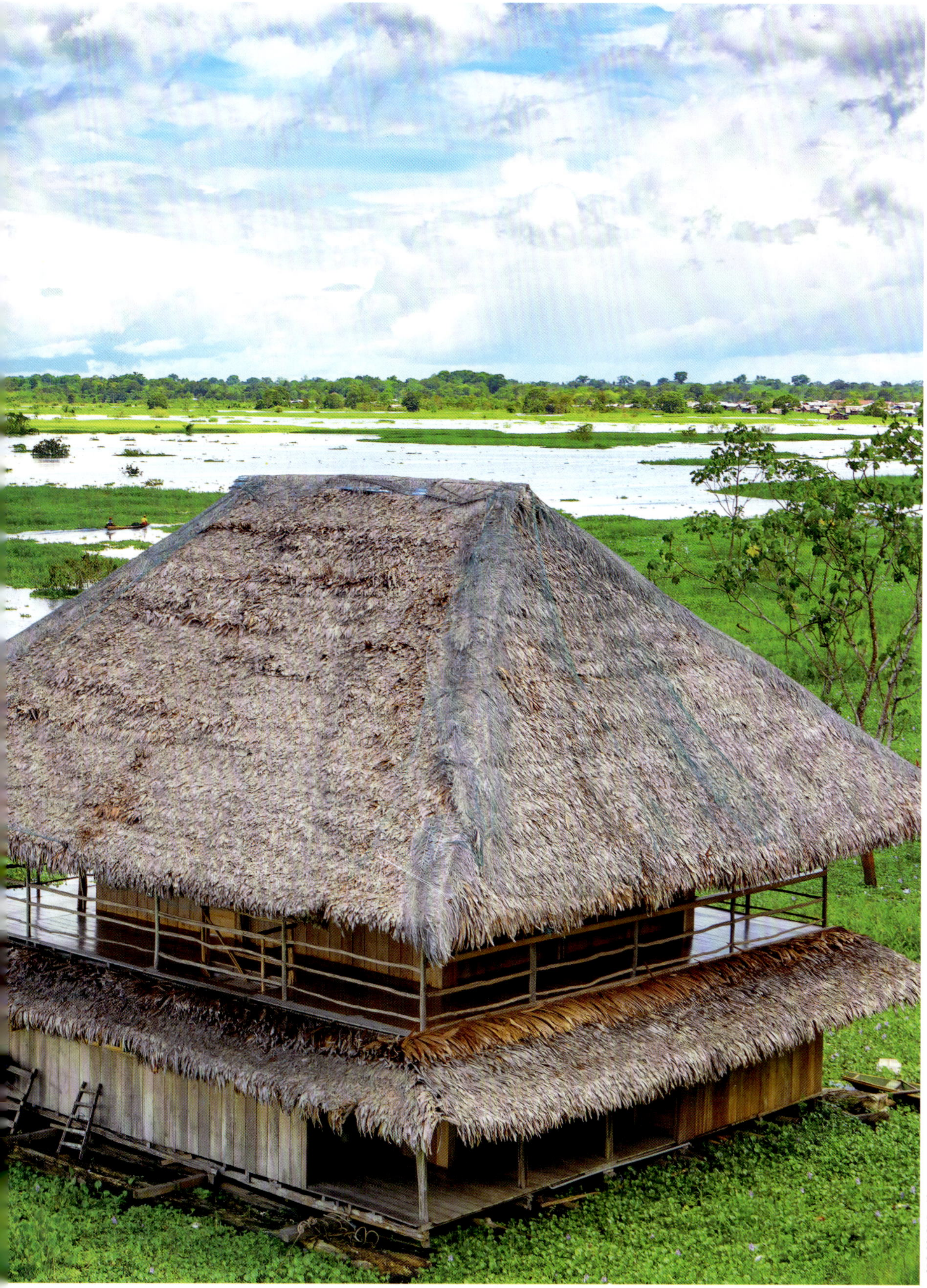

©DC_COLOMBIA / SHUTTERSTOCK

LEGENDÄRE SCHIFFSREISEN

in den Baumkronen. Sind keine wilden Tiere zu sehen, kann man sich an den Menschen und ihren Aktivitäten erfreuen. Familien sitzen in ihren *peki-pekis* (Kanus mit Außenbordern) und angeln, grell gestrichene, antiquierte Flussschiffe befördern ihre Ladung – Autos, Holz, Kochbananen … Stellenweise weicht das Blattwerk und es kommen Schindel- oder Holzhäuser zum Vorschein. Sie stehen auf Stelzen, um dem häufigen Hochwasser standzuhalten.

Zu Beginn der Reise ist der Fluss an einigen Stellen von Urwald gesäumt, der von Menschen noch unberührt ist, und wenn man etwa die halbe Strecke zurückgelegt hat und sich Pevas nähert, befindet man sich in einer Gegend mit einer ganz außerordentlichen Vielfalt von Pflanzen und Tieren. Pevas, der faszinierendste Zwischenhafen, ist die älteste Stadt am Amazonas. Heute ist sie aber auch bekannt als Wohnort von Francisco Grippa, einem der talentiertesten zeitgenössischen Künstler Perus. In Grippas wunderschöner Galerie werden seine Gemälde, zu denen ihn sein 20-jähriger Aufenthalt am Amazonas inspirierte, gezeigt. Grund genug für einen Zwischenstopp.

Hinter Pevas geht's weiter durch ähnliche Landschaften und Szenerien bis nach einem halben Tag schließlich ein rot-weiß gestreifter Leuchtturm und eine Fahne mit der Aufschrift „Willkommen in Peru" über einer Ansammlung strohgedeckter Hütten aus der Vegetation herausragt. Nun wissen die Passagiere, dass sie in Santa Rosa, der peruanischen Grenzstadt, angekommen sind, dem Ende ihrer Reise.

❷ AN BORD

Die Sitze sind so bequem, wie man sie auf einem Schiff in dieser Ecke der Welt erwartet: Sie sind gepolstert und lassen sich weit zurücklehnen. Frühstück und Mittagessen werden an Tischen serviert.

❸ ANDERE TOUREN

Die CONFLUAM-Fähren sind nicht gerade günstig. Auf der gleichen Strecke gibt es beschaulichere Luxustouren, die aber viele Wochen im Voraus gebucht werden müssen und sehr viel teurer sind. Anbieter sind u. a. Aqua Expeditions (www.aquaexpeditions.com) und Rivers and Forest Expeditions (www.rfexpeditions.com). Auf diesen Trips werden unterwegs Zwischenstopps eingelegt, man steigt auf kleinere Boote um und erkundet die Nebenflüsse des Amazonas.

Man kann auch weniger komfortabel reisen und eine Koje auf einem Frachtschiff buchen, das in Iquitos am Puerto Masusa abfährt. Der Preis entspricht dem der CONFLUAM-Fähre. Die Fahrt dauert vier Mal so lange (fast zwei Tage), aber dafür ist die Erfahrung viel span-

UNTEN: Ein Amazonasdelfin
RECHTS: Eine etwas andere Tour auf dem Amazonas

- In Iquitos im Historical Ships Museum – ein altes Flussschiff – die Geschichte der Flüsse in dieser Gegend kennenlernen.
- Die lebendigen Bars und Restaurants am *malecón* (Uferpromenade) in Iquitos besuchen.
- Die Morgenröte am Amazonas genießen.

nender, da es sich bei den Mitreisenden um Einheimische handelt, deren Gepäck manchmal sogar lebt.

❹ LOS GEHT'S

Die Schiffe starten in Iquitos täglich gegen 4 Uhr im Puerto Enapu. Reservieren sollte man einen Tag im Voraus im CONFLUAM-Büro in Iquitos. Je nach Wasserstand fährt man acht bis zehn Stunden flussabwärts nach Santa Rosa, der peruanischen Grenzstadt. Von dort geht's dann entweder mit der Fähre zurück oder man erledigt in Santa Rosa die Grenzformalitäten und reist mit einer anderen Fähre weiter nach Leticia in Kolumbien oder nach Tabatinga in Brasilien. Von Tabatinga kann man dann weiter flussabwärts bis zum Atlantischen Ozean schippern. Die ganze Strecke in eine Richtung zu fahren ist am besten. In der Trokkenzeit (Mai–Okt.) ist der Wasserstand niedrig, und man bekommt mehr Tiere zu sehen. **LW**

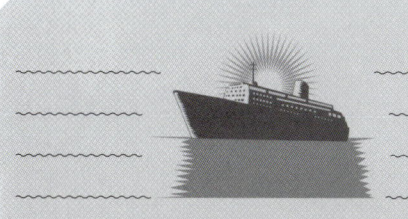

AL FRÍO Y AL FUEGO

Dieses schwimmende Restaurant, das an der Mündung des Itaya River festgemacht ist, serviert in unvergesslicher Umgebung mit das beste Essen am peruanischen Amazonas. Das kulinarische Abenteuer beginnt mit einer magischen Bootstour in Iquitos. Während man auf das exzellente Flussfisch-Gericht wartet, kann man im Pool schwimmen oder die sich auf dem Wasser spiegelnden Lichter der Stadt betrachten.

Rosafarbene Amazonasdelfine, Faultiere, Affen und viele Vögel auf der Fahrt flussabwärts erspähen.

In Pevas, der Heimat eines des großartigsten lebenden Künstlers Perus, von Bord gehen.

Noch einen draufsetzen und mit dem Boot über die Grenze nach Kolumbien oder Brasilien und weiter flussabwärts bis zum Atlantik fahren.

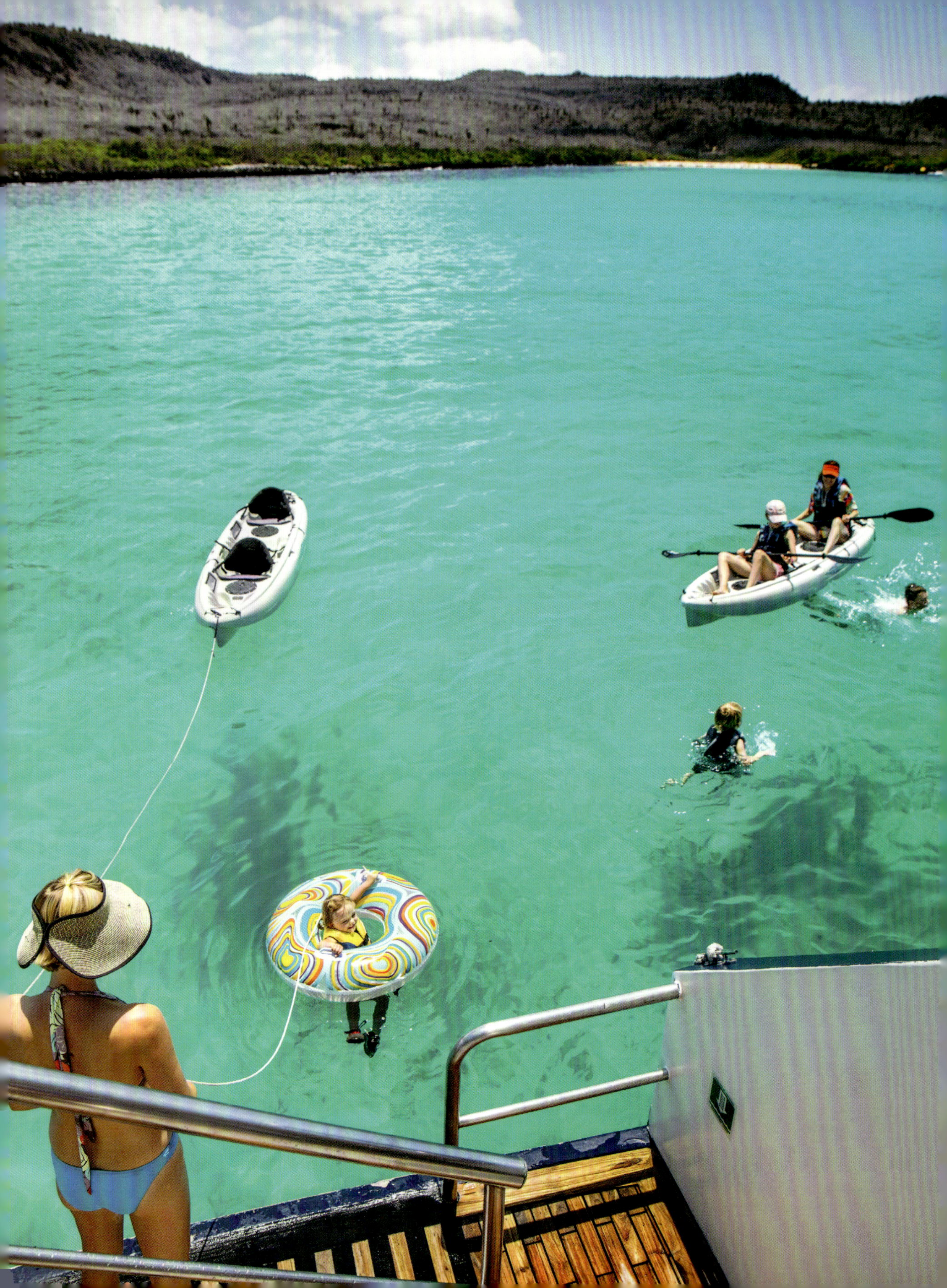

LEGENDÄRE SCHIFFSREISEN

Die Galápagos-Inseln

ECUADOR

START SANTA CRUZ
ZIEL SANTA CRUZ
STRECKE UNTERSCHIEDLICH
DAUER 8–15 TAGE

1835 betrat ein junger Naturforscher namens Charles Darwin die abgelegene Inselgruppe 966 km westlich der Küste Südamerikas. Er war überrascht von den sonderbaren, wilden, wundervollen Kreaturen, die er dort vorfand. Fast 200 Jahre später stellt die Fahrt zu den zu Ecuador gehörenden Galápagos-Inseln für Tierliebhaber den Heiligen Gral dar – eine einmalige Reise in eine merkwürdige Welt voller Meerechsen, flugunfähiger Vögel und Riesenschildkröten, wo die Natur noch die Oberhand hat. Sicher keine preiswerte Reise, aber eine, die man nie vergessen wird.

❶ AUF DEM WASSER

Die Galápagos-Inseln wurden 1535 zufällig entdeckt. Jahrhundertelang wurden die „Verzauberten Inseln", wie sie früher von Seeleuten genannt wurden – nur sporadisch von Walfängern oder Expeditionsschiffen besucht, darunter 1835 Darwin auf seiner HMS *Beagle*. Seit 1959 sind 7970 km² der Inseln Nationalpark, seit 1978 gehören sie zum Weltnaturerbe der UNESCO. Das Betreten der Inseln wird von Ecuadors National Park Service streng kontrolliert. Nur ein paar Bereiche sind für Besucher zugänglich, Schiffe dürfen die vorgeschriebenen Routen nicht verlassen und Gruppen müssen immer von ausgebildeten Naturkundlern begleitet werden. Mit Hilfe dieser Initiativen sollen die empfindlichen Ökosysteme der Inseln geschützt werden, die von vielen Seiten bedroht sind – von invasiven Arten bis zu Umweltverschmutzung und Klimawandel.

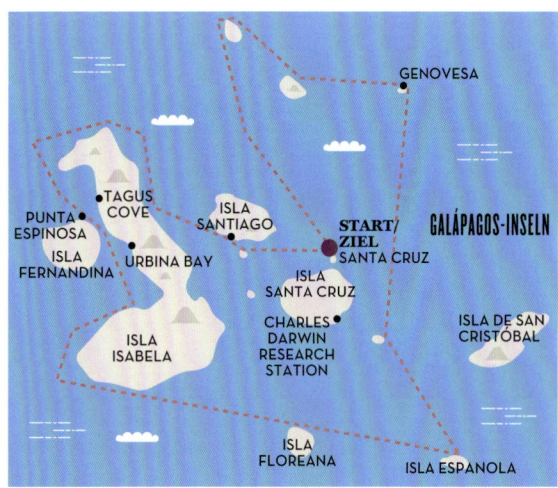

Es ist zwar möglich, die Inseln mit der eigenen Jacht zu besuchen, für Normalsterbliche ist die einfachste Art aber eine organisierte Schiffsreise. Die Kreuzfahrtschiffe mit zwölf bis 100 Passagieren sind eine überraschend umweltfreundliche Art, die Inseln zu besuchen. Man lebt an Bord und erkundet jede Insel in kleinen Zodiac-Booten, wodurch die Umweltauswirkungen eines jeden Einzelnen auf ein Minimum reduziert werden. Bei den Schiffen handelt es sich um Tauchboote, auf denen man übernachtet, oder um luxuriöse Kreuzfahrtschiffe mit Cocktailbars, Vortragsräumen, Restaurants und sogar Fitnesscentern – sie alle haben nichts mehr gemeinsam mit der *Beagle*, auf der Skorbut und Typhus gang und gäbe waren und das Abendessen aus Pökelfleisch, Schiffszwieback und manchmal Seevögeln oder Riesenschildkröten als Beilage bestand.

LEGENDÄRE SCHIFFSREISEN

Die meisten Fahrten dauern zwischen fünf und 15 Tagen. Los geht's von der Hauptinsel Santa Cruz und von dort zu den weit entfernten Inseln des Archipels. Hier beginnt das eigentliche Abenteuer. Nach einem Besuch der menschenleeren Insel Seymour Norte mit ihren Kolonien von riesigen Rotschnabel-Tropikvögeln und Blaufußtölpeln geht's weiter nach Isabela. Mit 97 km Länge ist sie die größte Insel des Archipels, zudem ist sie die vulkanisch aktivste. Auf Isabela gibt es fünf aktive Vulkane, darunter den Volcán Wolf, dessen Ausbruch im Jahr 2015 wahrhaft spektakulär war. Hier und vor der in der Nähe gelegenen Insel Fernandina ankern Boote in abgelegenen Buchten. Man kann u. a. mit Seelöwen und Mantarochen schnorcheln, auf der Suche nach Drusenköpfen, Galápagos-Finken und schwerfälligen Riesenschildkröten über staubige Wege laufen oder auf schwarzen Lavafeldern und schroffen Klippen Ausschau halten nach dort lebenden tropischen Pinguinen und Nazcatölpeln. Da die Tiere kaum Erfahrung mit (oder Furcht vor) Menschen haben, kommt man erstaunlich nah sie heran.

Ganz allmählich offenbaren sich die Schätze der Galápagos von allein. An einem Tag beobachtet man Meerechsen, die sich auf den schwarzen Vulkanfelsen aalen, Rote Klippenkrabben, die über den Sand huschen, und Fregattvögel, die über den Strand fliegen. Am nächsten Tag schwimmt man an einem Felsriff inmitten von Kaiserfischen, Meeresschildkröten und Adlerrochen. Leider ist es seit dem Kontakt mit Menschen nicht allen Tieren auf den Inseln gut ergangen: Auf Floreana wurden alle Riesenschildkröten ausgerottet, die in der Nähe gelegene Insel Santa Fe kam als Heimat der Pinta-Riesenschildkröte Lonesome George, der letzten ihrer Art, in die Schlagzeilen. Seit seinem Tod 2012 wurde Lonesome George zur Symbolfigur für den Kampf um die Rettung der Tiere auf den Galápagos, gleichzeitig ist sein Schicksal Mahnung bezüglich dessen, was sie erwartet, wenn wir versagen.

- Blaufußtölpel beobachten, wie sie ihren typischen Tanz auf Seymour Norte vorführen.
- In der Urbina Bay auf Isabela mit friedlichen Seelöwen schwimmen.
- Auf Isabela vom alten Piratenversteck in der Tagus Cove loswandern.

LEGENDÄRE SCHIFFSREISEN

LINKS: Pinnacle Rock auf Bartolomé **RECHTS:** Eine Rote Klippenkrabbe **UNTEN:** Flugunfähige Kormorane und eine Meerechse auf Fernandina
SEITE 100: In der Nähe der South Plaza Island vor der Küste von Santa Cruz im Wasser spielen
SEITE 104: Bei Puerto Villamil schnorcheln und tauchen

GALÁPAGOS-FAKTEN

Grob 50 % der Landspezies und 20 % der Meeresspezies, die auf den Galápagos anzutreffen sind, gibt es sonst nirgendwo auf der Welt. Die Inseln sind die Heimat der einzigen Pinguine auf der Nordhalbkugel, die hier lebenden Riesenschildkröten werden bis zu 150 Jahre alt. Die Vulkane der Galápagos sind auf die Lage zwischen drei tektonischen Platten zurückzuführen – Pazifische Platte, Cocos- und Nazcaplatte.

Nachdem man dann im Südosten die Insel Española und im Norden die Inseln Pinta, Marchesa und Genovesa umrundet hat, taucht eines Morgens die große Insel Santa Cruz am Horizont auf, und bevor man es begriffen hat, befindet man sich wieder in der hektischen Welt der Menschen mit Straßenverkehr, dröhnenden TVs und geschäftigen Märkten. Nach der Zeit unter freiem Himmel, mit menschenleeren Inseln und einem endlos scheinenden Horizont, erfordert der Übergang in diese andere Welt ein paar Tage der Umgewöhnung.

„Der Archipel ist eine kleine Welt für sich" schrieb Darwin 1839 in seinem Buch *Die Fahrt der Beagle*. „Wir scheinen sowohl im Raum als in der Zeit jener großen

---

Auf Genovesa Tausende Fregattvögel, Lavareiher und Rotfußtölpel beobachten.

Bei Punta Espinoza auf Fernandina unzähligen Meerechsen dabei zuschauen, wie sie sich in der Sonne aalen.

In der Charles Darwin Research Station auf Santa Cruz alles über den Schutz von Riesenschildkröten erfahren.

LEGENDÄRE SCHIFFSREISEN

Tatsache, – jenem Geheimnis aller Geheimnisse –, dem ersten Erscheinen neuer lebender Wesen auf der Erde, näher gebracht zu werden."

❷ AN BORD

Manche Schiffe sind einfach (Etagenkojen, gemeinsame Mahlzeiten), andere überraschend luxuriös (Privatkabinen, Restaurants, Vortragsräume). Die Verpflegung ist in der Regel im Preis enthalten.

❸ ANDERE TOUREN

Die hier beschriebene Strecke berücksichtigt alle Inseln, die meisten Trips führen, aber nur zu einer Inselgruppe (östlich, westlich, nördlich). Dauer: 5 bis 15 Tage.

❹ BUDGET-ALTERNATIVE

Auf Santa Cruz eine Bleibe suchen und Tagesausflüge zu in der Nähe gelegenen Inseln wie Rábida, Seymour Norte, Bartolomé oder Pinzón unternehmen.

❺ LOS GEHT'S

Die Boote starten in der Regel alle zwei Wochen. Buchen kann man über viele Reisebüros. Columbus Travel (www.galapagosisland.net) ist eine gute Anlaufstelle. Die meisten Touren beginnen in Santa Cruz. Von Baltra gibt es Linienflüge aufs Festland, nach Guayaquil in Ecuador, mit Anschluss nach Santiago, Chile. Einige Flüge und Kreuzfahrten starten auf der Insel San Cristóbal. Dezember bis Mai ist die ideale Reisezeit, dann ist das Meer am ruhigsten und es ist am wärmsten. In der Nebensaison (Juni bis November) sinken die Preise.

Infos über verantwortliches Reisen im Galápagos-Archipel sind erhältlich bei Galápagos Conservancy (www.galapagos.org) und beim Galápagos Conservation Trust (https://galapagosconservation.org.uk). Auf den meisten Booten sind Schnorchelausrüstungen vorhanden. Man sollte aber Wandersandalen oder Riffschuhe im Gepäck haben, da man viele Inseln nicht trockenen Fußes erreicht. Die Überfahrten können ruppig sein, ggf. also ein Mittel gegen Seekrankheit einpacken. **OB**

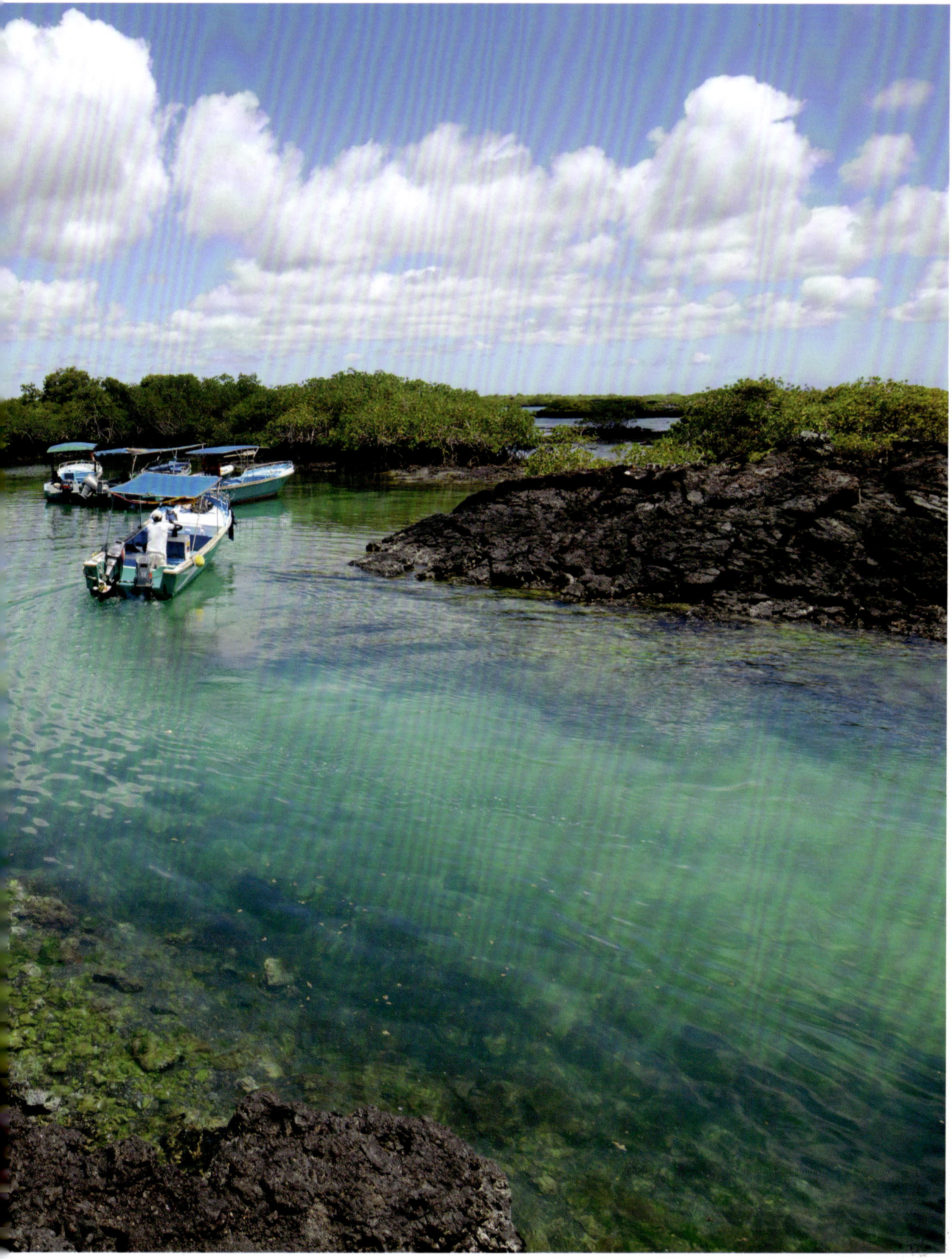

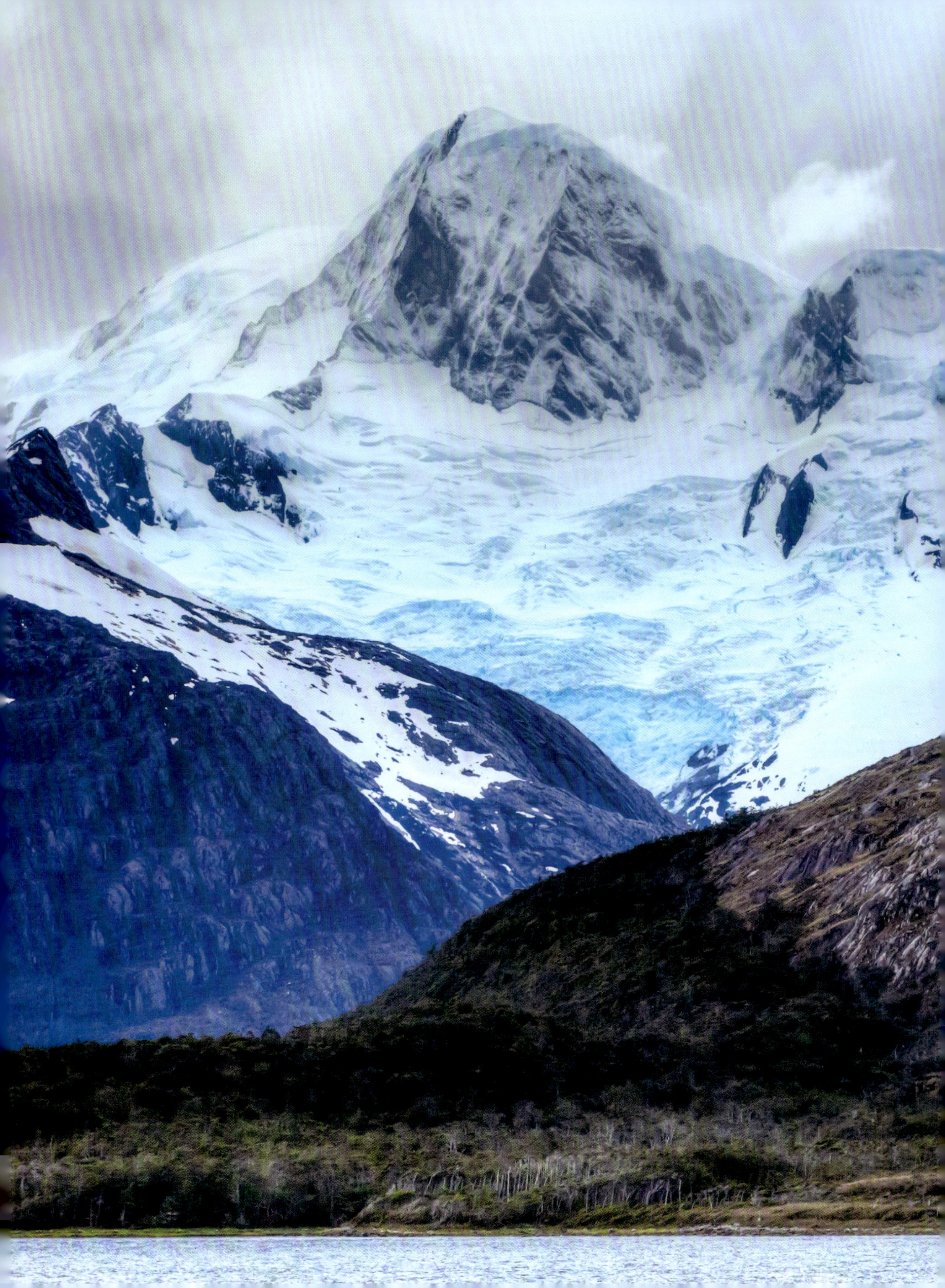

LEGENDÄRE SCHIFFSREISEN

Patagonien und Feuerland

CHILE

START PUNTA ARENAS
ZIEL PUERTO WILLIAMS
STRECKE 561 KM (349 MEILEN)
DAUER 36 STD.

Seit die Menschen begannen, in Kanus durch die Wasserstraßen Patagoniens und Feuerlands zu paddeln, vorbei an Tausenden von schroffen Inseln, steht deren Erforschung auf der Agenda. Noch heute gibt es in dieser Region kaum Straßen – auf dem Landweg ist sie nur schwer zugänglich. Am besten besucht man dieses wilde Land also an Bord eines Schiffs. Die Reise führt zu alten Kulturen und in eine sich schnell verändernde Gletscherlandschaft. Die zwischen Punta Arenas und dem Außenposten Puerto Williams verkehrende Fähre Yaghan ist eine kostengünstige Möglichkeit, diese Gefilde zu erkunden; fitte Traveller und Wanderer gelangen mit ihr zur Isla Navarino.

❶ AUF DEM WASSER

Im Süden Chiles endet das Festland und der Pazifische Ozean zerstückelt den Kontinent in tausende Inseln mit Wäldern, die noch nie die Schneide einer Axt gesehen haben. Diese faszinierende Landschaft fanden der Entdecker Ferdinand Magellan 1520 und der Naturforscher Charles Darwin in den 1830er-Jahren vor, als sie die Region erkundeten. Schon lange vor ihrem Eintreffen befuhren die Mitglieder der Kawésqar- und Yaghanvölker in ihren Einbäumen die Wasserwege zwischen den Inseln. Bis ins 20. Jh. lebten sie auf dem Wasser.

Heute kann man an Bord der Fähre *Yaghan* eine Fahrt zurück in die Geschichte erleben. Vom Hafen in Punta Arenas fährt die 60 m lange Auto- und Passagierfähre durch die Magellanstraße nach Puerto Williams, die südlichste Stadt vor der Antarktis – eine Art letzter Stopp am Ende der Welt. An Bord ist eine bunt zusammengewürfelte Mischung aus Abenteurern mit Gore-Tex-Stiefeln an den Füßen und Feuerländlern mit Unmengen Lebensmitteln vom Festland.

Für die Bewohner des Archipels gehören diese abenteuerlichen mehrtägigen Pendelstrecken einfach zum

LEGENDÄRE SCHIFFSREISEN

„Rund um das Schiff nichts als tiefe, unberührte Wildnis: Verschneite Gipfel, schroffe Inseln."

Leben dazu. Oft zeigen die Feuerländler ihre Neugier an ihren Sitznachbarn ganz offen. An Bord befinden sich weniger als 100 Passagiere, und die Schlangen in der Cafeteria werden zu geselligen Zusammenkünften. Die heißen Speisen, die auf Blechtabletts serviert werden, nimmt man gemeinsam an großen Tischen ein.

Unter Deck herrscht eine angenehme Atmosphäre, aber eigentlich ist man ja hier, um an Deck die Welt zu genießen. Rund um das Schiff nichts als tiefe, von Menschenhand unberührte Wildnis: verschneite Gipfel, schroffe Inseln und ruhige Wälder, deren Vegetation zu dicht ist, um in sie vorzudringen. Mithilfe eines Fernglases kann man am Horizont Wale, Commerson-Delfine und Seelöwenkolonien entdecken.

Der beste Blick kommt aber gegen Ende der Fahrt. Gletscher! La Avenida de los Glaciares (Die Allee der Gletscher) kennzeichnet die Einfahrt in den Beagle-Kanal. Die meisten dieser Gletscher im Parque Nacional Alberto de Agostini tragen europäische Namen: Garibaldi, Pia, Romanche, Italia, España und Holanda. Zwischen den steilen Bergkämmen der abgelegenen Cordillera Darwin sind kalbende Gletscher zu sehen. Die Passagiere ziehen sich dick an und stürzen an Deck, um dieses Naturschauspiel zu beobachten. Es ist ein wunderschöner Anblick – mit einem bittersüßen Beigeschmack: Man sieht dabei zu, wie die Gletscherfelder kleiner werden.

Weiter im Süden herrscht dann ein unvorhersehbares, sich in der Antarktis zusammenbrauendes Wetter. Gut möglich, dass ein klarer Himmel die gesamte Wasserwelt schimmern lässt. Vielleicht peitscht einem aber auch Schneeregen ins Gesicht – es muss ja schließlich einen Grund dafür geben, dass die Yaghans Feuerstellen auf ihren Kanus hatten! Nur hier versteht man wirklich das Meisterliche dieser frühen Seeleute. Die von Natur aus mutigen Yaghan-Frauen tauchten nach Mollusken und badeten ihre Kinder in dem eisigen Wasser des Beagle-Kanals, um sie abzuhärten.

Auf Wunsch können Wanderer sich in Chile am 2013 gegründeten Parque Nacional Yendegaia absetzen lassen. Der wilde, völlig abgelegene Nationalpark ist eine ehemalige *estancia* (große Ranch) auf dem Festland von Feuerland. Wer sich entscheidet, hier auszusteigen, kann seine Überlebenskünste auf die Probe stellen, sollte aber in Bestform sein. Die Fähre kommt erst in ein paar Tagen zurück und legt nur bei annehmbarem Wetter an.

Schließlich erreicht man weit nach Mitternacht das Ziel. In den sternklaren Nächten begrüßen zahlreiche Bewohner von Puerto Williams die Passagiere am Pier, von Familien der Seeleute bis zu Betreibern von Pensionen, die in diesem freundlichen südlichsten Hafen der Welt ihre Gäste in Empfang nehmen.

NACH DIENTES DE NAVARINO

Die fünftägige Wanderung führt rund um die sägezahnförmigen Bergspitzen (*dientes* bedeutet „Zähne" auf Spanisch) der Isla Navarino und durch eine unheimliche Wildnis mit abgeschiedenen Seen und herumliegenden Felsbrocken. Wegbereiter war der Lonely Planet Autor Clem Lindenmayer. Es ist eine Wanderung am südlichsten Zipfel der Welt. Diesen harten, 53 km langen Marsch, der über viele Bergpässe führt, sollte man nicht ohne Guide unternehmen.

- In der windigen, boomenden Stadt Punta Arenas an Bord gehen und sich einen Fensterplatz sichern.
- In der Magellanstraße einen Blick auf die Isla Dawson werfen. Hier befand sich im 19. Jh. eine Mission und später ein Gefängnis.
- Die Allee der Gletscher und den Gletscher Italia aus der Nähe bewundern.

LINKS: In der Allee der Gletscher **OBEN:** Königspinguin-Kolonie **UNTEN:** Beagle-Kanal unweit Puerto Williams bei Nacht **SEITE 106:** Beagle-Kanal
SEITE 110: Hafen von Ushuaia

Auf der Fahrt durch den Beagle-Kanal in die Fußstapfen von Charles Darwin auf seiner *HMS Beagle* treten.

Einen Abstecher in den abgelegenen Parque Nacional Yendegaia machen und eine Woche in totaler Wildnis genießen.

Das einladende, sonderbare Puerto Williams am Ende der Welt mit seinen hervorragenden Meeresfrüchten und Naturexkursionen entdecken.

LEGENDÄRE SCHIFFSREISEN

❷ AN BORD

Die 2011 gebaute Fähre *Yaghan* hat Platz für 184 Passagiere und 70 Autos. Für längere Strecken stehen nur 75 Plätze zur Verfügung. Es gibt preiswertere Sitze, die man zur Hälfte zurücklehnen kann, und teurere Pullman-Sitze, die man in eine fast waagerechte Position bringen kann. Im Speisesaal unten gibt's einfache Speisen und auf Vorbestellung auch spezielle Schonkost.

❸ ANDERE TOUREN

Nach einer 2,5-stündigen Fährfahrt von Punta Arenas nach Porvenir, der Hauptstadt Feuerlands (Chile), bekommt man im Rahmen eines schönen Tagesausflugs eine Ahnung von dem entspannten Leben der Menschen hier. Von Puerto Natales gibt es eine neue Fährverbindung (41 Std.) nach Puerto Yungay am unteren Ende der Carretera Austral (Chiles berühmte „Südliche Landstraße"). Die Fähre hält auch an der Welterbestätte Caleta Tortel, einer auf Holzstegen gebauten Stadt. Auch Ushuaia (Argentinien) ist ein mögliches Ziel.

❹ LUXUS GEWÜNSCHT?

Dann ist Cruceros Australis, das von September bis Mai Fahrten zwischen Ushuaia und Punta Arenas mit vier Übernachtungen anbietet, ein Ansprechpartner. Beim Zwischenstopp am Kap Hoorn kann man den südlichsten Leuchtturm des Kontinents besichtigen.

❺ LOS GEHT'S

Die Fähre *Yaghan* fährt monatlich sieben Mal; Buchungen online bei Transbordadora Austral Broom in Punta Arenas, Chile. Fahrten in Januar und Februar, wenn die Tage besonders lang sind, sollte man mindestens 40 Tage im Voraus buchen. In der ruhigen, kühleren Nebensaison lohnt der Trip aber auch. Touristen müssen Pullman-Sitze buchen, können an Bord aber auf frei gebliebene billigere Sitze wechseln. Am besten fährt man nur eine Strecke mit dem Boot und bucht einen Rückflug oder fährt mit einem Motorboot weiter nach Ushuaia, Argentinien. **CM**

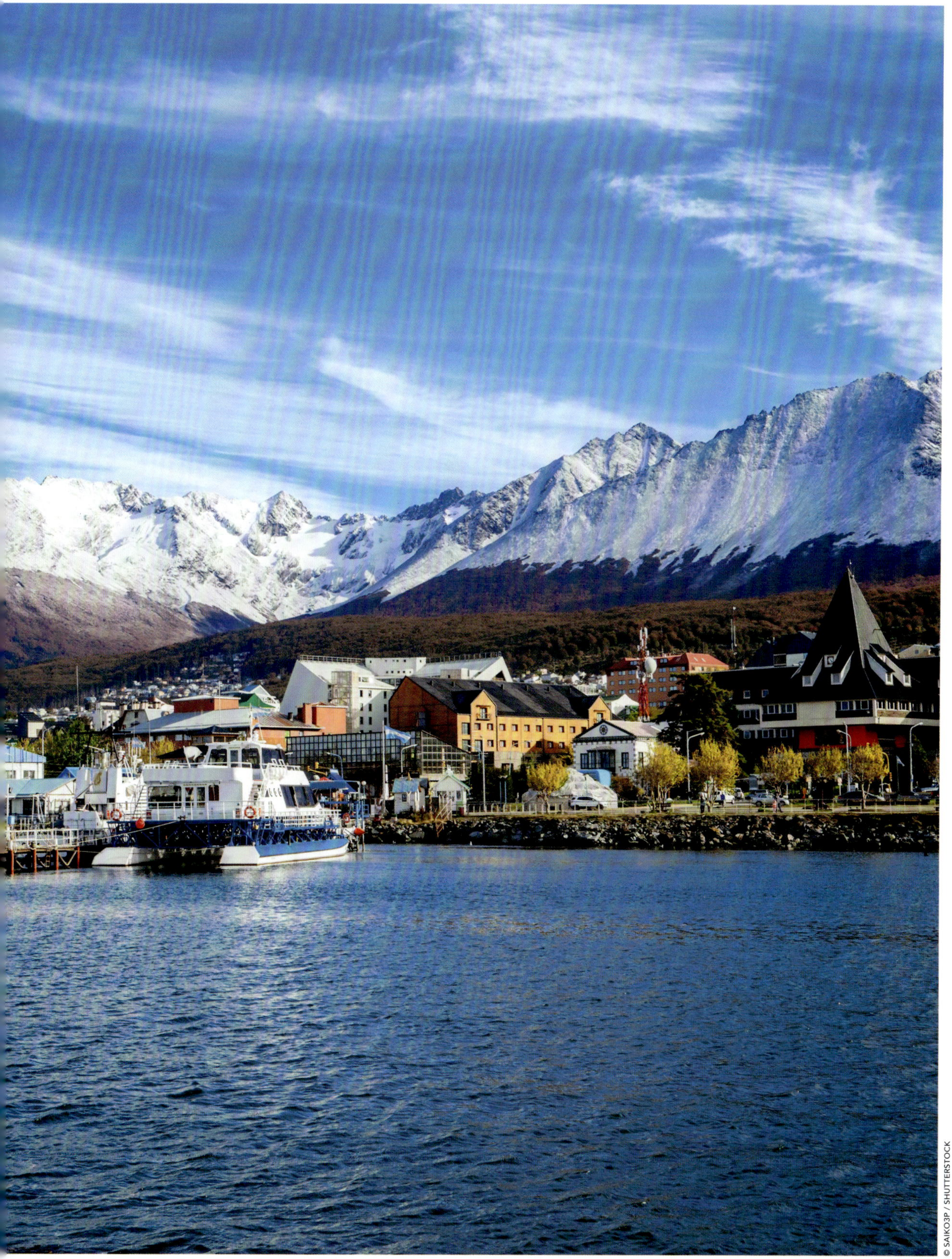

© SAIKO3P / SHUTTERSTOCK

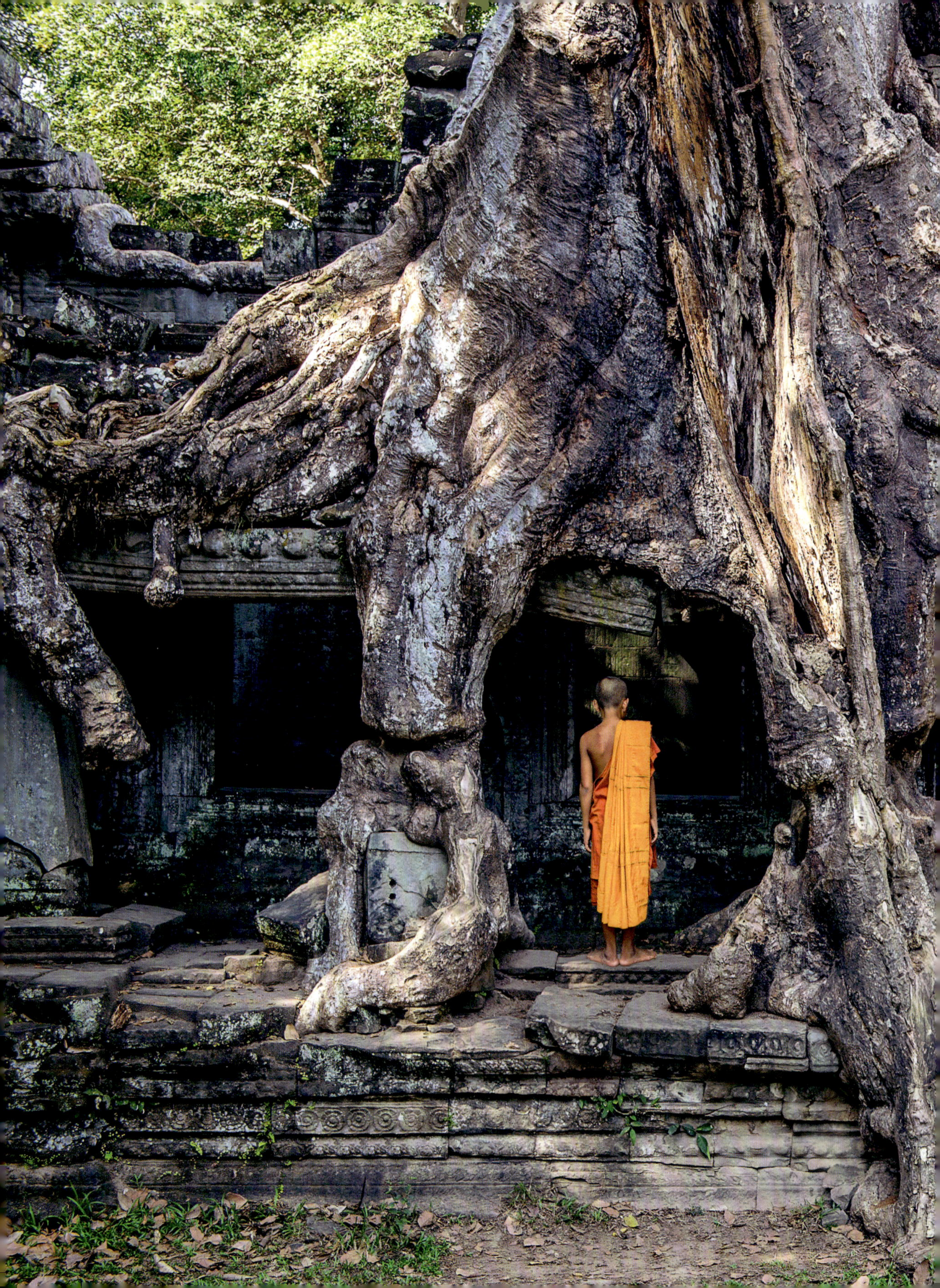

ASIEN

LEGENDÄRE SCHIFFSREISEN

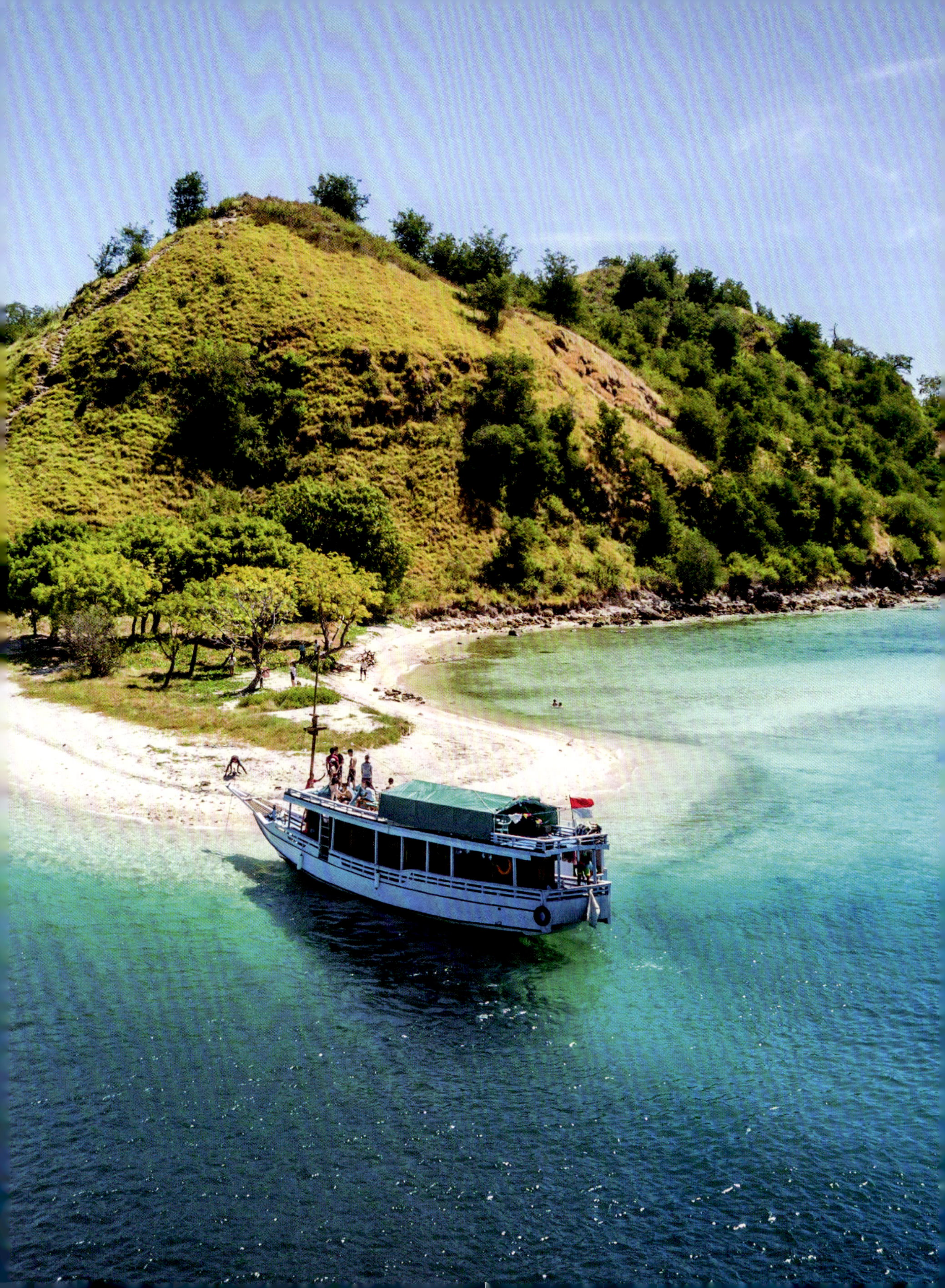

LEGENDÄRE SCHIFFSREISEN

Komodo-Nationalpark

INDONESIEN

START **LABUAN BAJO, FLORES**
ZIEL **LABUAN BAJO, FLORES**
STRECKE **121 KM (75 MEILEN)**
DAUER **3 TAGE**

Es gibt viele Gründe für eine Reise durch Indonesiens atemberaubende Inselwelt – wer möchte nicht gern an idyllischen, unbewohnten Inseln vorbeigleiten, in azurblauem Wasser baden und zu tollen Aussichtspunkten wandern? Auf einer Tour durch die Inselwelt des Komodo-Nationalparks kommt hinzu, dass man möglicherweise auch noch einen Drachen zu Gesicht bekommt. Die Gefahr, gefressen zu werden, ist gering. Man hat eher das Gefühl, hinter dem Professor von Jurassic Park herzulaufen, wohlwissend, dass ein hungriges Reptil aus den Büschen auftauchen kann. Man sollte das nicht leichtfertig abtun – Komodowarane wiegen bis zu 90 kg und können schneller laufen, als man denkt.

❶ AUF DEM WASSER

Die Länge der Touren, auf denen man die Inseln im Komodo-Nationalpark erkunden kann, reicht von eintägigen bis zu einwöchigen oder noch längeren Törns. Viele der mehrtägigen Trips beginnen auf der Insel Flores, die für ihren Kaffee und den ruhigen Lebensstil der Fischer bekannt ist. Der Flughafen in Labuan Bajo ist nur 15 Minuten vom Anleger entfernt. Kaum dass man an Bord ist, sticht man auch schon in See.

Eine beliebte Strecke führt zum Manta Point, wo man mit riesigen Mantas schwimmen kann. Der nächste Stopp ist Komodos Pink Beach. Je nach Tageszeit ist der Strand pink oder auch nicht – der Name bezieht sich nicht auf die Farbe des Sandes, sondern auf den Sonnenstand, die Gezeiten und die Wetterbedingungen. Ohne Pink ist der Pink Beach nur ein normaler Strand. Er ist zwar schön, gehört aber zu den wenigen Stopps, die man auslassen könnte. Von dort geht's zu einem nahen Hafen, wo man Tausende Flughunde (sich von Pflanzen ernährende Fledermäuse) dabei beobachten kann, wie sie auf der Suche nach Essbarem aus ihren Quartieren herauskommen – ein faszinierender Anblick und ein toller Abschluss eines Tages auf dem Wasser.

Den zweiten Tag verbringt man auf Komodo, um Echsen zu sehen. Kurz nach dem Frühstück legt man im Hafen an, bezahlt den Eintritt in den Komodo-Nationalpark und entscheidet sich für einen Beobachtungsweg: Kurz, mittel oder lang. Der Erfolg ist unterschiedlich, schließlich hat man es mit wilden Tieren zu tun. Die Wahrscheinlichkeit, bald ein Selfie mit dem berühmten Komodowaran machen zu können (klar, hinter ihm und in sicherer Entfernung), ist aber gar nicht so gering. Der Urwald ist hier umwerfend und hat eine einzigartige Flora und unzählige Vögel zu bieten. Selbst wenn man nur wenige Echsen sieht, so ist es doch ein schöner, interessanter Ausflug. Danach geht's zurück zum Ausgangspunkt.

Was am nächsten Tag auf dem Programm steht, hängt vom Wetter ab. Die Warane kann man bei jedem Wetter aus nächster Nähe sehen, das gilt aber nicht für den Aussichtspunkt auf Padar Island – wenn es bewölkt, regnerisch oder gar neblig ist, sieht man nichts. An klaren, hellen Tagen fährt das Boot als nächstes hierhin, denn dann hat man einen unvergleichlichen Blick auf die perfekt geformte Bucht mit dem türkisfarbenen Wasser und den grünen Hügeln. Dieser Blick gehört zu den schönsten weltweit, und ohne ihn wäre eine Reise hierher nicht vollständig.

Am dritten Tag gibt es ein weiteres Treffen mit Komodowaranen, dieses Mal aber auf Rinca Island. Rinca ist kleiner, aber wilder, sodass die Chancen gut sind, Echsen zu sehen. Anschließend tuckert oder segelt das Boot zurück nach Labuan Bajo, wo man am Nachmittag ankommt. Auf längeren Touren werden mehr Zwischenstopps eingelegt und man sieht, tut und erkundet mehr.

DIE WARNUNGEN DER RANGER BEHERZIGEN

Man sollte sich nie allein auf den Weg in den Dschungel machen. Die Ranger sind nicht nur darin geschult, Komodowarane (die Meister der Tarnung) zu sehen, sondern sich auch gegen sie zu verteidigen. 2017 wurde ein Tourist aus Singapur, der versuchte, den Komodo-Nationalpark allein zu erkunden, um den Eintritt zu sparen, von einer Echse übel zugerichtet.

❷ AN BORD

Es gibt ganz unterschiedliche Veranstalter. In den meisten Fällen ist der Eintritt in den Komodo-Nationalpark nicht im Preis enthalten, außer bei einigen der teureren Anbieter. Im Preis der günstigeren Touren sind einfache Kabinen und drei indonesische (einfache, aber leckere) Mahlzeiten inklusive. Englischsprachige Guides sind nicht an Bord. Die Kabinen auf den teureren Schiffen sind klimatisiert, es gibt einen Englisch sprechenden Führer/Kapitän, Gourmetmahlzeiten und meist auch Tauch- oder Schnorchelausrüstung an Bord. Die meisten Schiffe sind motorisiert. Wer will, kann die Reise aber auch auf einem leisen, ruhigen Segelboot unternehmen.

Mit riesigen Mantarochen im Wasser schwimmen, das vor Manta Point derart türkisfarben leuchtet, dass man es kaum glauben kann.

Wenn Sonne und Wetter mitspielen, versteht man, warum der Pink Beach auf Komodo Island so heißt.

Nachdem die Boote für die Nacht festgemacht haben, Flughunde vor dem korallenroten Sonnenuntergang beobachten.

❸ ANDERE TOUREN

Eine andere Tour beginnt in Lombok. Bevor es losgeht, besucht man ein paar Inseldörfer, schaut zu, wie Boote gebaut werden und sieht andere touristisch interessante Orte. Auf dem Weg in die Gegend um Komodo wird wahrscheinlich ein Stopp auf Satonda Island eingelegt, das in der Mitte einen mit Wasser gefüllten Krater hat.

❹ LOS GEHT'S

Je nach Länge und gebuchtem Paket starten die Touren täglich, wöchentlich und mehrmals monatlich. Buchbar sind sie über diverse Anbieter, von denen nicht alle zuverlässig sind. Beliebt sind die Touren ab Labuan Bajo auf Flores und retour. Die beste Reisezeit ist März. Touren zu Waranen sind nur mit Guide möglich. **RB**

OBEN: Padar Island im Komodo-Nationalpark
UNTEN: Ein Komodowaran **SEITE 116:** Ein Strand auf der Insel Gili Air **SEITE 114:** Vor Kelor Island festgemachtes Boot

- Im Komodo-Nationalpark ein Selfie mit der größten Echse der Welt machen.
- Auf Padar Island zu einem der weltweit unglaublichsten Aussichtspunkte wandern.
- Vor Kanawa Island in kristallklarem Wasser schnorcheln und Fische, Schildkröten und Korallen bewundern.

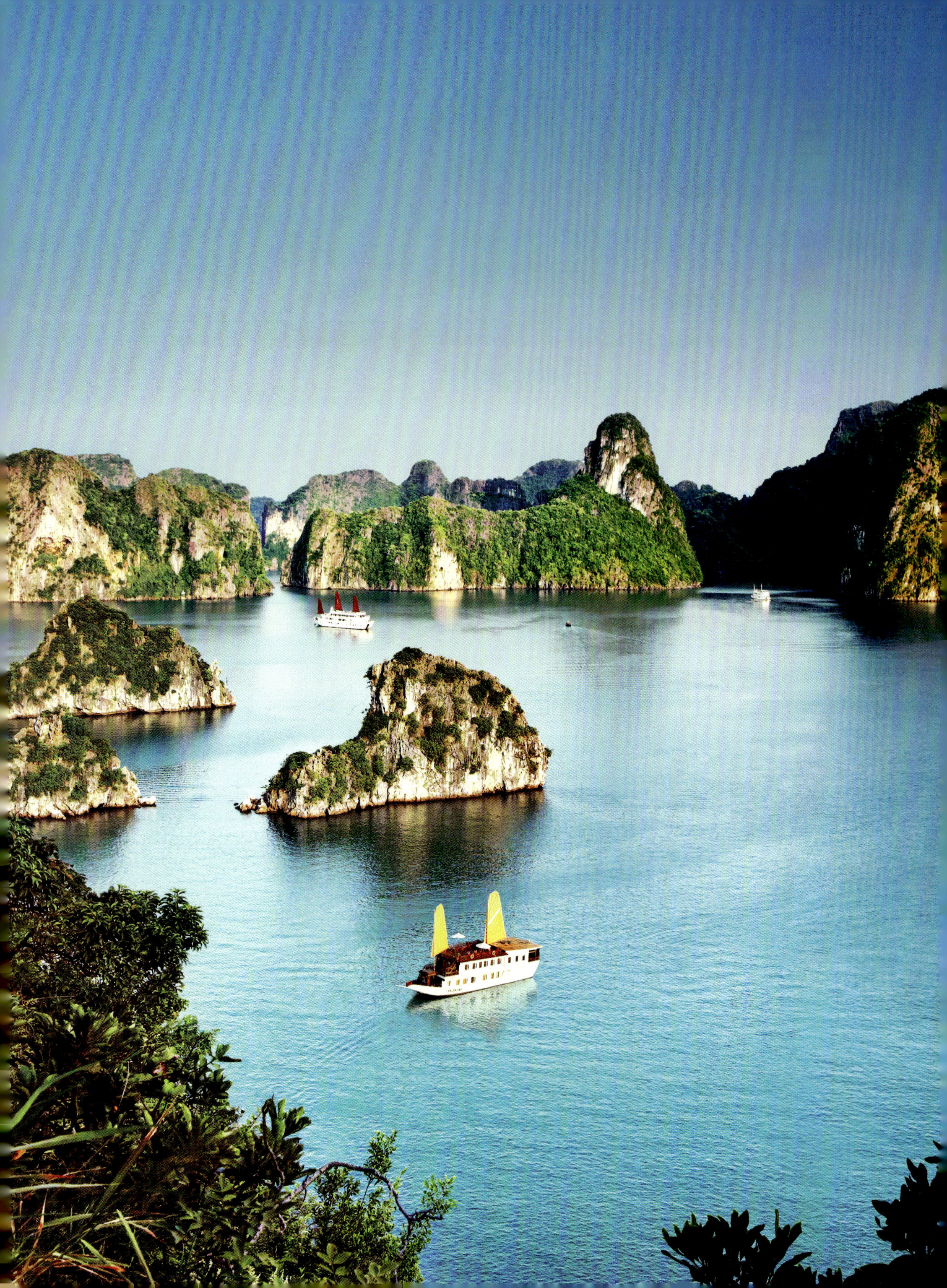

LEGENDÄRE SCHIFFSREISEN

Halong-Bucht

VIETNAM

START HALONG-STADT
ZIEL HALONG-STADT
STRECKE CA. 32 KM (20 MEILEN)
DAUER 2 TAGE

Diese Fahrt führt durch das smaragdgrüne Wasser der Halong-Bucht, wo „der Drache ins Meer hinuntersteigt" und Kalksteinfelsen aus der See gen Himmel ragen. Mit ihrer dramatischen Ansammlung von Felsskulpturen zeigt sich die Bucht von ihrer beeindruckendsten Seite. Diese Hauptattraktion Nordvietnams an Bord einer Dschunke zu erkunden, ist der perfekte Weg. Über die Bucht verteilt gibt es mehr als 3000 Kalksteininseln. Es ist ein Highlight der Natur mit versteckten Höhlen und Grotten, die sich auch wunderbar per Kajak erforschen lassen.

❶ AUF DEM WASSER

1994 erklärte die UNESCO die geradezu außerirdisch schöne Halong-Bucht zum Weltnaturerbe. Los geht's in der wuseligen Stadt Halong, nicht unbedingt dem prächtigsten Tor zu Vietnams grandiosester Attraktion. Doch schon hier vermittelt der Blick über das Wasser hinüber zu den monumentalen Karstbergen, die sich aus dem Wasser erheben, einen ersten Eindruck dessen, was einen erwartet. Bei dunstigem Wetter sind am Horizont geheimnisvolle Formen zu erkennen, die einer ganzen Armada Großsegler ähneln. An klaren Tagen sieht man einen Wald steinerner Wachen, die den Golf von Tonkin behüten.

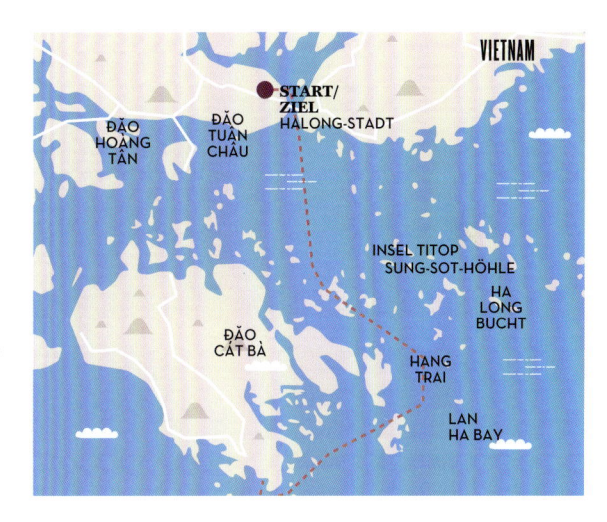

Bei der Einfahrt in die Bucht werden die individuellen Besonderheiten der Karstberge sichtbar. Einige sind groß und knorrig wie knöcherne Finger, die zum Himmel zeigen, andere sind klein und wirken plump, haben aber einsame Höhlen oder Lagunen zu bieten. Hier und da zeigen sich weißer Sand, versteckte Buchten und verborgene Strände.

Der erste Stopp könnte Dau Tien Ong sein, eine Karsthöhle mit archäologischen Relikten der frühen Fischergemeinschaften, die 2000 v. Chr. hier in der Gegend um Hoa Binh Schutz suchten. Die unzähligen Stalaktiten und Stalagmiten laden zum Rätseln darüber ein, welcher wie heißt und wie der Name geschrieben wird. Die Guides weisen auf Tieren ähnelnde Formationen hin, u. a. einen Pfau und ein Krokodil, doch braucht man viel Fantasie, um sie als solche zu erkennen.

Je nach Besucherandrang werden verschiedene Höhlen besucht. Hang Sung Sot (Grotte der Überraschung) ist mit drei riesigen Kammern eine der größten. In der zweiten Kammer befindet sich eine kitschige, rosa angestrahlte phallusförmige Formation, die

LEGENDÄRE SCHIFFSREISEN

LINKS: © VICHAI PHUBUBUPHAPAN / ALAMY STOCK PHOTO; RECHTS: © MATT MUNROO / LONELY PLANET

© JUNPHOTO / SHUTTERSTOCK

🥾 Auf der Insel Titop 420 Stufen hinaufsteigen. Es bieten sich tolle Fotomotive und ein umwerfender Blick über die Halong-Bucht.

🔭 Cua Van besuchen, ein kleines schwimmendes Dorf mitten in der Bucht mit farbenfrohen Häusern, die ein tolles Motiv abgeben.

🚤 Die versteckten Lagunen und Meereshöhlen in den Karstbergen erkunden.

LEGENDÄRE SCHIFFSREISEN

WO DER DRACHE INS MEER HINUNTERSTEIGT

Halong bedeutet „wo der Drache ins Meer hinuntersteigt" und in der Legende heißt es, dass diese mystische Meereslandschaft geschaffen wurde, als ein großer Bergdrache in Richtung Küste raste und mit seinem Schweif Täler und Schluchten schlug. Als die Kreatur ins Meer stürzte, füllte sich die Gegend mit Wasser und es blieben nur die Gipfel sichtbar.

LINKS OBEN: Die Sung-Sot-Höhle oder Überraschungsgrotte auf der Insel Bo-Hon **RECHTS OBEN:** Ein einheimischer Guide auf Tour **UNTEN:** Allgegenwärtige Karstfelsen
SEITE 118: Traditionelle Dschunke in der Halong-Bucht
SEITE 122: Kreuzfahrtschiffe unterwegs

von den Vietnamesen als Fruchtbarkeitssymbol verehrt wird. Hang Dau Go ist eine weitere riesige Höhle mit Disko-Beleuchtung und noch mehr eigenartigen Stalaktiten, darunter in der ersten Kammer eine internationale Konferenz von Gartenzwergen. Die Höhle verdankt ihren Namen „Höhle der Holzpfähle" ihrer Rolle, die sie in den Schlachten gegen die Mongolen im 13. Jh. spielte: Einheimischen lagerten hier mit Eisenspitzen versehene Holzpfähle, die später genutzt wurden, um Schiffe der Invasoren zu zerstören.

Wegen des Rundumblicks und der in all ihrer Pracht endlos erscheinenden Karstberge ist die Insel Titop ein beliebter Stopp auf der Fahrt durch die Halong-Bucht. Der Haken ist, dass man 420 Stufen aufwärts schnaufen muss, um in den Genuss dieses Blickes zu kommen, aber die Anstrengung lohnt. Die meisten der unglaublichen Fotos, die man von der Bucht kennt, wurden hier gemacht, hier kann man nun sein eigenes Traumfoto schießen.

Bei Sonnenuntergang wird der Anker geworfen, genau die richtige Zeit, um die Füße hochzulegen und einen Drink zu genießen. Oder man versucht sich bei einer „MasterChef Challenge" darin, frische Frühlingsrollen herzustellen. Wer mag, springt zum „Midnight Dip" ins kühle Nass, mitten hinein in die Lightshow der Natur: Die Gewässer in der Halong-Bucht sind voller Biolumineszenz, die von winzigen leuchtenden Algen verursacht wird und die Badenden wie leuchtenden Weihnachtsbaumschmuck aussehen lässt.

Am nächsten Morgen wird vor dramatischer Karstkulisse das farbenfrohe, schwimmende Dorf Cua Van besucht. Das größte Fischerdorf in der Bucht besteht aus fast 200 schwimmenden Haushalten. Die Fische werden meist in selbstgebauten, neben den Häusern befestigten Körben gezüchtet.

Das Highlight der Fahrt ist eine Kajaktour in eine versteckte Lagune mit einer Meereshöhle, die nur bei Ebbe zugänglich ist. Wer auf die mundförmige Öffnung zupaddelt, steht vor einem einmaligen Erlebnis. Es ist, als entdecke man Scaramangas Schlupfwinkel in dem Bond-Film *Der Mann mit dem goldenen Colt*. Mauersegler flattern durch die Luft, die Kalksteinfelsen ragen in den Himmel und die Kajaks erscheinen in der Abenddämmerung winzig und unbedeutend.

❷ AN BORD

Eine Tour mit Bhaya Cruise beinhaltet zwei Abendessen, Mittagessen und Frühstück. Je nach Bootstyp gibt es zwischen zwei und 20 Kabinen. Alle Boote haben Kajaks an Bord, mit denen man die Meereshöhlen er-

---

In der Halong-Bucht den Sonnenuntergang am Horizont mit einem Gin-Tonic in der Hand genießen.

Im Dunkeln ins Wasser springen und die magische Biolumineszenz in der Halong-Bucht bestaunen.

Auf einer Kajaktour inmitten dieser grandiosen Karstfelsen „Schrecken und Furcht" kennenlernen.

LEGENDÄRE SCHIFFSREISEN

„Das Highlight der Fahrt ist eine Kajaktour in eine versteckte Lagune mit einer Meereshöhle, die nur bei Ebbe zugänglich ist."

kunden kann. Die Angebote der meisten großen Veranstalter ähneln sich.

❸ ANDERE TOUREN

Man kann auch die weniger touristischen Gewässer in der Bucht Bai Tu Long erkunden, eine Verlängerung der Halong-Bucht. Treasure Junk (http://treasure-junk.com) bietet Touren in diese Gegend an.

Der südlichste Teil der Halong-Bucht, Lan Ha Bay in der Nähe der Insel Cat Ba, kann individuell an Bord von Charterbooten ab Cat-Ba-Stadt besucht werden.

❹ BUDGET-ALTERNATIVE

Die preiswertesten Fahrten sind die täglich stattfindenden vier- bis sechsstündigen Touren, die in Bai Chay starten. Hier meldet man sich einfach an, bezahlt 4,50 € und unterwegs die einzelnen Eintrittsgelder. Die beste Budget-Tour bietet V Spirit Cruises.

❺ LOS GEHT'S

Die Boote legen täglich in Halong-Stadt ab, in der Regel ist der Transfer von Hanoi im Preis enthalten. Buchbar sind sie über Bhaya Cruise. Für All-inclusive-Touren kann man sich auch an andere Anbieter wenden. Die meisten Touristen besichtigen die Halong-Bucht im Rahmen eines Abstechers von Hanoi aus. Individualreisende können zur Insel Cat Ba und Haiphong fahren und von dort weiterreisen.

Die beste Reisezeit ist im Frühjahr (März & April) und im Herbst (Okt. & Nov.). Vorab unbedingt checken, ob man ein Visum braucht! In den Sommermonaten ist es oft sehr feucht, Taifune sind möglich, und die Wintermonate sind in der Regel zu kalt. **NR**

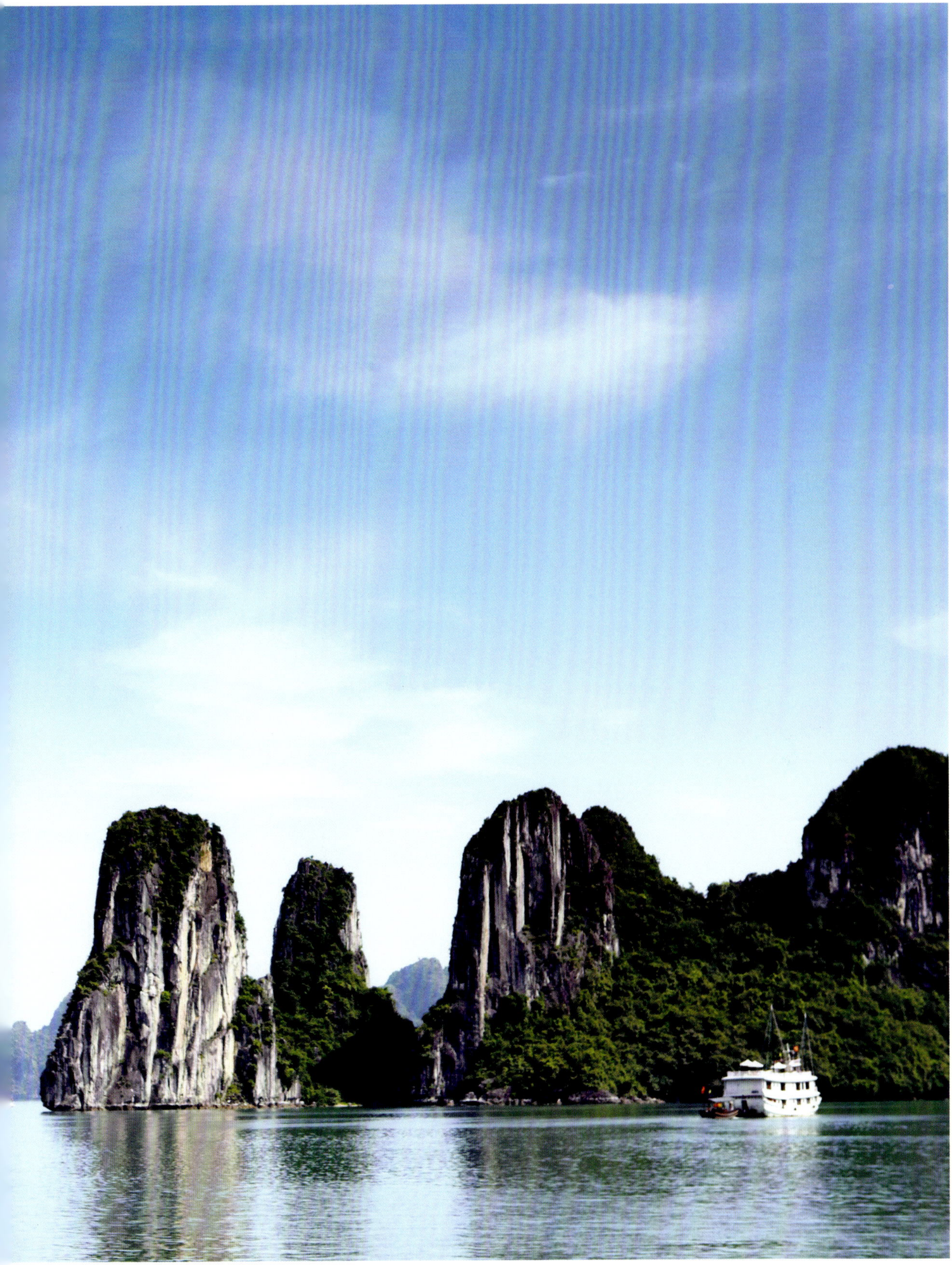

© MATT MUNRO / LONELY PLANET

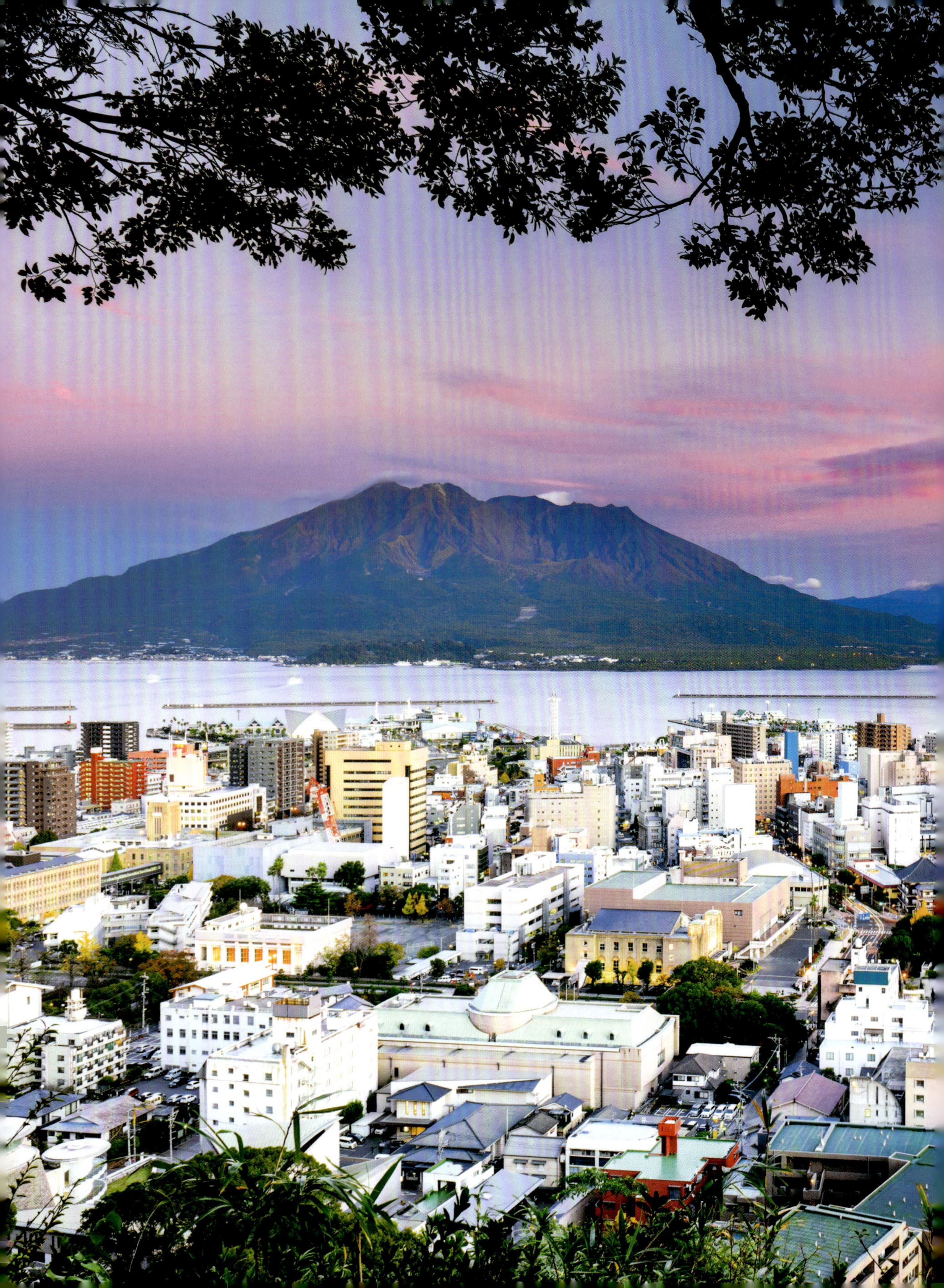

LEGENDÄRE SCHIFFSREISEN

Okinawa-Inseln

JAPAN

START **KAGOSHIMA, KYUSHU**
ZIEL **NAHA, OKINAWA**
STRECKE **734 KM (456 MEILEN)**
DAUER **25 STD.**

Japan weckt viele Assoziationen – überfüllte Züge, Neonlichter, Geishas, Tempel und Schreine –, oft wird aber vergessen, dass es in erster Linie ein Inselstaat ist. Außer den Hauptinseln, die von immer mehr Touristen besucht werden, gibt es eine Vielzahl abgelegener Inselchen, jede mit eigener Geschichte und Kultur. Inselhopping auf einer Tour von der Hafenstadt Kagoshima auf Kyūshū nach Naha auf Okinawa ist eine äußerst lohnenswerte Reise, auf der man weit mehr kennenlernt als nur Japans tatemae *(das öffentliche Gesicht), das sich Fremden außerhalb des Landes zeigt. Wer die Fähre zu diesen Inseln nimmt, entdeckt auch* honne *(das private Gesicht) dieses komplexen Landes.*

❶ AUF DEM WASSER

Das Abenteuer führt von Insel zu Insel in Japans subtropischem Südwesten. Unterwegs werden Stopps und eventuell Zwischenaufenthalte auf den schönen, abgelegenen Inseln Amami-Ōshima, Tokunoshima, Okinoerabu-jima und Yoron-tō sowie im Hafen von Motobu auf der Hauptinsel Okinawa-hontō eingelegt. Hier einfach von Bord gehen und nach ein paar Erkundungstouren mit dem nächsten Schiff weiterfahren.

Naze (名瀬) auf der herrlichen Insel Amami-Ōshima (奄美大島) ist der erste Zwischenhafen, den man nach elfstündiger Fahrt von Kagoshima gen Südwesten erreicht. Mit 60 000 Einwohnern ist Amami-Ōshima die größte und bevölkerungsreichste Insel zwischen Kyūshū und Okinawa. Auf der für ihre ausgezeichneten Strände, dichten Urwälder und ungewöhnliche Flora und Fauna bekannten Insel gibt es endemische Amami-Kaninchen, Baumfarne und Mangroven.

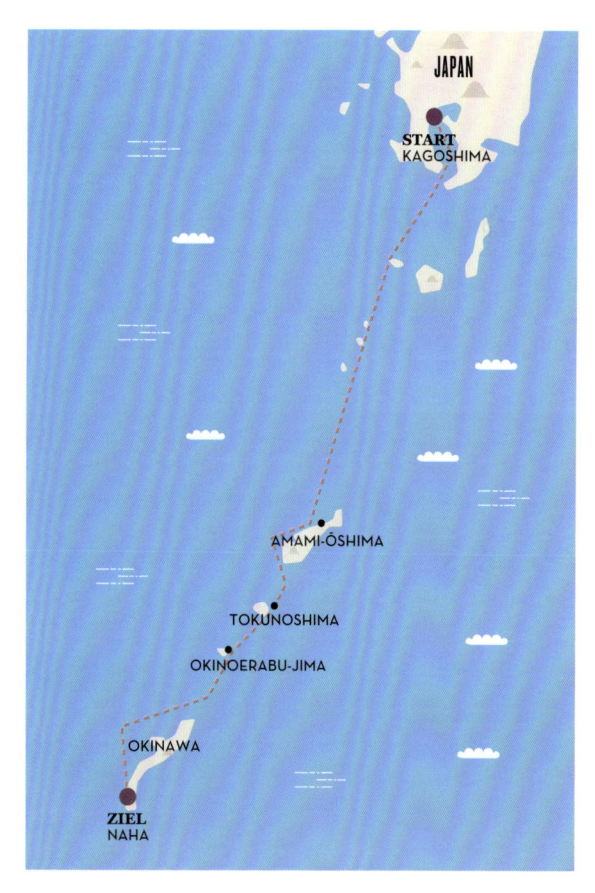

Kaum drei Stunden später erreicht die Fähre den Hafen von Kametoku (亀徳) auf der schönen Insel Tokunoshima (徳之島; 23 000 Ew.), die für ihre Felsformationen an der Küste und den ungewöhnlichen Sport *Tōgyū*, eine Art Bullensumo, bekannt ist: Anstelle von sehr dicken Männern, die versuchen, sich gegenseitig aus dem Ring zu drängen, kämpfen hier Stiere solange gegeneinander, bis einer zurückweicht. *Tōgyū* ist bei den Locals derart beliebt, dass es 13 offizielle Veranstaltungsorte auf dieser kleinen Insel gibt.

Wiederum zwei Stunden später hält die Fähre auf Okinoerabu-jima (沖永良部島), einer von Zuckerrohrpflanzen bedeckten Insel mit 13 000 Seelen, hervorragenden Stränden, interessanten Küstenformationen, Blowholes und einer viel besuchten Kalksteinhöhle mit insgesamt 600 m beleuchteten Wegen. Hier befindet sich auch Japans größter Banyanbaum, ein Riese auf dem Gelände der hiesigen Grundschule.

Nach einer Stunde und 40 Minuten erreicht man dann Yoron-tō (与論島). Die in Sichtweite des Nordzipfels von Okinawas Hauptinsel gelegene Insel ist wahrscheinlich am ansprechendsten. Sie ist nur 5 km breit, hat 5000 Einwohner, weiß gesprenkelte Sandstrände und – ca. 500 m vor der Ostküste – den spektakulären Yurigahama (百合ヶ浜), einen umwerfend weißen Sandstreifen, der bei Flut vollständig im Wasser verschwindet. Sobald der Yurigahama aus den Wellen herausschaut, bringen kleine Boote die Besucher hinüber. Wie die griechische Schwester Mykonos hat auch diese Insel weißgetünchte Gebäude und auf einer Terrasse sogar ein Café, in dem man Gyros bekommt.

Nach 2,5-stündiger Fahrt von Yoron-tō hält die Fähre dann in dem etwa in der Mitte der Westküste Okinawas gelegenen Hafen von Motobu (本部). Von dort sind es noch zwei Stunden bis zum Endpunkt Naha, Okinawas belebter, farbenfroher Präfekturhauptstadt.

LOKALE DIALEKTE

Die auf diesen Inseln gesprochenen Dialekte Amami und Okinawa werden von der UNESCO als „vom Aussterben bedrohte Sprachen" angesehen. Wer sie hören möchte, sollte sich unter die vielen älteren Menschen mischen: Auf Okinawa und den südwestlich gelegenen Inseln sollen weltweit die meisten Hundertjährigen leben.

- Los geht's in Kagoshima unter dem Blick des Sakurajima, dem rauchenden Vulkan auf der anderen Seite der Bucht.
- Amami-Ōshimas dichten Urwald, die Baumfarne und feinen Strände erkunden.
- Tokunoshimas traumhafte Felsformationen und Strände genießen und sich ein traditionelles Bullensumo anschauen.

OBEN: Ein Strand auf der Insel Amami-Ōshima
SEITE 126: Die Mauern der Burg Shuri in Naha auf Okinawa
SEITE 124: Die Kagoshima-Bucht und der Sakurajima-Vulkan

❷ AN BORD

Wie zu erwarten sind diese Fähren sehr gut organisiert. Für Passagiere der zweiten Klasse liegen in einem offenen Raum Schlafmatten bereit. Der einzige Abschnitt, auf dem man vielleicht besser eine Privatkabine bucht, ist die elfstündige Fahrt zwischen Kagoshima und Amami-Ōshima. Obwohl es auf jeder Fähre ein Restaurant, ein Geschäft und Getränkeautomaten gibt, sollte man selbst Proviant mitbringen.

❸ ANDERE TOUREN

Wer total abgelegene Inseln besuchen möchte, von denen selbst die meisten Japaner noch nie etwas gehört haben, steigt in die zwei Mal wöchentlich verkehrende Ferry Toshima von Kagoshima nach Tokara-rettō (トカラ列島; www.tokara.jp), es gibt sieben bewohnte und fünf unbewohnte Inseln mit guten Wander- und Angelmöglichkeiten, heißen Quellen (*onsen*) und sonstigen Outdooraktivitäten. Auf einigen Inseln gibt es zwar Guesthouses, es ist aber dennoch ratsam, ein Zelt und viel Proviant mitzubringen. Mit Ferry Toshima kann man über diese winzig kleinen Inseln von Kagoshima nach Amami-Ōshima, den ersten Zwischenhafen auf der Hauptstrecke Kagoshima–Okinawa, fahren.

❹ LOS GEHT'S

Marix Line und 'A' Line fahren jeden zweiten Tag auf der Strecke Kagoshima–Naha, beide Städte sind leicht auf dem Luftweg vom japanischen Festland aus zu erreichen. Die Websites der Fährgesellschaften sind auf Japanisch, sodass man vorab über ein Reisebüro buchen sollte. Von Anfang Mai bis Ende Oktober fährt täglich eine Fähre – in beide Richtungen.

Die Fähren sind groß und bieten Platz für ca. 700 Passagiere, von denen die meisten in der 2. Klasse reisen, d. h. in offenen Räumen mit Schlafmatten. **CM**

Okinoerabu-jimas beeindruckende Aussichtspunkte, Kalksteinhöhlen, Strände und Japans größten Banyanbaum entdecken.

Vor Yurigahamam unweit Yoron-tō an dem grandiosen Sandstreifen, der bei Flut verschwindet, ein Bad nehmen.

In Okinawas Präfekturhauptstadt Naha die farbenfrohen belebten Straßen und Märkte besuchen.

LEGENDÄRE SCHIFFSREISEN

Kerala Backwaters

INDIEN

START **ALAPPUZHA**
ZIEL **KOTTAYAM**
STRECKE **129 KM (80 MEILEN)**
DAUER **3 TAGE**

Der südindische Bundesstaat Kerala mag ja mit einer etwa 600 km langen, wunderschönen Küste am Arabischen Meer mit zahllosen von Palmen gesäumten Stränden gesegnet sein, aber das größte Juwel hier sind die zauberhaften Backwaters – ein 900 km langes System aus Kanälen, Flüssen und glitzernden Seen. Diese Wasserwelt, die tropischen Landschaften und Dörfer zu erkunden, gehört zu den grandiosesten Erfahrungen, die man auf dem Subkontinent machen kann. Um die Reise voll und ganz zu genießen, sollte man sich ein aus einem Kettuvallam (Reisbarke) umgebautes Hausboot mieten – auf dem man auch schlafen und essen kann.

❶ AUF DEM WASSER

Den ersten Anblick eines *Kettuvallam* mit den fantasievollen Kurven und dem einem Gürteltier ähnelnden Aussehen wird man nicht so schnell vergessen. Die

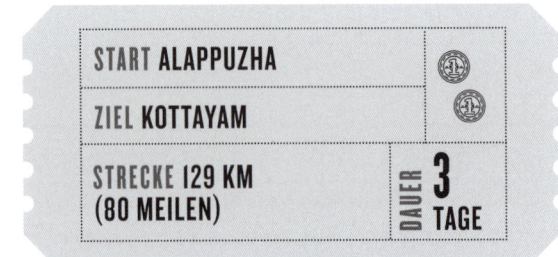

LEGENDÄRE SCHIFFSREISEN

Aufregung ist nur noch mit dem Moment zu toppen, in dem man für einen Trip auf Keralas Backwaters das Hausboot betritt. Man läuft herum, checkt schnell die Größe und bewundert die neuartigen Kabinen sowie die schnörkeligen Räume. Man sollte sich nicht wundern, wenn man sich dabei ertappt, wie man sich aufs Bett fallen lässt, durch das Panoramafenster blickt und sich die Szenerie ausmalt, die man am nächsten Morgen gleich nach dem Aufwachen sehen wird.

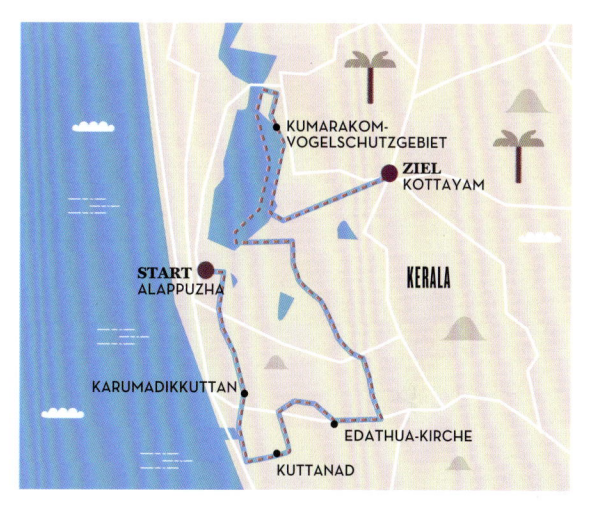

Das Boot setzt sich in Bewegung und es dauert nicht lange, bis am üppig grünen Flussufer wedelnde Palmen erscheinen. Wie ihre von Stakern mit Bambusstangen fortbewegten Vorgänger fahren die modernen *Kettuvallam*-Hausboote (Dieselantrieb) mit Schrittgeschwindigkeit, sodass man viel Zeit hat, das Geschehen am Ufer in sich aufzusaugen. Man bekommt einen Einblick in die – oft seit Jahrhunderten bestehenden – Lebensgewohnheiten an Land, die man in anderen Gegenden Indiens so nicht zu sehen bekommt. Und da man der Crew jederzeit Fragen stellen kann, erfährt man außerdem auch noch vieles über die Lebensumstände, Wirtschaft und Gesellschaft.

Wenn man die Einheimischen dabei beobachtet, wie sie beim Erklimmen einer Kokospalme der Schwerkraft trotzen, begreift man schnell, warum sie auch „toddy-tappers" (Palmwein-Zapfer) genannt werden. Sie klettern hinauf, um entweder den Baum anzuzapfen und einen Tontopf an ihm zu befestigen, in dem der Kokossaft gesammelt wird, oder um später die vergorene Flüssigkeit einzusammeln. Wer der starken Herausforderung eines Toddy (Palmwein) nicht widerstehen kann, sollte später am Abend einen Schluck probieren – meist ist eine Flasche an Bord.

In den nächsten Tagen erfährt man alles über die vielen verschiedenen Verwendungsmöglichkeiten dieser schönen Palmen (der Name dieses Bundesstaates bedeutet „Land der Kokosnuss"). Man sieht, wie Seile und Bast aus Kokosfasern hergestellt werden, wie

„Die Farben sind leuchtender, die Bewegungen ausdrucksvoller, Schönheit ist allgegenwärtig."

Matten aus den Blättern gewebt und Möbel aus dem Holz gebaut werden. Bei den Mahlzeiten lernt man die Kokosnuss sogar noch mehr schätzen, egal ob als Milch in einem Fischcurry, als Mark in einem Chutney oder als Raspel über einem Dessert.

Die Küche Keralas ist ein Highlight auf jeder Hausboottour, insbesondere wenn man sie im Freien auf dem Wasser genießt. Neben Unmengen frischem Obst gehören zum Frühstück Gerichte wie *puttu* (gedämpftes Reismehl und Kokosnuss), *sambar* (aromatisches Gemüse-Dal) und sogar *dosas* mit Kokos-Chutney. Mittags und abends gibt es typischerweise Reis mit einer Vielzahl süßer und pikanter Currys, die mit einem

---

Das Dorfleben in Kuttanad, einer Region in den Backwaters mit schönen Reisfeldern, kennenlernen.

Karumadikkuttan, die schwarze Granitfigur des Lord Buddha bewundern, die selbst der Dalai Lama schon besucht hat.

Die Edathua-Kirche, eine wichtige Pilgerstätte der Christen Keralas, besichtigen.

LEGENDÄRE SCHIFFSREISEN

LINKS: Mündung des Thottada River ins Arabische Meer
RECHTS: Palmen an den brackigen Lagunen, Wasserwegen und Seen Keralas
SEITE 128: Traditionelle *Kettuvallams*
SEITE 132: Chinesische Fischernetze in Cochin

Mix aus Chili, Ingwer, Kardamom, Senfsamen, Pfeffer und Kreuzkümmel gewürzt sind. Und wie nicht anders zu erwarten, kommen hier Fische wie Seebrasse und Königsmakrele auf den Tisch.

Über die Frische der Zutaten braucht man sich keine Gedanken zu machen, denn man hat zugeschaut, wie die Crewmitglieder unterwegs einkaufen, beispielsweise Schnapper von vorbeifahrenden Fischerbooten oder Ananas frisch aus den Gärten. Auch die Entfernung zwischen Feld und Teller ist unglaublich kurz, wenn man durch das enge Backwater bei Kuttanad fährt. Hier wird die Landschaft von malerischen Reisfeldern beherrscht. In Gegenden wie dieser wird angelegt und man bekommt Gelegenheit, durch die Dörfer zu spazieren und sein Verständnis von Natur zu erweitern sowie bedeutende historische und religiöse Stätten zu besichtigen.

Die Wasserwege sind an einigen Stellen so schmal, dass man beobachten kann, wie sich das Wasserniveau durch das passierende *Kettuvallam* anhebt. Feinheiten wie diese zu bemerken ist wohl nur wegen des gemütlichen Tempos möglich. Wenn man glücklich und entspannt an seinem Lieblingsplatz am Bootsrand sitzt, scheinen die Augen mehr als sonst wahrzunehmen – die Farben sind leuchtender, die Bewegungen ausdrucksvoller, Schönheit ist allgegenwärtig.

Weitere Wunder erwarten einen, wenn man einige der größeren Lagunen und Seen wie den Vembanadsee überquert. Dort sieht man z. B. die ausladenden „chinesischen Fischernetze", komplizierte und geniale Apparaturen. Sie sind das heimliche Wahrzeichen der Backwaters und das wohl beliebteste Fotomotiv.

MIT KNOTEN GESCHNÜRT

Bemerkenswerterweise wird für den Bau des Rumpfs eines *Kettuvallam* kein einziger Nagel benutzt. Es werden Hunderte lange Holzplanken mit Kokosfaserstricken zusammengeknotet und anschließend mit Kokosfasern und schwarzem Harz, das aus gedünsteten Cashewkernen extrahiert wird, wasserdicht gemacht. Die wörtliche Übersetzung des Begriffs *Kettuvallam* in der lokalen Sprache Malayalam lautet „ein Boot schnüren".

Auf der Fahrt über den Vembanadsee das Vogelschutzgebiet Kumarakom besuchen und die gefiederten Zeitgenossen beobachten.

Die chinesischen Fischernetze an Keralas Ufern bestaunen und frisch gefangenen Fisch genießen.

In Kottayam von Bord gehen und die unberührten Western Ghats, die Heimat von Elefanten, Tigern und anderen Tieren, besuchen.

LEGENDÄRE SCHIFFSREISEN

Egal, was man tagsüber alles an Wunderbarem gesehen und gehört hat, abends geht es ähnlich weiter. Das Hausboot legt an einem Ort an, an dem man den Sonnenuntergang (und einen oder zwei Sundowner) genießt, bevor das Abendessen serviert wird. Anschließend sinniert man über den Tag, träumt vom nächsten oder beobachtet die Blitze am Horizont.

❷ AN BORD

Hausboote, entweder ein umgebautes *Kettuvallam* oder neue, nach deren Vorbild gebaute, sind typischerweise 25 bis 30 m lang und ca. 4 m breit. Über dem schmalen, flachen Holzrumpf befindet sich in der Regel ein gebogener, mit zart gewebten Bambusmatten überzogener Aufbau mit normalerweise zwei oder drei Kabinen mit Bad, einem Aufenthaltsraum, einer Küche und einem Essbereich sowie den Unterkünften der Crew und des Kochs. Einige größere Boote haben ein überdachtes Oberdeck, von dem aus man in den Genuss eines Rundumblicks kommt. So kann man wunderbar Vögel beobachten und den Blick auf die Umgebung genießen. Der Kapitän, der Koch und eine gut gefüllte Bordküche sorgen fürs Wohlbefinden – die für Kerala typischen Speisen sind stets ein Highlight.

❸ LOS GEHT'S

Mehr als 1000 Hausboote fahren auf den Wasserwegen Keralas. Die Auswahl ist groß. Man kann zwischen ein- und mehrtägigen Touren wählen. Die Boote sind über Reisebüros, Hotels und Guesthouses in ganz Kerala buchbar. Wenn man genügend Zeit und Geduld hat, kann es aber vorteilhaft sein, sich sein Boot direkt in Alleppey, Kollam oder Kottayam auszusuchen. In diesen Hausbootzentren gibt's eine Fülle privater Anbieter, sodass man sich das Hausboot vorab anschauen und den Preis aushandeln kann. Essen, Getränke, ein Koch und Fahrer/Kapitän sind im Allgemeinen im Preis enthalten. Ein einfaches Hausboot kostet für 24 Stunden ca. 7500 ₹ (100 €) pro Person, für Boote mit mehr Luxus muss man ca. 12 000 ₹ (160 €) veranschlagen und für größere Familienboote mindestens 20 000 ₹ (270 €). **MP**

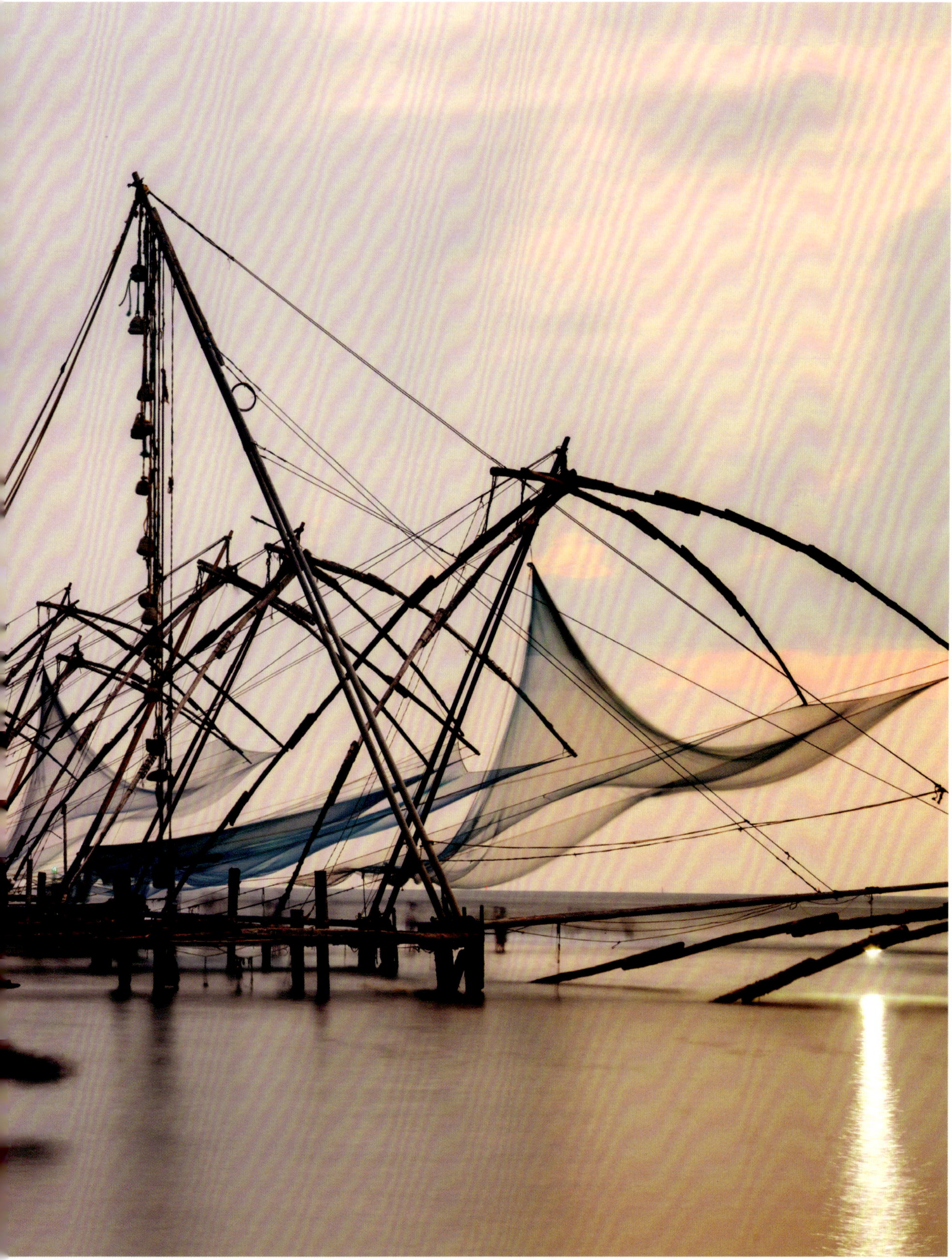

© MADRUGADA VERDE / SHUTTERSTOCK

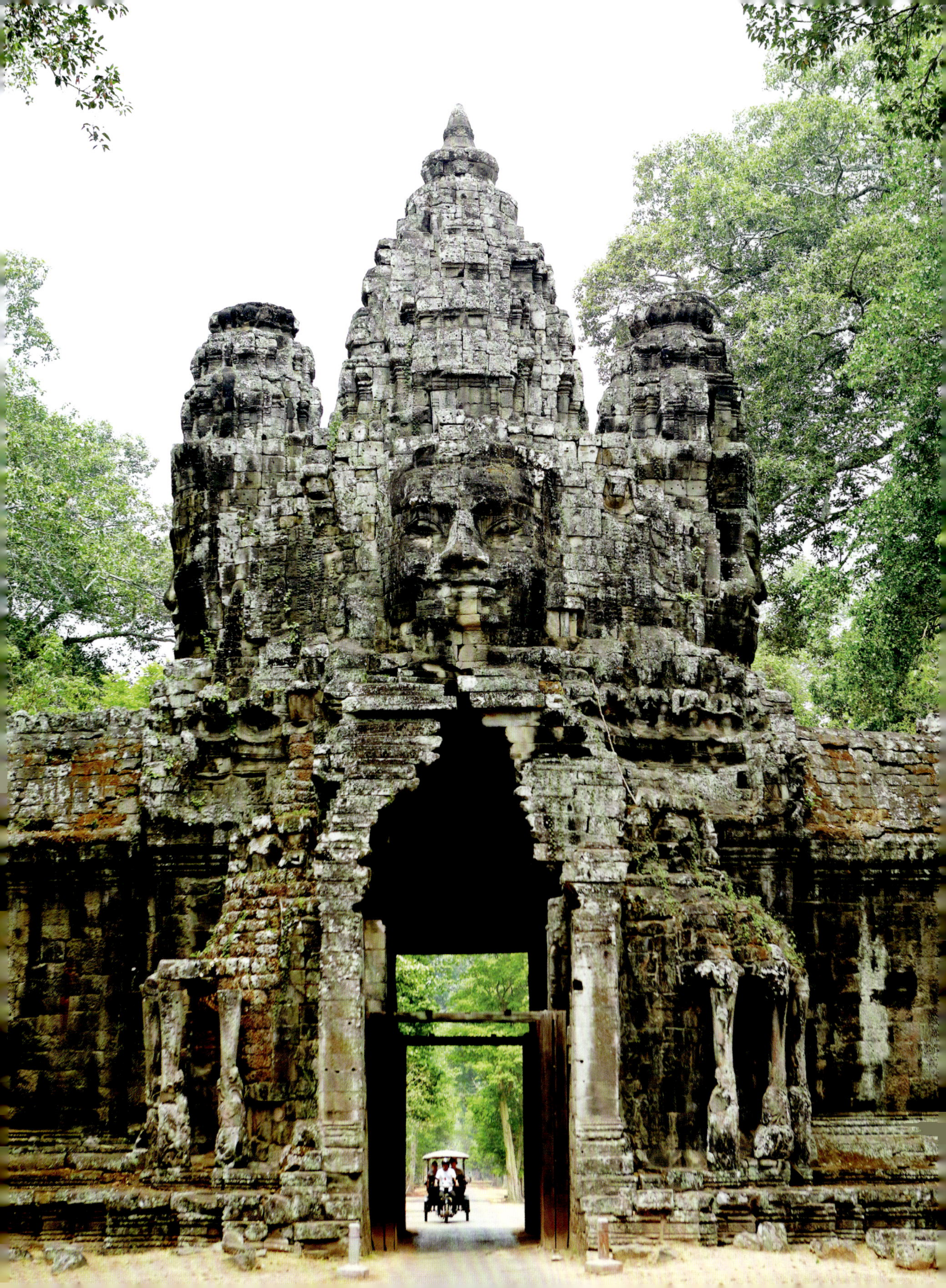

LEGENDÄRE SCHIFFSREISEN

Mekong

VIETNAM UND KAMBODSCHA

START HO-CHI-MINH-STADT
ZIEL SIEM REAP
STRECKE CA. 652 KM (405 MEILEN)
DAUER 4 TAGE

Der mächtige Mekong bahnt sich vom tibetischen Hochland kommend seinen Weg durch China, Myanmar, Laos, Thailand, Kambodscha und Vietnam und mündet nach 4350 km ins Südchinesische Meer. An der Grenze zwischen Kambodscha und Vietnam teilt er sich in viele Nebenarme, weshalb die Vietnamesen ihm den Namen Cuu Long (Neun Drachen) gaben. Die Fahrt den Mekong flussaufwärts an Bord der luxuriösen Aqua Mekong von Vietnams Wirtschaftsmetropole Ho-Chi-Minh-Stadt (Saigon) in die alte Khmer-Hauptstadt Angkor führt durch zeitlose Landschaften, vorbei an geschäftigen Städten und schwimmenden Dörfern und durch die aufregende Geschichte und Kultur dieser gegensätzlichen Länder.

❶ AUF DEM WASSER

Beim Verlassen der Stadt Mỹ Tho im Mekongdelta kann man Vietnams faszinierendes Flussleben beobachten. Die wuselige Wasserstraße strotzt nur so vor Leben – Händler, Fischer und Bauern drängen sich auf dem Wasser. Noch stimmungsvoller sind die überfüllten Kanäle, die „Seitenstraßen" des Deltas. In der Region, die flach wie ein Pfannkuchen und während des Monsuns überschwemmt ist, werden die Flüsse zu Straßen und der Rhythmus eines älteren Asiens wird spürbar.

Wie es sich für ein Geschäftszentrum gebührt, ist Can Tho umgeben von schwimmenden Märkten, und zusammen mit den Händlern in Cai Rang wird daraus das größte schwimmende Einkaufszentrum in der Region. Hierher kommen unzählige kleine Boote, die Obst und Gemüse, Fisch und Blumen sowie Andenken verkaufen. Von oben erblickt man eine Farborgie, die nur von den konischen Hüten, die die Verkäufer vor der Sonne schützen, unterbrochen wird.

LEGENDÄRE SCHIFFSREISEN

RECHTS: Verkäufer im Mekong-Delta
SEITE 134: Das Eingangstor von Angkor Thom

Die Grenzstadt Chau Doc ist ein kultureller Knotenpunkt, an dem Vietnam auf Kambodscha trifft. Sie ist zweifelsohne vietnamesisch, aber auch Khmer-Einfluss ist spürbar. Ein Blick in die Geschichtsbücher zeigt, dass die gesamte Region um das Mekongdelta noch im 17. Jh. Teil Kambodschas war und Saigon ein unter dem Namen Prey Nokor bekanntes Khmer-Dorf war.

Jenseits der Grenze in Kambodscha heißt der Mekong Tonlé Thom (Großes Wasser). Am Flussufer sind Zuckerpalmen und die geschwungenen Dächer der Khmer-Tempel zu sehen. Handel und Verkehr am und auf dem Fluss nehmen immer mehr ab. Auf einer gemütlichen Radtour durch eines der Dörfer wird man feststellen, dass das Leben in Kambodscha ruhiger ist als in dem wuseligen Nachbarland.

Kambodschas Hauptstadt Phnom Penh vermittelt den Eindruck eines chaotischen, wenn auch angenehmen Aufeinandertreffens der asiatischen Vergangenheit auf die Gegenwart. Zu den Highlights gehören das Nationalmuseum mit der weltweit größten Sammlung von Khmer-Skulpturen und der Königspalast mit seiner Silberpagode. Man kann auch in das Dunkel des Gefängnisses S-21 (das heutige Tuol-Sleng-Genozid-Museum) eintauchen, wo die Roten Khmer Feinde der Revolution gefangen hielten und folterten.

Nun biegt die *Aqua Mekong* vom Mekong ab und fährt gen Norden zum Tonlé Sap mit seinen einzigartigen schwimmenden Dörfern. Chhnok Tru ist ein solcher Ort mit dem ganzen Drum und Dran eines traditionellen Dorfs – Holzhäuser, Schweineställe, Grundschule, kleine Ambulanz und sogar Karaoke-Bars. Hier schwimmt wirklich alles.

Die unglaublichen Tempel von Angkor, der Hauptstadt des Khmer-Reichs, bilden den krönenden Abschluss dieser Reise auf dem Wasser. Angkor ist die

TONLÉ SAP

Der Tonlé Sap ist der größte Süßwassersee Südostasiens und ein lebenswichtiges Organ der Mekongregion. Er agiert als Lunge (oder Kiemen) des Flusses, nimmt jedes Jahr enorme Mengen Hochwasser des anschwellenden Mekong in sich auf und bildet eine natürliche Hochwassersperre. Die meisten der rund um den See ansässigen Menschen leben von Fischfang und Reisanbau.

- Das Leben in Ho-Chi-Minh-Stadt auf einer Vespa im Eiltempo erkunden.
- Früh aufstehen und im Morgengrauen den schwimmenden Markt Cai Rang besuchen, wo die Marktbuden Boote sind.
- Die schwimmenden Fischfarmen von Chau Doc besuchen.

LEGENDÄRE SCHIFFSREISEN

Heimat der spektakulärsten Tempelanlagen der Welt, das Skelett eines riesigen Reiches, das sich einst von Myanmar bis nach Vietnam und von Laos bis nach Malaysia erstreckte. Ursprünglich wurde Angkor Anfang des 12. Jh. als Zentrum des hinduistischen Glaubens erbaut, entwickelte sich aber noch im gleichen Jahrhundert zu einem buddhistischen Heiligtum.

Der vom Dschungel umgebene Tempel Ta Prohm wurde den Elementen überlassen und erinnert so an die gewaltige Macht der Natur: Baumwurzeln umschlingen den abbröckelnden Stein wie eine muskulöse Schlange, die den letzten Atem aus ihrem Opfer quetscht. Die Größe der von Mauern umgebenen Hauptstadt Angkor Thom ist schier unglaublich. Das genaue Zentrum befindet sich im rätselhaften Tempel Bayon, dem ausdruckskräftigsten der vielen Monumente Angkors. Jeder seiner 54 Türme ist mit vier Gesichtern verziert, die dem Erbauer von Bayon, König Jayavarman VII., verblüffend ähneln.

Der Besuch Angkors endet mit der Mutter aller Tempel, Angkor Wat. Wer frühmorgens in der Dunkelheit zum Tempel fährt, wird Zeuge des magischen Aussehens Angkors bei den ersten Sonnenstrahlen. Die hoch aufragenden Türme zeichnen sich gegen den heller werdenden Himmel ab und die Sterne verschwinden langsam im Licht der aufgehenden Sonne.

❷ AN BORD

Die geräumigen Kabinen auf der *Aqua Mekong* haben bodentiefe Fenster, damit man die vorüberziehende Landschaft in vollen Zügen genießen kann. Alle Mahl-

UNTEN LINKS: Schwimmende Häuser auf dem Tonlé Sap
UNTEN RECHTS: Sonnenstrahlen über Can Tho, Vietnam
SEITE 138: Der schwimmende Markt Phong Dien in Can Tho

- Kambodschas reiche Kultur im Königspalast und im Nationalmuseum von Kambodscha in Phnom Penh kennenlernen.
- Die Welt der schwimmenden Dörfer in Kompong Chhnang entdecken.
- Die Tempel von Angkor bestaunen – z. B. den sagenhaften Angkor Wat, den rätselhaften Bayon und den von Dschungel umgebenen Ta Prohm.

LEGENDÄRE SCHIFFSREISEN

„Chhnok Tru ist ein schwimmender Ort in der Nähe von Kompong Chhnang mit allem Drum und Dran eines traditionellen Dorfs."

zeiten (und die meisten Getränke) sind im Preis enthalten, auf der Speisekarte steht ein köstlicher Mix aus Spezialitäten aus der Region und Hausmannskost.

❸ ANDERE TOUREN

Auch in Laos kann man eine Tour auf dem Mekong machen. Mit Luang Say Cruise fährt man von Luang Prabang zum Goldenen Dreieck mit einer Übernachtung in Pak Beng. Eine weitere Alternative ist die Erkundung der Region mit den 4000 Inseln in Südlaos an Bord einer umgebauten Reisbarke mit Vat Phou Cruise.

❹ LOS GEHT'S

Die *Aqua Mekong* fährt ca. 50-mal im Jahr, die Touren dauern zwischen drei und sieben Nächten. Dieses luxuriöse Schiff kann man unter www.aquaexpeditions.com. buchen. Am besten ist der Trip bei hohem Wasserstand mit vier Übernachtungen, der von Juli bis November von Ho-Chi-Minh-Stadt nach Siem Reap führt. Am beliebtesten ist in der Regel die Trockenzeit (Nov.–März), aber die nasse Jahreszeit mit hohem Wasserpegel ist lohnenswerter, da in dieser Zeit die Reisfelder üppig grün sind. Es gibt viele Optionen, den Mekong zu erkunden. *Blue Cruiser* ist keine Kreuzfahrt, sondern eine erschwingliche Fahrt auf einem Schnellboot, das täglich zwischen Phnom Penh, Kambodscha und Chau Doc, Vietnam, verkehrt. Pandaw Cruises war das erste Unternehmen, das Luxuskreuzfahrten auf dem Mekong angeboten hat.

Für die Einreise benötigt man ein Visum, das man sich vorab besorgen sollte, am besten online unter www.evisas-cambodia.org.

In der Nebensaison (Mai–August) sind Mekong-Fahrten günstiger. **NR**

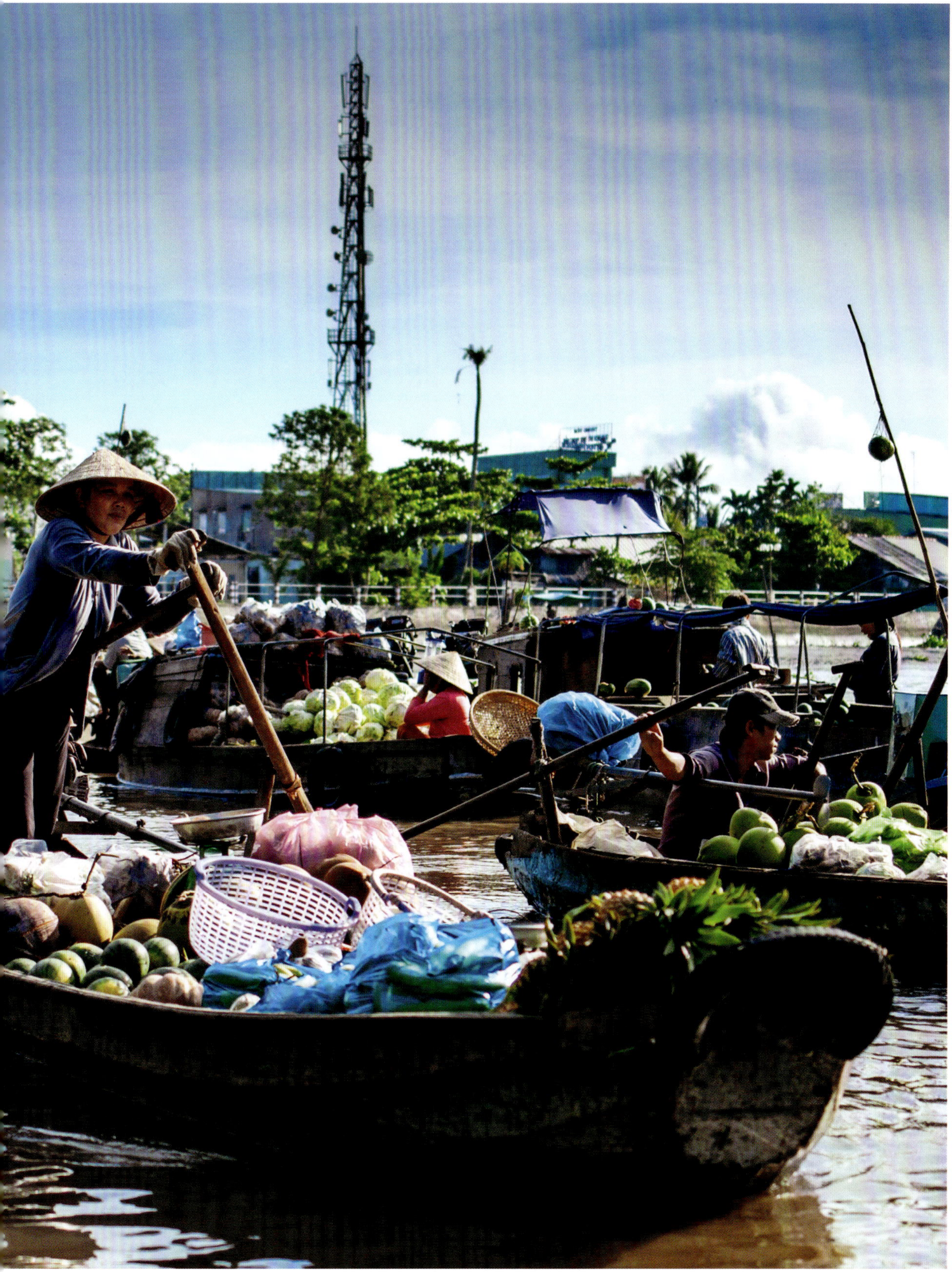

© FILMLANDSCAPE / SHUTTERSTOCK

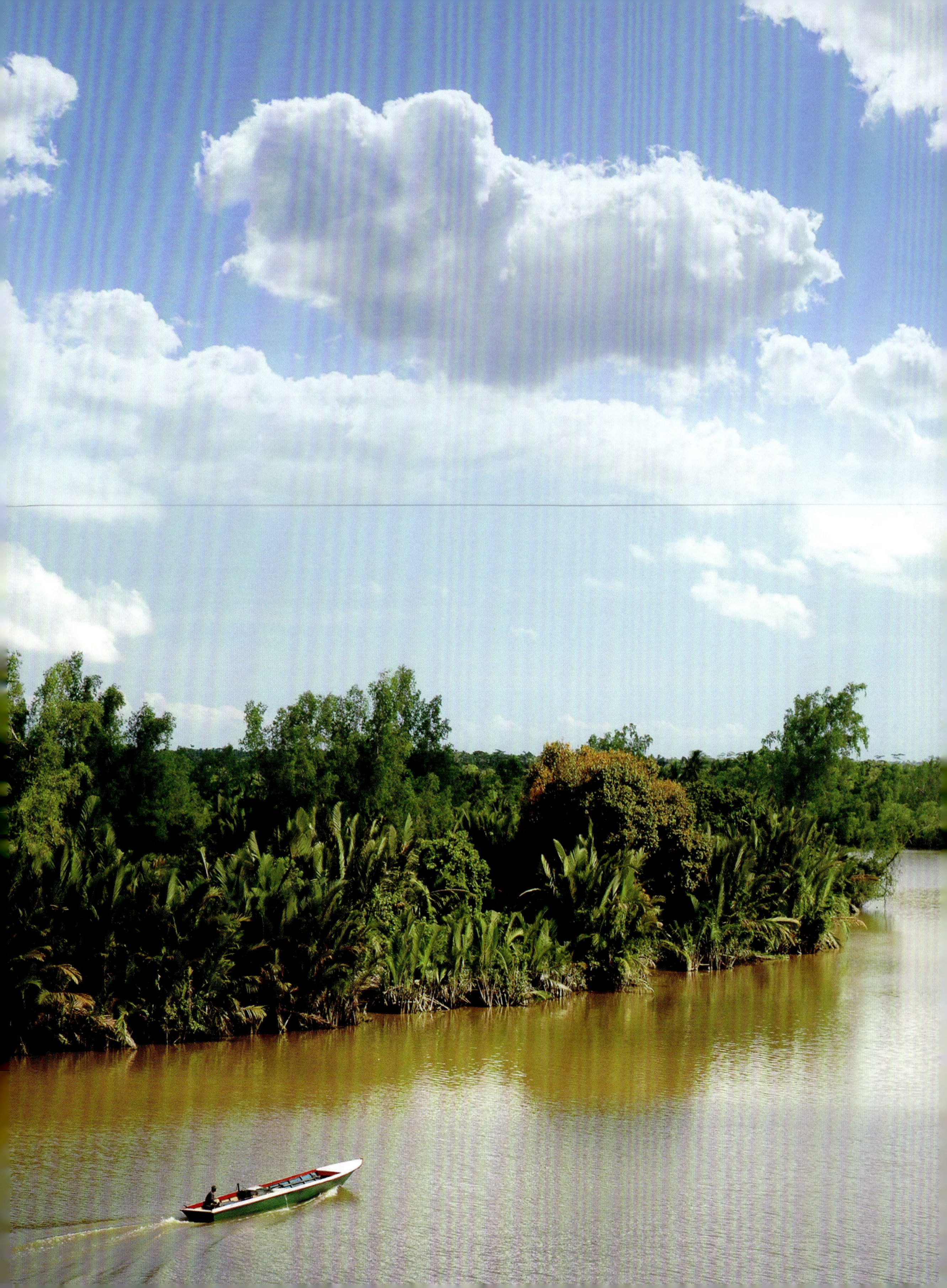

LEGENDÄRE SCHIFFSREISEN

Mahakam

INDONESIEN

START SAMARINDA

ZIEL LONG BAGUN

STRECKE 538 KM (334 MEILEN)

DAUER 2 TAGE

Der Trip auf dem Doppeldeckerboot Kapal Biasa *ist ein Relikt einfacherer Zeiten, in denen die Menschen in Übereinstimmung mit der Natur lebten.*

Ausgangspunkt dieser Fahrt ist die Stadt Samarinda. Die Reise auf Indonesiens zweitgrößtem Fluss mit seinen vielen Schleifen führt weit in die Vergangenheit. Man dringt tief in den Urwald vor, während der Fahrt zu einem Dorf mit indigener Bevölkerung sieht man Nasenaffen, Fischotter und Eisvögel. Die Wasserstraßen, die sich aus Borneos dichtem Regenwald herausschlängeln, waren lange Zeit Lebensgrundlage der Menschen hier. Asphalt und Busse lassen Flussfahrten aber immer mehr in Vergessenheit geraten.

❶ AUF DEM WASSER

Mit Kurzstreckenpassagieren auf dem unteren Deck verlässt die volle *Kapal-Biasa*-Fähre Samarinda und sucht sich ihren Weg vorbei an unzähligen mit Holz oder Kohle beladenen Lastkähnen. In den letzten Jahrzehnten wurde mehr als die Hälfte der Tieflandwälder in Borneo abgeholzt. Auf der Suche nach dem Regenwald im „Herzen Borneos" entdeckt man Schleppkähne, die dieses Herz langsam flussabwärts befördern, um es an den Meistbietenden zu verkaufen.

Der Besuch des ehemaligen Sultanspalasts in Tenggarong, der in den 1930er-Jahren von den Holländern errichtet wurde und jetzt das Mulawarman Museum beherbergt, ist der erste Schritt zurück in die Vergangenheit. Seine moderne Architektur erinnert beein-

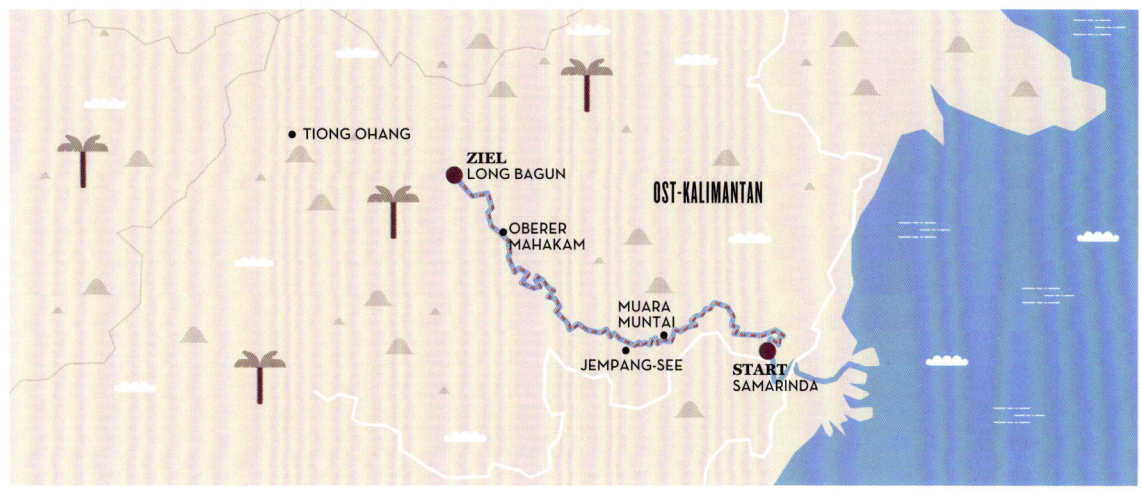

LEGENDÄRE SCHIFFSREISEN

druckend an die Kolonialmächte, die früher um Indonesiens Ressourcen kämpften – und wohl den Anstoß für deren schnelle Ausbeutung gaben.

Das Boot fährt weiter flussaufwärts und unterwegs kommen Fahrgäste mit Waren von Bord: Pakete mit Plastikartikeln oder glänzende, neue Motorräder. In Muara Muntai verbindet ein ca. 20 km langes Netzwerk aus verwitterten Eisenholzstegen die Pfahlbauten. Die Dorfbewohner haben die Stege, die ursprünglich für Fußgänger gedacht waren, verbreitert, damit sie auch von Mopeds benutzt werden können.

In Muara Muntai beginnt die Seenregion. Mitten im Jempang-See scheint das Dorf Jantur unter einem Teppich trocknender Fische im Wasser zu schwimmen. Am hinteren Ende des Sees liegen die Dayak-Dörfer Tanjung Isuy und Mancong, die eine spirituelle Verbindung zu ihren Vorfahren aufrechterhalten – trotz der neuen Straße. Im winzigen Ort Tering endet die geteerte Straße – Fluss, Wald und Dörfer ändern sich spürbar. Die Strömung wird stärker, der Wald dichter und die Gemeinschaften liegen weiter auseinander. Diese Region belohnt jeden abenteuerlustigen Traveller. Man hält an irgendeiner Siedlung, sucht sich eine Bleibe in einer Gastfamilie, mietet sich ein Fischerboot und erkundet ein paar der zahllosen Flüsschen.

Endstation der *Kapal-Biasa*-Fähre ist in Long Bagun. Hier stellen Frauen komplizierte Perlenstickereien her. Ladenbesitzer mit freiem Oberkörper schmelzen Gold aus den in der Nähe gelegenen Minen. Ein Fischer formt sein Netz zu einem spiralartigen Bogen. Der Lebensrhythmus ist relaxter, aber selbst hier bahnen sich Planierraupen ihren Weg durch den Wald.

Wirklich Abenteuerlustige können mit einem der kleinen Boote weiter flussaufwärts fahren und tiefer in die Vergangenheit Borneos eintauchen. Die Tour ist zwar gefährlich – immer wieder kommen Menschen in den Stromschnellen ums Leben – aber die Erfahrung

DIE LETZTE CHANCE

Da die für Bergbau und Holztransport benötigten Straßen immer weiter in das Herz Borneos vordringen, geht die Romantik von Flussreisen zugunsten von billigen Bussen verloren. Die Fähre könnte eines Tages ihren Betrieb einstellen. Wer das wilde Borneo von einem Flussschiff aus sehen möchte, sollte diese Reise bald in Angriff nehmen. Die Biodiversität des Dschungels besteht u. a. aus endemischen Spezies wie Nasenaffen und Mahakam-Flussdelfinen.

Im Mulawarman Museum in Tenggarong alles über die Geschichte der Region erfahren.

Etwas Zeit in Muara Muntai, dem ruhigen Fischerdorf mit einem kilometerlangen Netzwerk aus Stegen, verbringen.

Einen Abstecher über den Jempang-See zu den Langhaus-Dörfern Tanjung Isuy und Mancong machen.

LEGENDÄRE SCHIFFSREISEN

LINKS: Baitul Muttaqin Moschee in Samarinda
UNTEN: Boote auf dem Fluss
SEITE 140: Auf dem Mahakam

ist unbezahlbar. Für alle anderen steht die Rückkehr in das Gewusel des modernen Lebens auf dem Programm.

❷ AN BORD

Auf der Fähre gibt es nur Gemeinschaftsräume. Das untere Deck (ohne Sitzgelegenheiten) ist für Tagestouristen reserviert, das obere Deck mit langen Bänken, auf denen Matratzen liegen, ist für Übernachtungsgäste bestimmt. In einer kleinen Küche werden Fertignudeln zubereitet. Die Toiletten bestehen aus einem Loch im Fußboden. Vom Dach über der Brücke des Kapitäns kann man das Leben am Fluss am besten beobachten.

❸ LUXUS-ALTERNATIVE

Die Fähre ist die beste Möglichkeit, die hiesige Kultur kennenzulernen, doch gibt es auch Veranstalter, die Touren auf privaten Hausbooten anbieten. Darauf lassen sich die Highlights des Flusses weniger stressig, aber auch weniger unmittelbar erkunden.

❹ LOS GEHT'S

Zwei Fähren fahren täglich um 7 Uhr von Samarinda flussaufwärts. Frühes Erscheinen ist angesagt, wenn man einen guten Platz bekommen möchte. Bezahlt wird an Bord. Man sollte hier und da aussteigen und am nächsten Tag weiterfahren. Bezahlt wird für jeden Abschnitt. In der Trockenzeit (Juli–Okt.) kann die Fähre eventuell nicht ganz bis nach Long Bagun fahren. Dann kommt man mit Motorbooten weiter. Die Rückfahrt ist in der Regel schneller, vor allem in der Regenzeit. Wer auf dem Boot übernachten will, sollte ein dünnes Laken im Gepäck haben. Achtung: In den Häfen der Dörfer halten die Fähren nur kurz. **LB**

Einen Aufenthalt nördlich von Tering am oberen Mahakam einplanen und sich in ein Abenteuer abseits der ausgetretenen Pfade stürzen.

In dem dunstigen Bergdorf Long Bagun den Händlern beim Schmelzen des Goldes aus den in der Nähe gelegenen Minen zuschauen.

Weiter flussaufwärts durch gefährliche Stromschnellen nach Tiong Ohang, dem Ausgangspunkt des Cross-Borneo-Treks, fahren.

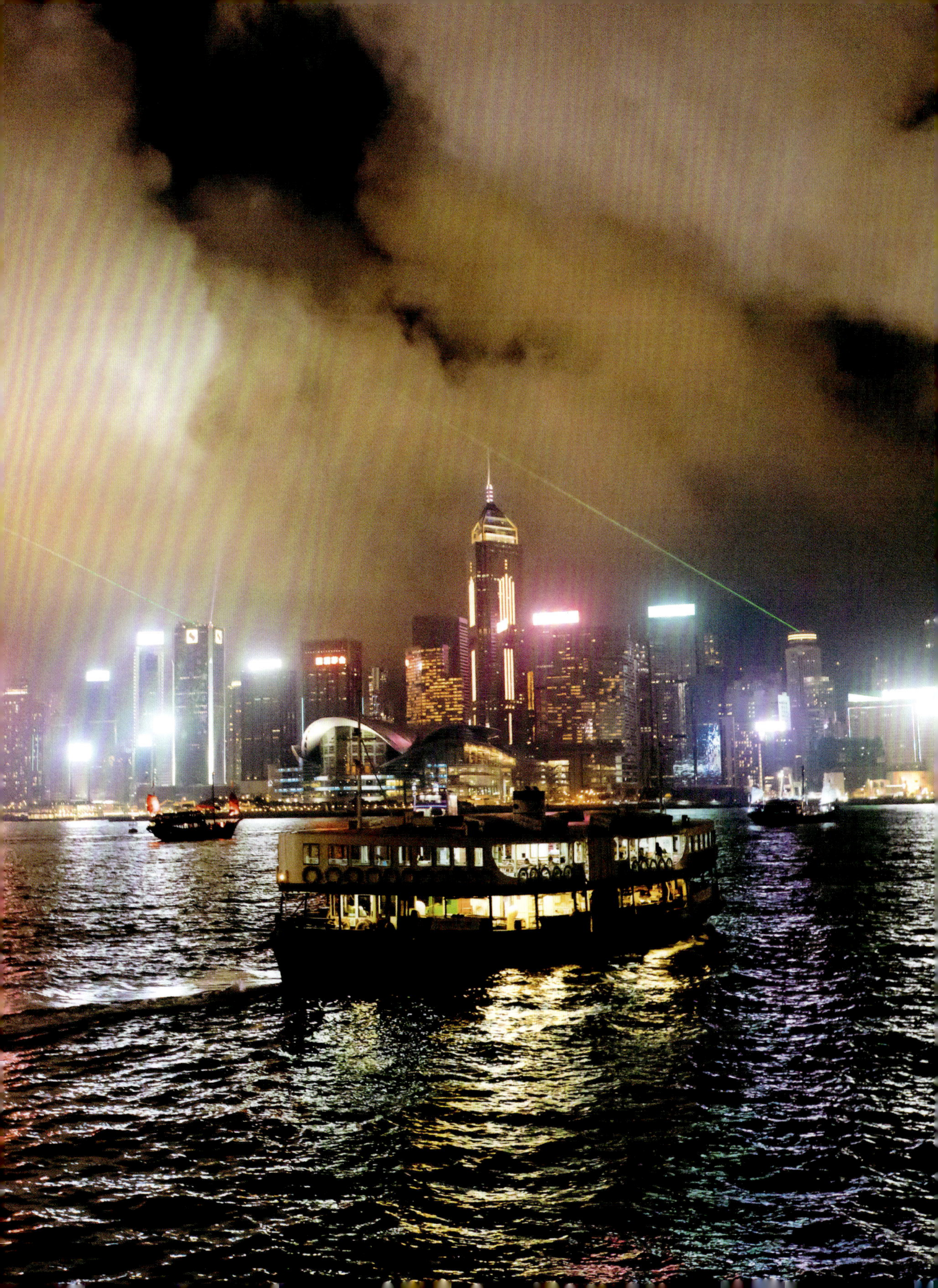

LEGENDÄRE SCHIFFSREISEN

Star Ferry

HONGKONG, CHINA

START TSIM SHA TSUI, KOWLOON
ZIEL CENTRAL PIER, HONG KONG ISLAND
STRECKE 2 KM (1,3 MEILEN)
DAUER 8–10 MIN.

Hongkong mag das Alphatier der asiatischen Tigerstaaten sein, aber das hindert Millionen von Menschen nicht daran, in dieser Cybercity ganz altmodisch die Fähren der Star Ferry Company zu benutzen. Die beliebten grün-weißen Kähne fahren seit 1880 kreuz und quer zwischen den Inseln Hongkongs hin und her – Zeugen der wechselhaften Geschichte dieser Stadt, die sich vom Fischerdorf in ein finanzielles Kraftzentrum verwandelt hat.

❶ AUF DEM WASSER

Die klimatisierten Züge der Mass Transit Railway (MTR) befördern ihre Fahrgäste in Sekunden von Hong Kong Island nach Kowloon, aber wo ist da der Witz? Es macht weitaus mehr Spaß, mit einem der schaukelnden Boote der Star Ferry Company zu fahren und eine Reise nicht nur zurück in die Vergangenheit, sondern auch durch den Victoria Harbour zu unternehmen. Die altehrwürdigen Pendlerdampfschiffe wurden mit moderner Technologie ausgestattet, wenn man sich aber auf der harten Holzbank niederlässt und die Hafenluft tief einatmet, fühlt man sich zurückversetzt in eine Zeit mit gestärkten Hemden und Sampans. Jede Fähre hat auch heute noch einen „Stern" in ihrem Namen – *Radiant Star, Celestial Star* und *Twinkling Star* sind die hiesigen Favoriten – eine Hommage an die alte *Morning Star*, die Pionierarbeit leistete.

Schon in den verworrenen Zeiten, als Hongkong Dreh- und Angelpunkt zwischen dem kolonialen Westen und dem imperialen Osten war, fuhren die dampfbetriebenen Star Ferries durch die Kowloon Bay. Heute sind Elektrizität und Diesel an die Stelle des Dampfs getreten, aber das Erlebnis an Bord hat sich kaum verändert. Die Einheimischen sitzen noch immer auf den harten Bänken und starren nachdenklich über die Bucht, vom Südchinesischen Meer weht eine kühle Brise herüber. Was sich geändert hat, ist Hongkongs Skyline. Wolkenkratzer ragen wie Requisten von *Blade Runner* über dem Wasser auf und machen aus der achtminütigen Fahrt eine Sightseeing-Tour mit dem Schwerpunkt Architektur.

Die Star Ferries sind ein beliebter Ort, um die allabendliche Symphony-of-Lights-Show im Hafen zu bewundern, wenn die Skylines der Insel und Kowloons von einer Lichter- und Laserflut angestrahlt werden. Die Star Ferry Company bietet spezielle Symphony-of-Lights-Fahrten mit Snacks und Drinks an, aber man hat auch einen schönen Blick von Bord der zwischen Tsim Sha Tsui und Wan Chai verkehrenden Fähre – eines Blechkahns, der auch in einen alten Krimi passen würde – wenn die Abfahrtszeit mit dem Beginn der Show zusammenfällt.

Der Zauber der Star Ferry ist aber nicht nur Nostalgie. In einer Zeit, in der Rezeptionen von Robotern besetzt sind und das Einchecken per Tablet erfolgt, hat es etwas Menschliches, wenn man in einem den Elementen ausgesetzten Gefährt von A nach B fährt. Klar, oben gibt's eine klimatisierte Kabine, aber die echte Erfahrung an Bord einer Star Ferry besteht darin, die Hafenluft in der Nase und das kantonesische Stimmengewirr im Ohr zu haben.

HONG KONG QUEEN

Die Star Ferry Company hat den typisch grünen Anstrich nicht zufällig gewählt. In den Jahren nach dem Zweiten Weltkrieg standen den Malern in der Stadt nur drei Grundfarben zur Verfügung – weiß, grün und liebesapfelrot. Weiß war die chinesische Trauerfarbe und Rot stand für Feierlichkeiten. Es blieb also nur Grün als Standard für alltägliche Zwecke wie öffentliche Verkehrsmittel.

☆ In den Kommerz von Tsim Sha Tsui eintauchen und den Blick über den Victoria Harbour Richtung Hong Kong Island schweifen lassen.

👀 In Tsim Sha Tsui über die wackelnde Gangway an Bord der Fähre gehen und sich auf dem Oberdeck ein Plätzchen mit guter Sicht suchen.

☆ Auf der Überfahrt von Kowloon zur Insel die kühle Hafenbrise genießen.

LEGENDÄRE SCHIFFSREISEN

❷ AN BORD

Auf diesen grünen, für Hongkong typischen Schiffen wird man zurück in eine andere Zeit versetzt. Obwohl die Star-Ferry-Flotte über die Jahre modernisiert wurde, erinnern die Schiffe doch noch immer an die 1950er-Jahre – harte Sitzbänke, Neonröhren und an der Reling befestigte Schwimmwesten. Außer auf den speziellen Fähren, die für Hafenrundfahrten genutzt werden, darf an Bord weder gegessen noch getrunken werden.

LINKS: Hongkongs Hochhäuser am Hafen
UNTEN: Fahrt durch den Victoria Harbour
SEITE 144: Die Star Ferry abends vor den Lichtern Hongkongs

❸ LOS GEHT'S

Die Fähren verkehren von 6.30 bis 23.30 Uhr zwischen Tsim Sha Tsui und den Central Piers und von 7.30 bis 23 Uhr zwischen Tsim Sha Tsui und Wan Chai. Die wiederaufladbare Octopus-Karte ist auf den Star Ferries gültig, witziger ist es aber, die kleinen Plastikjetons zu benutzen, die an die Stelle der Jetons mit dem sternförmigen Loch in der Mitte getreten sind. An den Wochenenden ist die Fahrt einen Euro teurer. Es empfiehlt sich, ein Ticket fürs Oberdeck zu kaufen, auch wenn es etwas teurer ist – dort ist die Sicht besser. Auf der Strecke Tsim Sha Tsui – Wan Chai steht nur das Oberdeck zur Verfügung. Die Fähren fahren alle acht bis 20 Minuten. Die Einheimischen benutzen sie wie einen Shuttlebus. **JB**

- Den Bank of China Tower, der die Parade der Wolkenkratzer auf Hong Kong Island anführt, in Augenschein nehmen.
- Wer den Abend und die Fahrt richtig plant, kann von der Fähre aus die spektakuläre, täglich stattfindende Lichtshow bestaunen.
- Wenn man in Wan Chai von Bord geht, einen Blick zurückwerfen auf Kowloon mit seinen rivalisierenden Wolkenkratzern.

Jangtse

CHINA

Der Jangtse ist eine Quelle der chinesischen Zivilisation, er macht seine Umgebung fruchtbar und ermöglicht den Handel mit fernen Regionen. Sein trübes Wasser birgt die Legenden der grauen Vorzeit. Alles über seine reiche Geschichte erfährt man auf der Bootsfahrt von Chongqing nach Wuhan oder bis nach Shanghai und zum Ostchinesischen Meer. Man fährt vorbei an Tempeln der Ming-Dynastie, an Bergdörfern und durch tiefgrüne Schluchten und passiert schließlich die Schleusen des Staudamms mit der weltweit höchsten Staukapazität.

❶ AUF DEM WASSER

Es ist fast Mitternacht. Doch an Deck des Kreuzfahrtschiffs laufen die Passagiere mit der Kamera in der Hand hastig in Richtung Bug – die Schleusen der Drei-Schluchten-Talsperre kommen in Sicht. Jeder sucht sich ein Plätzchen an der Reling unterhalb der enormen Stahltüren, die wie Tore in einer Welt voller Giganten anmuten. Das riesige, 2003 eröffnete Wasserkraftprojekt hat seit seiner Eröffnung 2003 das Aussehen des Oberen Jangtse verändert. Millionen

START **CHONGQING**
ZIEL **YICHANG ODER SHANGHAI**
STRECKE **BIS ZU 2254 KM (1400 MEILEN)**
DAUER **3–10 TAGE**

Menschen wurden umgesiedelt, archäologische Stätten überflutet, riesige Tierhabitate vernichtet – und Kohle wurde durch saubere Energie ersetzt.

Das Passieren der Schleusen, die die Schiffe vom oberen und unteren Teil des Jangtse absenken bzw. anheben, gehört zu den Highlights dieser Schiffsreise – eine Zurschaustellung menschlichen Könnens.

Das Ganze dauert vier Stunden. In dieser Zeit stehen die Passagiere verzückt an Deck und schauen zu, wie sich im Mondschein ein Tor nach dem anderen öffnet.

Bei Erreichen der Schleusen ist man entweder fast am Ende der Reise oder irgendwo mittendrin, je nachdem wie weit man fährt. In der Nähe von Chongqing, einer schwülen Metropole in Südwestchina, gehen die

LEGENDÄRE SCHIFFSREISEN

DIE DREI SCHLUCHTEN

Die drei Schluchten, die dem Staudamm ihren Namen gaben, erstrecken sich über fast 322 km. Die malerischste ist die 8 km lange Qutang-Schlucht mit ihren rostfarbenen Felswänden und der oft im Dunst liegenden Vegetation. Die Berge der eleganten 40 km langen Wu-Schlucht sind bedeckt von Laubpflanzen, die im Herbst rot leuchten. Die längste Schlucht, Xiling, ist gesäumt von Gipfeln, von denen sich Dichter schon vor Jahrtausenden inspirieren ließen.

„In Shanghai, Chinas vielleicht nettester Stadt, macht man einen Spaziergang über den Bund."

Passagiere an Bord. Obwohl Chongqing keine traditionelle Touristenstadt ist, lohnt sich doch ein mehrtägiger Aufenthalt vor Beginn der Schiffsreise. Touristen schlendern in der antiken Stadt Ciqikou durch die engen Gassen aus der Ming-Dynastie und schauen Kunsthandwerkern bei der Arbeit zu. Sie fahren mit der Seilbahn über den Jangtse, um in den modernen Bars an der Nordseite einen Drink zu nehmen oder um die üppigen Parks und Schreine zu besichtigen.

Die Jangtse-Kreuzfahrtschiffe legen meist abends ab. Mehrere Tage lang wird man nun durch das schlammig braune Wasser fahren, Zwischenstopps einlegen, um Pagoden und Schreine zu besichtigen oder auf kleine Boote umzusteigen, um Abstecher in enge, mit Lianen übersäte Schluchten zu machen. Ein Teil der Strecke zieht sich durch Ackerland – ein Flickwerk aus Gemüsefeldern und unter Wasser stehenden Reisfeldern. Andere Abschnitte führen durch tiefe Schluchten mit felsigen Hängen. Man sieht Dörfer, die in Schwindel erregender Höhe an den Berghängen kleben – einige von ihnen wurden aufgrund des Flutens der tieferliegenden Landstriche hierher umgesiedelt.

Wer nicht ununterbrochen Landschaft betrachten will, kann das Info- und Unterhaltungsprogramm mit Vorträgen z. B. über Akupunktur, Qigong oder Jadeschmuck in Anspruch nehmen, in der Bordbar an geschmacklosen Talentshows teilnehmen oder das Spa besuchen. Die meisten Mitreisenden sind Chinesen der Mittelklasse. Auf Mittelklasse- und Luxusschiffen steht den Reisenden englischsprachiges Personal zur Verfügung. Das Essensangebot besteht aus chinesischen und westlichen Büffets, außerdem gibt es an Bord einen kleinen Lebensmittelladen.

- In Chongqing die Zunge mit einem scharfen Feuertopf voller roter Chilies und Sichuanpfeffer zum Brennen bringen.
- Auf die seit 1650 über den Fluss wachende, scharlachrote, zwölfstöckige Pagode des Shibaozhai-Tempels steigen.
- In der Geisterstadt Fengdu die Kunstwerke mit Darstellungen traditioneller chinesischer Visionen des Lebens nach dem Tod erkunden.

LEGENDÄRE SCHIFFSREISEN

SEITE 150: Imbiss in der antiken Stadt Ciqikou
LINKS OBEN: Drei-Schluchten-Talsperre
LINKS UNTEN: Tigersprung-Schlucht
SEITE 148: Biegung des Jangtse bei Lijiang

Die meisten Kreuzfahrten dauern zwei bis drei Tage. Sie enden direkt hinter der Schlucht, von dort werden die Passagiere zur Weiterreise in die nahe Millionenstadt Wuhan gebracht. Zielort einiger Trips ist Shanghai, die Fahrt dorthin dauert insgesamt neun bis zehn Tage. Der untere Flussabschnitt hat nicht allzu viel zu bieten, aber man bekommt moderne Städte wie Jingdezhen, Chizhou und Yangzhou zu sehen. In Shanghai, Chinas vielleicht nettester Stadt, macht man einen Spaziergang über den Bund – die Uferpromenade –, bewundert die französischen Kolonialbauten, kauft sich ein Cheongsam oder einen maßgeschneiderten Anzug und stopft sich mit Teigtaschen voll.

❷ AN BORD

Die auf dem Jangtse verkehrenden Touristenschiffe der Mittelklasse werden vorwiegend von Chinesen gebucht. Die Schiffe haben behagliche Privatkabinen mit Satelliten-TV, Gemeinschaftsspeisesälen, eine glitzernde hotelartige Lobby und eine Reihe von Unterhaltungsangeboten, von kleinen Kinos bis hin zu Spas. Auf Luxustrips ist eine internationale Klientel an Bord. Auf diesen Schiffen gibt es luxuriöse Suiten, VIP-Speisesäle mit „Kapitänstisch" und Pools. Über das Essen gibt es nichts Besonderes zu berichten, verhungern wird man sicher nicht.

❸ BUDGET-ALTERNATIVE

Wer Chinesisch spricht, kann ein schnell fahrendes lokales Passagierschiff nehmen, von denen einige auf der gleichen Strecke wie die Kreuzfahrtschiffe unter-

---

Durch die Drei Schluchten mit ihren senkrecht abfallenden Felswänden und die im Dunst liegenden Wälder fahren.

An Bord von kleinen Holzbooten über den schmalen, jadefarbenen Goddess Stream schippern.

Am letzten Abend an Bord ausgelassen das Karaoke-Mikro in die Hand nehmen und feiern.

LEGENDÄRE SCHIFFSREISEN

OBEN: Der Shennong-Nebenarm
RECHTS: Ein Kanal in Wuxi in der Nähe des Jangtse

wegs sind. Ausflüge an Land werden nicht angeboten, das Essen beschränkt sich eventuell auf Pappteller mit Nudeln und es gibt nur Gemeinschaftskabinen und -bäder. Die Reisekasse wird nicht völlig geplündert, und – Sprachbarriere hin oder her – am Ende der Reise man hat von den Mitreisenden wahrscheinlich ein chinesisches Kartenspiel gelernt.

❶ LOS GEHT'S

Die meisten Kreuzfahrten beginnen in Chongqing, los geht's wöchentlich oder alle zwei Wochen. Die meisten enden in Yichang in der Nähe der Stadt Wuhan, einige fahren aber auch weiter bis nach Shanghai. Tickets kann man online über ein Reisebüro oder einen der vielen Kreuzfahrtanbieter buchen. Kabinenpreise richten sich nach Größe, Deck und Reisezeit, die unteren Decks sind am preiswertesten. Frühjahr und Herbst sind am beliebtesten und teuersten. Für China benötigt man ein Visum – frühzeitig besorgen! **EM**

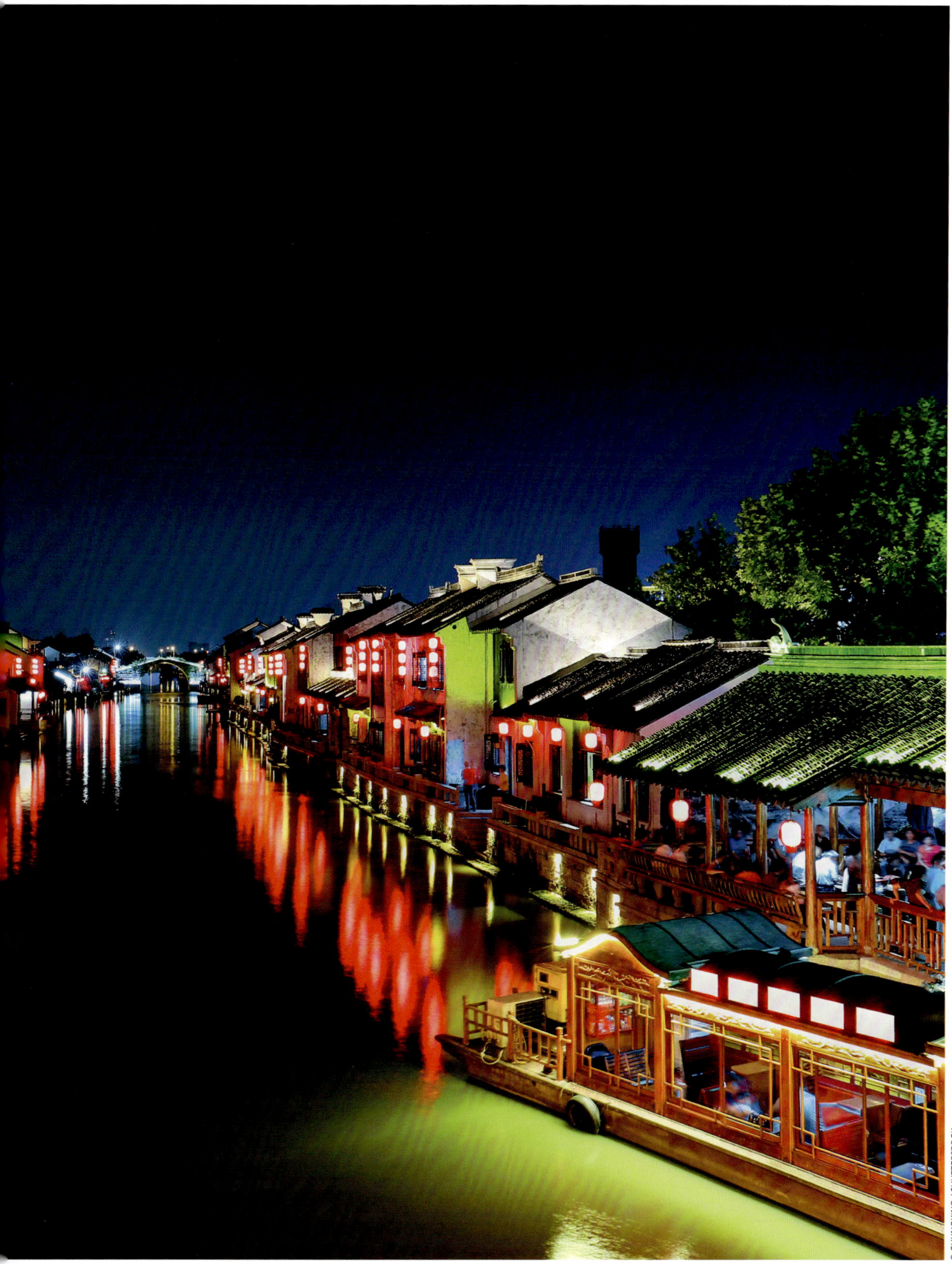

© CHUNGKING / SHUTTERSTOCK

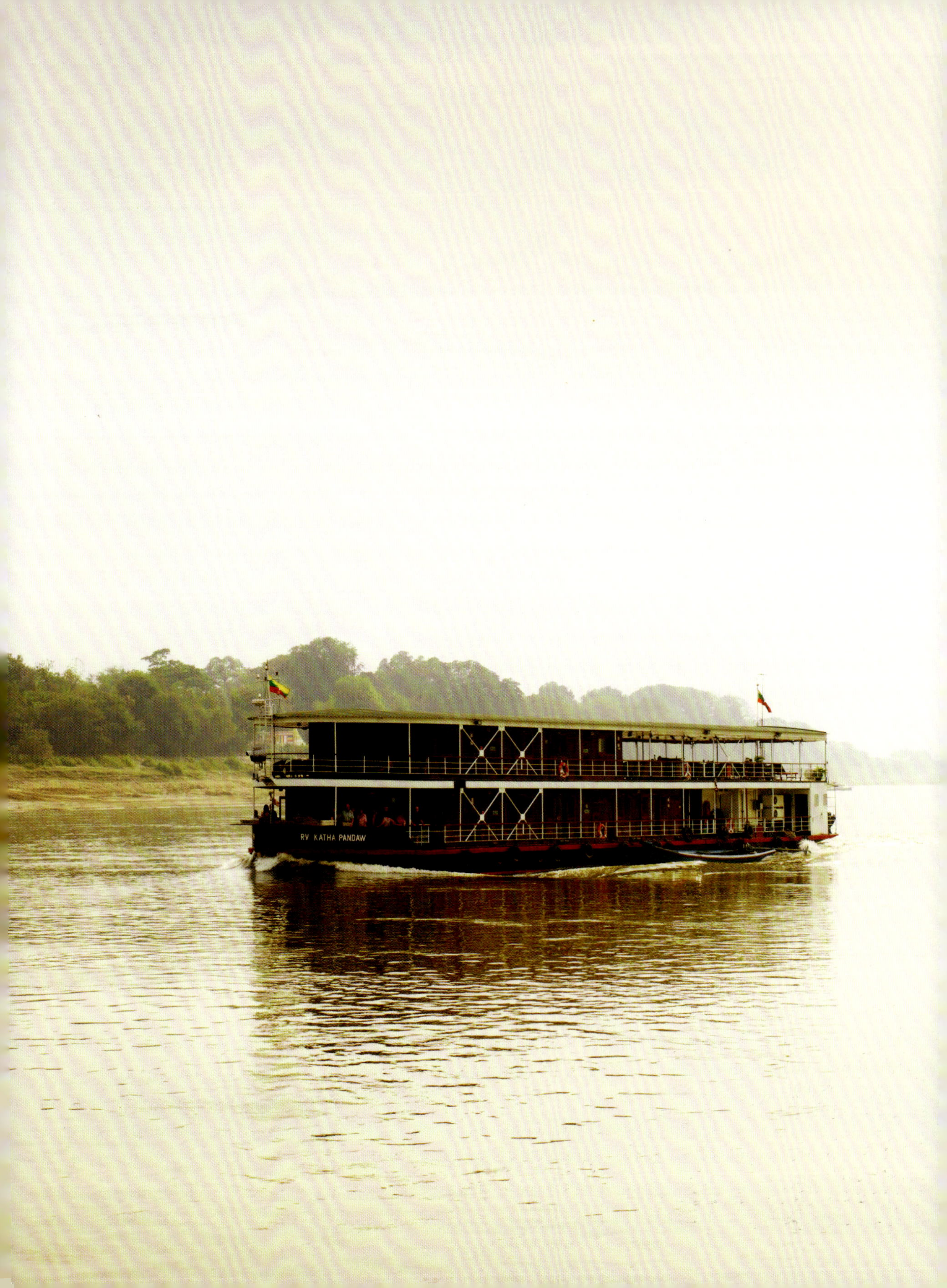
RV KATHA PANDAW

LEGENDÄRE SCHIFFSREISEN

Ayeyarwady

MYANMAR

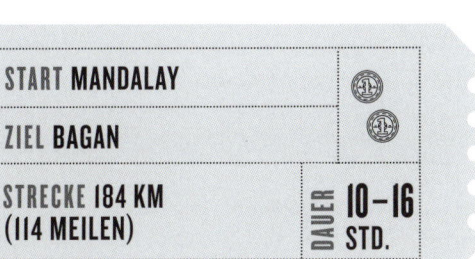

START MANDALAY
ZIEL BAGAN
STRECKE 184 KM (114 MEILEN)
DAUER 10–16 STD.

Ein langsam auf dem Ayeyarwady (Irrawaddy) entlangfahrendes Schiff ist wie eine Legende. Sicher, Kipling sang ein Loblied auf die Straße nach Mandalay, aber wer sich auskennt wird zustimmen, dass in Myanmar das einzig Wahre eine Flussreise ist. Der mächtige Ayeyarwady bahnt sich schlammfarben seinen Weg von Mandalay nach Bagan im Südwesten und weiter zum Golf von Bengalen. Eine Fahrt auf diesem Fluss gehört zu Asiens klassischen Schiffsreisen – im Schneckentempo geht's vorbei an Dörfern, Stupas, schaukelnden Booten und an im Dunst liegenden, mit Urwald bedeckten Hügeln.

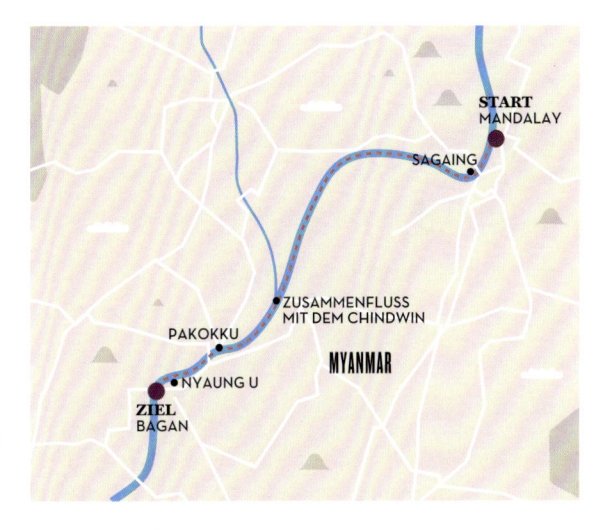

❶ AUF DEM WASSER

Man nimmt das Schiff nach Bagan nicht, um Zeit zu sparen. Die langsame Reisegeschwindigkeit macht den Reiz aus, sie passt genau zu dem trägen Fließen des Ayeyarwady, der letztlich als Metronom dient, das den Rhythmus in Myanmar bestimmt. Sogar in einem komfortablen Touristenboot dauert die Fahrt von Mandalay nach Bagan mindestens zehn Stunden, Luxusboote machen aus dem Trip mehrtägige Kreuzfahrten mit Landausflügen, Heilanwendungen, guten Speisen und Ähnlichem, worauf man schon zu britischen Kolonialzeiten Wert legte. Am unteren Ende des Spektrums befinden sich die langsamen, alten, rostigen Boote, die nur wenig bewegt werden. Die Fahrt mit diesen Booten dauert bis zu 16 Stunden; Luxus besteht hier in rustikalen Teebuden und einer Sitzgelegenheit an Deck.

Aber der Ayeyarwady entschädigt für alle Unbequemlichkeiten. Auf der Fahrt nach Bagan bekommt man ein Bild von der birmanischen Seele: Fischer ziehen Welse in ihre schaufelförmigen Ruderboote, Ochsenkarren befördern Baumstämme am Ufer entlang, Bauern in handgewebten *Longyis* (Sarongs) und mit Hüten aus Bananenfasern arbeiten auf Reisfeldern, Frauen mit *Thanaka* (eine weiße Schönheitspaste) auf den Wangen preisen ihre Waren – Bananen, Gebäck und Erdnusskrokant – an, die sie in Körben auf dem Kopf tragen, und endlose Schlangen von Mönchsnovizen machen sich frühmorgens auf den Weg und bitten um milde Gaben. Es ist ein zeitloses Bild des südostasiatischen Lebens.

Wenn man auf dem Ayeyarwady reist, öffnet sich das Land vor einem wie ein Schmetterling, der seine

LEGENDÄRE SCHIFFSREISEN

„Auf dem Ayeyarwady ist die Reise selbst das Ziel."

Flügel ausbreitet. Man sitzt an Deck unter einer Schatten spendenden Plane und genießt die Show. Auf dem Ayeyarwady ist die Reise selbst das Ziel, es wäre aber ein Fehler, die Vorfreude nicht zu erwähnen, die man verspürt, wenn man sich langsam Bagan nähert, wenn ein Bauwerk, das durch das Blattwerk zu erkennen ist, der erste Eindruck des großen Tempelfeldes sein könnte, das von der Armee des Mongolenfürsten Kublai Khan verwüstet, aber nicht vernichtet wurde.

❷ AN BORD

Der Komfort auf einer Schiffsreise von Mandalay nach Bagan hängt vom jeweiligen Portemonnaie ab. Schiffe für mehrtägige Luxuskreuzfahrten sind quasi schwimmende Hotels mit Privatkabinen und jedem nur erdenklichen Komfort, für den man Tausende Euro pro Kopf hinblättern muss. Stimmungsvoller ist wohl die Fahrt auf den klapprigen Stahlbooten, die mit Unterbrechungen von dem staatlichen Unternehmen Inland Water Transport angeboten werden. Auf diesen Booten beschränken sich die Annehmlichkeiten auf eine Toilette, eine Bude, an der man Snacks und Getränke kaufen kann, sowie ein Deck, von dem aus man die vorbeiziehende Landschaft betrachten kann. Irgendwo dazwischen liegen die regelmäßig verkehrenden, zuverlässigen Touristenschiffe mit einem besseren Essens- und Getränkeangebot, saubereren Toiletten und Sitzplätzen. Als Luxus gibt's auf einigen Schiffen unter Deck einen warmen Aufenthaltsraum (was recht angenehm ist, da es bei der Abfahrt frühmorgens noch kalt sein kann).

❸ LOS GEHT'S

Von Oktober bis März legen die Boote täglich zwischen 5.30 und 7 Uhr in Mandalay ab. Die Fahrt flussabwärts dauert etwa zehn Stunden, wenn man gegen den Strom von Bagan nach Mandalay fährt, ist man mindestens zwölf Stunden unterwegs. In der Monsunzeit (Sept.–Apil) fahren die Boote seltener. Auf den meisten Booten gibt es nur eine Klasse. Tickets sollte man mindestens einen Tag im Voraus an den Verkaufsschaltern am Anleger besorgen. Zuverlässige Anbieter sind u. a. Malikha (www.malikha-rivercruises.com) und MGRG (www.mgrgexpress.com). Die in die Jahre gekommenen Schiffe der Inland Water Transport Company (www.iwt.gov.mm) fahren nur sporadisch. Wer mehr Geld für ein besser ausgestattetes Boot hinblättert, bekommt dafür in der Regel auch mehr Komfort. Man sollte auch ein Tuch oder eine Decke im Gepäck haben, frühmorgens ist es kühl. **JB**

DIE KIPLING-CONNECTION

Dank der Popularität seines Gedichts „Mandalay" sind Rudyard Kipling und Birma auf ewig miteinander verbunden. In Wirklichkeit war der Schriftsteller aber nur drei Tage im Land und hat weder Mandalay noch die Straße dorthin besucht. So lassen sich vielleicht die ziemlich verwirrende Geografie in seinem Gedicht und die unwahrscheinliche Szene erklären, in der sein Protagonist beobachtet, wie die Dämmerung „wie Donner von China über die Bucht hereinbricht".

☆ Sich darauf freuen, im Morgengrauen – wenn Mandalay noch schläft – an Bord zu gehen.

🔭 Vom Boot aus den Garten der Zedis (Stupas) bei Sagaing bewundern, der Stadt mit unzähligen Klöstern südwestlich von Mandalay.

🪧 Sich dort, wo der Ayeyarwady in der Nähe von Yesagyo auf den Chindwin trifft, das Bild des wuseligen Verkehrs auf dem Fluss einprägen.

OBEN: Tempel auf dem Sagaing-Hügel **RECHTS:** Ein Irawadidelfin
UNTEN: Ein Junge mit Treibholz am Ngwe-Saung-Strand
SEITE 154: Flussschiff Katha Pandaw

Den Straßenhändlern dabei zuschauen, wie sie bei Pakokku mit vollen Obstkörben durchs Wasser zu den Schiffen waten oder paddeln.

Die Aufregung spüren, wenn man sich Bagan nähert und über den Baumwipfeln die ersten Ziegelspitzen der uralten Stupas zu sehen sind.

In Bagan mehr als 2000 buddhistische Tempel, Pagoden und Klöster erkunden.

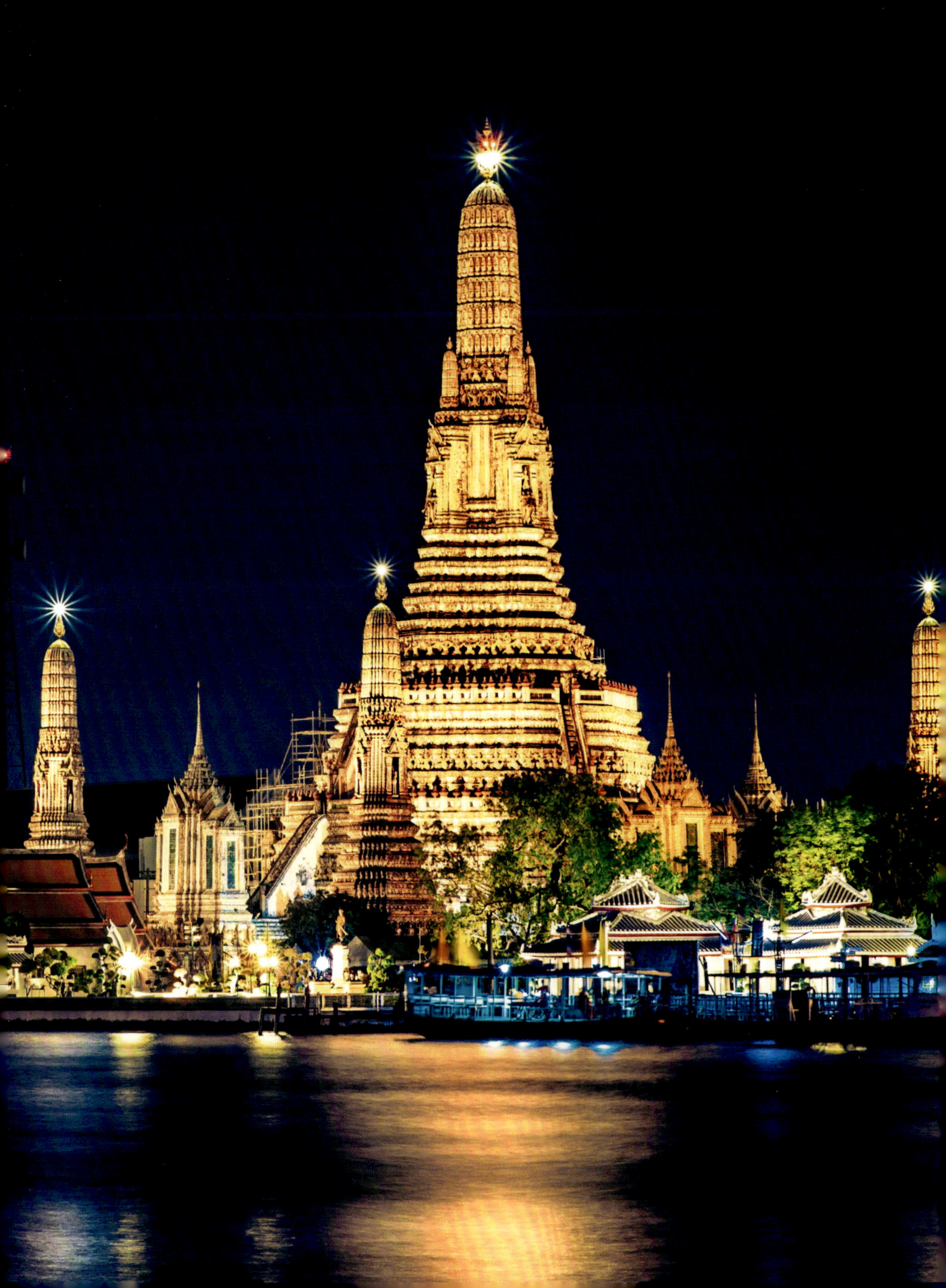

LEGENDÄRE SCHIFFSREISEN

Der Chao Phraya in Bangkok

THAILAND

START NONTHABURI ODER PAK KRET
ZIEL WAT RAJSINGKORN
STRECKE 21 KM (13 MEILEN)
DAUER 2–60 MIN.

Travellern, die Bangkok zum ersten Mal besuchen, mag die Backpacker-Gegend um die Thanon Khao San wie eine Welt für sich erscheinen. Wenn sie dann in Thailands Hauptstadt eintauchen, beginnen sie ihre Erkundungstour meist auf einem der Chao-Phraya-Expressboote. Sie verkehren seit 1971 auf dem Chao Phraya und befördern eine bunte Mischung aus Rucksacktouristen, Bangkoker Pendlern, Händlern, die mit ihren Waren auf dem Weg zum Markt sind, und Mönchen, die zum nächsten Kloster unterwegs sind. An der Strecke sind die Hauptsehenswürdigkeiten Bangkoks aufgereiht wie auf einer Perlenkette.

❶ AUF DEM WASSER

Das Gefühl beim Betreten der schmalen Flussboote des Chao Phraya Express ist für Traveller eine Art Metapher für das Verlassen der Szene am Thanon Khao San und das Eintauchen in die exotischen Straßen von Bangkoks Innenstadt. Die ungestümen Flussboote legen an den Haltestellen nur einen kurzen Stopp ein, die lauten Motoren laufen im Rückwärtsgang, Dieselrauch steigt auf. Die Fahrgäste kommen über wackelige Anlegestege an Bord. Der Chao Phraya ist hier übersät von Wasserhyazinthen. Dann ertönt das Signal des Bootsführers und los geht's, raus aus der vertrauten Welt der Backpackerbars und Skype-Cafés und hinein in den Trubel und die Hektik der Stadt.

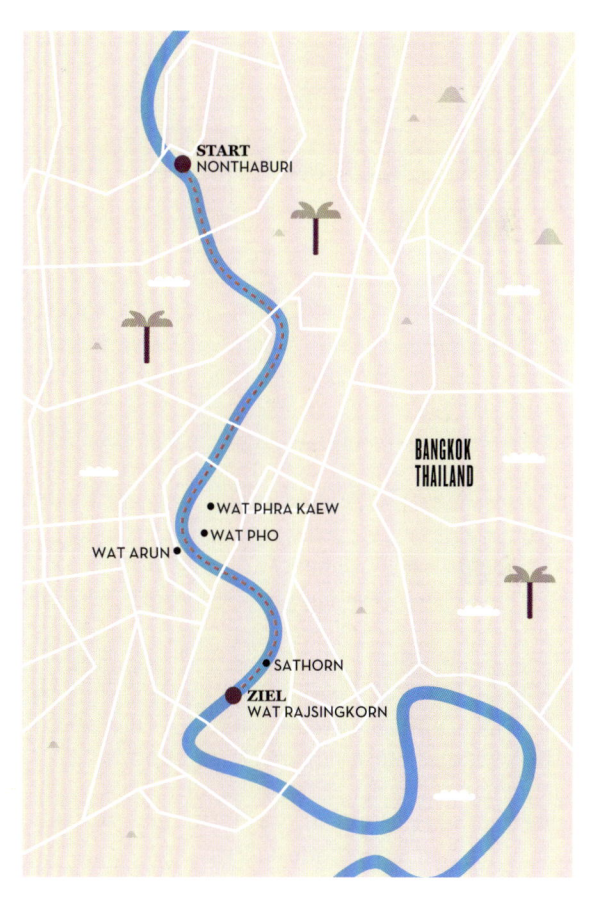

Die erste Fahrt ist möglicherweise nur kurz – vielleicht vom Phra Athit in der Nähe des weiß getünchten Forts am oberen Ende von Banglamphu zum Tha-Chang-Pier an der hinteren Seite des Großen Palasts und des Wat Phra Kaew. Oder es ist eine Expedition kreuz und quer durch die Stadt, nach Süden zur Skytrain-Hochbahn bei Sathorn oder zur Si Phraya. Viel-

LEGENDÄRE SCHIFFSREISEN

leicht fährt man aber auch mit dem Chao Phraya Express bis zur Haltestelle Oriental und gönnt sich im in der Nähe gelegenen Mandarin Oriental Hotel ein frühes Abendessen. Wohin einen die Fahrt auch führt, das Gefühl, das Bangkok der Traveller hinter sich zu lassen und in das Bangkok der Thailänder einzutauchen, ist unvergleichlich: Mönche in orangefarbenen Roben mit Almosenschalen und Sonnenschirmen sorgen für Farbtupfer am trüben Chao Phraya; Pendler verschlingen Reisbrei und Nudelsuppe mit Huhn; die von Mosaiken bedeckten *Prangs* (Spitzen) des Wat Arun erheben sich archaisch über die Dächer von Bangkok Yai; unzählige Binnenschiffe fahren vorbei; klapprige Pfahlbauten säumen das Ufer im Herzen der Metropole.

Und dann ist da noch diese Brise, dieser herrliche, laue Fahrtwind, der der tropischen Hitze die Spitze nimmt und den in der Nase brennenden Mief von Abgasen, Abwasser und Durians wegbläst. Besucher, die zum ersten Mal in der Stadt sind, stehen Schlange, um in der Morgendämmerung mit der winzig kleinen Fähre, die vom Tha-Tien-Anleger hin und herfährt, zum Wat Arun überzusetzen. Ausgebuffte Traveller kommen später am Tag, wenn die Nachmittagshitze ab-

nimmt und die Strahlen der niedrig stehenden Sonne unter den Wolken auf die Stadt scheinen und sie in Bronze- und Goldtönen erstrahlen lassen. Man sollte sich einen Aussichtspunkt auf der Mauer um den Wat Arun suchen, seine Schuhe ausziehen und den Rhythmus eines hektischen Tages in sich aufsaugen. Wenn dann die Lichter der Stadt leuchten, nimmt man wieder das Chao-Phraya-Expressboot und stürzt sich in das beginnende wilde Nachtleben Bangkoks.

❷ AN BORD

Die Boote des Chao Phraya Express haben viel Charme, aber wenig Komfort – Holzbänke und offene Fenster statt Klimaanlage. Es gibt nur eine Klasse. Snacks oder Getränke sind an Bord nicht erhältlich. Beim Fotografieren unbedingt auf die hiesigen Empfindsamkeiten achten. Vor allem Mönche sind nicht scharf darauf, von Fotografen belagert zu werden.

KO KRET

Wer eine echte Flussodyssee erleben möchte, fährt mit dem Chao Phraya Express gen Norden nach Nonthaburi, chartert ein Flusstaxi zum Wat Sanam Neua bei Pak Kret, wo winzige Fähren hinüber zur verschlafenen Insel Ko Kret fahren. Dieses Fleckchen Dorfleben im urbanen Bangkok hat Töpfer-Workshops, eine schiefe birmanische Pagode und Bangkoks beste lizenzlose Craftbier-Brauerei zu bieten.

Seite an Seite mit Mönchen, Händlern und Pendlern in Sathorn an Bord gehen.

Einen flüchtigen Blick auf die goldenen Dächer des Wat Phra Kaew in der Nähe des Tha-Chang-Anlegers werfen.

In Tha Tien einen Abstecher an Land zum riesigen liegenden Buddha im Wat Pho machen.

LEGENDÄRE SCHIFFSREISEN

LINKS: Girlanden an einem Expressboot
RECHTS: Bangkoks Skyline vom Lumphini Park aus gesehen
RECHTS UNTEN: Dekorative Keramikfliesen am Wat Arun
SEITE 160: Thai-Architektur am Flussufer
SEITE 158: Tempel Wat Arun

❸ LOS GEHT'S

Standardboote „ohne Flagge" und mit „orangefarbener Flagge" verkehren zwischen 6 und 19 Uhr alle fünf bis 20 Minuten zwischen Nonthaburi und dem Wat Rajsingkorn. Boote mit Flaggen in anderen Farben haben begrenzte Fahrzeiten. Fahrpläne stehen unter www.chaophrayaexpressboat.com. Aufpassen, dass man die Chao-Phraya-Expressboote nicht mit den teureren Touristenbooten mit der „blauen Flagge" verwechselt! Fahrkarten können am Anleger oder an Bord gekauft werden. (Nicht so auf den Booten, die den Fluss nur überqueren. Für sie bekommt man nur am Anleger Tickets). Ein Schaffner läuft durchs Boot und verkauft Fahrkarten. Die meisten Touristen benutzen die Fähre wie einen Hop-on-Hop-off-Bus. Die Stoßzeiten morgens und nachmittags sollte man meiden, auch sollte man sich in der Nähe des einzigen Eingangs einen Platz suchen und bei kurzen Strecken hinten aussteigen. **JB**

Die großartigen, dramatisch am Flussufer in den Himmel ragenden Spitzen des Wat Arun, des Tempels der Morgenröte, bestaunen.

In der Authors' Lounge im mondänen Mandarin Oriental Hotel zum High Tea einkehren.

Gut abgekühlt durch die frische Brise auf dem Fluss Bangkok und seine Tafelfreuden genießen.

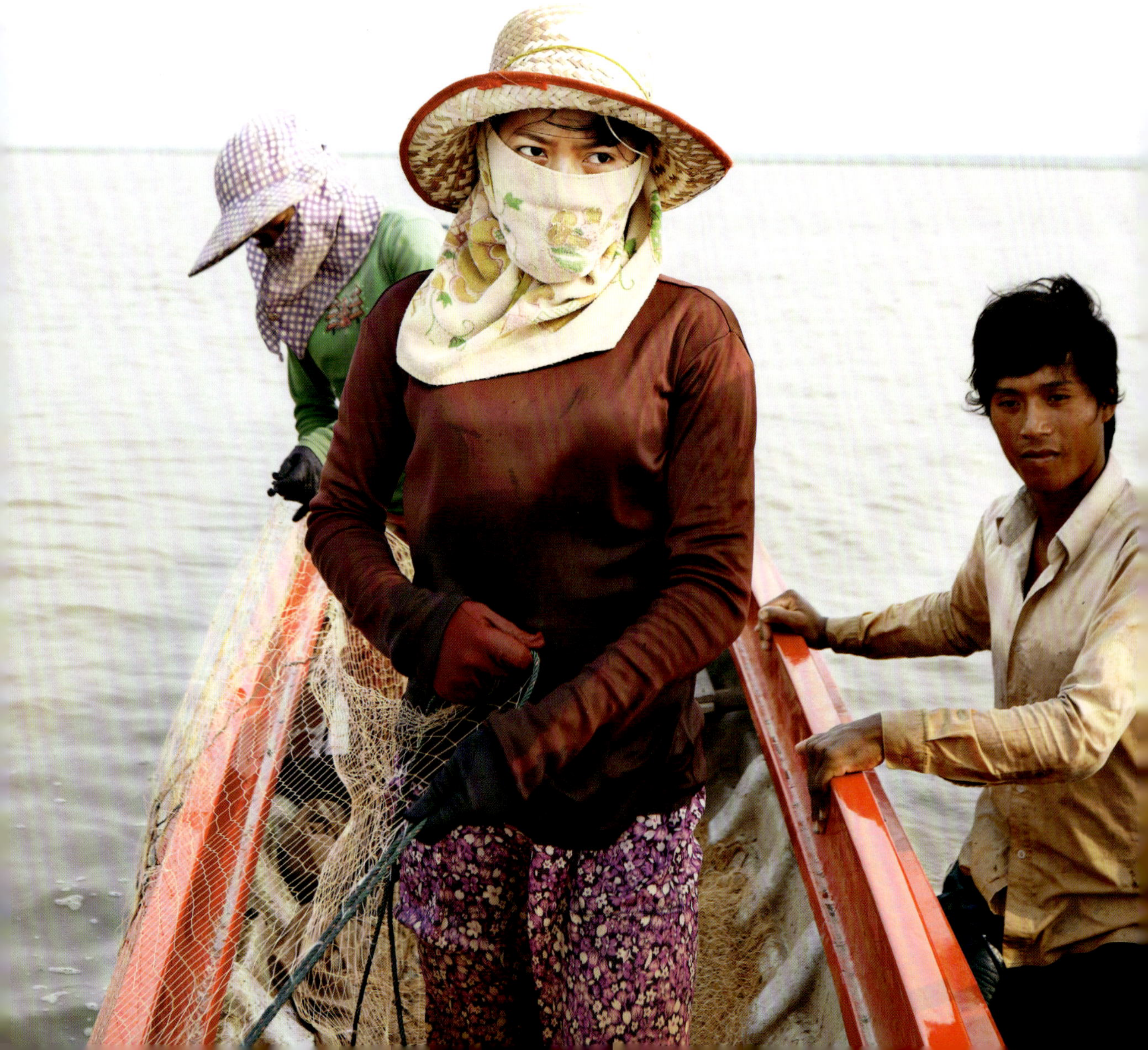

LEGENDÄRE SCHIFFSREISEN

Schnellboot auf dem Tonlé Sap

KAMBODSCHA

START **PHNOM PENH**

ZIEL **SIEM REAP**

STRECKE **308 KM (191 MEILEN)**

DAUER **3 STD.**

Ungeduldige nehmen das Flugzeug. Sparsame den Bus. Abenteuerlustige bevorzugen in Kambodscha aber noch immer die torpedoartigen Boote, die über den Tonlé Sap von Phnom Penh nach Siem Reap rasen. Diese unberechenbaren Boote nach Angkor bieten wenig Luxus, dafür aber viel Power – rasend schnell geht es durch die ruhigen Gewässer des vom Monsunregen angeschwollenen Sees. Am Ziel warten die Tempel von Angkor, die seit ewigen Zeiten unverändert im Dschungel stehen.

❶ AUF DEM WASSER

Als Kambodscha nach den langen, dunklen Jahren des Bürgerkriegs erstmals wieder auf Reiselandkarten erschien, war das „Zigarettenboot" von Phnom Penh nach Siem Reap für Traveller ein Schritt in eine unbekannte Welt, eine gefährliche Fahrt über die Gewässer des Tonlé Sap und die bevorzugte Option, das teilweise noch von den Roten Khmer beherrschte Land zu durchqueren. Heute haben Reisen über Land oder auf dem Luftweg der donnernden Fährfahrt nach Siem Reap den Rang abgelaufen. Aber eine kleine Gruppe Hardcore-Reisender fährt noch immer übers Wasser – im Gedenken an die Zeiten, in denen Kambodscha für Backpacker noch unbekanntes Territorium war.

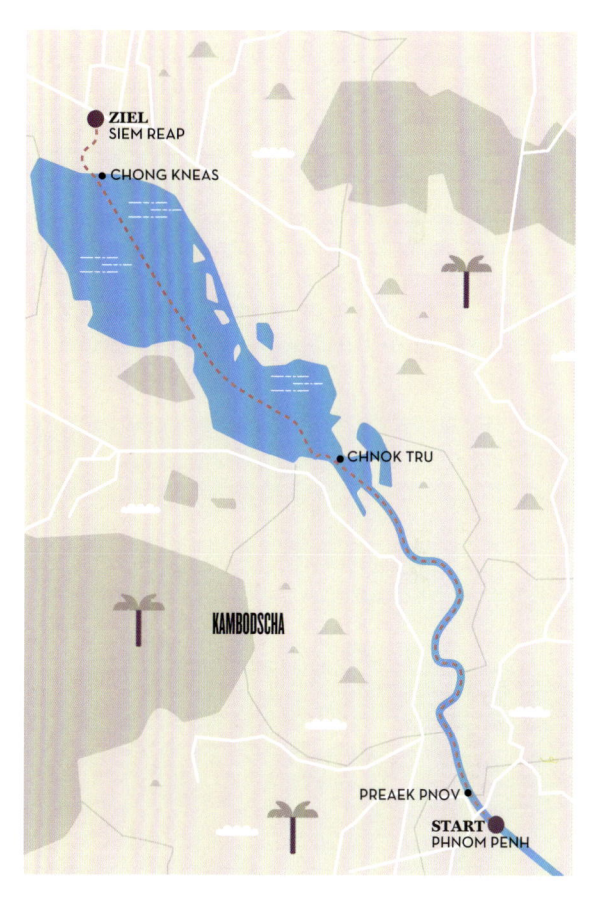

Klar, in Asien gibt es landschaftlich schönere Bootsfahrten, komfortablere und erholsamere Schiffsreisen. Aber irgendetwas an dieser Fahrt im Affentempo über das spiegelglatte Wasser von Kambodschas größtem See weckt den Abenteuergeist und befriedigt den primitiven Wunsch nach Geschwindigkeit. Manchmal ist die Szenerie – die riesige, leere Fläche des Tonlé Sap – fast monoton, aber die schonungslose Reisegeschwindigkeit beschwört Bilder von Captain Willard herauf,

LEGENDÄRE SCHIFFSREISEN

wie er Colonel Kurtz in Francis Ford Coppolas *Apocalypse Now* (1979) flussaufwärts verfolgt.

Für einen Teil der Dramatik sorgen die Vehikel, die für diese High-Speed-Jagd benutzt werden. Die klassische Tonlé-Sap-Fähre sieht eher wie ein Flugzeug ohne Tragflächen aus als wie ein Fahrzeug, das für Fahrten auf dem Wasser geeignet ist: Eine lange, wie ein Torpedo geformte Kabine mit einem handbreiten Fußblech an jeder Seite. Die an Bord gehenden Passagiere beeilen sich, um auf im Freien einen Platz zu bekommen, wo der Nervenkitzel am größten ist und wo der einzige Schutz vor dem Sturz ins Wasser aus einer niedrigen Reling besteht. Wer zu spät kommt, ist dazu verdammt, unter Deck zu reisen: Auf Plätzen am Ende der Kabine, in der eisigen Kälte der Klimaanlage und mit Blick auf DVD-Horrorfilme.

Am Anfang und am Ende der Fahrt werden einem zwei gegensätzliche Bilder des kambodschanischen Lebens geboten – das chaotische Gedränge der Stadt

> *„Der Verkehr nimmt ab, nur noch vereinzelt werfen Fischer in ihren Langbooten ihre Netze aus."*

beim Verlassen von Phnom Penh und die Gelassenheit und Ruhe auf beiden Seiten des Sees, wenn man sich Siem Reap nähert. Wenn man draußen auf dem See ist, nimmt der Verkehr ab, nur noch vereinzelt werfen Fischer in ihren Langbooten ihre Netze in der Einsamkeit aus. Da es keine Hindernisse gibt, können die Bootsführer Vollgas geben, was dazu führt, dass jeder vorn an Deck eine Dusche abbekommt.

Es besteht eine gewisse Gesetzlosigkeit für Anbieter von Bootstouren auf dem Tonlé Sap. Rettungswesten sind nicht gerade Standard, Notausgänge so rar gesät, dass die Fahrt oben an Deck in der knallenden Sonne die sicherste Option ist. Auch sind die Fähren zwei-

SEE ODER FLUSS?

Wörtlich übersetzt bedeutet Tonlé Sap „großer, nicht salziger Fluss". Ist diese große Wasserfläche nun ein Fluss oder ein See? Nun ja, technisch gesehen beides: eine lange, kurvige Wasserstraße, die bei Phnom Penh in den Mekong fließt, und saisonabhängig ein See, der von 2500 km² in der Trockenzeit während des Monsuns auf gigantische 16 000 km² anschwillt.

- Den Mopedwahnsinn und die enorme Geschäftigkeit in Kambodschas vielseitiger Hauptstadt Phnom Penh erleben.
- Beobachten, wie die Betonblocks der Stadt hinter Preaek Pnov den Holzpfahlbauten weichen.
- Beim Pfahlbautendorf Chnok Tru auf den offenen Tonlé Sap fahren.

LINKS: Independence Monument, Phnom Penh
RECHTS OBEN: Viel besuchte Pub Street in Siem Reap
RECHTS UNTEN: Traditionelles kambodschanisches Curry
SEITE 164: Ein schwimmendes kambodschanisches Dorf
SEITE 162: Bewohner des Dorfs Me Chrey beim Fischen auf dem Tonlé Sap

felsohne überteuert. Wer aber eine Portion Nervenkitzel sucht, für den ist diese ruppige Bootsfahrt die beste Art, nach Siem Reap zu kommen.

❷ AN BORD

Die Tonlé-Sap-Fähren haben kaum Luxus zu bieten – die Annehmlichkeiten beschränken sich auf einen TV und einen DVD-Player, eine Klimaanlage und eine Toilette, die am Ende des Trips ziemlich unappetitlich sein kann. Dosenbier, Wasser und Erfrischungsgetränke werden unterwegs verkauft, aber keine Snacks, sodass man sich bei den Straßenhändlern vorher mit Essen eindecken sollte. Oben an Deck gibt es keinen Schatten, also unbedingt Sonnenschutzmittel und einen sicher sitzenden Sonnenhut mitbringen. Ankunfts- und Abfahrtsort in Siem Reap ist das schwimmende Dorf Chong Kneas, dessen Lage sich mit dem Wasserpegel des Sees verändert. Kauft man sein Ticket über ein Guesthouse, ist der Transfer zum Anleger im Preis enthalten. Von hier ist Angkor Wat nicht weit.

❸ LOS GEHT'S

Die Boote fahren nur von August bis März, wenn der Monsunregen den Tonlé Sap hat anschwellen lassen, täglich oder jeden zweiten Tag. Los geht's in Phnom Penh wie in Siem Reap um 7 Uhr. Tickets gibt's am Vortag in Reisebüros, im Hotel und beim Veranstalter. **JB**

Wenn man den See verlässt, trifft man auf den Bootsverkehr in dem trüben Flussarm bei Chong Kneas.

In Siem Reap von Bord gehen und die unglaublichen Tempel von Angkor besichtigen.

Den abgelegenen Tempel Preah Ko (Heiliger Bulle), 16 km südöstlich der Haupttempel besuchen und so den Massen entkommen.

EUROPA
LEGENDÄRE SCHIFFSREISEN

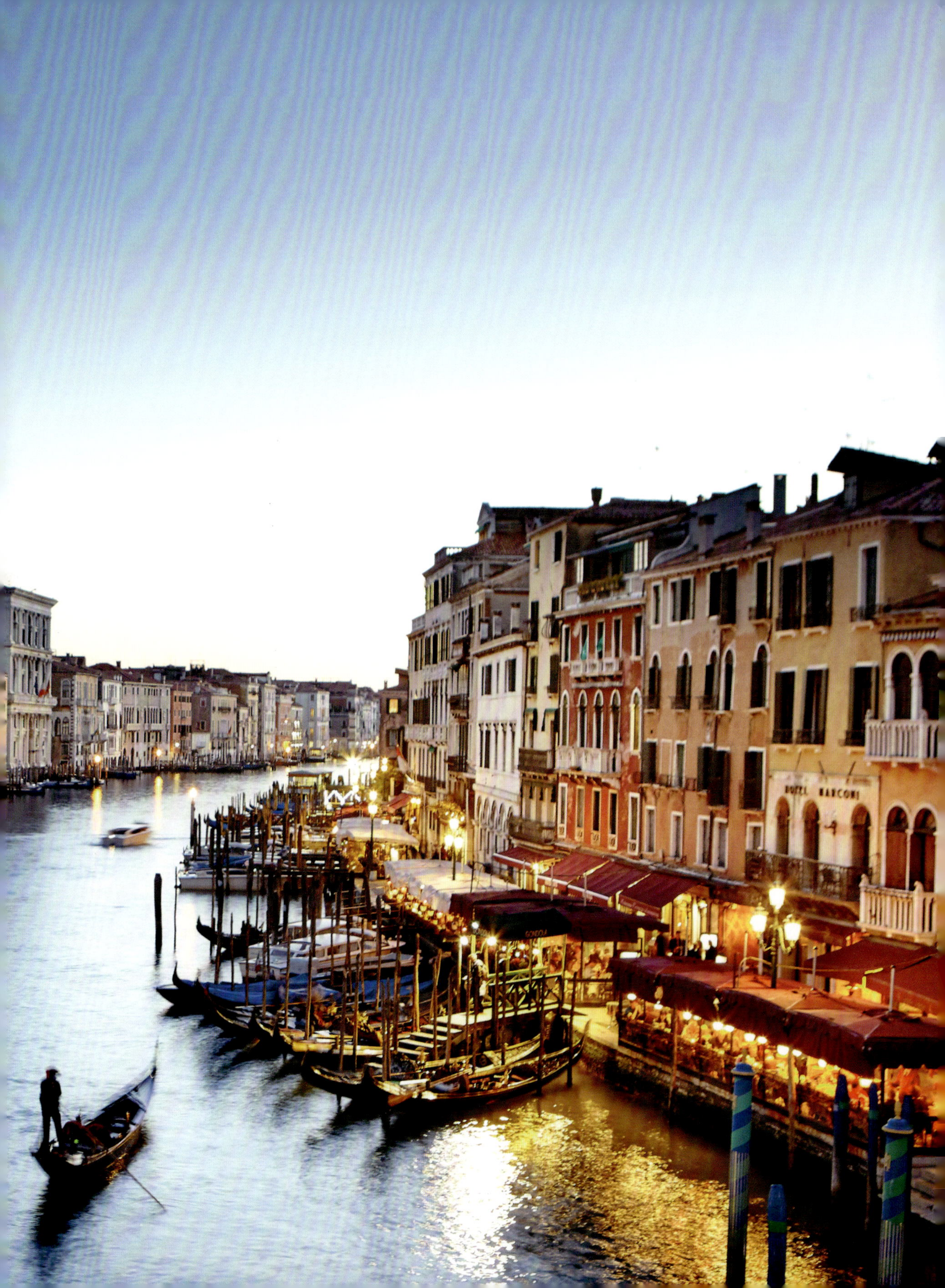
HOTEL MARCONI

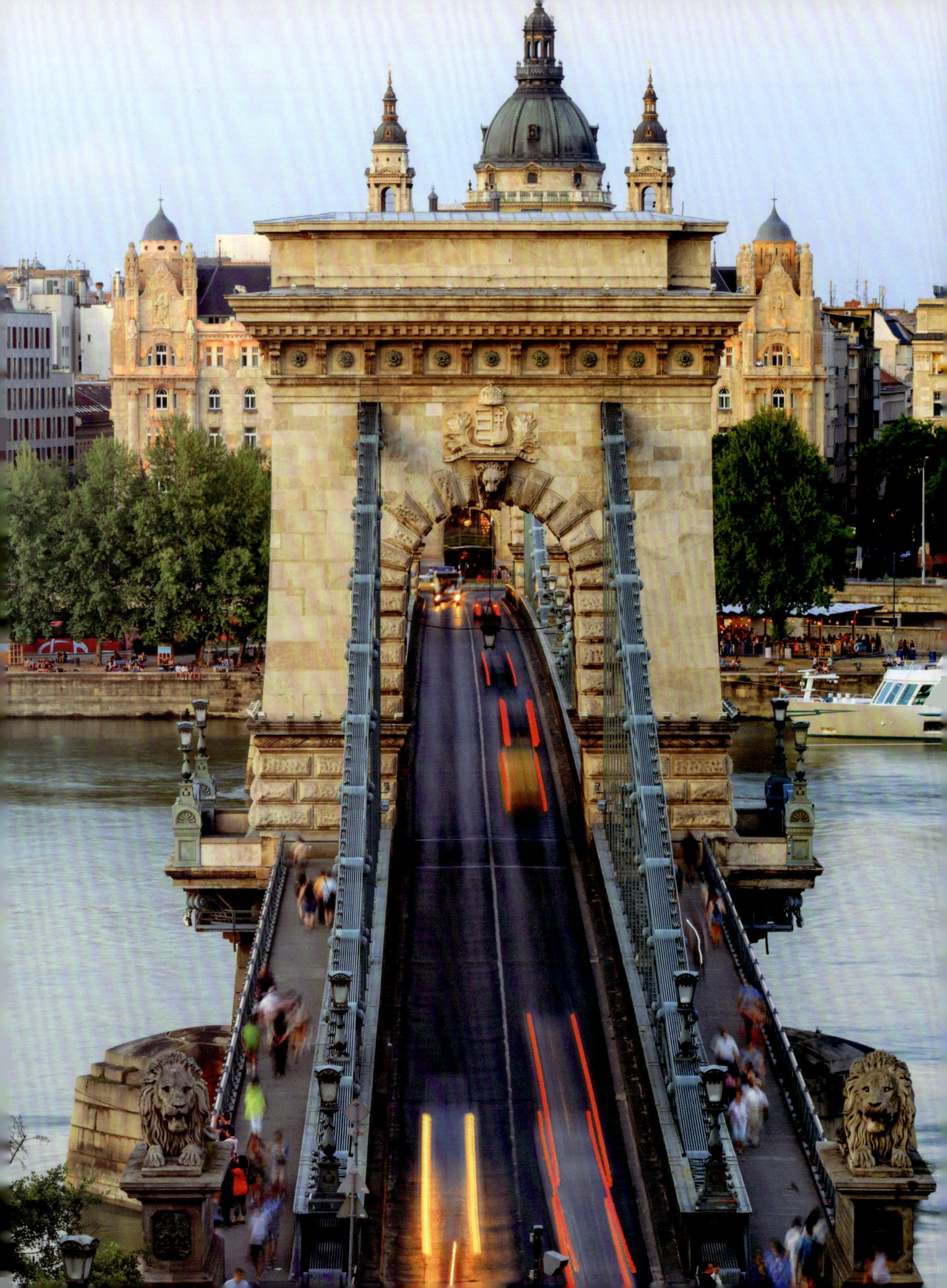

LEGENDÄRE SCHIFFSREISEN

Donaukreuzfahrt

DEUTSCHLAND – UNGARN

START PASSAU, DEUTSCHLAND
ZIEL BUDAPEST, UNGARN
STRECKE 586 KM (364 MEILEN)
DAUER 9 TAGE

Kein anderer Fluss der Welt fließt durch so viele Hauptstädte wie die Donau. Eine Kreuzfahrt auf dieser mächtigen Wasserstraße vorbei an drei Hauptstädten – Wien in Österreich, Bratislava in der Slowakei und Budapest in Ungarn – sucht ihresgleichen. Stilvoll zu reisen ist quasi Pflicht, denn man passiert ja schließlich einige der kultiviertesten Städte Mitteleuropas. Wie wär's mit einem Walzer in Wien und Wellness in Budapest? Ganz nebenbei bekommt man Eindrücke, die an Gemälde alter Meister erinnern. Egal, ob man noch weiter zur vierten Hauptstadt, Belgrad in Serbien, fährt, diese Kreuzfahrt ist eine Traumreise.

❶ AUF DEM WASSER

Die Szenerien, die während der Fahrt auf diesem ehrwürdigen Fluss vorbeiziehen, erinnern an berühmte Kunstwerke – z.B. die Gemälde von Albrecht Altdorfer und die Walzer von Johann Strauß. Wie Strauß und Altdorfer ließen sich viele weitere große europäische Künstler von den dramatischen Landschaften der Donau inspirieren.

Die meisten Kreuzfahrten beginnen im wohlhabenden Passau, das als Handelszentrum am Zusammenfluss dreier bedeutender Flüsse – Inn, Ilz und Donau – reich wurde. Diese Stadt mit dem prächtigen Dom St. Stephan, der die größte Domorgel der Welt beherbergt, und der imposanten Burg Veste Oberhaus ist ein angemessener Startpunkt für die Reise durch ein Kapitel im Bilderbuch Mitteleuropa.

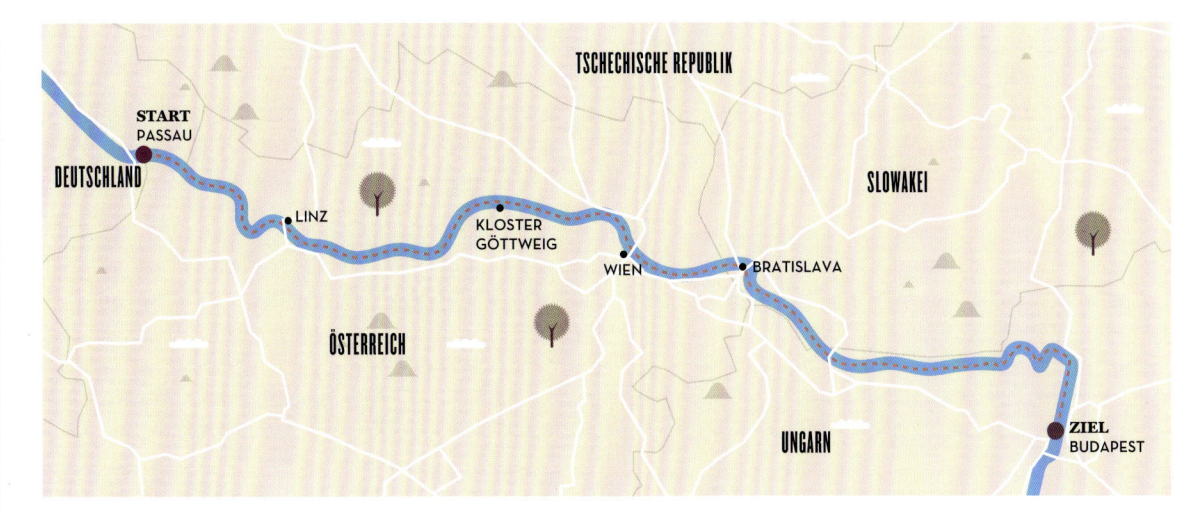

LEGENDÄRE SCHIFFSREISEN

Schon bald nach dem Ablegen erreicht man Österreich. In Linz, der Hauptstadt Oberösterreichs mit der prächtigen Architektur der Habsburger, wird ein Zwischenstopp eingelegt. Die Altstadt ist übersät mit bedeutenden Bauwerken wie dem Mozarthaus, in dem Mozart einst eine Sinfonie schrieb.

Der nächste Abschnitt des Abenteuers, die grüne Wachau, ist vielleicht der idyllischste im westlichen Verlauf der Donau. An den fruchtbaren Berghängen gedeiht der beste Wein Österreichs. Viele Kreuzfahrtschiffe legen hier an, damit die Gäste eine Tour durch die Weinberge oder einen Ausflug in das große, zum UNESCO-Weltkulturerbe gehörende Benediktinerkloster Göttweig unternehmen können. Die Geschichte dieses bedeutenden Klosterkomplexes erstreckt sich über fast das ganze letzte Jahrtausend. Das erhaben auf einem bewaldeten Hügel mit Blick über den Fluss stehende Gebäude dient auch heute noch als Kloster.

Und selbstverständlich wird die Schiffsreise in Wien, einer der zweifellos schönsten und besterhaltenen Barockstädte Europas, unterbrochen. Egal, ob man sich auf die großartige Architektur – wie das grandiose Schloss Schönbrunn, das von den Habsburgern in Konkurrenz zu Versailles errichtet wurde – stürzt, Walzer tanzen lernt oder in einem der legendären Kaffeehäuser der Stadt einen Kaffee genießt, die Zeit in dieser Stadt vergeht schnell.

Weiter flussabwärts kündigt die markante Burg Devín die Ankunft in der Slowakei an. Auf den hiesigen Gewässern fahren jetzt Touristenboote gemächlich hin und her, früher, vor dem Fall des Eisernen Vorhangs, riskierten Bewohner Osteuropas hier ihr Leben auf dem Weg in den Westen. Man hat genügend Zeit, um die slowakische Hauptstadt Bratislava mit ihrer Altstadt, der Burg und der Kathedrale zu erkunden, in der die Monarchen Ungarns einst gekrönt wurden.

In Ungarn fährt man vorbei an Esztergom, einem wunderschönen sakralen Zentrum mit der größten Kathedrale des Landes, und erreicht nach einer Woche schließlich Budapest. Wie auch bei Wien fällt es schwer, die kosmopolitische Bedeutung dieser an beiden Seiten der Donau gelegenen faszinierenden Metropole mit ihren Kuppeln und Türmchen in angemessenen Superlativen zu beschreiben. Budapest bietet aber auch ganz spezielle Orte der Besinnung. Unter der Stadt befinden sich einige der besten Thermalquellen Europas. Wunderschöne Badehäuser laden zum Relaxen ein und zum Sinnieren über die Fahrt auf einem von Europas epischsten Flüssen.

❷ AN BORD

Egal, welchen Veranstalter man wählt, diese Schiffsreisen bieten jeden nur erdenklichen Luxus. Es gibt komfortable Privatkabinen und selbstverständlich auch Suiten. Im Preis enthalten sind alle Mahlzeiten, Weinverkostungen, Kochkurse, Liveunterhaltung, Schönheitsanwendungen und mehr. Das wahre Highlight ist aber der einfache, unkomplizierte Besuch der Orte.

Durch die fotogene historische Stadt Passau am Zusammenfluss von Inn, Ilz und Donau bummeln.

Unter freiem Himmel an Deck zu Abend essen und beobachten, wie einige der schönsten Landschaften Europas langsam vorbeiziehen.

Österreichs Wachau und das Bergkloster Göttweig besuchen.

OBEN: Heilbad in Budapest **RECHTS:** Blick von der Fischerbastei in Budapest
SEITE 168: Die berühmte Kettenbrücke über die Donau

❶ BUDGET-/LUXUS-ALTERNATIVE

Viele Kreuzfahrtanbieter haben die Donau im Programm. Bei den Touren handelt es sich immer um Luxusfahrten, deren Preise durchaus variieren. Der Unterschied in puncto Qualität zwischen den günstigsten und teuersten Optionen ist nicht erheblich, aber auf den teureren Fahrten werden mehr interessante Zwischenstopps eingelegt und bessere Exkursionen angeboten.

❷ LOS GEHT'S

In Frühjahr, Sommer und Herbst fährt auf dieser Strecke fast jeden Tag ein Kreuzfahrtschiff los. Die bekanntesten Anbieter sind u. a. Viking River Cruises und Amadeus River Cruises. Die Uniworld-Linie ist speziell auf die Generation Y ausgerichtet, buchen kann man z. B. über die Websites der einzelnen Anbieter. Unbedingt auf die Details achten: Die Veranstalter denken sich unzählige Varianten aus, damit sich ihre Trips von denen der Konkurrenz unterscheiden. Für Fahrten auf diesem Donauabschnitt ist der Ausgangspunkt in der Regel Passau. Einige Kreuzfahrten werden als Hin- und Rückfahrt angeboten. Auf einer One-Way-Fahrt hat man aber mehr Zeit, die Strecke zu genießen. **LW**

ANDERE DONAUKREUZFAHRTEN

Mit der beschriebenen Kreuzfahrt wird nur ein Abschnitt der Donau bereist, die auf ihrem 2780 km langen Weg zum Schwarzen Meer zehn Länder berührt. Das Highlight hinter Budapest ist der Abschnitt mit dem Eisernen Tor und seinen Felswänden an der Grenze zwischen Serbien und Rumänien. Wer die Felswände sehen möchte, kann z. B. ein Donau-Abenteuer ab Budapest buchen.

Walzer lernen in der Stadt, die den Tanz erfunden hat.

Einen Streifzug hinter dem ehemaligen Eisernen Vorhang unternehmen und Bratislavas schöne Altstadt erkunden.

Am Ende der Kreuzfahrt in Budapest an Land gehen und sich in einem der einladenden Badehäuser der Stadt räkeln.

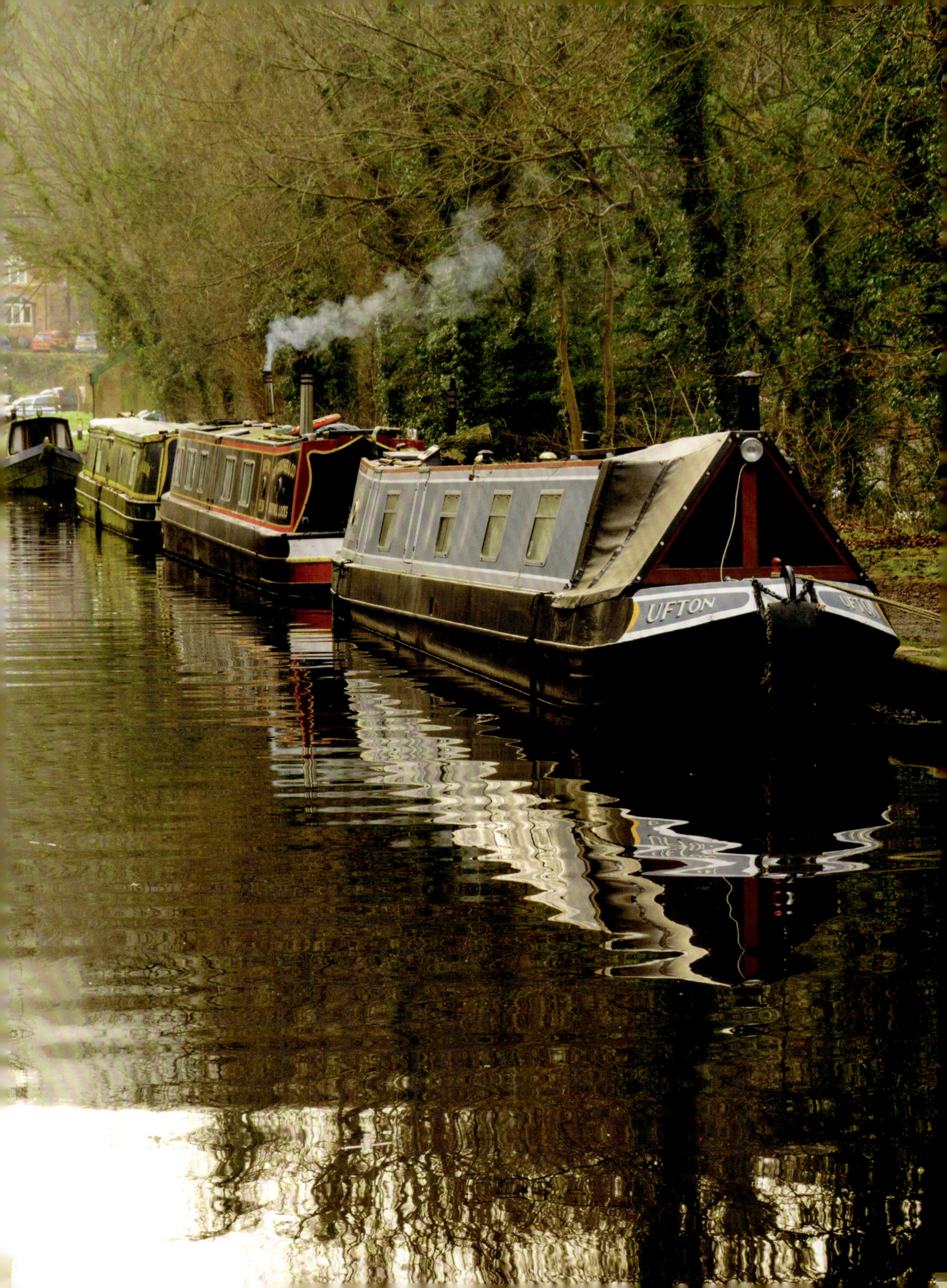
UFTON

LEGENDÄRE SCHIFFSREISEN

Llangollen-Kanal

VEREINIGTES KÖNIGREICH

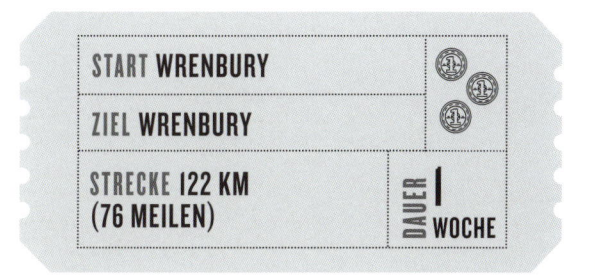

START WRENBURY
ZIEL WRENBURY
STRECKE 122 KM (76 MEILEN)
DAUER 1 WOCHE

Das britische Kanalnetz ist weltweit einzigartig, und der Llangollen-Kanal gehört zu den Attraktionen. Hier ist man sein eigener Kapitän. Man steht selbst an der Pinne und steuert sein im historischen Stil gehaltenes Narrowboat durch den Kanal bis zu dem spannenden Highlight: dem Punkt, an dem die Landschaft zu einem tiefen Tal hin abfällt und das Boot Zentimeter für Zentimeter über den Pontcysyllte-Aquädukt, ein UNESCO-Weltkulturerbe, fährt. Der Kanal, der fest mit dem Namen Thomas Telford, einem Bauingenieur von Weltrang, verbunden ist, führt durch eine schöne, idyllische Landschaft mit Tunneln, Schleusen und Aquädukten.

❶ AUF DEM WASSER

Der Llangollen-Kanal ist eine der schönsten Nebenstrecken des Shropshire-Union-Kanals. Für die Verbindung der Midlands mit den großen nordenglischen Städten Liverpool und Manchester ist er historisch von großer Bedeutung. Der Kanal beginnt an der Hurleston Junction und die Reise selbst 10 km südwestlich in Wrenbury, dem netten Ort mit dem wohl schönsten Dorfanger des Landes.

Seine Seebeine kann man mit einem Drink im Pub in Wrenbury Mill, direkt an der Marina, wo man auch das Boot übernimmt, kräftigen. Hier erkennt man, wie einzigartig das Boot ist, auf dem man reisen wird. Das lange, schmale Kanalboot wurde speziell für die Binnenwasserwege im Vereinigten Königreich entworfen

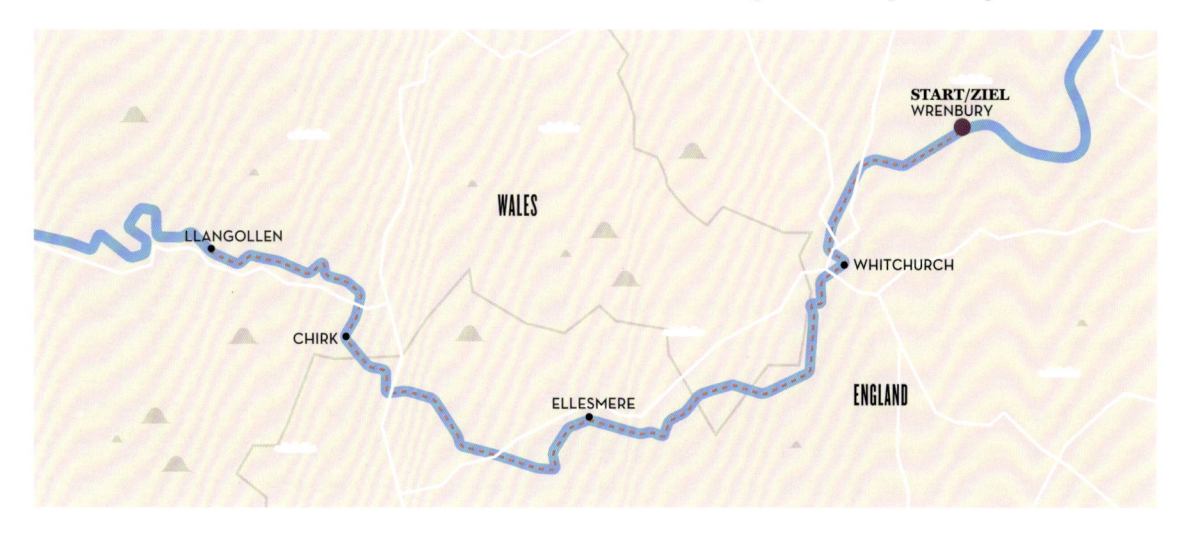

LEGENDÄRE SCHIFFSREISEN

und während der Industriellen Revolution im 19. Jh. zur besseren Handelsverkehrsverbindung der wichtigsten Städte eingeführt. Die Länge der Narrowboats richtete sich nach der Länge der britischen Kanalschleusen, ihre Breite nach dem entsprechenden Durchschnittsmaß der Kanäle. Heute werden die Boote mehr für den Tourismus als für den Handel benutzt, die meisten haben aber noch immer ein elegantes, altmodisches Aussehen. Und das gecharterte Narrowboat macht da keine Ausnahme. Es hat Schlafzimmer, eine Küche und einen Gemeinschaftsbereich.

Dass man diese Fahrt auf solch einem schönen Boot unternimmt und es selbst steuert, ist ein großer Teil der Faszination, aber bei Weitem nicht die einzige Attraktion. Wenn man sich an das Steuern seines Bootes gewöhnt hat, sollte man entspannen und die Strecke genießen, an der zahlreiche kleine Marktflecken liegen. Die wahrhaft ungewöhnliche Landschaft zeichnet

DIE MARCHES

Der Llangollen-Kanal war einst Teil der Mark, einer Pufferzone zwischen England und dem bekanntermaßen „barbarischen" Wales. Die mächtigen und brutalen anglonormannischen Barone, die als Marcher Lords bekannt waren, errichteten vom 11. bis zum 13. Jh. in der ganzen Region Machtzentren. Mit Ausnahme des King's Writ waren die Marches eine unabhängige, äußerst gefährliche Zone.

Seine Fähigkeiten beim Bedienen der dreistufigen Schleuse bei Grindley Brook verbessern.

Unterwegs in der Nähe von alten Country-Pubs, Wäldern und Sumpfgebieten eine Pause einlegen.

Direkt an der Grenze zwischen England und Wales von Bord gehen und das großartige Chirk Castle besuchen.

LEGENDÄRE SCHIFFSREISEN

SEITE 174 LINKS: Narrowboats im Kanal
LINKS: Dinas Bran Castle in Wales
SEITE 172: Vertäute historische Narrowboats

überspannen den Dee. Nachdem man das Aquädukt passiert hat, führt der Kanal hinein in die walisischen Hügel und endet in Llangollen. In dieser künstlerisch angehauchten Kleinstadt findet alljährlich ein Weltklasse-Festival statt, das International Musical Eisteddfod. Hier angekommen dreht man das Boot um und genießt die Rückfahrt.

sich durch Weideland, Deckenmoore, Wälder und dramatische Täler aus. Ein Kanal wie der Llangollen ist eine Synthese aus Ländlichem und Urbanem: Sein Daseinsgrund bestand darin, Rohstoffe vom Land zu den städtischen Verbrauchern zu bringen.

Nachdem man die drei Schleusen bei Grindley Brook passiert hat, erreicht man als erste Stadt Whitchurch und danach Ellesmere: traditionelle alte Marktflecken mit Fachwerkhäusern und witzigen, kleinen Geschäften. In dieser Gegend passiert man auch die bedeutendsten Hochmoore Großbritanniens, die tierreichen Feuchtgebiete Fenn's Whixall und Bettisfield Mosses. In Chirk überquert der Kanal die Grenze nach Wales. Wie wäre es hier mit einem Abstecher zum Chirk Castle, einer bombastischen Burg aus dem 13. Jh.? Weiter geht's, und schon bald kommt Pontcysyllte, das längste und höchste Aquädukt Großbritanniens, in Sicht. Seine 19 hohen, großartigen Bogen

❷ AN BORD

Die *Narrowboats* von ABC Boat Hire sind nostalgische, mit Holz verkleidete Boote. Auf ihnen kann man schlafen und essen und eine wunderbare Woche verbringen. Die Schlafkabinen sind klein, aber der Raum an Deck und die Bootsgröße als solche sind beträchtlich. Der Llangollen-Kanal führt nicht durch Einsamkeit. An der Strecke liegen Whitchurch, Ellesmere, Chirk und Llangollen mit Geschäften, Pubs und Restaurants. Man sollte etwas Proviant mitbringen, u. a. Lebensmittel, die man an Bord zubereiten kann, denn die Boote haben eine gut ausgestattete Küche. Den Schleusen sollte man mit Respekt beggenen, es hat schon Unfälle gegeben. Ein fittes, kräftiges Crewmitglied ist für die Bedienung der Schleusen hilfreich.

❸ LOS GEHT'S

Abreisetag für reservierte Boote ist Samstag. Am besten bucht man mindestens ein paar Wochen im Voraus. ABC Boat Hire hat eine Charterbasis in Wrenbury Mill, dem Ausgangspunkt der Fahrt. Die Boote sind unterschiedlich groß, von vier bis zehn Betten. Der Komfortstandard ist auf allen Booten hoch. **LW**

☆ Über das Pontcysyllte-Aquädukt, eine der größten Ingenieursleistungen des 19. Jh., fahren.

⚑ Am Ende der Kanalfahrt in Llangollen, dieser pulsierenden, künstlerisch angehauchten Stadt, in der mehrere Festivals stattfinden, relaxen.

⚑ Zwei Meisterwerke mittelalterlicher Architektur außerhalb von Llangollen bewundern: die Valle Crucis Abbey und das Dinas Brân Castle.

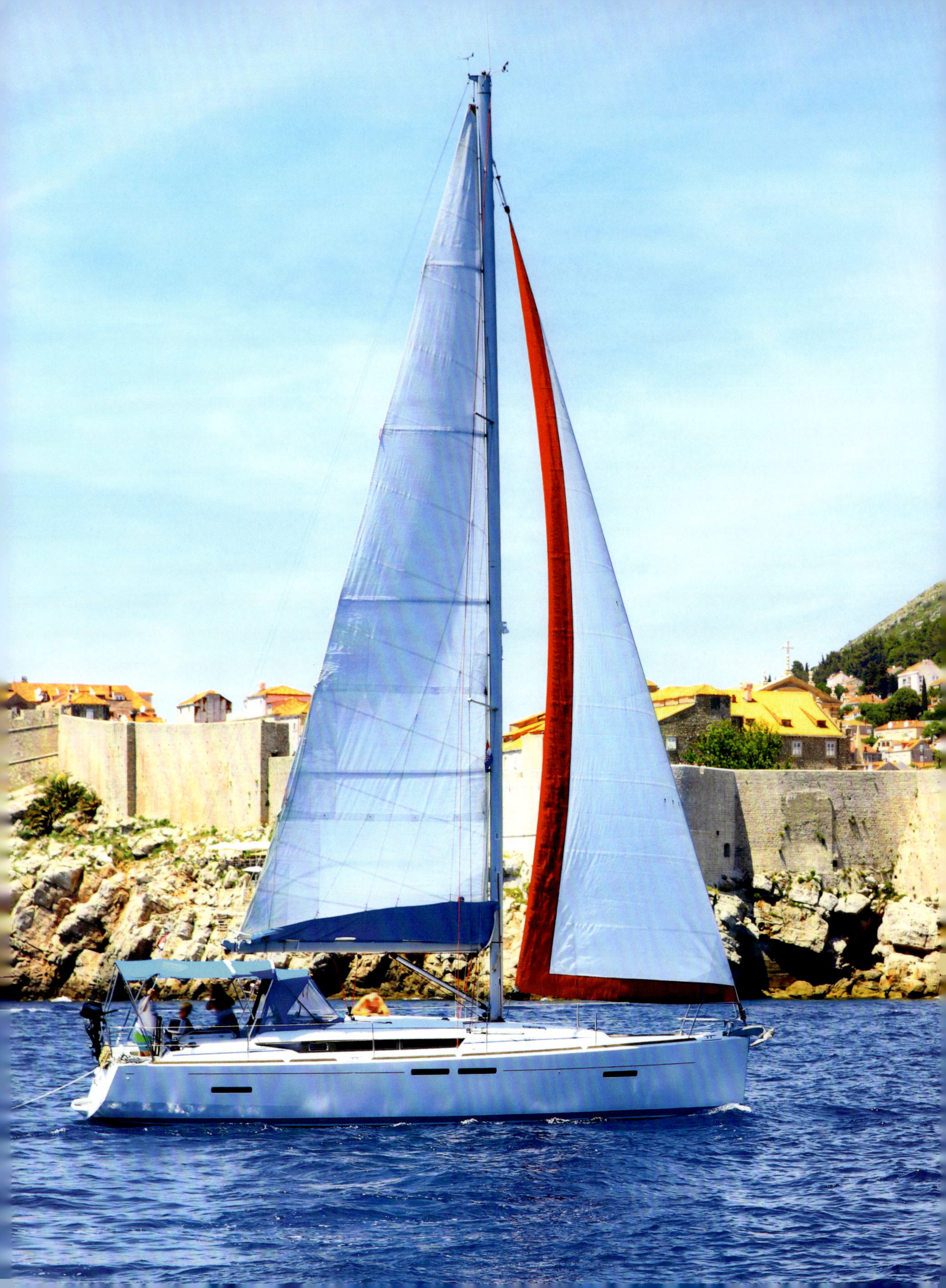

LEGENDÄRE SCHIFFSREISEN

Dalmatinische Küste

KROATIEN

START SPLIT

ZIEL DUBROVNIK

STRECKE 241 KM (150 MEILEN)

DAUER 8 TAGE

Die dalmatinische Küste erstreckt sich über 483 km entlang der Adria, wo das Mittelmeer von der Balkanhalbinsel bis nach Italien reicht und wo 1246 kroatische Inseln im Meer glitzern. Das südosteuropäische Land hat eine längere Küstenlinie als Portugal und Frankreich. Man kann die immer beliebter werdende Küste auf viele Arten bereisen. Am genialsten ist aber eine Fahrt auf dem Wasser mit Wind in den Segeln. Man segelt zwischen den Bergkegeln des Festlands und einem Teil des sich im Norden von Italien nach Slowenien

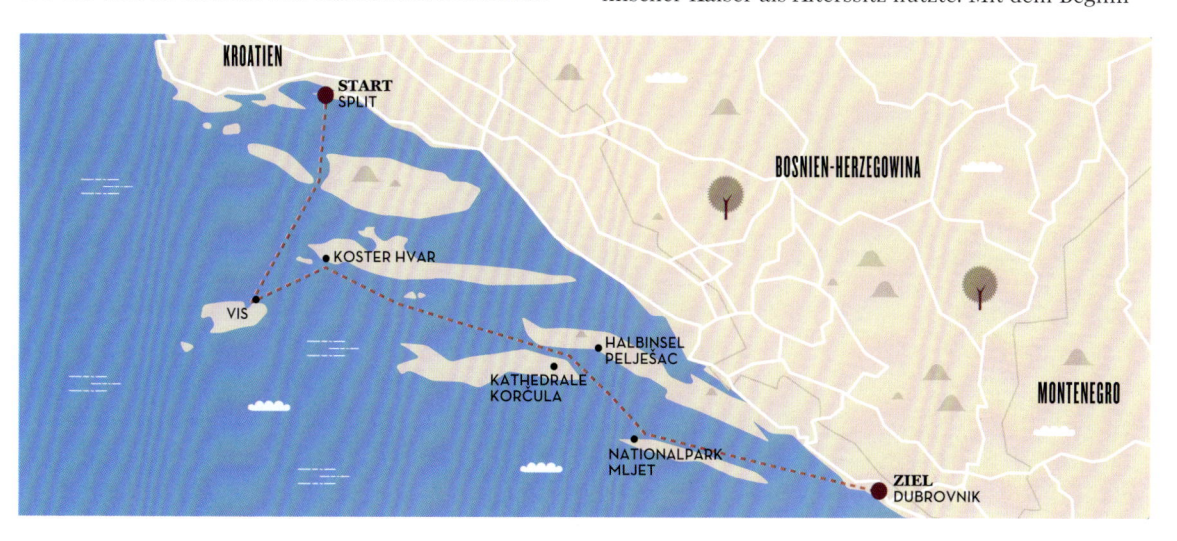

und im Süden von Montenegro, Albanien und Griechenland erstreckenden Archipels hindurch und wirft hier und da in Schwimmdistanz zu Bistros und Lounges, zu UNESCO-Weltkulturerbestätten und antiken Ruinen, Anker.

❶ AUF DEM WASSER

Wenn man am Heck eines *Gulet*-Segelboots mit seinen zwei Masten steht und sieht, wie die antiken Umrisse von Split in der Ferne verschwinden und die Nachmittagssonne den Mosor auf dem Festland anstrahlt, überkommt einen vielleicht das Gefühl, zu früh abgefahren zu sein. Kroatiens zweitgrößte Metropole ist immerhin eine der Top-Destinationen des Landes. Die Küstenstadt mit ausgefallenen Boutiquen, Bars, Cafés und originellen Restaurants erstreckt sich rund um den Diokletianpalast – eine in der 3. und 4. Jh. in der Größe einer Stadt erbaute Villa, die ein ehemaliger römischer Kaiser als Alterssitz nutzte. Mit dem Beginn

KROATISCHER WEIN

In Dalmatien werden hervorragende Weine produziert. Auf der Insel Hvar sollte man den Rotwein namens Ivan Dolac aus der heimischen Traube *Plavac Mali* kosten. Auf Korčula gibt's den köstlichen Weißwein Pošip, die Halbinsel Pelješac nördlich von Dubrovnik produziert Dingač, den wohl besten, vollmundigen Rotwein des ganzen Landes. Wein wird hier schon seit fast 2500 Jahren angebaut.

- In Split den Diokletianpalast, Alterssitz eines römischen Kaisers und UNESO-Weltkulturerbestätte, besuchen.
- Auf der Insel Hvar die Festungsanlage (Fortica) mit ihren über 2500 Jahre alten Mauern oberhalb der Stadt Hvar bestaunen.
- Der Markuskathedrale aus dem 15. Jh. und Marco Polos mutmaßlichem Geburtsort in der historischen Stadt Korčula Reverenz erweisen.

LEGENDÄRE SCHIFFSREISEN

SEITE 178 OBEN: Franziskanerkloster und Hafen von Hvar **SEITE 178 UNTEN:** Der Hafen von Mljet im Abendlicht **LINKS:** Bewohner von Prožura. **SEITE 176:** Ein Segelboot unweit der alten Stadtmauern von Dubrovnik **SEITE 180/81:** Blick auf Dubrovnik

VON LINKS: © XBRCHX / SHUTTERSTOCK; © MARK READ / LONELY PLANET

des einwöchigen Segeltörns wird der Verzicht auf das überreiche Angebot an Land bald zur Routine. Jetzt heißt es, in dem kobaltblauen Wasser zu tauchen, in Einklang mit dem Rhythmus des Meeres zu schlafen und kräftige kroatische Rotweine zu probieren.

Von Split nimmt der 30 m lange Schoner Kurs nach Südwesten zur Insel Brač, dem ersten der sieben Stopps an der Küste Dalmatiens, wie die südliche Hälfte Kroatiens heißt. Am nächsten Morgen geht's nach Vis, der vom Festland am weitesten entfernten Insel. Einst war sie eine militärische Sperrzone, heute dürfen Segler die versteckt liegenden Buchten und einsamen Strände erkunden. Von dieser Insel führt der Törn nach Hvar, eine der beliebtesten Inseln Kroatiens mit der Kulturlandschaft Stari Grad, in der die Griechen schon vor mehr als 2400 Jahren Wein anbauten. Am ruhigen westlichen Zipfel des in der Nähe gelegenen Pakleni-Archipels wird Anker geworfen.

Den Nachmittag und Abend nutzt man dann für einen Besuch der Stadt Hvar mit den vielen Jachten und einem aufregenden Nachtleben.

Kroatien ist klein, hat aber viel Kultur zu bieten. Jede Insel hat ihre eigene uralte, stolze Geschichte. „Wir sind sehr glücklich darüber, in Kroatien dermaßen wunderbare Inseln und eine so schöne Natur zu haben", sagt Veselka Huljić, der Gründer von AndAdventure, eines in Split ansässigen Reiseveranstalters, der diese achttägige Fahrt in der Region anbietet. „Jeden Tag werden den Seglern gutes Essen, Wein, Geschichte und einsame Buchten geboten". Der nächste Anlaufhafen, Korčula, war ein strategischer Stopp der Griechen, Illyrer, Römer und Venezianer. Gemäß einer Legende soll Marco Polo hier im 13. Jh. geboren sein.

Am nächsten Tag wird vor der Halbinsel Pelješac langgesegelt, wo viele der berühmtesten Weine Kroatiens angebaut werden. Esel transportieren die Reben in Körben von den steilen Berghängen hinunter zum Meer. Schließlich wird vor der üppig grünen Insel Mljet der Anker geworfen. Das westliche Drittel der Insel ist Nationalpark. An den letzten beiden Tagen spürt man schon die Anziehungskraft von Dubrovnik. Bevor man aber die „Perle der Adria" anläuft, steht ein Besuch der Elaphiten, einer Kette von Inselchen, auf dem Programm. Übernachtet wird auf Šipan, einer Insel mit zahlreichen Wein- und Olivenhainen. Die Tour endet in Dubrovnik. Auf den Befestigungsmauern der Stadt kann man feierlich ein Glas Wein genießen und dabei das glitzernde Meer bewundern.

© ULRICH BAUMEISTER / 500PX

- Wein in Sichtweite der steilen, sonnendurchfluteten Weinberge auf der Halbinsel Pelješac genießen, wo Esel bei der Weinlese helfen.
- Auf der Insel Mljet einen der schönsten und abgelegensten Nationalparks Kroatiens erkunden.
- In Dubrovnik, der zum UNESCO-Welterbe gehörenden „Perle der Adria", entlang der berühmten Mauern spazieren.

LEGENDÄRE SCHIFFSREISEN

❷ AN BORD

Das Angebot an Segelbooten reicht in Kroatien von Bareboat-Charter (ohne Crew) bis zu Premium-Jachten mit Crew. Auf einer *Gulet* mit zwei Masten gibt es in der Regel sechs Kabinen. Die Boote sind für zwölf Gäste und vier Crewmitglieder ausgelegt, Letztere besorgen die Provianteinkäufe. Die meisten Gäste werden unterwegs auch Restaurants besuchen. Auf diesem Törn sind sieben mal Frühstück, sechs Mittag und zwei Abendessen enthalten. Die Mahlzeiten werden von der Crew zubereitet. Traveller, die sich auf eigene Faust (bzw. ohne Reiseveranstalter) auf den Weg machen wollen, können direkt bei Vercharterern wie Orvas Yachting (http://orvasyachting.com) oder Ultra Sailing (https://ultra-sailing.hr) buchen.

❸ LUXUS-ALTERNATIVE

Es gibt zahlreiche Pauschal-Optionen. Das obige Beispiel ist eine „gemeinsame", feste Tour, die von Einzelpersonen oder Pärchen gebucht werden kann und die feste Abfahrtzeiten hat. Es werden aber auch private, kundenspezifische, teurere Reisen angeboten. In diesem Fall „mietet" eine Gruppe ein ganzes Schiff, dessen Größe sich nach der Anzahl der Personen richtet.

❹ LOS GEHT'S

In Kroatien werden die meisten Segelboote von Samstag bis Samstag verchartert. Aufgrund der großen Nachfrage sollte man die Reise Monate (wenn nicht gar ein halbes Jahr) im Voraus buchen. Wenn die Törns auf einer *Gulet* zu den gewünschten Terminen ausgebucht sind, kann man alternativ auch mit einer Fähre an der Küste entlanglangfahren. Auf der Strecke von Split nach Dubrovnik werden auf den Inseln Brač, Vis, Hvar, Korčula, Mljet, Šipan und Lopud Zwischenstopps eingelegt. Die Trips werden von April bis Oktober angeboten, Mai und September sind die idealen Monate, um der Sommerhitze und den Menschenmassen zu entgehen. Wer Skipper seines eigenen Bootes sein möchte, benötigt einen Segelschein, z. B. vom Deutschen Segler-Verband. **AC**

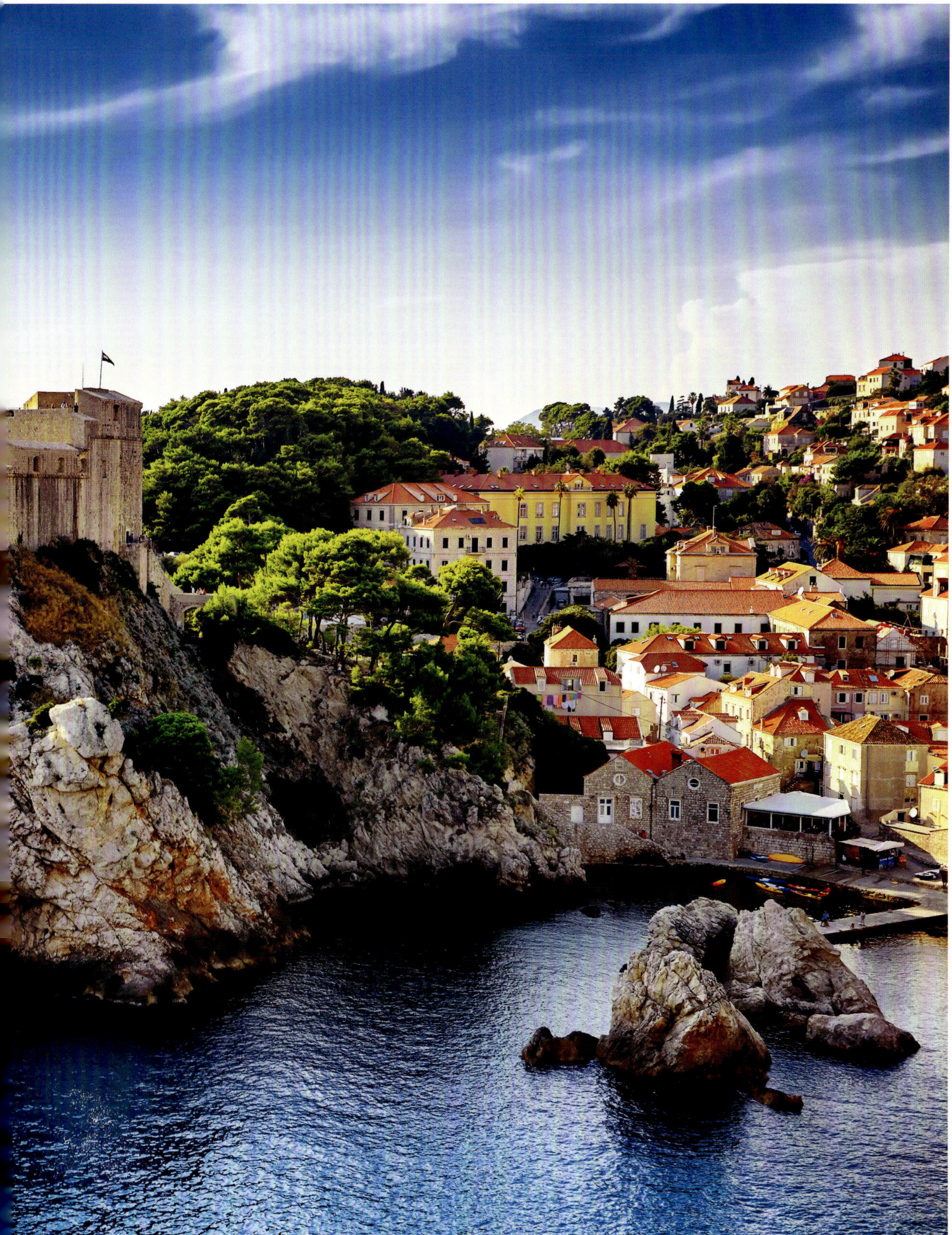
© IHOR PASTERNAK / SHUTTERSTOCK

Queen Mary 2

USA – VEREINIGTES KÖNIGREICH

"Atlantiküberquerung" – dieser Ausdruck hat etwas Romantisches, und genau deshalb gibt es die Queen Mary 2. Man könnte von New York nach Europa fliegen, doch seit eh und je hat die weitaus zeitaufwändigere Reise an Bord eines eleganten Oceanliners ihren ganz speziellen Reiz. Wer die einwöchige Schiffsreise dem sechsstündigen Flug vorzieht, reist nicht nur auf einen anderen Kontinent, sondern auch in einer anderen Zeit. Die Queen Mary 2 und ihr reiches Erbe ist vielleicht das ultimative Beispiel für die seit je bestehende Romantik von Schiffsreisen.

❶ AUF DEM WASSER

In einem Flugzeug wird man niemals einen Film über einen Flugzeugabsturz sehen. Auf der Queen Mary 2 hingegen ist Titanic nicht tabu. Es ist vielmehr eine Inspiration. Das größte Passagierschiff der Welt, das Platz für fast 3000 Fahrgäste und über 1000 Crewmitglieder hat, wurde gebaut, nachdem der Kate-und-Leo-Blockbuster 1997 die Nachfrage nach seetüchtigem Glamour ankurbelte.

Es ist nicht möglich, mit ausgestreckten Armen am Bug der QM2 zu stehen, aber anlässlich eines Empfangs am zweiten Abend wird der Kapitän den Gästen

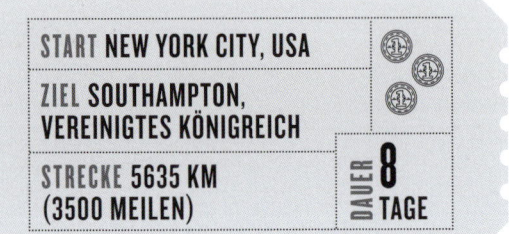

START **NEW YORK CITY, USA**

ZIEL **SOUTHAMPTON, VEREINIGTES KÖNIGREICH**

STRECKE **5635 KM (3500 MEILEN)**

DAUER **8 TAGE**

© PAUL THOMPSON IMAGES / ALAMY STOCK PHOTO

dafür danken, dass sie eine große Tradition des Reisens fortsetzen. Und wenn der Kapitän später ankündigt, dass das Schiff die Stelle passiert, an der der „unsinkbare" Oceanliner 1912 sank, blickt man gen Horizont und spürt das Gewicht der Geschichte.

Die *QM2* ist das einzige Passagierschiff, das regelmäßig über den Atlantik fährt und diese Aufgabe sehr ernst nimmt. Das riesige Schiff ist eine Art schwimmendes Museum mit einem Labyrinth holzgetäfelter Gänge und vielen Messingbeschlägen, Ölgemälden großer Oceanliner und Infotafeln über Cunard, das 1840 im Vereinigten Königreich gegründete Kreuzfahrtunternehmen. Das Schiff fährt natürlich in beide Richtungen, aber die Fahrt gen Osten hat einen speziellen Reiz. Man fährt zurück zu Mutter England, bekommt Räucherhering zum Frühstück und Scones mit Sahne zum Nachmittagstee. Zum Abendessen kleidet man sich mit jener Art Seriosität, die auch Jane Austen's Romanfiguren auszeichnen. (Dass das Schiff unter der Flagge Bermudas fährt, ist halb so

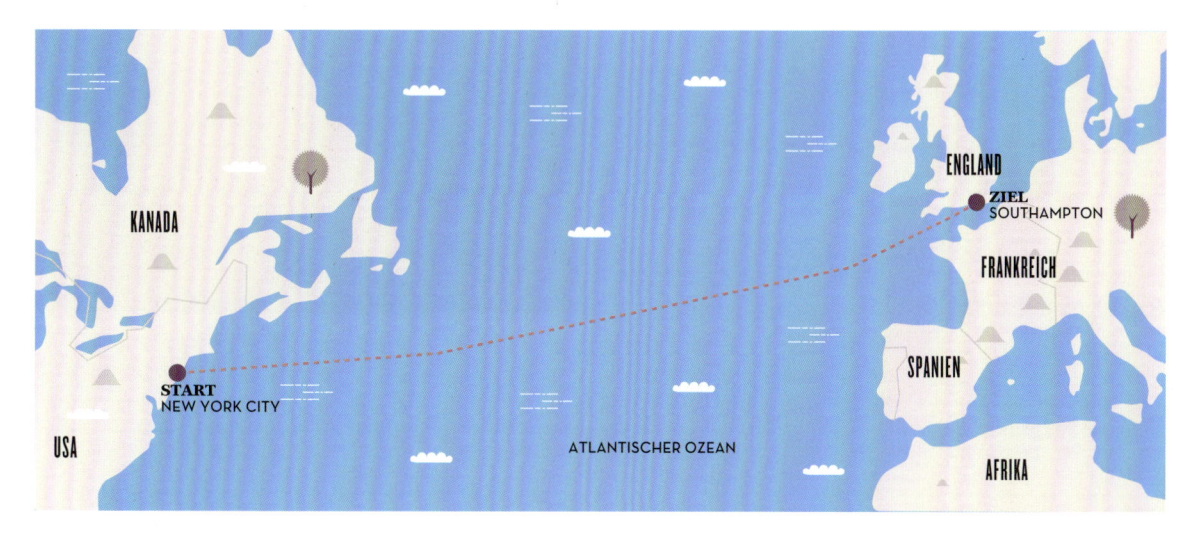

LEGENDÄRE SCHIFFSREISEN

wild, Cunard gehört zu einem multinationalen Kreuzfahrtunternehmen).

Wer schwimmende Resorts mag, ist hier richtig. Auf dem Schiff gibt es ein Shuffleboard, einen Wellnessbereich, ein Kasino, nach dem Abendessen eine Disko und in einem englischen Pub Karaoke. Wer aber lieber dem Tumult entfliehen möchte wird feststellen, dass man sich auf dem Schiff auch wunderbar zurückziehen kann, um z. B. eine Massage zu genießen oder ein Buch zu lesen. Die Bibliothek ist erstaunlich gut bestückt, und clevere Passagiere gehen am ersten Nachmittag schnurstracks dorthin. Was es in der Welt Neues gibt, erfährt man nur über den täglichen Newsletter, es gibt keinen Telefonempfang und WLAN ist dermaßen langsam und teuer, dass man mit Sicherheit nicht in Versuchung kommt.

Natürlich liegt etwas Gekünsteltes in dem Ganzen. Das ist aber Teil des einzigartigen Charmes. Die günstigsten Preise können pro Übernachtung übrigens niedriger sein als die eines normalen Hotelzimmers in New York City oder London.

Wenn man mitten auf dem Atlantik ist, ist man wirklich angekommen. Rundherum nichts als Wasser und Himmel. Dafür wurde die *QM2* gebaut, besonders stark und stabil. Wenn man auf ein paar Wellen trifft, so ist das, um es mit den Worten eines Kapitäns zu sagen, nur der Beweis dafür, dass das Schiff seinem Auftrag folgt: „Echtes Ozeanwetter für einen echten Oceanliner – das sollte man genießen."

❷ AN BORD

Auf der *QM2* gibt es vier Serviceklassen. Britannia ist die einfachste, gefolgt von Britannia Club, Princess Grill und Queens Grill. Jede Klasse hat ihren eigenen Speisesaal (je höher die Klasse, desto intimer). Die Kabinen und Suiten der beiden Grill-Klassen sind größer. Abendbüffets sind in allen Klassen eine Option und der einzige Ort, an dem keine Abendkleidung vorgeschrieben ist.

❸ ANDERE TOUREN

Die am häufigsten gebuchte Variante der Atlantiküberquerung ist nach dem Stopp in Southampton die Weiterreise nach Hamburg. Gelegentlich nimmt das Schiff auch eine längere Route über Island oder Kanada oder benötigt nur sechs statt sieben Nächte bis zum Ziel. Auch Themenfahrten mit beispielsweise Auftritten des britischen National Symphony Orchestra stehen auf dem Programm.

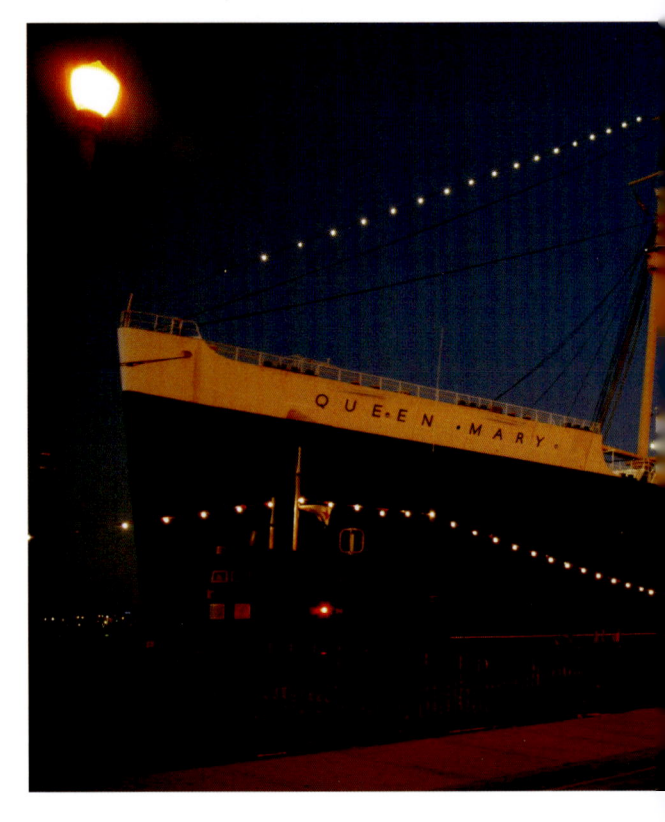

- Beim Verlassen von New York City der Freiheitsstatue zuwinken.
- Ans Oberdeck gehen und zuschauen, wie die *QM2* knapp unter der Verrazzano-Narrows Bridge durchfährt.
- Der Menschen auf der gesunkenen *Titanic* gedenken, wenn das Schiff in der Nähe des Wracks vorbeifährt.

LEGENDÄRE SCHIFFSREISEN

BRÜCKENHÖHE

Die *QM2* wurde unter Berücksichtigung eines spezifischen Maßes gebaut: Die Höhe der Verrazzano-Narrows Bridge in New York City, die über die Bucht in der Nähe des Brooklyn Cruise Terminal verläuft. Selbst mit einem etwas kürzeren Schiffsschornstein als normal passt die *QM2* nur knapp durch. Bei Flut beträgt der Abstand zwischen Schiff und Brücke nur 4 m.

❹ LOS GEHT'S

Die *Queen Mary 2* überquert den Atlantik ca. 25 Mal pro Jahr. Die günstigsten Preise und die beste Kabinenauswahl hat man nur mehrere Monate im Voraus. Kreuzfahrtagenturen bieten manchmal Nachlässe oder Gutscheine an, die die Preise unter die auf www.cunard.com angegebenen sinken lassen. Der niedrigste Preis dort bezieht sich in der Regel auf Innenkabinen, ohne Fenster. Wer raue See nicht mag, sollte die Zeit von Oktober bis Dezember meiden, obwohl Stürme natürlich jederzeit möglich sind. Die Kabinen mittschiffs und weiter unten liegen am ruhigsten. Auf keinen Fall Smoking und Abendkleid vergessen: Der Dresscode wird sehr ernst genommen! **ZO**

OBEN: Jacuzzis an Deck – ein Hauch von Dekadenz
UNTEN: Liebhaber von Ozeanriesen können in Long Beach die RMS *Queen Mary* besichtigen.
SEITE 182: Die *QM2* von der Seite

☆ Man kann es sich in der luxuriösen Bibliothek gemütlich machen und einen Klassiker verschlingen.

🔭 Nach einer Woche, in der man von Blau umgeben war, das üppige Grün an Englands Küste vor dem Hafen von Southampton genießen.

🪧 In Hamburgs Speicherstadt aus dem 19. Jh., einem Viertel mit neugotischen Lagerhäusern (UNESCO-Welterbe), von Bord gehen.

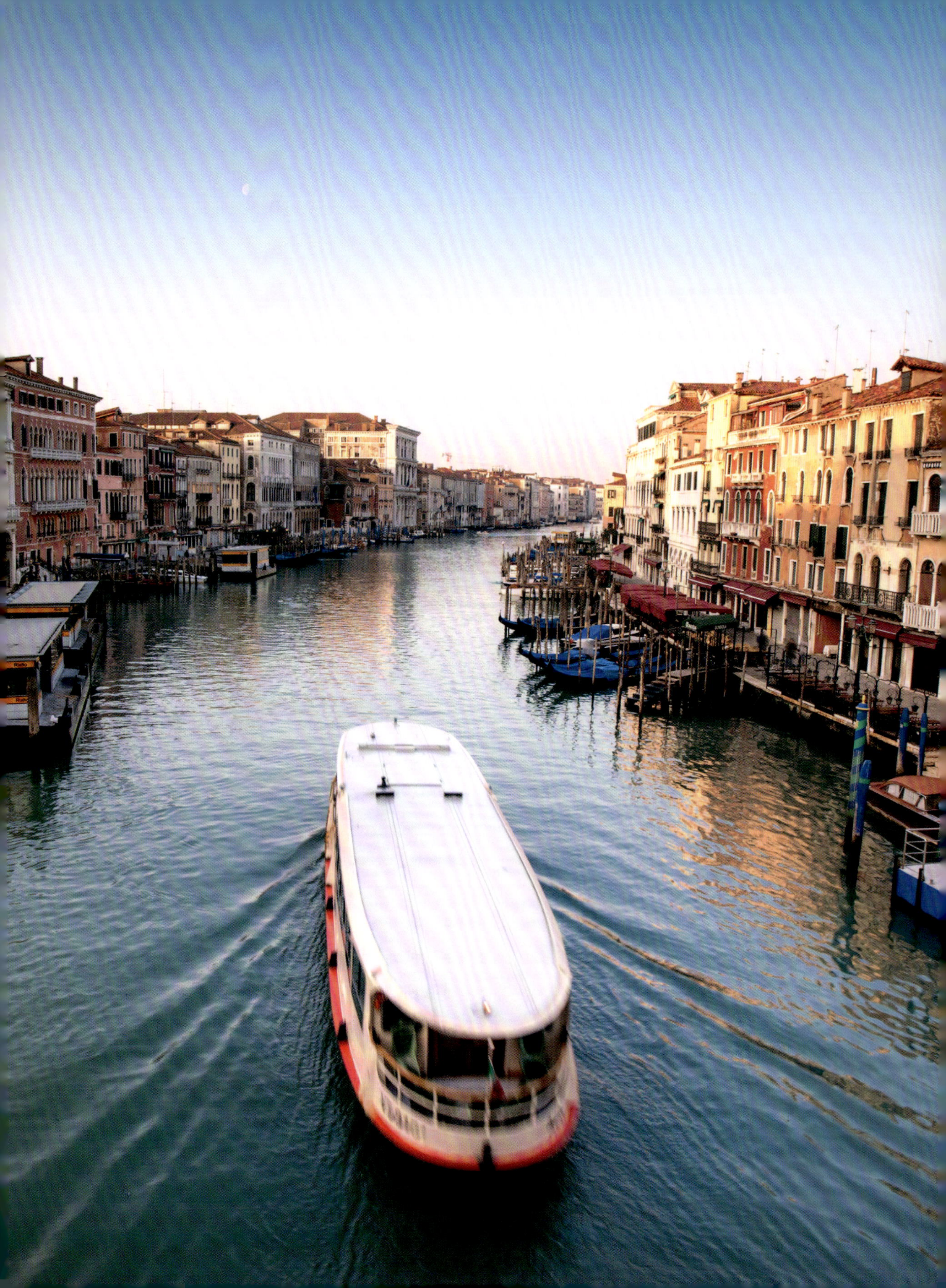

LEGENDÄRE SCHIFFSREISEN

Venedigs Canal Grande

ITALIEN

START PIAZZALE ROMA
ZIEL SAN MARCO ZACCARIA
STRECKE 3,5 KM (2 MEILEN)
DAUER 50 MIN.

Keine Stadt der Welt kann mit den Bootsfahrten konkurrieren, wie sie Venedig, Italiens traumhafte „schwimmende Stadt", zu bieten hat. Der Lebensrhythmus hier wird von den vielen zauberhaften Kanälen bestimmt. Keiner von ihnen ist lebendiger oder spektakulärer als der Canal Grande, der sich auf 3,5 km Länge seinen Weg durch das Herz Venedigs bahnt. Statt der touristischen und teuren Gondelfahrten sollte man lieber das *Vaporetto* (Wasserbus) der Linie 1 nehmen, das während der 50-minütigen Fahrt einige der prächtigsten Gebäude passiert und unter malerischen Brücken hindurch fährt.

❶ AUF DEM WASSER

Am Himmel fliegen Möwen, Einheimische und Touristen drängeln um die besten Plätze an Bord, der Motor beginnt zu röhren und schon legt das *Vaporetto* von der schwimmenden Plattform am Piazzale Roma ab und reiht sich in den dichten Verkehr auf dem blaugrünen Canal Grande ein. Zunächst fährt es unter der aus Glas und Stahl bestehenden Ponte della Costituzione (Calatrava-Brücke genannt) durch und vorbei an der imposanten Fassade des Fondaco dei Turchi, in dem sich jetzt das Naturhistorische Museum befindet. Nun folgt eine Parade von 50 majestätischen Palästen.

Der Erste ist der Palazzo Vendramin, in dem sich das Kasino von Venedig befindet.

Das *Vaporetto* fährt langsam, genau richtig, um die Schönheit der pastellfarbenen venezianischen Architektur und der Marmorpaläste bewundern zu können. Und obwohl die Fahrt gerade erst begonnen hat, ist es doch verlockend, an der Haltestelle San Stae auszusteigen und sich im Al Prosecco unter freiem Himmel einen Platz zu suchen und ein Glas Öko-Wein zu probieren.

Nun passiert das *Vaporetto* die aus dem 15. Jh. stammende gotische Galleria Giorgio Franchetti alla Ca' d'Oro, die sich in puncto Schönheit sogar noch ein wenig von den anderen Gebäuden abhebt. Schließlich erreicht man den berühmten Mercato di Rialto (Fischmarkt) in einem neugotischen Kolonnadenbau. Wenn der Anblick von Menschen, die draußen frische Meeresfrüchte essen und von einem Aperol Spritz schlürfen, zu verlockend erscheint, sollte man hier aussteigen und zur Osteria All'Arco laufen, wo man *Cicheti* (venezianische Tapas) probieren kann.

LEGENDÄRE SCHIFFSREISEN

Zurück auf dem Wasser fahren die *Vaporetti* im Zickzack von einer Haltestelle zur nächsten, Einheimische rasen in Luxusbooten vorbei, Gondolieri in gestreiften Hemden verlassen mit ihren glücklichen Gästen den Canal Grande und verschwinden in einem Netz von winzigen Kanälen. Ein Schatten legt sich über das *Vaporetto*, wenn es unter der Ponte di Rialto, diesem architektonischen Prachtstück von 1592, durchfährt. Es folgt die Renaissance-Schönheit Palazzo Corner-Spinelli. Hinter der nächsten Biegung reiht sich dann auf jeder Kanalseite ein Palazzo an den nächsten und spätestens jetzt muss man zugeben, dass der Canal Grande seinen Namen zu Recht trägt. Zu den Highlights gehören der Palazzo Grassi im klassisch venezianischen Stil, der heute ein Kunstmuseen beherbergt, und das prächtige Barockgebäude Ca' Rezzonico.

Das *Vaporetto* fährt an den am Anleger im Wasser schaukelnden schwarz glänzenden Gondeln vorbei und passiert die letzte der vier Brücken über den Canal Grande, die heiß geliebte Holzbrücke Ponte dell' Accademia. Weiter geht's vorbei an dem unglaublichen Kunstmuseum mit der Peggy Guggenheim Collection. Nun nähert sich das *Vaporetto* dem Ende der Fahrt, der Canal Grande öffnet sich zur Lagune und vermittelt das Gefühl, auf offener See zu sein. Das Wasser wird jetzt unruhiger – die Wellen scheinen hoch genug, um Gondeln zum Kentern zu bringen. Das Weiß der Kuppel der Basilica di Santa Maria della Salute leuchtet inmitten der Rosatöne der Stadt. Nebenan, am letzten Zipfel des Südufers des Canal Grande, befindet sich das zum Kunstmuseum umgebaute Zollhaus Punta della Dogana.

Höhepunkt der Fahrt ist der prächtige gotische Palazzo Ducale mit dem Wahrzeichen der Stadt, der Seufzerbrücke. Nun fährt das *Vaporetto* zur Haltestelle San Marco Zaccaria, wo andere Fahrgäste schon darauf warten, an Bord zu gehen. Wenn man dann wieder festen Boden unter den Füßen hat, besucht man das nahe Caffè Florian an der Piazza San Marco, sucht

STEIGENDER MEERESSPIEGEL, ABSACKENDE SEDIMENTE

Der Umstand, dass Venedigs Infrastruktur auf Flusssedimenten errichtet wurde, hat zur Folge, dass sie bereits durch geringe Wasserstandsänderungen gefährdet ist oder gar absackt. Stand heute ist diese Risikolage relativ stabil, die größte Gefahr für die Stadt ist der Klimawandel. Überflutungen der Kanäle sind besonders im Winter häufiger als früher.

- Die gotische Architektur der Galleria Giorgio Franchetti alla Ca' d'Oro bestaunen.
- Einen Abstecher an Land zu All'Arco machen und Venedigs beste *Cicheti* probieren.
- Unter dem prächtigen Ponte di Rialto durchfahren.

LEGENDÄRE SCHIFFSREISEN

LINKS: Basilica di Santa Maria della Salute
UNTEN: Naturhistorisches Museum
SEITE 188: Farbenfrohes Burano.
SEITE 186: Ein fahrendes *Vaporetto*

sich einen Platz auf der Piazza und hebt sein Glas auf eine der weltweit malerischsten und romantischsten Bootsfahrten in öffentlichen Verkehrsmitteln.

❷ AN BORD

Vaporetti sind Boote mit einstöckigem, flachem Deck und Sitzbereich im Inneren. In der Bootsmitte kann man seine Seebeine auf die Probe stellen. Auf den älteren Booten gibt es ein paar Plätze vorn im Freien, die vor allem bei Touristen heiß begehrt sind.

❸ LOS GEHT'S

Die Canal-Grande-Linie 1 fährt tagsüber alle zehn und nach ca. 20.45 Uhr alle 20 Minuten. Tickets bekommt man an den meisten Haltestellen an den *Vaporetti* Ticketschaltern. Travel Cards sind online über Vènezia Unica (www.veneziaunica.it) erhältlich. Empfehlenswert ist es, eine Strecke mit dem Boot zu fahren und, wenn man genügend Zeit hat, zurück zu laufen. Wer aber keine Lust auf einen Fußmarsch hat, kann auch bequem mit dem Boot wieder zurückfahren.

Die Boote der Linie 1 sind oft übervoll, man sollte die Rushhour meiden. Eine gute Zeit ist abends, wenn die Stadt beleuchtet ist. Wer plant, häufiger ein *Vaporetto* zu nehmen, sollte sich eine Travel Card besorgen, mit der man die Boote unbegrenzt oft benutzen kann (24 Std./20 €).

Der Canal-Grande-Abschnitt der *Vaporetto*-Linie 1 endet an der Station San Marco Zaccaria, aber die Endhaltestelle der Boote ist am Lido. Diese 11 km lange Sandbank-„Insel" ist an heißen Sommertagen Venedigs Spielwiese. Zwischen den Privatstränden, die Hotelgästen vorbehalten sind, gibt es auch eine Reihe von öffentlichen Stränden. **KM**

Zwischenstopps an der Peggy Guggenheim Collection und den Gallerie dell'Accademia einlegen.

Den ersten Blick auf die gewaltige Kuppel der Basilica di Santa Maria della Salute genießen.

Am Ende der Fahrt draußen im Caffè Florian auf der Piazza San Marco einen Drink nehmen.

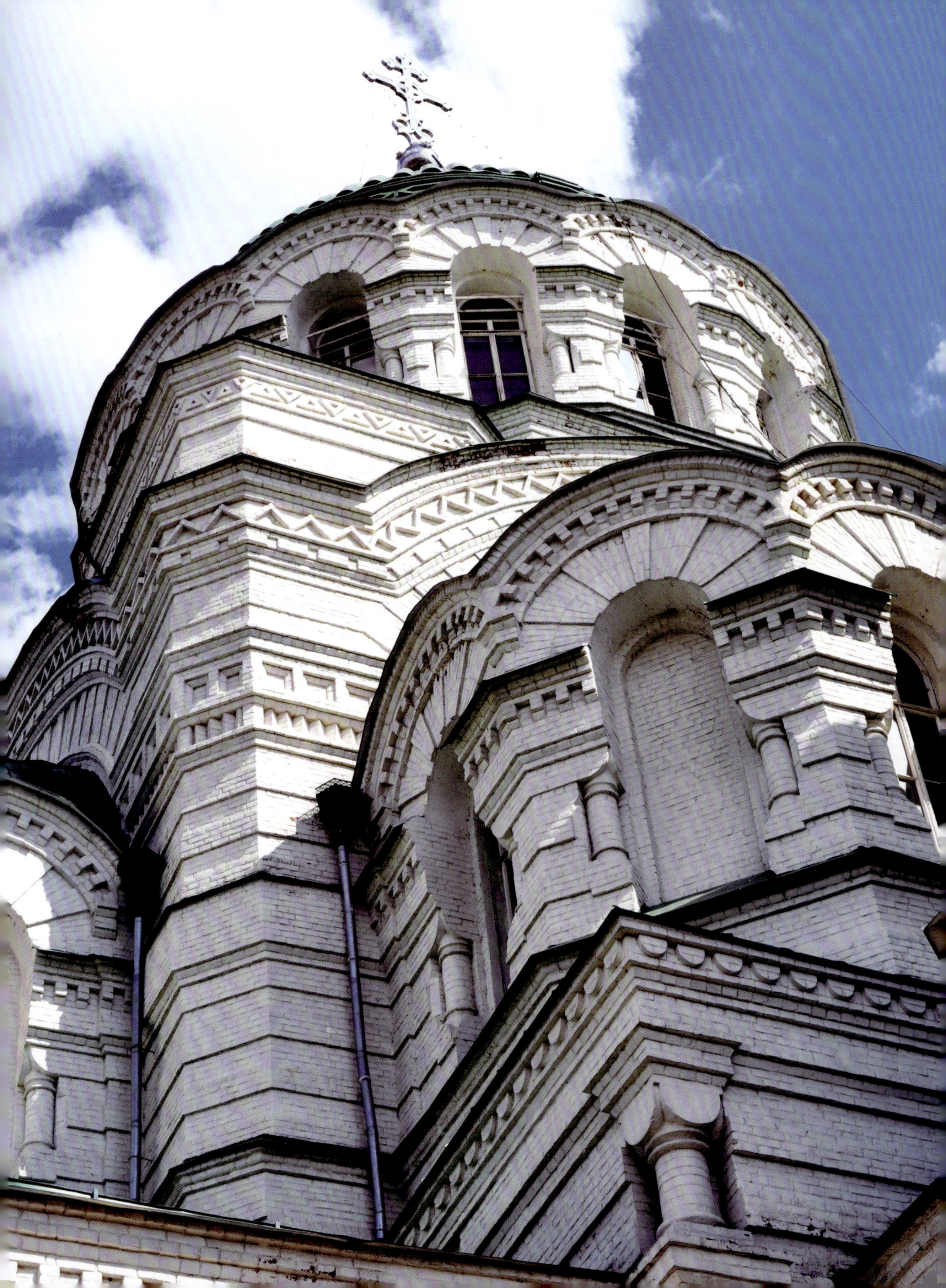

LEGENDÄRE SCHIFFSREISEN

Wolga

RUSSLAND

START	**ASTRACHAN**
ZIEL	**SAMARA**
STRECKE	**1009 KM (627 MEILEN)**
DAUER	**3–4 TAGE**

Die Reise auf Europas längstem Fluss führt durch die Lebensader der russischen Seele. Rätselhaft wie ihr Land bewegt волга-матушка *(Mütterchen Wolga) seit jeher die Gedanken von Künstlern und Träumern, Schriftstellern und Revolutionären, Entdeckern, Diktatoren, Invasoren und unbeugsamen Verteidigern, ehe sie im Kaspischen Meer aufgeht. Von Mai bis Mitte Oktober fahren Touristenschiffe der Luxusklasse ebenso über diese historischen Wasser wie schlichte, alte Rostlauben. Egal, ob man an Bord eines schwimmenden Penthouse russischen Schampus und Kaviar oder mit Einheimischen auf dem Zwischendeck Tomaten, Gurken und Wodka-Shots genießen möchte – die auf der Wolga angebotenen Schiffsreisen stellen in puncto Komfort (und Abenteuer) bestimmt jeden zufrieden.*

❶ AUF DEM WASSER

Astrachan, 60 km vom Kaspischen Meer entfernt, ist Russlands Tor zu Zentralasien. Dank Iwan dem Schrecklichen, der Mitte der 1500er-Jahre die Region von der lästigen Goldenen Horde befreite, liegt das „moderne" Astrachan am oberen Ende des größten Flussdeltas Europas. Seine Truppen ermöglichten Russland den Handel mit dem Fernen Osten und den Zugang zu Zentralasiens Öl. Früher war Astrachan ein Vorposten, heute ist die Stadt eine der kulturell breitgefächertsten ganz Russlands. Naturliebhaber sollten unbedingt das Astrachan-Biosphärenreservat besuchen. Das geschützte Feuchtgebiet am Unterlauf ist reich an Vögeln und Wassertieren und einer der wenigen Orte auf der Welt, an der die kaspische Lotusblume gedeiht.

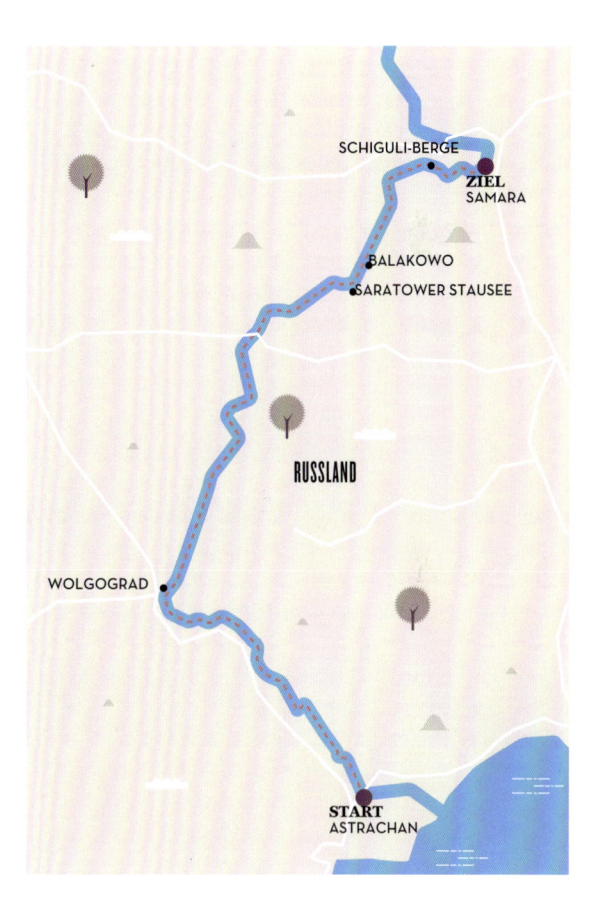

In der Sowjetzeit wurden zahlreiche Staudämme und -seen an dem 3531 km langen Fluss gebaut, der dadurch an einigen Stellen so breit ist, dass er einem

LEGENDÄRE SCHIFFSREISEN

Binnenmeer ähnelt. Jeder Staudamm hat eine Doppelschleuse, sodass die Schiffe problemlos in beide Richtungen fahren können.

Nachdem man Astrachan verlassen hat, schlängelt sich das Schiff am ersten Tag auf dem Hauptarm der Wolga durch die Schilf- und Sumpfgebiete des oberen Deltas, bis man am nächsten Morgen Wolgograd erreicht. Im Zweiten Weltkrieg wurde die Stadt, die damals Stalingrad hieß, 1942 und 1943 Schauplatz einer der grauenhaftesten Schlachten der Geschichte. Hitlers Vorstoß nach Osten wurde hier am Westufer der Wolga durch die erschöpfte, aber entschlossene Rote Armee gestoppt. Nach äußerst schweren Kämpfen konnten die Russen die Nazis schließlich einkesseln und vernichten. Russland zählte mehr als eine Million Opfer, eine Gedenkstätte auf einem kleinen Hügel Мамаев курган (Mamaew Kurgan) oberhalb der Stadt ist diesem Ereignis gewidmet. Die Statue der Mutter Russland Родина-мать зовет (Mutter Heimat ruft), die weltweit größte weibliche Skulptur, schwingt ein todbringendes Schwert. Die Passagiere der meisten Schiffsreisen haben genügend Zeit, um diese Gedenkstätte zu besuchen. Zurück an Bord sollte man auf der Fahrt nach Norden an Deck bleiben, denn Mamaew Kurgan, wie die Mutter Russlands mit ihrem Schwert heißt, ist vom Schiff aus deutlich zu sehen, es wird die Nationalhymne gespielt und jeder Russe steht an Deck und schaut schweigend hinauf zur Mutter Russlands, einige mit Tränen in den Augen.

Bald wird der erste Wolga-Stausee erreicht, das Schiff fährt über einen an Steuerbord gelegenen Kanal in ein Schleusensystem ein, das das Wasserniveau auf den Pegel hinter der Staumauer anhebt. Hinter der Schleuse wird die Wolga unglaublich breit, an einigen Stellen bis zu 5 km – vielleicht ist jetzt der richtige Zeitpunkt für eine Runde Russisches Bingo in der Lounge.

Am nächsten Tag erreicht man Saratow. Zu Sowjetzeiten war die Stadt für ausländische Besucher tabu.

© LUXERENDERING / SHUTTERSTOCK

Es ist eine angenehme, wenn auch nicht übermäßig attraktive Stadt. Weltraumfreaks sollten das Gagarin-Museum besuchen. Es ist Juri Gagarin, dem ersten Menschen im All, gewidmet. Er hat hier studiert und ist ganz in der Nähe gelandet, als die Wostok 1 1961 aus dem Weltraum zurückkehrte.

Weiter geht die Flussfahrt in Richtung Nordosten. Man passiert zwei gewaltige Brücken, umfährt flache Inseln und erreicht schließlich ein weiteres Schleusensystem, das die hoch industrialisierte Stadt Balakowo unterhalb des Saratower Stausees zweiteilt. Jetzt sollte man an Deck gehen, denn die schönen bewaldeten Kämme der Schiguli-Berge markieren die scharfe, letzte Biegung vor dem geschäftigen Samara, einst ein Flusspiraten-Nest. Die kosmopolitische Stadt macht viel aus ihrer Lage an der Wolga, sie hat eine Promenade mit beliebten Cafés und einen Sandstrand zu bieten, der es mit jedem Schwarzmeerstrand aufnehmen kann.

- Im Astrachan-Biosphärenreservat im unteren Wolgadelta exotische Tiere sichten.
- Die unzähligen Wasserstraßen in Europas größtem Flussdelta erkunden.
- Bei Wolgograd die ergreifende Gedenkstätte Mamaew Kurgan besuchen.

LEGENDÄRE SCHIFFSREISEN

LINKS: Die Wolga bei Samara
SEITE 190: Wladimir-Kathedrale in Astrachan

❷ AN BORD

Die einfachen Gemeinschaftskabinen unter Deck sind mit bis zu vier Betten sowie Waschbecken und Steckdose ausgestattet. Bessere Kabinen haben Dusche und Toilette. Es gibt mehrere Restaurants, eine Bar und eine Lounge, in der Russisches Bingo gespielt wird. Abends wird daraus dann eine дискотека (Diskothek).

❸ ANDERE TOUREN

Es ist möglich, über Verbindungskanäle bis nach Moskau (10 Nächte) oder über Rostow am Don zum Schwarzen Meer (drei Nächte ab Wolgograd) zu fahren. Alternativ erreicht man von Samara flussaufwärts mit einer Zusatznacht Kasan, die Heimat der Tataren.

❹ LOS GEHT'S

Von Mai bis Mitte Oktober fahren Schiffe alle paar Tage ab. Von preiswerten Kabinen mit vier Kojen bis hin zu teuren Suiten auf dem Oberdeck wird so ziemlich alles angeboten. Preisangaben sind mit oder ohne Mahlzeiten. Die Tour wird in beide Richtungen angeboten. Man sollte im Voraus buchen. Die Angebote auf russischen Websites (auf Russisch, www.infoflot.com und www.rech-vokzal.ru) sind preisgünstiger als die auf den Websites für internationale Touristen. Man benötigt bei der Reservierung aber Hilfe. Preiswertere Last-Minute-Tickets sind manchmal bei den örtlichen Bootsanlegestellen (речной вокзал) erhältlich. Staatsangehörige der meisten westlichen Länder benötigen ein Visum für Russland. **SW**

EINE STADT UND IHRE NAMEN

400 Jahre lang trug das heutige Wolgograd den Namen Zarizyn. 1925 wurde es zu Ehren des Diktators Stalin, der hier im russischen Bürgerkrieg (1917–1920) aufseiten der Bolschewiken gekämpft hatte, in Stalingrad umbenannt. Nach Stalins Tod erhielt die Stadt auf Betreiben Chruschtschows, der das mörderische Erbe seines Vorgängers vergessen machen wollte, den Namen Wolgograd.

★ Bei Wolgograd und Balakowo das komplexe Schleusensystem bestaunen.

★ Auf der Fahrt über den Saratower Stausee mit den anderen Gästen Russisches Bingo spielen.

★ An der Flussbiegung unweit Samara in den bewaldeten Schiguli-Bergen wandern.

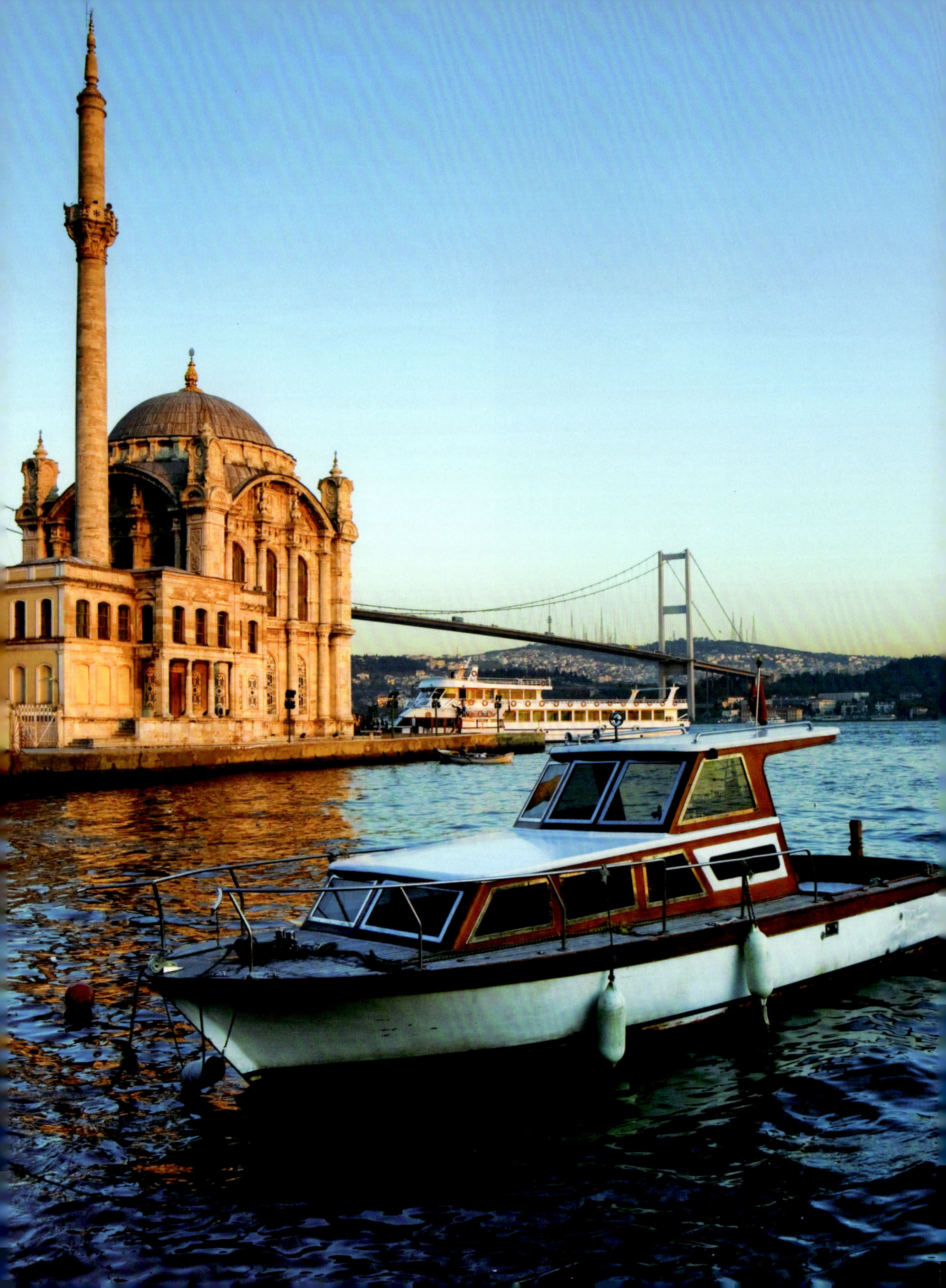

LEGENDÄRE SCHIFFSREISEN

Bosporus

TÜRKEI

START EMINÖNÜ
ZIEL EMINÖNÜ
STRECKE 48 KM (30 MEILEN) — DAUER 6 STD.

Der Bosporus, der nicht nur Istanbul, eine der einflussreichsten Städte der Geschichte, sondern auch die Kontinente Europa und Asien trennt, ist die einzige Wasserstraße, die das Mittelmeer mit dem Schwarzen Meer verbindet. Von den geschäftigen Anlegern bringen Fähren Pendler von Europa nach Asien. Es gibt aber auch Bosporus-Kreuzfahrten, die Besucher vom Herzen der Stadt zur Mündung am Schwarzen Meer bringen. Die Strecke führt vorbei an denkmalgeschützten Palästen, imposanten Festungen und an ruhigen Fischerdörfern, die sich wunderbar an einem Nachmittag erkunden lassen.

❶ AUF DEM WASSER

Istanbul mit seiner 3000-jährigen Geschichte und früheren Namen wie Byzantion und Konstantinopel ist die einzige Stadt, die in Europa und in Asien liegt. An das Osmanische Reich erinnern die Höfe und Harems des Topkapı-Palasts. Die mächtige Hagia Sophia feiert ihre 1500-jährige Geschichte als einen Ort voller Prunk und Pracht. Bevor sie in eine Moschee und später in ein Museum umgewandelt wurde, war sie Sitz des Patriarchen von Konstantinopel. Der Große Basar, ein Vorreiter des modernen Einkaufszentrums, ist ein wunderbar verwirrendes Labyrinth mit Händlern, die Silber, Orientteppiche und Antiquitäten verkaufen. Auf dem Gewürzbasar türmen sich an unzähligen Ständen Safran, Kreuzkümmel und Chilis. Straßenverkäufer mit riesigen Gebäckstapeln verkaufen Sesamringe und am geschäftigen Eminönü-Anleger in der Nähe kaufen sich Pendler in den schwimmenden Cafés die beliebten *Balık ekmek* (Sandwiches mit Grillfisch), bevor sie an Bord gehen und über den Bosporus fahren. Neben den Fähren, auf denen die Istanbuler

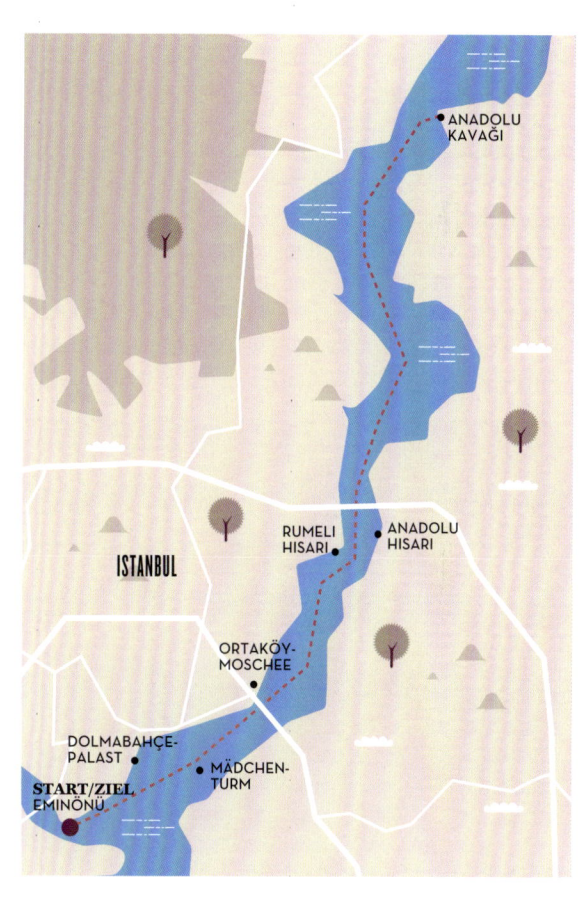

LEGENDÄRE SCHIFFSREISEN

ihre kurze transkontinentale Reise von einer Seite Istanbuls zur anderen oder weiter auf die Prinzeninseln unternehmen, verkehren hier auch noch Fähren mit dem besten Preis-Leistungs-Verhältnis der Welt. In sechs Stunden (hin & zurück) kann man von Eminönü nach Anadolu Kavağı in der Nähe der Mündung ins Schwarze Meer fahren. Auf der *Şehir Hatları* bekommen die Passagiere einen Audioguide mit Kommentaren zu den Sehenswürdigkeiten an der Strecke.

Wenn das Schiff sich bei Beşiktaş dem ersten Stopp nähert, kommt am Ufer der Dolmabahçe-Palast in Sicht, der in den 1850er-Jahren als moderne Alternative zum Topkapı-Palast errichtet wurde und von 1924 bis zum Tod Kemal Atatürks im Jahr 1938 dessen Sommerresidenz war. Von Beşiktaş fährt das Boot dann hinüber nach Üsküdar auf der asiatischen Seite des Bosporus. In der Nähe steht der Kız Kulesi (Mädchenturm) aus dem 12. Jh., der schon in zwei James-Bond-Filmen zu sehen war, auf seiner eigenen kleinen Insel.

© HAKAN IPEKCI / ALAMY STOCK PHOTO

SOMMERRESIDENZEN

Zu den besten Beispielen für schöne Anwesen in Istanbul zählen die herrlichen Holzresidenzen (Yalı), die den Bosporus säumen. Traditionell waren dies die Orte, an die sich reiche Istanbuler Familien in den Sommermonaten zurückzogen. Die meisten der noch vorhandenen Herrenhäuser mit eleganten Veranden und Türmchen stammen aus dem 19. Jh. Viele sind im Lauf der Zeit Bränden zum Opfer gefallen.

Wenn man unter den hohen Türmen der Bosporus-Brücke hindurch fährt, die 1973 als erste Brücke zwischen Europa und Asien eingeweiht wurde, kann man sich das Spektakel vorstellen, das hier geherrscht haben muss, als Venus Williams 2005 auf der breiten Brücke ein Tennismatch austrug. Kurz vor der 1988 eröffneten Fatih-Sultan-Mehmet-Brücke weiter im Norden stehen zwei mittelalterliche Festungen am Ufer. Die im osmanischen Reich errichtete Rumeli Hisarı auf der Backbordseite sollte um 1453 zur Eroberung Konstantinopels beitragen. Heute beherbergt sie ein Museum und dient als Location für Konzerte und Events. An der Steuerbordseite der Fähre ist der 1394 errichtete Anadolu Hisarı zu sehen. Mithilfe dieser beiden beeindruckenden Bauten konnten die Osmanen an einer der schmalsten Stellen des Bosporus erfolgreich Konstantinopel blockieren. Ihre große strategische und wirtschaftliche Bedeutung hat die Meer-

---

☆ In den geschäftigen Fährverkehr Istanbuls eintauchen und zwischen Üsküdar und Karaköy hin und her fahren.

🔭 Am Beşiktaş-Ufer Eleganz und Stil des Dolmabahçe-Palasts aus dem 19. Jh. bewundern.

🔭 Sich einen Platz mit guter Sicht suchen und den perfekten Mädchenturm in der Nähe von Üsküdar betrachten.

LEGENDÄRE SCHIFFSREISEN

LINKS: Passagiere auf dem Weg von der Ost- zur Westseite Istanbuls **SEITE 194:** Istanbuls Ortaköy-Moschee

Auf der Fahrt von Anadolu Kavağı zurück nach Istanbul hat man von der Steuerbordseite des Schiffs den besten Blick. Wenn sich die Fähre in der Abenddämmerung Eminönü nähert, leuchten die Minarette der Süleymaniye Moschee vor dem blutroten Himmel.

❷ AN BORD

Die Bosporus-Schiffe werden von Istanbuls Fährgesellschaften betrieben. Es sind keine Luxusschiffe, an Bord sind nicht nur Touristen, sondern auch Pendler. Auf dem ganztägigen Trip nach Anadolu Kavağı und zurück kann man die Landschaft wunderbar genießen. Vom Oberdeck hat man einen großartigen Blick auf den Bosporus. Getränke und Snacks, darunter auch *Çay* (türkischer Tee) und *Ayran* (erfrischendes Joghurtgetränk) sind an Automaten erhältlich.

❸ ANDERE TOUREN

Von Eminönü fahren Fähren regelmäßig zu zahlreichen anderen Orten, u. a. in den belebten Bezirk Kadıköy und zu den ruhigen, idyllischen Prinzeninseln.

❹ LOS GEHT'S

Die Fähren auf dem Bosporus – nach Anadolu Kavağı und zurück – fahren ganzjährig vier Mal täglich. Die einfache Fahrt dauert ca. 90 Minuten. Anadolu Kavağı lohnt einen mehrstündigen Aufenthalt. Fahrkarten gibt's an den Verkaufsbuden am Kai in Eminönü. Im Voraus zu buchen ist nicht nötig, man kann sich aber sein Ticket einen Tag vorher kaufen. **BA**

enge nicht verloren. In Richtung Schwarzes Meer fahrende Frachter und Containerschiffe aus aller Welt sind ein alltäglicher Anblick.

Bei Kanlıca, dem nächsten kurzen Stopp, kommen Einheimische an Bord, um eine berühmte lokale Joghurtspezialität zu verkaufen. Hier hat sich an den Ufern des Bosporus die historische Elite der Stadt im 19. Jh. vornehme Sommerhäuser errichtet. In einem der Herrenhäuser befindet sich das Sakıp Sabancı Museum mit seiner weltberühmten Kalligrafie-Ausstellung.

Nach den nächsten Stopps in den kleinen Städten Sarıyer und Rumeli Kavağı geht die Fahrt weiter nach Anadolu Kavağı nahe der Mündung des Bosporus ins Schwarze Meer. Die Fischlokale am Ufer eignen sich perfekt für ein gemütliches Mittagessen. Ein Wanderweg schlängelt sich hinauf zur Burgruine Yoros Kalesi, von wo aus man einen grandiosen Blick auf den Bosporus und das Schwarze Meer hat.

☆ Über die historische Bedeutung der Festungen Rumeli Hisarı und Anadolu Hisarı sinnieren.

🍽 Ein paar nette Stunden in Anadolu Kavağı verbringen und Meeresfrüchte sowie türkische *Meze* (herzhafte Snacks) probieren.

🔭 Bei der Ankunft am Fähranleger in Eminönü die Abenddämmerung über Istanbul genießen.

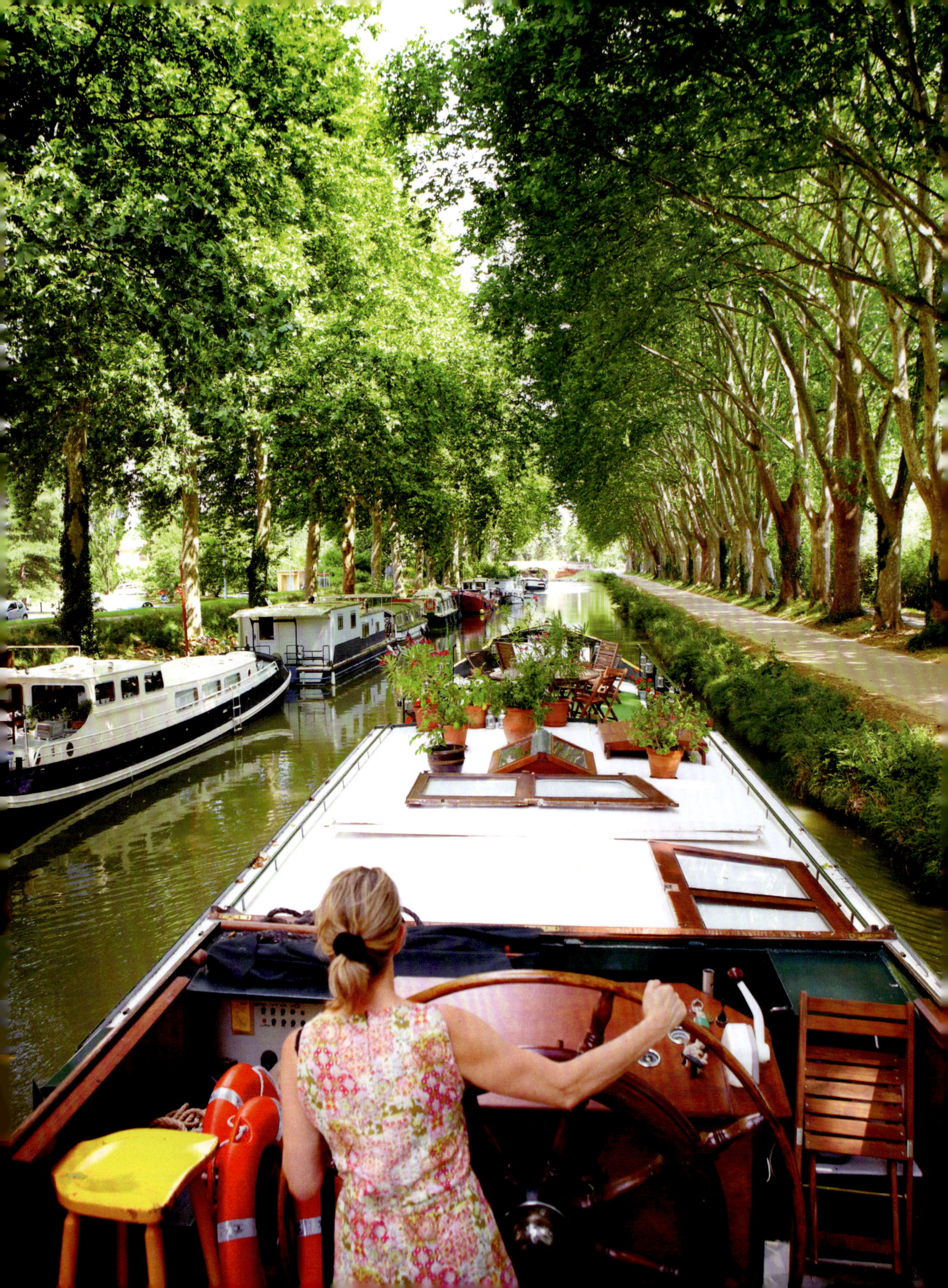

LEGENDÄRE SCHIFFSREISEN

Canal du Midi

FRANKREICH

START TOULOUSE
ZIEL SÈTE
STRECKE 241 KM (149 MEILEN)
DAUER 6–8 TAGE

Es gibt kaum einen besser geeigneten Weg, um die herrliche Landschaft Frankreichs zu genießen, als an Bord eines Kanalboots – und unter den Kanälen gibt es keinen besseren als den Canal du Midi, der sich stattliche 241 km vom rosé-farbenen Toulouse an der Garonne bis zum schwülheißen Sète am Mittelmeer erstreckt. Eine Fahrt über dieses Wunderwerk der Ingenieurskunst (UNESCO-Welterbe) bietet tiefe Einblicke in die historische Landschaft Languedoc.

❶ AUF DEM WASSER

Die Ursprünge des Kanals gehen zurück auf die Mitte des 17. Jh., als Ludwig XIV. (der Sonnenkönig) den Transport von Waren durch Frankreich sicherer gestalten wollte, ohne an der Küste mit ihren berühmt-berüchtigten Piraten und Blockaden entlangfahren zu müssen. Von einer Verbindung zwischen der französischen Atlantik- und Mittelmeerküste träumten schon die Römer, es dauerte aber 1600 Jahre, bis jemand diesen Traum in die Wirklichkeit umsetzte. Dieser Jemand war Pierre-Paul Riquet, ein wohlhabender Bauer, Grundstücksbesitzer, Steuerprüfer, hochbegabter Mathematiker und Ingenieur. Nachdem Riquet seine Pläne fertiggestellt hatte, erhielt er 1666 den Auftrag, diesen Kanal zu bauen. Zusammen mit dem Canal de Garonne sollte er den monumentalen Canal des Deux Mers bilden, der nach Fertigstellung eine ununterbrochene Verbindung vom Atlantik zum Mittelmeer sein sollte.

Riquet hatte sowohl das schwierige Gelände als auch die großen technischen Herausforderungen unterschätzt. Über 12 000 Personen waren an dem Bau beteiligt. Es galt, ein kompliziertes System von Aquädukten, Dämmen, Brücken, Schleusen und Tunneln zu entwerfen. Doch trotz der in die Höhe schießenden Kosten, ungeduldigen Investoren, vielen Unfällen und dem drohenden Konkurs konnte er das Projekt entgegen allen Erwartungen 15 Jahre später, im Jahr 1681, fertigstellen. Die Eröffnung des Kanals erlebte Riquet nicht mehr – er starb nur wenige Monate vor dessen offizieller Einweihung.

Dreieinhalb Jahrhunderte später ist der Canal du Midi noch immer in Betrieb. Seit 1996 gehört er zum UNESCO-Weltkulturerbe. Mit dem Aufkommen der Eisenbahn Mitte des 19. Jh. nahm seine kommerzielle Bedeutung ab. Heute wird er vor allem von Freizeitbooten und *Péniches* (traditionellen Kanalbooten) befahren. Für die gesamte Strecke braucht man mehrere Wochen, es sind aber auch kürzere Etappen möglich.

Wenn man mit einer konstanten Geschwindigkeit von 8 km/h dahintuckert, scheint sich alles zu entschleunigen. Begleitet vom Knattern des Bootsmotors zieht die malerische Landschaft vorbei – Dörfer, Märkte, Lavendelfelder. Platanen säumen den Kanal und werfen ihre Schatten aufs Wasser. Man kann auf Bauernmärkten einkaufen, idyllische Orte besuchen, am Kanalufer vor Restaurants anlegen und den Nachmittag mit einem *Pichet* (Karaffe) Wein, einem frischen Baguette, ein paar Austern und hausgemachtem *Cassoulet* genießen. Unterwegs erlebt man die Faszination der Technik: 40 Aquädukte, ca. 90 Schleusen, Frankreichs ersten Kanaltunnel und die berühmte siebenstufige Schleusentreppe in der Nähe von Fonséranes mit einem Höhenunterschied von 22 m. Nachdem man die mittelalterliche Festung von Carcassonne am südlichen Ende passiert hat, schlängelt sich der Kanal durch Feuchtgebiete mit Flamingos, Reihern und wilden Ibissen. Egal, ob für einen Tag oder mehrere Wochen – es gibt kaum eine schönere Möglichkeit, das alte Frankreich zu entdecken, als auf dem Canal du Midi.

❷ AN BORD

Die authentischste Reiseart ist an Bord einer traditionellen *Péniche*. Hier muss man aber Erfahrung mit Booten haben, steuern und anlegen können. Die meisten Boote bieten Platz für mehrere Personen und verfügen über voll eingerichtete Küchen.

❸ BUDGET-ALTERNATIVE

Preiswerter ist es, ein kleines Motorboot zu chartern und in Hotels in Kanalnähe zu übernachten. Alternativ kann man auch ein Boot für einen Tag mieten (z. B. in Agde, Béziers oder Narbonne) oder einen Teil des Radwegs am Canal des Deux Mers abfahren.

PLATANEN

Platanen säumen weite Teile des Ufers am Canal du Midi, die älteste stammt aus den 1830er-Jahren. Gepflanzt wurden sie, um das Ufer zu stabilisieren und vor Hitze zu schützen. Leider mussten viele Bäume gefällt werden, weil sie von Pilzen befallen waren, die vermutlich im Zweiten Weltkrieg aus Amerika eingeschleppt wurden. Das Anpflanzen von krankheitsresistenten Bäumen ist in vollem Gange.

Das faszinierende Weltraummuseum Cité de l'Espace in Toulouse besuchen.

In Castelnaudary ein echtes *Cassoulet* (traditioneller Wurst-Bohnen-Eintopf) probieren.

In Carcassonne die mittelalterliche Festung mit ihren wie „Hexenhüte" aussehenden Türmchen bestaunen.

LEGENDÄRE SCHIFFSREISEN

❹ LOS GEHT'S

Kleine Motorboote bekommt man bei LeBoat (www.leboat.com), Locaboat (www.locaboat.com) und Caminav (www.caminav.com), Kanalboote bei Minervois Cruisers (http://minervoiscruisers.com). Die Preise sind je nach Saison und Bootsgröße recht unterschiedlich. Für ein Vier-Personen-Boot muss man zwischen 900 und 1400 € pro Woche rechnen, bzw. 350 € und mehr pro Tag für eine vollkommen restaurierte *Péniche*. Man darf auch nicht vergessen, dass es im Sommer in Südfrankreich extrem heiß (und voll) sein kann. Im Herbst ist es zwar kühler, dafür aber ruhiger.

Man benötigt keinen Führerschein für diese Boote. Bevor es auf die Reise geht, sollte man sich aber genügend Zeit nehmen, um sein Boot wirklich kennenzulernen. Die meisten Charter-Agenturen zeigen ihren Kunden in Einführungskursen wie man steuert, anhält, festmacht, die Schleusen bedient und viel Nützliches mehr. **OB**

LINKS OBEN: Apéritif bei Sonnenuntergang
RECHTS OBEN: Vertäute Kanalboote
RECHTS UNTEN: Ein Gericht im Restaurant Le Colombier
SEITE 198: Am Steuer eines Kanalboots auf dem Canal du Midi

Bei Fonséranes die siebenstufige Schleusentreppe in Angriff nehmen.

In Béziers Languedoc-Weine probieren.

In der Nähe von Agde die berühmte, 29 m breite Kesselschleuse passieren.

LEGENDÄRE SCHIFFSREISEN

Pilgerreise zu den Aran-Inseln

IRLAND

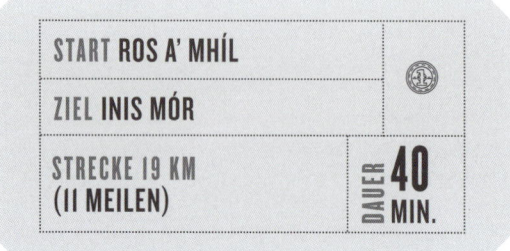

Die Aran-Inseln sind faszinierende Eilande, die sich ihre Einzigartigkeit in einer Welt zunehmender Gleichförmigkeit bewahren konnten. Die drei vor Westirland liegenden Inseln sind der Inbegriff eines isolierten Insellebens, wo Traditionen und Kulturen überlebt haben und die auf dem Festland herrschende Hektik nicht Fuß fassen konnte. Die Bootsfahrt vom Festland dauert nur knapp 40 Minuten, aber auf den Inseln fühlt es sich an, als wäre man ein ganzes Leben entfernt. Es sind Orte mit lebendiger Geschichte und absoluter Wildheit. Die Fahrt hierher ist keine Reise für Menschen, die ihre Tage mit Aktivitäten füllen wollen, sondern für Personen, die sich nach Ruhe und Ursprünglichkeit sehnen.

START ROS A' MHÍL	
ZIEL INIS MÓR	
STRECKE 19 KM (11 MEILEN)	DAUER 40 MIN.

❶ AUF DEM WASSER

Das Betreten der Fähre nach Inis Mór, der größten der Aran-Inseln, vermittelt keineswegs den Eindruck des Beginns einer Reise ins romantische, ländliche Irland.

LEGENDÄRE SCHIFFSREISEN

Pärchen ziehen ihre Rollkoffer lärmend über die Metallplanken, die Räder klappern und poltern über die Unebenheiten. Familien drängeln, damit sie zusammenbleiben, und schauen sich gehetzt um, um sicherzugehen, dass auch niemand verlorengeht. Gepäckstücke werden hastig irgendwo verstaut. Wenn man es sich dann drinnen auf seinem Platz bequem gemacht hat – oder sich beeilt, um draußen einen Platz mit gutem Blick zu ergattern –, ahnt man vielleicht, dass man vor dem Tor zu einer anderen Welt steht. Auf den Hemden der Crew prangen Sprüche in irischer Sprache. Viele Reisende werden zum ersten Mal feststellen, dass es für die Menschen hier die Muttersprache ist. Die Fähre verkehrt in einer Gegend – Gaeltacht –, in der Irisch gesprochen wird, und die Reisenden sind jetzt auf dem Weg in eine Region, in der diese Sprache auch wirklich praktiziert wird.

Wer in der Nähe der Crew steht, schnappt vielleicht ein paar Gesprächsbrocken *Gaeilge* (Irisch) auf. Die Klänge wechseln zwischen harsch und melodisch,

LEGENDÄRE SCHIFFSREISEN

„Die hellen, farbenfrohen Häuser mit Cafés und Pubs bieten einen heiteren, einladenden Kontrast."

manchmal werden auch englische Worte benutzt, denn die Menschen hier können mitten im Satz problemlos von einer Sprache in die andere wechseln.

Ob das Wasser im Sonnenlicht glitzert oder sich Regenwolken auftürmen – wer an Deck bleibt, kann sicher sein, vom starken Wind an der irischen Westküste richtig durchgepustet zu werden.

Nach dem Ablegen fällt der Blick zurück auf die Region Connemara auf dem Festland. Linker Hand erstreckt sich die Galway Bay bis hin zur Stadt Galway. Nach und nach zeichnet sich die Küste von Inis Mór immer schärfer ab. Die Augen der Passagiere sind nun auf das angesteuerte Festland gerichtet, dessen schroffes Gelände bei rauem Seegang auf und ab zu schaukeln scheint. Bei starkem Wind und hohen Wellen bleibt kaum ein Fahrgast während der ganzen Überfahrt draußen. Viele ziehen es vor, sich einen bequemen Platz im Schiffsinnern zu suchen. Wer sich aber an Deck den Elementen stellt, wird reich belohnt. Langsam, ganz langsam werden die drei charakteristischen Merkmale der Aran-Landschaft deutlich: niedrige Kalksteinmauern, leuchtend grünes Gras und die grauen Dächer der Häuser, die von den knapp 840 einheimischen Insulanern bewohnt werden.

Wenn man näher kommt, kann man sich auf die eine oder andere Überraschung gefasst machen, z. B. den Blick auf einen feinen, golden schimmernden Sandstrand mit türkisfarbenem Wasser, den man eher in der Karibik erwarten würde als an diesem felsigen Vorposten Europas. Für viele Traveller ist die Küstenlinie länger als erwartet, und dieser erste Blick ist nur der erste Eindruck von vielen, die noch folgen werden.

© MICHELLE MCMAHON / GETTY IMAGES

Bei der Anreise übers Wasser versteckt sich eines von Inis Mórs bekanntesten Merkmalen auf der anderen Seite: die legendären Klippen, auf denen stolz das spektakuläre Dún Aonghasa thront.

Wenn die Fähre in den Hafen einläuft, bieten die hellen, farbenfrohen Häuser mit Cafés und Pubs einen heiteren, einladenden Kontrast zur umgebenden Landschaft. Hier bekommt man ein Pint, Essen und Schutz vor dem Wetter draußen. Auch Anzeichen von Leben kommen in Sicht – Fahrgäste, die Schlange stehen und auf die Fähre warten, ein Pferdewagen oder eines der wenigen Autos, die die Passagiere zu ihren Unterkünften bringen oder die mit Tagestouristen auf einem Kurztrip zu den Insel-Highlights sind. In dem geschützten Hafen von Kilronan ebbt der Wind langsam ab und es ist an der Zeit, die Meeresluft noch einmal tief einzuatmen, bevor man Inis Mór betritt.

- Den starken Winden an Irlands Westküste standhalten und während der Überfahrt an Deck bleiben.
- Dem Connemara-Festland rechts und links Lebewohl sagen.
- Die idyllische Schönheit der Galway Bay vom Ozean aus genießen.

LEGENDÄRE SCHIFFSREISEN

LINKS: Strohgedeckte Hütte auf Inis Mór **UNTEN:** Ein Inis-Mór-Esel **SEITE 202:** Strand auf der Insel Inisheer **SEITE 206:** Steinmauern auf den Arans

DIE BERÜHMTEN ARAN-DESIGNS

Die Inseln sind vor allem für ihre Aran-Pullis bekannt. Viele glauben, dass die Muster mythologischen Ursprungs seien und dass jede Familie ihr eigenes Muster habe – beides stimmt jedoch nicht. Die meisten Kleidungsstücke sind handgewebt. In kleineren Geschäften findet man aber auch noch traditionell handgestrickte Werke von herausragender Qualität, die gern als Mitbringsel gekauft werden.

- Wenn die Inseln am Horizont erscheinen, sollte man schnell an Deck gehen.
- Den Fotoapparat zur Hand haben und die ganze Breite der Küste von Inis Mór einfangen.
- Um einen ersten Eindruck des Insellebens zu bekommen (und um ein erstes Bier zu trinken), sollte man im Hafen von Kilronan von Bord gehen.

LEGENDÄRE SCHIFFSREISEN

❷ AN BORD

An Bord werden weder Snacks noch Getränke angeboten. Man muss sich also selbst Proviant mitbringen. Allerdings wäre es am besten, auf alles zu verzichten, denn selbst den seetauglichsten Travellern droht auf dieser Überfahrt die Seekrankheit. Die Sitzplätze unter Deck sind bequem, an Deck gibt es nur wenige Plätze. Wer während der Überfahrt draußen bleiben möchte, sollte bequeme Schuhe tragen und warme Kleidung sowie Regenklamotten im Gepäck haben.

❸ ANDERE TOUREN

Inis Mór ist der erste Stopp der Aran-Islands-Fähre. Hier gibt es die meisten Besucher und die meisten Einrichtungen. Man kann aber auch weiter zu den anderen Inseln, Inis Meáin und Inis Oírr, fahren. Zudem besteht eine Fährverbindung nach Doolin.

❹ LUXUS-ALTERNATIVE

Für einen Tagesausflug nach Inis Mór kann man sich bei Charter Ireland eine Luxusjacht mieten, inklusive Skipper, Essen und Platz für bis zu sieben Personen. Nachmittags und abends kann man die Insel erkunden, bevor es am nächsten Morgen wieder zurückgeht.

❺ LOS GEHT'S

Die Aran Island Ferries fahren von Oktober bis März zweimal täglich, zwischen April und September dreimal. Die Überfahrt kann online gebucht werden, ab Ros a' Mhíl unter www.aranislandferries.com oder ab Doolin unter www.doolin2aranferries.com. Im Sommer sollte man unbedingt im Voraus reservieren. Wer kein eigenes Fahrzeug hat, kann auch den Bustransfer von Galway zum Fährhafen in Ros a' Mhíl buchen. Inis Mór ist der beliebteste Stopp, man kann aber auch zwischen den Inseln hin und her fahren.

Das Meer kann jederzeit etwas rau werden, vor allem im Winter. Für Überfahrt sind keine speziellen Vorkehrungen nötig, man sollte in seinem Koffer aber vielleicht etwas Platz für Wollsachen haben. **AMM**

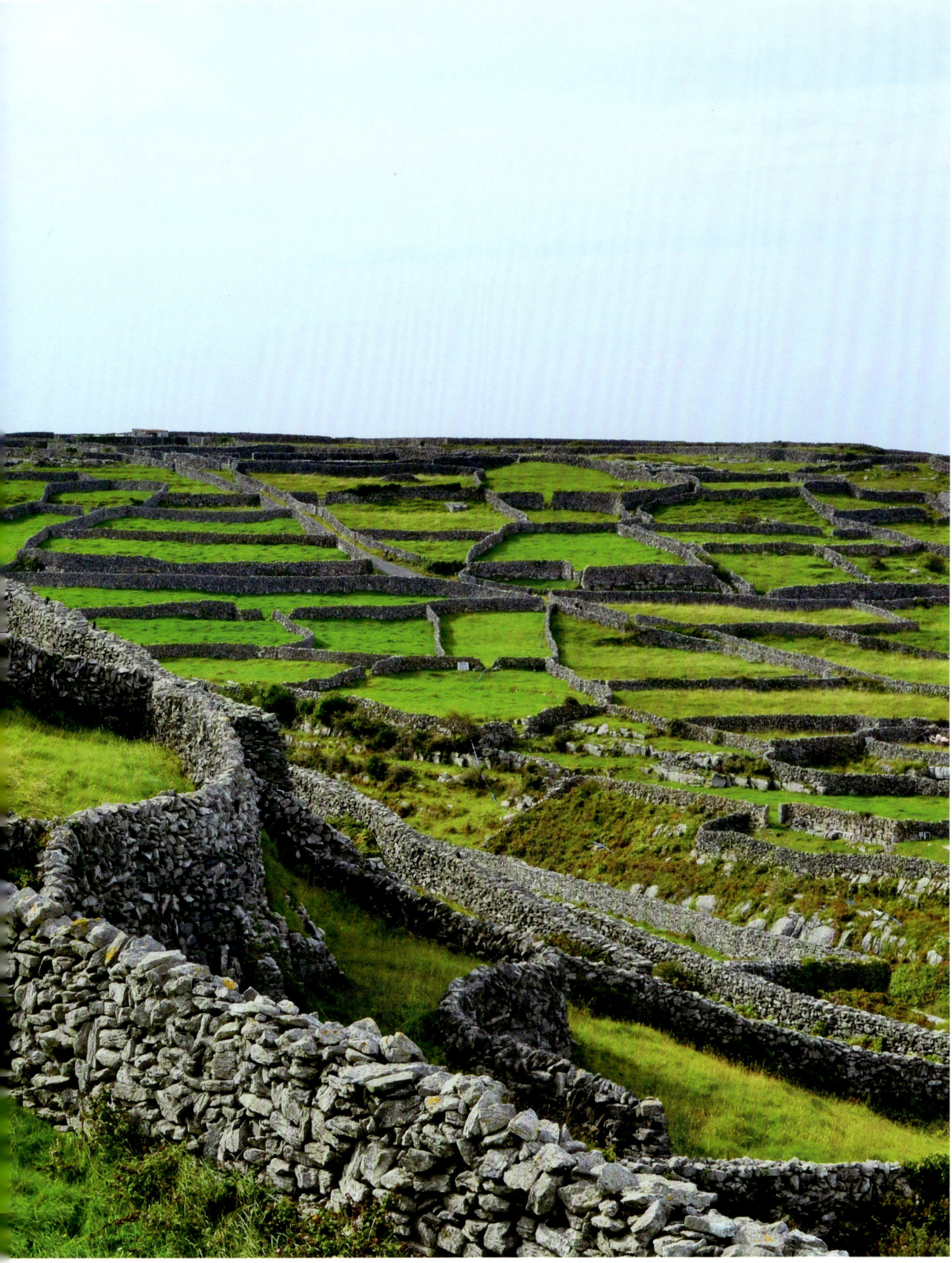
© TRAVELAMOS / SHUTTERSTOCK

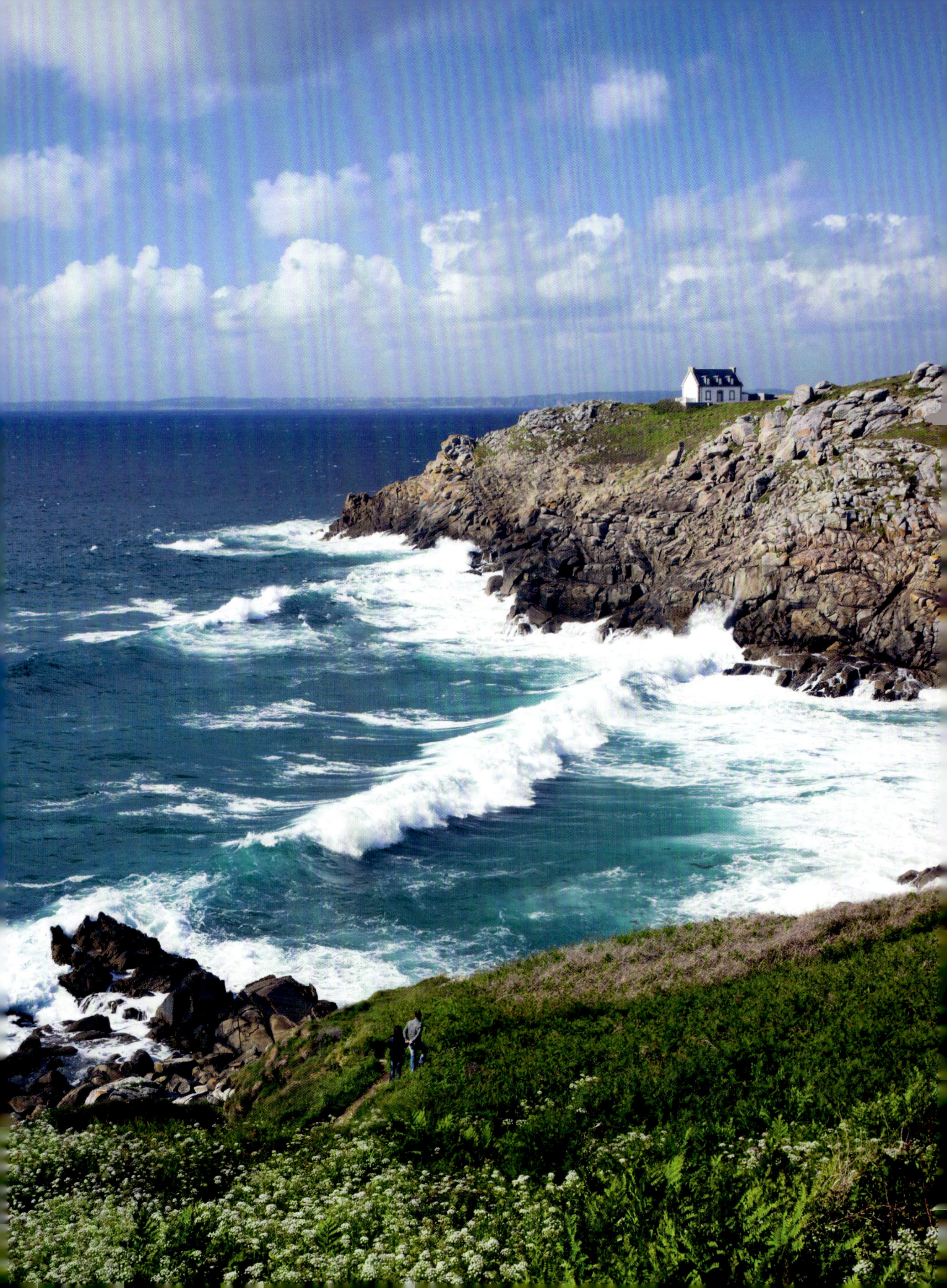

LEGENDÄRE SCHIFFSREISEN

Fähre von Santander nach Portsmouth

VON SPANIEN INS
VEREINIGTE KÖNIGREICH

START **SANTANDER, SPANIEN**
ZIEL **PORTSMOUTH, VEREINIGTES KÖNIGREICH**
STRECKE **1050 KM (652 MEILEN)**
DAUER **24 STD.**

Von Spanien ins Vereinigte Königreich zu fahren würde mit dem Auto zwei Tage dauern. Mit dem Schiff sind es nur 24 Stunden. Außerdem hat diese Reise von A nach B durchaus etwas von einer Urlaubskreuzfahrt. Sie ist angenehm und abwechslungsreich und darüber hinaus eine gute Gelegenheit, zwei Häfen und die Biskaya kennenzulernen. Im Sommer kann man Wale sichten, im Winter kann der Seegang recht kräftig sein.

❶ AUF DEM WASSER

Die Autofähre MV *Cap Finistère* verlässt Santander um 20.30 Uhr. Beim Ablegen kann man nicht nur den abendlichen Trubel an der Uferpromenade beobachten, sondern auch unzählige kleine Segelboote, die in den Hafen zurückkehren. Wenn die Fähre das offene Meer erreicht, dreht man sich um und sieht die Stadt vor der Bergkulisse, dem Kantabrischen Gebirge, das sich von den Pyrenäen bis nach Galicien erstreckt.

Später am Abend nehmen die Passagiere dann ihre Mahlzeit ein. Man kann sich zwischen einem Gericht unter Deck und einem leichten Abendessen draußen an Deck entscheiden. Danach hat man die Qual der Wahl: Kino, Quiz oder ein Drink in der Panoramabar am Heck. Egal, was man wählt, man wird mit Sicherheit gut schlafen: Die Kojen sind komfortabel, und das sanfte Schaukeln der Fähre wiegt bestimmt jeden in den Schlaf.

Die *Cap Finistère* erreicht die Bretagne gegen 7 oder 8 Uhr, sodass man zum Frühstück eine schöne Aussicht genießen kann. Vor dieser schroffen Küste zu navigieren ist nicht einfach, es gibt viele Leuchttürme, und die sind eine Attraktion für sich. Unbedingt einen Blick auf die schön illustrierte Karte am Info-Schalter werfen, um zu wissen, wo man ist!

LEGENDÄRE SCHIFFSREISEN

Am späten Vormittag lässt das Schiff die französische Küste hinter sich, und es geht übers offene Meer durch den Ärmelkanal. Nun ist der passende Moment für ein Nickerchen. Wer mag, kann auf dem Sonnendeck oder in einem der Loungebereiche auch einfach nur ein Buch lesen. Wie wäre es alternativ mit einer Massage oder einem guten Film? Je näher man dem Ziel kommt, desto dichter wird der Verkehr auf dem Ärmelkanal: Riesige Containerschiffe, Fischkutter, Kreuzfahrtschiffe, Öltanker und Segelboote begeistern vor allem die jüngsten Passagiere.

Abends kommen die Kreidefelsen der Isle of Wight in Sicht. Wenn die *Cap Finistère* die Insel passiert und in den Solent (Meerenge zwischen der Isle of Wight und England) einfährt, kann man den markanten Spinnaker Tower erkennen, den wie ein Segel geformten Aussichtsturm im Hafen von Portsmouth.

Der riesige Hafen ist spektakulär. Viele historische Anlagen hier wurden saniert und bilden jetzt ein lebendiges Stadtviertel. In den Gewerbedocks wird ohne Unterlass gearbeitet. Da Portsmouth zu den größten Marinestützpunkten des Vereinigten Königreichs gehört, sind hier viele Kriegsschiffe – darunter auch der Flugzeugträger HMS *Queen Elizabeth* – zu sehen, der alles andere im Hafen in den Schatten stellt.

Nach einem komplizierten Anlegemanöver wird das Schiff vertäut und entladen. Anschließend kann man dann frisch erholt seine Reise an Land fortsetzen.

❷ AN BORD

Die *Cap Finistère* ist ein recht kleines Schiff für nur knapp 800 Passagiere. Unterwegs wird vieles geboten: Ratespiele, Livemusik und Vorträge in der Bar, zudem gibt es ein Kino, ein Fitnessstudio und einen Pool (Mai–Sept.). In verschiedenen Bereichen sind Fernseher installiert. Für die Kleinen gibt es einen Spielplatz, eine Kinderecke und spezielle Kinderaktivitäten.

Die Kabinen sind klein aber zweckmäßig, mit genügend Abstellmöglichkeiten, Bad und guten Betten. Wem die Standardkabine nicht reicht, kann eine Finistère-Club- oder De-Luxe-Kabine buchen.

Auch in puncto Essen wird man verwöhnt. Das Angebot reicht vom Restaurant du Port über die Cafeteria Le Café Salad Bar, wo es warme Speisen und Salate gibt, bis hin zum Petit Marché mit leichten Take-away-

---

- Am Achterdeck auf einem Stuhl sitzend Santander und das Kantabrische Gebirge bestaunen.
- Sich den Walbeobachtern anschließen und mit etwas Glück vielleicht ein paar Wale sehen.
- In Spanien einschlafen und in Frankreich putzmunter aufwachen.

LEGENDÄRE SCHIFFSREISEN

LINKS: Die bretonische Halbinsel Quiberon.
SEITE 210: Regatta „Round the Island" um die Isle of Wight
SEITE 208: Brecher an der Pointe du Millier, Finistère

WALBEOBACHTUNG

Von März bis September bieten Freiwillige von der Naturschutzorganisation ORCA von 6 bis 10 Uhr Erkundungen und Walbeobachtungen an. Aufgrund des tiefen Wassers in der Biskaya hat man die Chance, Delfine, Schwertwale, Buckelwale und sogar Blauwale, das größte Tier auf unserem Planeten, zu sehen. Mehr als ein Viertel der weltweit lebenden Wal-Arten wurde hier gesichtet.

Angeboten wie Sandwiches und Salaten. Die Geschäfte an Bord verkaufen Hygieneartikel, Bücher, Zeitungen und das übliche Sortiment zollfreier Waren.

Der einzige Nachteil ist das ziemlich schwache, kostenlose WLAN. Wer wirklich nicht ohne auskommt, sollte sich den Premium Service leisten (je nach Datenvolumen 5–25 €).

❸ ANDERE TOUREN

Brittany Ferries fahren noch auf anderen Strecken zwischen Spanien und dem Vereinigten Königreich: Von Bilbao nach Portsmouth (Bilbao ist nur 50 km/ 31 Meilen von Santander entfernt) und von Bilbao oder Santander nach Plymouth in Devon, im Südwesten des Vereinigten Königreichs. Die *Cap Finistère* fährt zusammen mit der riesigen *Pont-Aven*, die Platz für 2400 Passagiere bietet, auf allen Strecken. Abgesehen von der unterschiedlichen Größe sind sich die Schiffe im Hinblick auf Komfort, Einrichtungen und Angebote sehr ähnlich.

❹ LOS GEHT'S

Die *Cap Finistère* fährt zweimal pro Woche von Bilbao nach Portsmouth und einmal pro Woche von Santander nach Portsmouth. Tickets sind online erhältlich (www.brittany-ferries.co.uk). Die Fahrten im Sommer sind sehr beliebt, sodass man rechtzeitig buchen sollte. Es gibt Zweibett- und Vierbettkabinen. Innenkabinen sind preiswerter als Kabinen mit Fenstern.

Die Schiffe fahren ganzjährig, aber im Sommer ist es am schönsten: Das Meer ist ruhig, man kann den Pool nutzen und sich an Deck sonnen. Außerdem legt man im Hellen ab und an, sodass man die Häfen von Santander und Portsmouth kennenlernt. **EF**

Die vielen Leuchttürme an der bretonischen Küste zählen und ihr Aussehen vergleichen.

Schiffe jeglicher Form und Größe beobachten.

Von der Steuerbordseite des Schiffs den unglaublichen Anblick des Hafens von Portsmouth genießen.

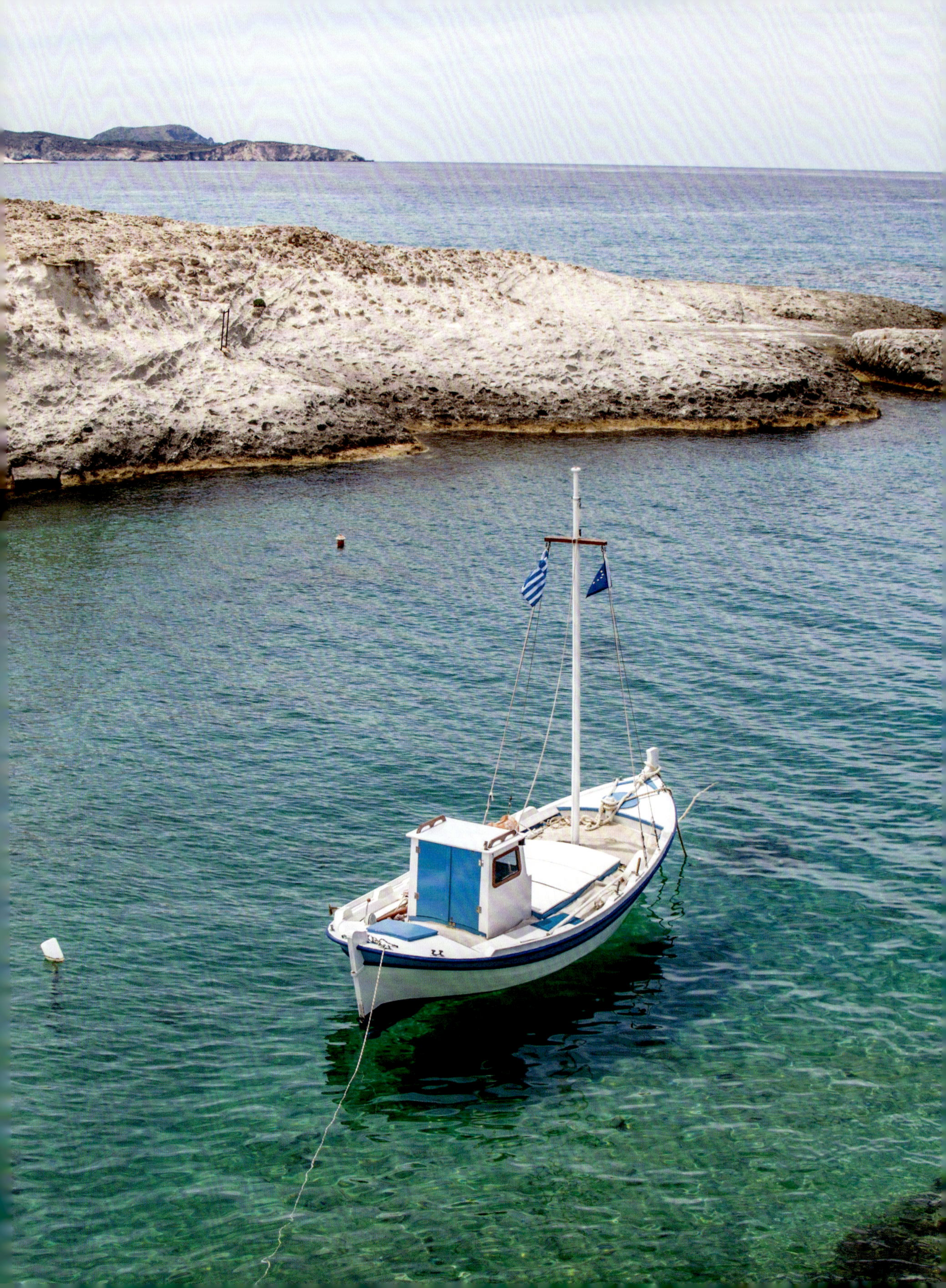

LEGENDÄRE SCHIFFSREISEN

Ägäis

GRIECHENLAND

START ATHEN
ZIEL SANTORIN
STRECKE 232 KM (144 MEILEN)
DAUER 11 STD.

Schon der Name Santorin lässt von weiß getünchten Häusern träumen, die gefährlich nah an Klippen gebaut sind und von der untergehenden Sonne angestrahlt werden. Mit dem Flugzeug ist es nur ein Katzensprung hierher, viel lohnenswerter ist es aber, die malerische Strecke an Bord einer wesentlich günstigeren Fähre zurückzulegen. Los geht's in Athens Hafen Piräus und vorbei an mehreren Kykladen-Inseln. Ein Merkmal dieser kleinen Eilande ist es, dass jedes von ihnen sein ganz besonderes Flair hat. Von hedonistischen Strandbars auf Ios und uralten Katakomben auf Milos bis hin zu den stimmungsvollen Siedlungen auf Folegandros und dem abgelegenen, ruhigen Sikinos – die Ägäis hat für jeden etwas zu bieten.

❶ AUF DEM WASSER

Kaum treffen die ersten Sonnenstrahlen auf die Häuser in Piräus, ertönt das Schiffshorn, und an Deck bricht Jubel aus: Für viele Passagiere beginnt nun der Urlaub, und die anfängliche Hektik geht langsam in Beschaulichkeit über. Einige Fahrgäste legen sich schlafen, andere erkunden das Deck oder schauen verträumt aufs Meer hinaus.

Steile Hügel ragen an beiden Seiten der hufeisenförmigen Bucht aus der tiefblauen Ägäis auf, wenn die Fähre in den Hafen Kamares auf Sifnos einläuft, und der Blick fällt auf die weiß und blau leuchtenden Kykladen-Kirchen, die sich von den braunen Berghängen abheben. Auf der linken Seite ist das Agios-Symeon-Kloster zu sehen, das hoch oben auf einem steilen Hügel thront. Sifnos besitzt Hunderte kleine Kirchen und Kapellen. Einige von ihnen stammen aus byzantinischer Zeit und befinden sich auf abgelegenen Klippen oder in Höhlen. Die Motivation der Erbauer war Hingabe – sie wollten keine Ablenkungen haben und näher bei Gott sein. Da die Bewohner dieser Inseln vom Meer lebten, sind die Kirchen den Schutzpatronen von Seeleuten und Fischern geweiht.

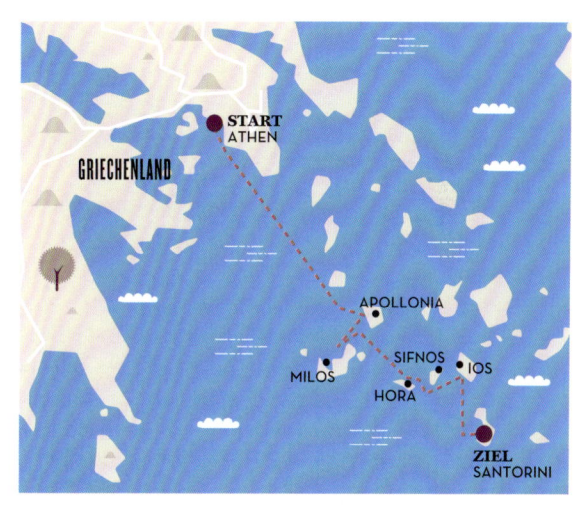

Wirklich berühmt ist die Insel Sifnos aber für ihr Essen. Hier wurde Anfang des 20. Jh. das erste griechische Kochbuch von dem berühmtesten Sohn der Insel, Nikólaos Tselementes, geschrieben. Traditionell langsam gegarte *Revithada* (gebackene Kichererbsen) und *Mastello* (Lamm mit Dill und Rotwein) haben in Kastro und Artemonas die Aufmerksamkeit von Feinschmeckern erregt, ebenso wie die Fusion-Restaurants

LEGENDÄRE SCHIFFSREISEN

in Apollonia und die Langusten, die am Strand von Heronissos vom Meer direkt auf den Tisch kommen.

Langsam erscheint die hügelige Küstenlinie von Milos. Ihre bunten Hügel verweisen auf Baryt, Alaun, Obsidian und Schwefel, dessen Vorkommen auf Thermalquellen zurückzuführen ist. Der nächste Stopp ist die Bucht von Adamas mit ihren vielen Jachten – sie ist aber lange nicht die einzige Attraktion der Insel. Wer es eher beschaulich mag, macht sich auf den Weg in die verwinkelten Bergdörfer Plaka und Trypiti mit ihren Gästehäusern in umgebauten Kykladen-Windmühlen. Die imposante Festung, das unversehrte Römische Theater, das im Sommer für Aufführungen genutzt wird, und die einzigen christlichen Katakomben Griechenlands sind von hier nur ein paar Schritte entfernt, ebenso wie die Stelle, an der die *Venus von Milo* gefunden wurde. Wenn man von den Katakomben ans Meer hinunter läuft, kommt man in das traditionelle Fischerdorf Klima mit seinen winzigen bunten *Syrmata* (Bootshäusern). Geht man von Adamas aus in die entgegengesetzte Richtung, erreicht man das Fischerdorf Pollonia, das als Gourmet-Enklave gilt, oder die weiter entfernt gelegenen sichelförmigen Strände Kampanes und Nerodafni, die weißen Steinplatten von Sarakiniko und den goldenen Strand Provatas.

An manchen Tagen legt die Fähre statt auf Milos am Fähranleger der winzigen Insel Kimolos an, die einen verschlafenen Hauptort, malerische *Syrmata* und wunderschöne weiße Sandstrände zu bieten hat. Diese sind über unbefestigte, staubige Straßen zu erreichen.

Kurz danach kommt Folegandros in Sicht. Die weiß getünchten Häuser des hügeligen, kleinen Hauptorts Ora säumen drei winzige Plätze am Hang oberhalb der Bucht von Karavostasis. Die paar Passagiere, die hier von Bord gehen, werden keine weißen Postkartenstrände vorfinden. Wenn man aber durch das schroffe Inselinnere vorbei an den vielen abgelegenen Kirchen läuft und dann von Ano Meria, dem kleineren

SANTORINS FEURIGE GEBURT

Die fünf Inseln Thira (Hauptinsel), Thirasia, Aspronisi, Palea Kameni und Nea Kameni, die unter dem gemeinsamen Namen Santorin bekannt sind, sind nach mehreren Vulkanausbrüchen entstanden. Besonders kräftige fanden 1620 v. Chr. statt, sie zerstörten die blühende Minoer-Kultur und schufen die Insel Thira, den äußeren Rand eines versunkenen Vulkankraters.

In Apollonia, dem Herzen von Sifnos, in kreativen griechischen Fusion-Gerichten schwelgen.

Die besten Badespots auf Milos ausfindig machen – von den flaschengrünen Papafragas bis zu den weißen Steinplatten von Sarakiniko.

In Hora auf Folegandros verweilen und bei Sonnenaufgang zur Panagia-Kirche wandern.

RECHTS: Agios-Nikolaos-Kapelle in Pollonia
UNTEN: Ein typisches Mittagsgericht: griechischer Salat und Sardinen
SEITE 214: Freiluftcafé in einer der kleinen Seitenstraßen von Plaka
SEITE 212: Vertäutes Fischerboot in der Nähe des Hafens von Milos
SEITE 216/17: Der Hafen Ammoúdi bei Oia

der beiden Dörfer, die felsigen Wege hinunterkraxelt, erreicht man einsame kleine Kieselsteinbuchten wie Libadaki und Abeli, die man meist für sich allein hat. Wer schlau ist, macht auf dem Weg zurück nach Hora Halt in einer von Ano Merias Tavernen und probiert die hiesige Spezialität *Matsata* (Kaninchen- oder Ziegeneintopf mit hausgemachter Pasta).

Die Fahrgäste, die im Hafen von Alopronia auf Sikinos von Bord gehen, sind vorwiegend Einheimische. Nur selten verirrt sich ein Tourist hierher. Vom Hafen führen steile Terrassenfelder hinauf zu den zwei Ortschaften Horio und Kastro. Letzterer ist gesäumt von den Außenmauern alter Windmühlen. Hier herrscht ein ruhiges, ländliches Leben, Fußwege führen durch das Inselinnere zu antiken römischen Ruinen und zum einstigen Kloster Moni Zoödochou Pigis, in dem die Dorfbewohner früher Schutz vor Piraten suchten.

Kurz bevor die Fähre auf Ios anlegt, bereiten sich die Backpacker darauf vor, am Gialos-Strand, dem schönsten Abschnitt mit goldenem Sand, von Bord zu gehen. Aus den Strandbars dröhnen Dance-Beats – junge Hedonisten sorgen im Hauptort der Kykladen dafür, dass bis tief in die Nacht unter freiem Himmel Party gemacht wird. Feierlustige Gäste fahren durch

In Kastro auf der ungezwungenen Insel Sikinos ins Dorfleben eintauchen.

An den Stränden von Ios bis zum Morgengrauen feiern und anschließend den Kater am blütenweißen Strand vertreiben.

Von einem Platz an Deck Santorin begrüßen.

LEGENDÄRE SCHIFFSREISEN

„Feierlustige fahren durch Haarnadelkurven zum winzigen Hafen von Hora, einem Labyrinth aus Häusern, engen Gassen und einer lebendigen Fußgängerzone."

Haarnadelkurven zum winzigen Hafen von Hora, einem Labyrinth aus Häusern und engen Gassen. Die lebendige Fußgängerzone und der Hauptplatz mit vielen Bars werden am Abend zum großen Festplast.

Wenn sich am Himmel einer von Santorins legendären Sonnenuntergängen ankündigt, erreicht die Fähre schließlich die Felsen von Thira, dem Ziel der Reise.

❷ AN BORD

Die Zante-Fähren sind geräumig und komfortabel. Es gibt Plätze an Deck und in der klimatisierten Economy-Class sowie in der vornehmen Zeus- und Apollon-Class. Wer besonders viel Wert auf Komfort legt, kann eine Koje in einer Vierbettkabine buchen. Auf den Fähren gibt es mindestens ein Café, in dem griechische Standards, Fast Food und Kaffee erhältlich sind.

❸ LOS GEHT'S

Unter den fünf Fährgesellschaften auf der Strecke Piräus-Thira hat Zante (dreimal pro Woche, 11 Std.) die stimmungsvollsten. Seajets (dreimal am Tag) und Hellenic Seaways (siebenmal pro Woche) sind die schnellsten (5½ Std.), laufen aber nur Sifnos und Ios an. Blue Star Ferries (16-mal pro Woche, 7½ Std.) und Anek Lines (zweimal pro Woche, 8 Std.) sind langsamer und machen mehr Zwischenstopps. Tickets sind buchbar unter www.directferries.co.uk oder auf den Websites der Fährgesellschaften. In der Hochsaison (Juli/August) sollte man zwei bis drei Wochen im Voraus buchen, im restlichen Jahr ein paar Tage vorher. Die beste Reisezeit ist in Mai, Juni und September, wenn weniger Touristen hier sind. **AK**

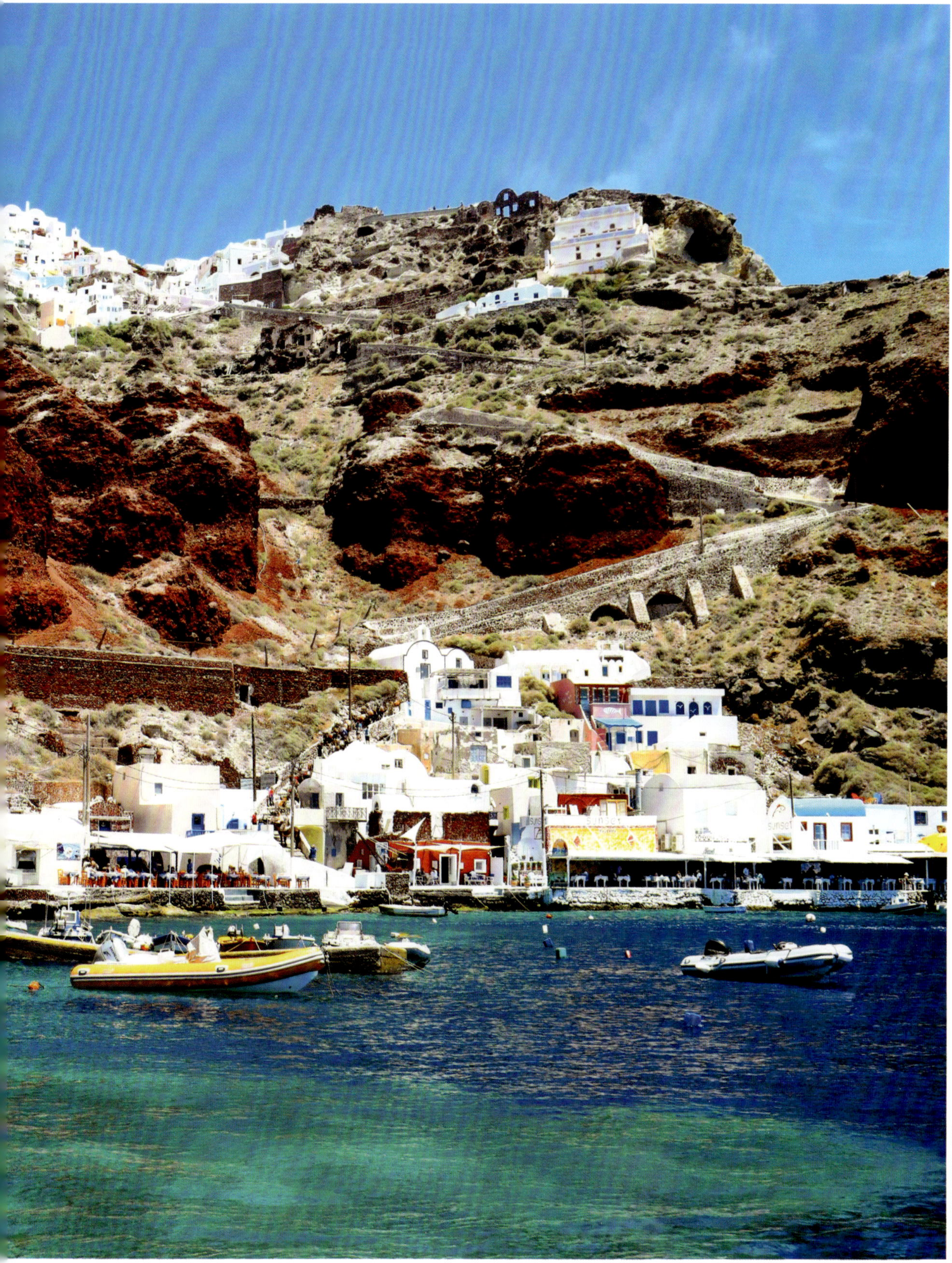

© EMMA SHAW / LONELY PLANET

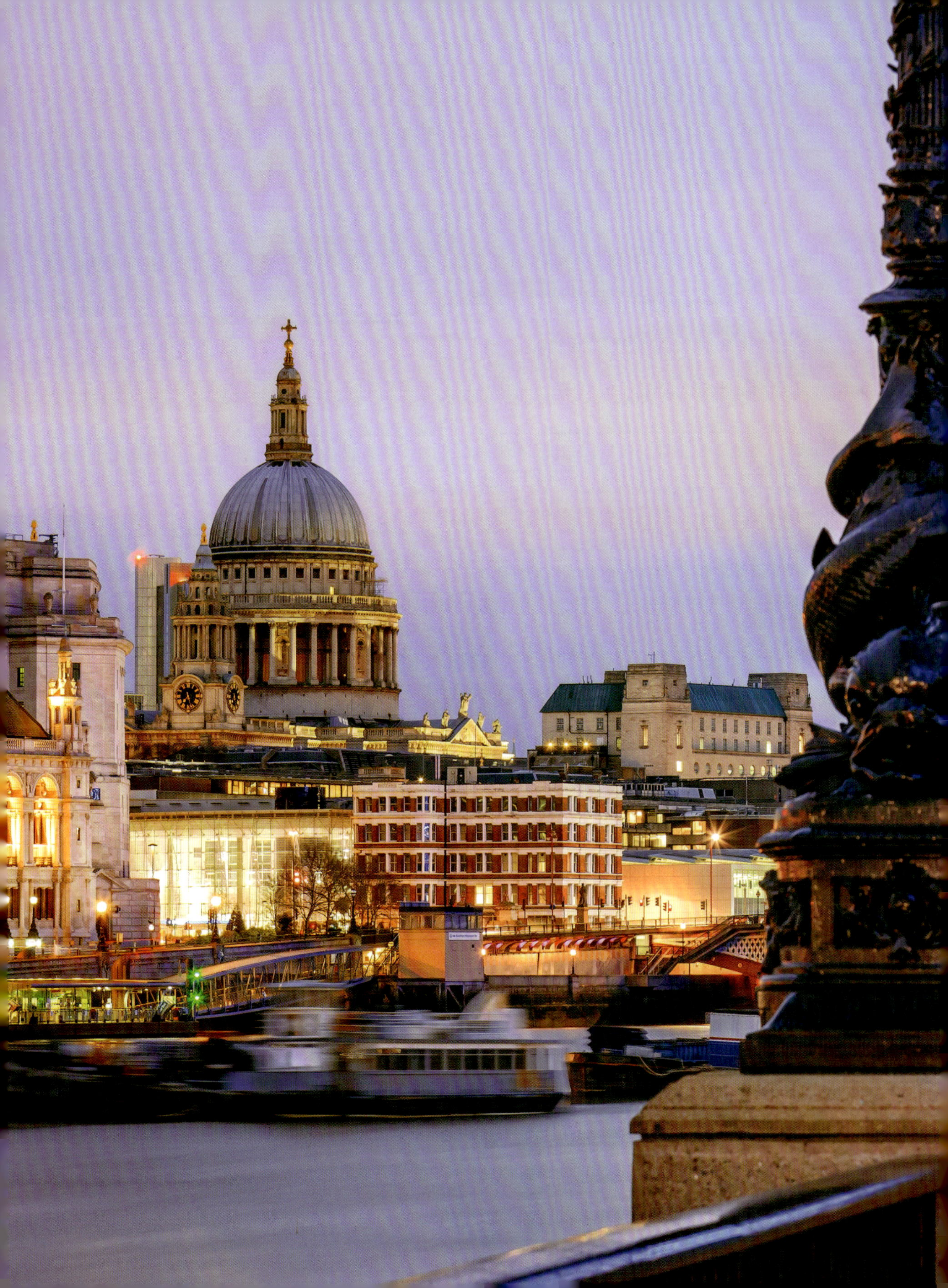

LEGENDÄRE SCHIFFSREISEN

Auf der Themse

VEREINIGTES KÖNIGREICH

START WESTMINSTER
ZIEL GREENWICH
STRECKE 10 KM (6,5 MEILEN)
DAUER 45 MIN.

Thames Clippers RB1 ist ein Pendlerservice zwischen Central London und den Stadtvierteln Canary Wharf (Londons Finanzzentrum), Greenwich und Woolwich in Eastern London. Doch nicht nur für Pendler ist der Arbeitsweg per Schiff, ohne Gedrängel, Signalausfälle und Staus, sehr attraktiv – auch als Sightseeing-Tour ist der Service bestens geeignet. Die Themse fließt an den wichtigsten Sehenswürdigkeiten Londons vorbei, und während die meisten Touristenboote auf derselben Strecke fahren, rasen die Katamarane von Thames Clippers von Haltestelle zu Haltestelle. Man kann nicht nur die Skyline genießen, auch die hohe Geschwindigkeit hat ihren Reiz.

❶ AUF DEM WASSER

Es gibt wohl kaum einen besseren Start, als in Westminster an Bord zu gehen: am Nordufer der Big Ben mit den Houses of Parliament, am Südufer das London Eye. Wohin soll man zuerst schauen? Der beste Platz ist am Heck, dort hat man den optimalen Blick.

Wenn sich das Boot der Flussbiegung nähert, sollte man nach vorn gehen, denn nun kommen die St.-Pauls-Kathedrale, Tate Modern und die City in Sicht. Nach der Millennium Bridge fällt der Blick auf eine Reihe eigentümlicher Wolkenkratzer mit witzigen Namen: The Gherkin, The Walkie-Talkie und The Cheese Grater im Norden und das markante Hochhaus The Shard im Süden. Diese neuen Gebäude haben Londons Skyline seit dem Jahr 2003 radikal verändert und könnten ein Zei-

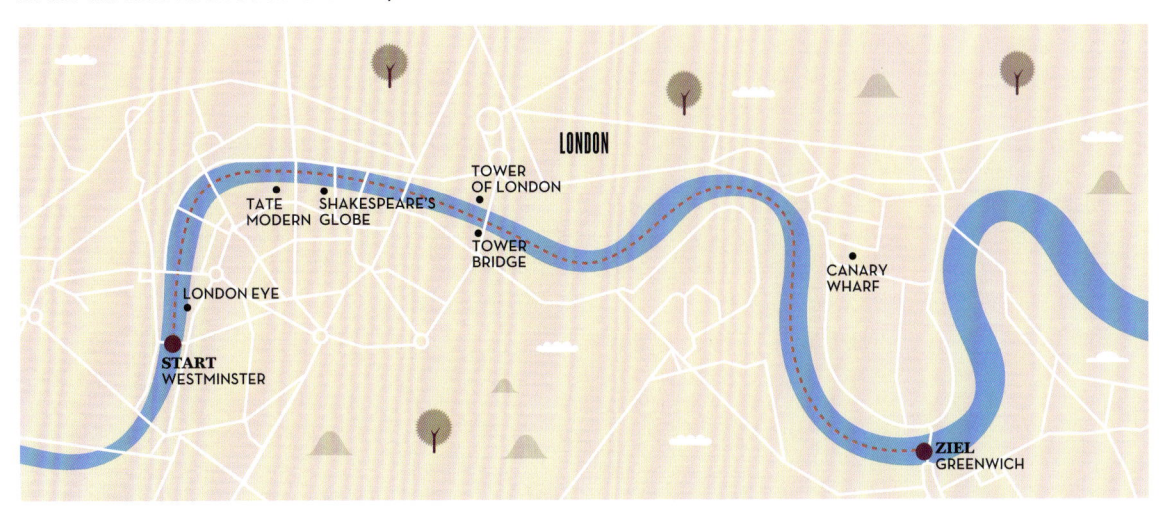

LEGENDÄRE SCHIFFSREISEN

chen dafür sein, was noch kommen mag: London plant ca. 500 Gebäude mit über 20 Stockwerken.

Wenn man Bankside und London Bridge City passiert hat, kommt das Boot an der HMS *Belfast* vorbei, die im Zweiten Weltkrieg und im Koreakrieg im Einsatz war. Die City Hall dahinter trägt lustige Spitznamen wie Zwiebel, Darth Vaders Helm oder Kellerassel.

Der nächste Stopp ist am Tower of London. Das Gebäude sieht vor der Skyline etwas unscheinbar aus, doch man sollte sich nicht täuschen lassen: Der Tower ist für die britische Geschichte von großer Bedeutung, seine fast 1000-jährigen Gemäuer zeugen von Eroberungen, Herrschaften und Hinrichtungen. Noch heute werden hier die Kronjuwelen aufbewahrt, die nur zu besonderen Anlässen, z. B. zur Parlamentseröffnung oder zu einer Krönung, getragen werden.

Schon hat das Boot wieder abgelegt und nähert sich einer der bekanntesten Sehenswürdigkeiten Londons, der Tower Bridge. Nur vom Wasser aus kann man sie in ihrer ganzen Breite sehen – und genau das ist der Instagram-Moment! Die Tower Bridge markiert das Ende von Central London mit seinen Top-Sehenswürdigkeiten. Wer weiter fährt, kommt zu den Docklands, die seit 1945 eine faszinierende Umgestaltung erfuhren – aus einem geschäftigen Hafen wurden erst Industriebrachen und schließlich Luxus-Grundstücke. Viele der alten Kaianlagen und Lagerhäuser verwandelten sich in begehrte Wohnhäuser, alte Kräne und Flaschenzüge wurden architektonische Besonderheiten.

Da die zulässige Geschwindigkeit auf diesem Flussabschnitt viel höher ist als in Central London, scheint der Katamaran nun zu fliegen. Schnell ist Canary Wharf, Londons Finanzzentrum, erreicht. Weiter geht's zur Endhaltestelle Greenwich, Heimat des Nullmeridians und der Greenwich Mean Time (GMT, heute UTC). Auch historisch-maritime Sehenswürdigkeiten gibt es hier: das Old Royal Naval College, das National Maritime Museum und den Klipper *Cutty Sark*.

© MICKEY LEE / ALAMY STOCK PHOTO

TOWER BRIDGE

Bei Eröffnung der Tower Bridge im Jahr 1894 war London ein florierender Hafen, sodass die Brücke mit einem dampfbetriebenen Klappmechanismus ausgestattet wurde. So war es möglich, die Fahrbahnen für die passierenden Schiffe zu heben. Obwohl der Hafen gen Osten verlegt wurde und der Mechanismus jetzt elektrisch betrieben wird, öffnet sich die Brücke noch immer ca. 1000 Mal im Jahr.

❷ AN BORD

Mit ihrer Katamaranflotte bieten die Thames Clippers öffentliche Verkehrsmittel vom Feinsten: bequeme Ledersitze, große Fenster, Klimaanlage, ein Deck im Freien sowie eine Bar mit Alkohollizenz, an der man sich mit Getränken und Snacks versorgen kann. An Bord gibt es sogar kostenlose Zeitungen und an einigen Anlegern WLAN. Die Schiffe und fast alle Haltestellen sind barrierefrei.

☆ Sich am Heck einen Platz suchen und den Anblick von Big Ben und dem London Eye genießen.

☆ Die Spitznamen der eindrucksvollen Wolkenkratzer Londons mit ihrem Aussehen vergleichen.

☆ Bei der Annäherung an die Tower Bridge den Fotoapparat bereithalten.

OBEN: Westminster Bridge und Big Ben spiegeln sich in der Themse. **SEITE 220** Thames Clipper
SEITE 218: St. Paul's vom South-Bank-Viertel gesehen

❸ ANDERE TOUREN

An den Wochenenden bietet RBX1 einen Express-Service zwischen Westminster und Greenwich an. Bankside und die Haltestellen zwischen Tower und Greenwich werden dann nicht angefahren, wodurch die gesamte Strecke in zehn bis 15 Minuten geringerer Fahrzeit zurückgelegt wird.

Kulturfreaks werden den RB2-Service lieben, der die Strecke von der Battersea Power Station zur London Bridge City bedient. Die Haltestelle mit dem Namen Tate to Tate ist in Millbank vor der Tate Modern. So können Besucher übergangslos von der bahnbrechenden britischen Kunstgeschichte in erstklassige zeitgenössische Kunst eintauchen.

❹ LOS GEHT'S

Die Boote fahren wochentags alle 20 Minuten, abends und an den Wochenenden alle 30 Minuten. Fahrkarten sind an jedem Anleger erhältlich. Alternativ kann man sie auch online kaufen. Die Oyster Card (Chipkarte für die öffentlichen Verkehrsmittel) ist hier wie auch für alle anderen Verkehrsmittel gültig. Das ist einfach und um ein Drittel günstiger als die Standardpreise.

Die meisten Pendler benutzen die Thames Clippers zwischen Central London und Canary Wharf. Touristen verkehren eher zwischen Central London und Greenwich. Mit einem River-Roamer-Tagespass kann man die Schiffe auch als attraktiven Hop-on-Hop-off-Service nutzen.

In der Abenddämmerung ist es auf dem Fluss besonders schön, wenn die Lichter angehen und sich die Wolkenkratzer spektakulär vom Abendhimmel abheben. Morgens in Canary Wharf die Menschen zu beobachten, ist ein besonderes Spektakel. **EF**

Die grandios umgebauten Kaianlagen und Lagerhäuser in den Docklands bestaunen.

In Greenwichs großes wissenschaftliches und maritimes Erbe eintauchen.

Am Ende der Fahrt auf dem Nullmeridian (GMT/UTC) stehen.

LEGENDÄRE SCHIFFSREISEN

Blue Cruise

TÜRKEI

| START FETHIYE |
| ZIEL DEMRE |
| STRECKE 200 KM (124 MEILEN) | DAUER **4** TAGE |

Das Mittelmeer in all seiner Pracht! Vor der traumhaften Kulisse des Taurusgebirges mit seinen schneebedeckten Gipfeln befindet sich die türkische Teke-Halbinsel mit bewaldeten Hängen, die sich bis hinunter zu den Buchten an der zerklüfteten Küste erstrecken. Um diese Landschaft in vollen Zügen genießen zu können, muss man aufs Wasser. Die Schiffe der Blue Cruises folgen der Küstenlinie zwischen Fethiye und Olympos, vorbei an winzigen Inseln und versteckten Meeresarmen. Hier lässt es sich gut Anker werfen und ins Wasser springen. Relaxter kann man gar nicht reisen, und mehr Sonne kann es wohl auch kaum geben.

❶ **AUF DEM WASSER**

Früher kamen die Fischer mit ihren *Gulets* (traditionelle türkische Holzboote) und ihrem Tagesfang an Deck zurück an die Küste. Heute befinden sich auf den Holzdecks eher Reisende, die in Fethiye an Bord

LEGENDÄRE SCHIFFSREISEN

gehen, um an einer sogenannten Blue Cruise (türkisch: *Mavi Yolculuk*) teilzunehmen. Wenn der *Gulet* den Hafen verlässt und man die Gischt auf den Armen spürt, verschwindet die Stadt langsam aus dem Blickfeld und die gigantischen lykischen Felsengräber kommen in Sicht. Vor den Yedi Burun (Sieben Kaps) segelt man vorbei an winzigen, direkt vor der Küste liegenden Inseln. Im türkisfarbenen Wasser kann man die Ruinen des antiken Hafens Simena entdecken.

Zwar kann man die Städte und Dörfer der Teke-Halbinsel auch per Bus besuchen, wer aber die ganze dramatische Küstenlinie kennenlernen will, sollte einen „*Gulet*-Törn" mit drei Übernachtungen in Richtung Süden machen. Am ersten Tag halten die *Gulets* im von hohen Klippen umgebenen Schmetterlingstal. Weiter geht's in die geschützte Lagune von Ölüdeniz. Hier ragen breite Sandabschnitte wie Finger ins Meer, dahinter sind die grünen Flanken des Babadağ (Vaterberg) zu sehen. Hier hat man die Möglichkeit, sich alles einmal aus der Vogelperspektive anzuschauen.

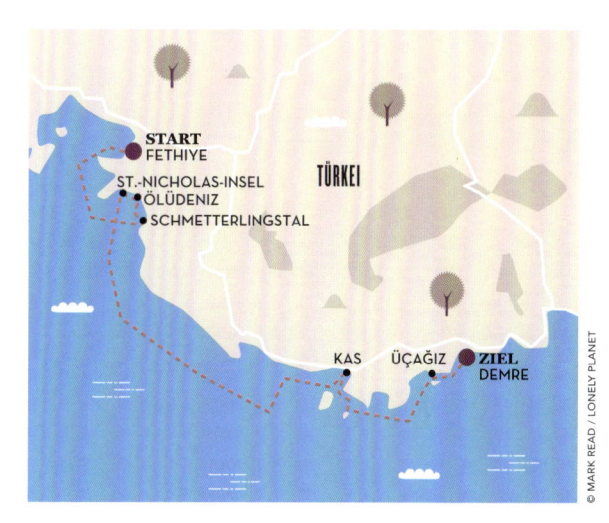

© MARK READ / LONELY PLANET

LEGENDÄRE SCHIFFSREISEN

Ölüdeniz ist einer der weltbesten Orte für einen Gleitschirm-Tandemflug – vom Gipfel des Babadağ über die Hügel und das azurblaue Meer. Wenn man wieder gut am Strand gelandet ist, begibt man sich zurück aufs Schiff, das nun weiter zur St.-Nicholas-Insel fährt, wo man die Nacht verbringt. Am nächsten Tag werden auf der Insel die Ruinen byzantinischer Kirchen erkundet. Wenn sich die Sterne am Himmel zeigen, ist es Zeit, sich an Deck ein Plätzchen zu suchen und einen *Raki* (mit Anissamen aromatisierter Tresterschnaps) zu genießen.

Am zweiten Tag fährt der *Gulet* weiter gen Süden. Hin und wieder werden kleine Badepausen eingelegt. Aber Vorsicht: Bei der gewaltigen Hitze kann das kalte Wasser wie ein Schock wirken. Anschließend geht es weiter nach Kaş, wo man die Kopfsteinpflastergassen erkunden und das rote Dächermeer bestaunen kann. Gegenüber liegt die griechische Insel Kastellorizo.

Für die Nacht legt der *Gulet* in Üçağız an. Man sollte kurz vor Sonnenaufgang an Deck gehen und zusehen, wie im Dunst über dem Meer langsam die Umrisse anderer *Gulets* auftauchen. Das Wasser am Rand der Kekova-Insel ist so klar, dass die Reste der Lykischen Hafenstadt, die im 2. Jh. n. Chr. durch ein Erdbeben zerstört wurde, deutlich zu sehen sind, wenn man die Wasseroberfläche absucht. Weiter geht die Fahrt vorbei an einem halb unter Wasser liegenden lykischen Sarkophag, der die Einfahrt in den Hafen von Kaleköy markiert. Hier geht man von Bord, um dieses winzige Dorf mit den an steilen Hängen klebenden Steinhäusern zu erkunden. Lohnend ist auch ein Besuch der Kreuzfahrerfestung auf dem Berggipfel. Von der Befestigungsanlage, die von den Rittern von Rhodos errichtet wurde, schweift der Blick über das glitzernde Meer bis zu den schroffen Hügeln der Kekova-Insel. Wenn man dann am späten Nachmittag oben in Kaleköy sitzt und nur noch eine Übernachtung an Bord vor sich hat, sind sich alle Törnteilnehmer einig, dass dieser traumhafte Abschnitt ds Mittelmeeres für die Schönheit der ganzen türkischen Küste steht. Und darauf wird mit einem *Raki* angestoßen.

❷ AN BORD

Auf den Blue-Cruise-*Gulets* haben in der Regel sieben bis 14 Gäste Platz, die meist in Zweibettkabinen untergebracht sind. Alle Kabinen haben ein Bad, einige auch Klimaanlage. Auf Booten ohne klimatisierte Kabinen schlafen viele Gäste im Hochsommer an Deck, da es unter Deck zu stickig ist. Obgleich es sich um eine Segeljacht handelt, wird doch aufgrund der Entfernungen öfter mit Motor gefahren als gesegelt.

Das Vordeck ist mit Matratzen zum Sonnenbaden ausgelegt, auf dem Achterdeck mit den schattigen Ti-

---

Mit dem Gleitschirm vom Gipfel des Babadağ über die Lagune von Ölüdeniz fliegen.

Nach der Besichtigung der byzantinischen Ruinen auf der St.-Nicholas-Insel bei Sonnenuntergang ins kühle Nass springen.

Das Flair in den kurvenreichen Kopfsteinpflastergassen, die vom Hafen von Kaş in alle Richtungen führen, in sich aufnehmen.

LEGENDÄRE SCHIFFSREISEN

LINKS: Schmetterlingstal, ein typischer Blue-Cruise-Stopp **UNTEN:** Versunkene lykische Ruinen vor Kekova **SEITE 222:** Traditioneller *Gulet* **SEITE 226:** Viele Stopps gleich viele Badegelegenheiten

schen und den gepolsterten Sitzgelegenheiten wird gegessen und gefaulenzt. Die meisten *Gulets* haben Schnorchelausrüstung an Bord, auch Schwimmnudeln, Angeln und Ähnliches sind vorhanden. Mahlzeiten, die von der Crew zubereitet werden, sind im Törnpreis enthalten. Wasser, Softdrinks und alkoholische Getränke müssen extra bezahlt werden. Da es auf einem *Gulet* eine Bar mit Alkohollizenz gibt, ist es den Passagieren in der Regel nicht erlaubt, eigene Getränke mit an Bord zu bringen.

❸ ANDERE TOUREN

Eine weniger bekannte Segelstrecke ist ein Törn mit drei Übernachtungen von Fethiye um die Inseln im Golf von Fethiye. Da hier die Entfernungen kürzer sind, müssen sich die *Gulets* nicht auf ihre Motoren verlassen, was bedeutet, dass mehr gesegelt wird. Ein typischer Törn mit drei Übernachtungen könnte zur Tersane-Insel, Ağa-Limanı-Bucht und Cleopatra-Bucht führen. Diese Touren werden von Before Lunch Cruises (www.beforelunch.com) angeboten.

❹ LUXUS-ALTERNATIVE

Keine Lust, den *Gulet* mit Fremden zu teilen? Eine teurere Variante besteht darin, mit der ganzen Familie

- Auf einem der vielen Badestopps vom Deck direkt ins blaue Wasser springen.
- Hinauf zur Festung von Kaleköy wandern und den Rundumblick über die bewaldeten Hügel und die im Meer liegenden Inseln genießen.
- Über die im klaren Wasser vor Kekova versunkenen Gebäude sinnieren.

DER LYKISCHE BUND

Das antike Lykien war im 12. Jh. v. Chr. ein unabhängiger Zusammenschluss von Stadtstaaten an der Südwestküste der Türkei. Als die Römer in Anatolien einfielen, erlaubten sie den Lykiern, sich selbst zu regieren. Die Lykier gründeten den Lykischen Bund, eine Art Modell für föderale Republiken, das auch bei der Entstehung der Verfassung der Vereinigten Staaten eine Rolle spielte.

oder zusammen mit ein paar Freunden eine ganze Jacht mit Skipper zu chartern. So kann man auch die Strecke bestimmen. Beliebte Charterbasen sind Göcek und Kaş. Ocean Yachting Travel (www.gofethiye.com) in Fethiye ist eine gute Anlaufstelle, um sich über das Chartern von Jachten zu informieren.

❺ LOS GEHT'S

Von Ende April bis Mai und in September und Oktober fahren die Boote ca. dreimal wöchentlich, von Juni bis August täglich. Buchen kann man direkt bei den Anbietern vor Ort. Eine gute Agentur ist Alaturka Cruises (www.alaturkacruises.com). Man sollte es vermeiden, über Schlepper, Agenturen oder Hotels in Istanbul zu buchen, da dann hohe Provisionen anfallen.

Der übliche Törn verläuft von Fethiye nach Demre, und von dort geht's im Bus weiter nach Olympos. Die umgekehrte Richtung ist auch möglich. Bei der Buchung unbedingt checken, ob der Transfer nach Olympos im Törnpreis enthalten ist. Von Juni bis September ist die beste Blue-Cruise-Reisezeit.

Die Angebote unbedingt genau überprüfen. Einige Blue Cruises sind Partyboote, andere sind billig, aber mit nicht so gutem Essen. **JL**

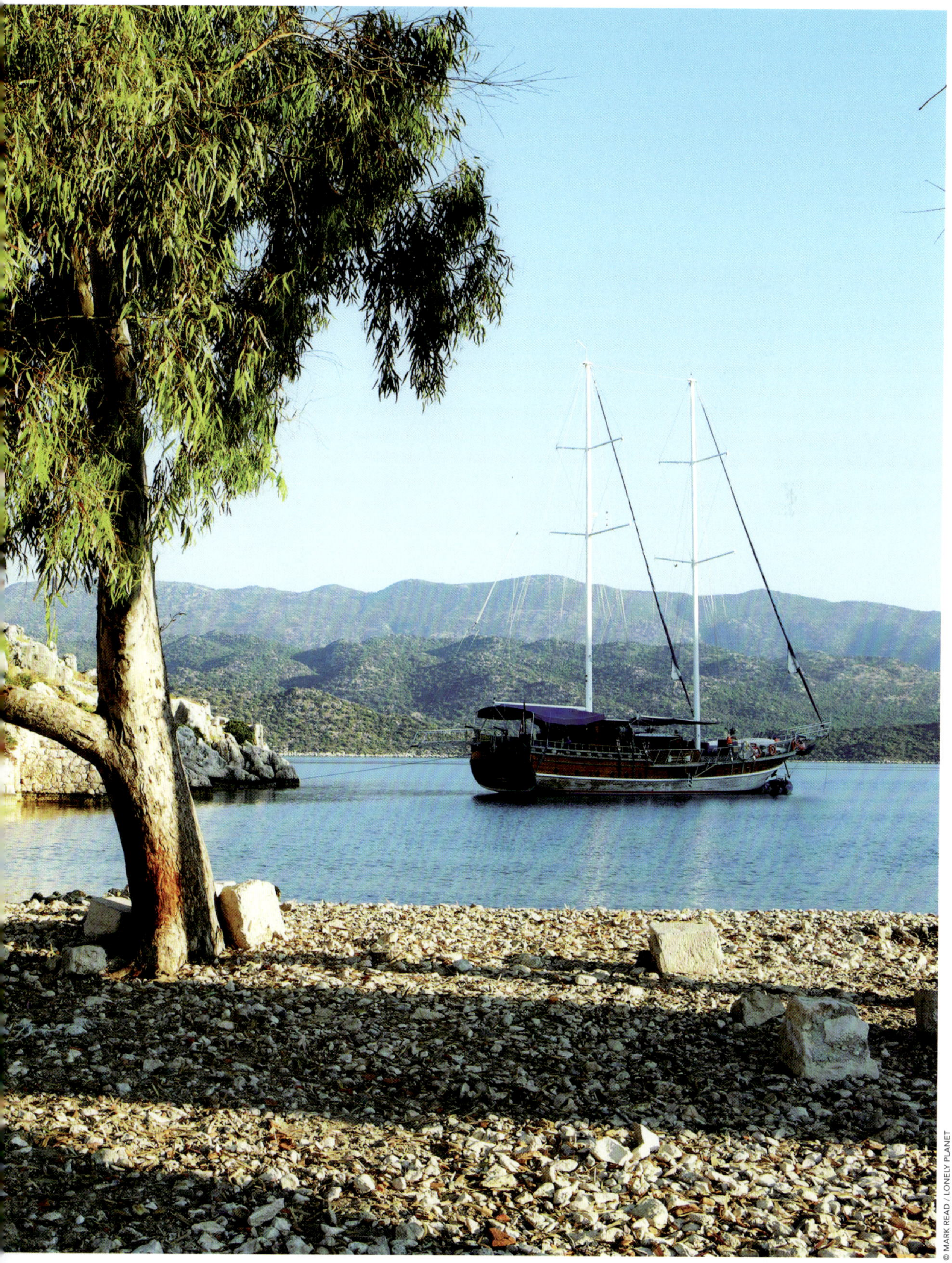

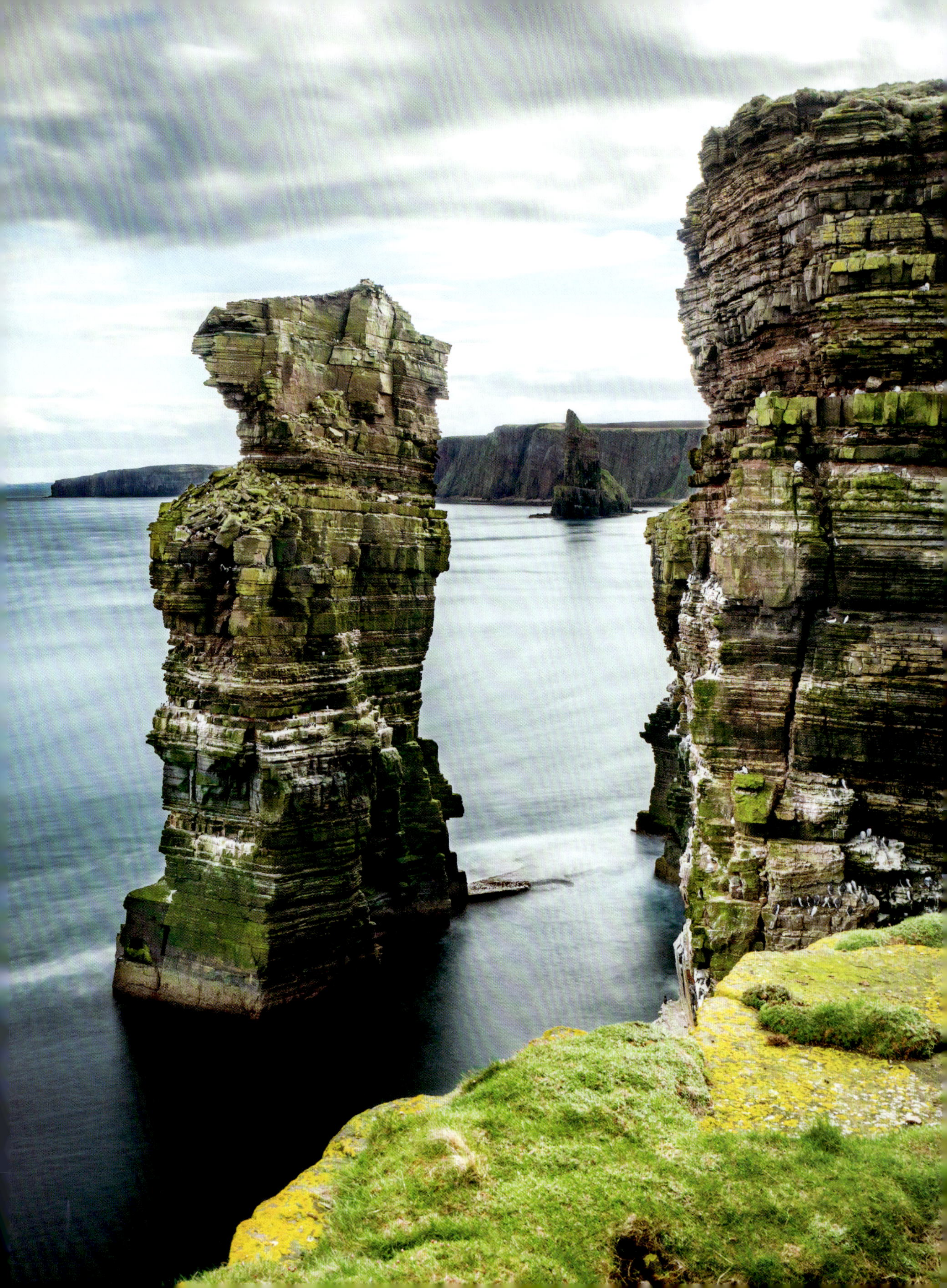

LEGENDÄRE SCHIFFSREISEN

Orkney und Shetland

VEREINIGTES KÖNIGREICH

```
START ABERDEEN
ZIEL LERWICK
STRECKE 433 KM      DAUER 14
(269 MEILEN)              STD.
```

Die längste Schiffsreise auf britischen Gewässern führt von Schottlands drittgrößtem Ballungszentrum Aberdeen zu den beiden entlegensten, nördlichsten Archipelen, den Orkney- und Shetlandinseln. Die 14-stündige Schiffsreise hat grandiose Sehenswürdigkeiten zu bieten, von Aberdeens ockerfarbenen Stränden bis hin zum Pentland Firth mit den heimtückischsten Gezeitenströmen der Erde. Es geht vorbei an dem größten Naturhafen Scapa Flow und Großbritanniens abgelegenster bewohnter Insel Fair Isle. Fast das ganze Jahr hindurch verlässt man die große Stadt in der Abenddämmerung und erwacht am Morgen in einer völlig anderen Welt mit einsamen grünen Inseln, die nur von wenigen Menschen bewohnt werden.

❶ AUF DEM WASSER

Wenn man im modernen Aberdeen ist, dieser durch Öl reich gewordenen Stadt mit vielen Hotels, Restaurants und Galerien, scheint es kaum vorstellbar, dass von hier Schiffe zu einer Inselgruppe fahren, auf der es mehr Schafe und Ponys als Menschen gibt. Und selbst wenn man schon am Anleger des Fährterminals gegenüber vom Aberdeen Maritime Museum mit seiner Multimediashow über die Seefahrervergangenheit der Stadt steht, erscheint eine Reise in eine derartig andere Welt noch immer nicht real. Erst nach ein paar Stunden, wenn das Festland nur noch ein Streifen am Horizont ist und die riesige Fähre anfängt, im Meer auf und ab zu schaukeln – denn die Kraft der weltweit turbulentesten Meerenge, des Pentland Firth, ist in jeder Faser des Schiffs zu spüren –, hat man das Gefühl, in eine andere Welt einzutauchen. Jetzt, auf dem stürmischsten Abschnitt der Reise, versteht man langsam, warum die hier verstreut liegenden Inseln so lange Zeit von der Welt abgeschnitten waren.

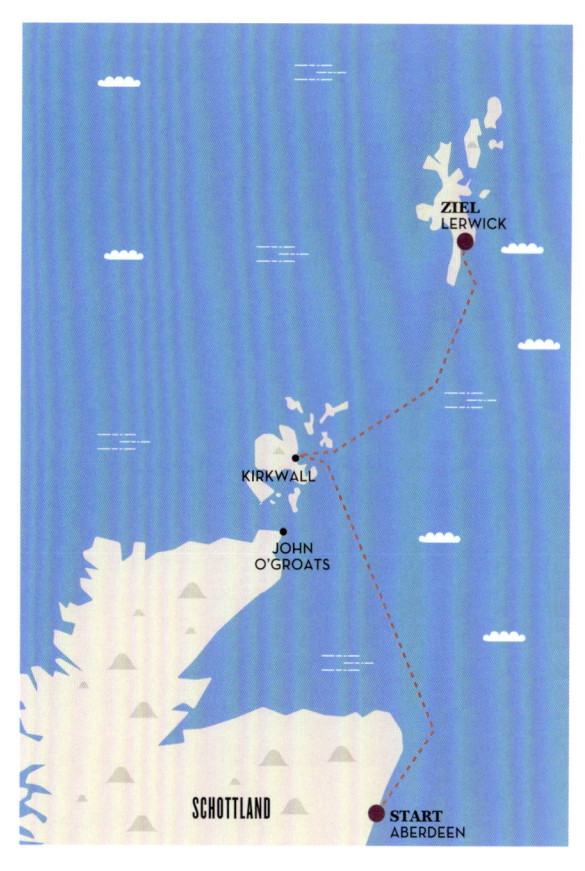

LEGENDÄRE SCHIFFSREISEN

ALTNORDISCHES ERBE

Nachdem im 9. Jh. die Wikinger hier gelandet waren, gehörten die Orkney- und Shetlandinseln bis 1472 zu Norwegen. Es ist noch viel von der skandinavischen Kultur erhalten, sei es im Dialekt auf den Inseln, in Ortsnamen oder in Gebäuden wie der St.-Magnus-Kathedrale auf Orkney, die errichtet wurde, um die Stärke des altnordischen Einflusses auf diesen Inseln zu symbolisieren.

An Backbord ziehen die ersten Orkneyinseln, South Ronaldsay und Burray, vorbei und markieren den Ostrand des weltweit größten Naturhafens Scapa Flow. Von diesem strategischen Punkt aus wurden im Ersten Weltkrieg die Eingänge in die Nordsee kontrolliert. Hier beschloss 1919 Konteradmiral Ludwig von Reuter, alle 74 internierten Schiffe der deutschen Hochseeflotte zu versenken, damit sie nicht in die Hände der Briten fielen. Aus diesem Grund gehört Scapa Flow heute zu den faszinierendsten Tauchspots Europas.

Kurz danach legt das Schiff in Kirkwall, dem Haupthafen auf den Orkneys an. Die Stadt wurde einst von der altnordischen Bevölkerung als Hauptstadt ihres mächtigen Earltums gewählt, die zur Blütezeit Nordschottland sowie alle Orkney- und Shetlandinseln umfasste. Die mächtige St.-Magnus-Kathedrale, die im 12. Jh. errichtet wurde und bis heute die Skyline von Kirkwall beherrscht, ist der beeindruckendste noch vorhandene Beweis des altnordischen Erbes. Die Inseln sind auch für ihre immense Fülle an jungsteinzeitlichen Stätten in Europa bekannt. Sowohl auf den Orkneys als auch auf den Shetlands gibt es eine faszinierende Ansammlung von Steinkreisen und Begräbnisstätten, die wie Wächter einer sagenumwobenen Zeit anmuten und nur selten besichtigt werden.

Abends, wenn die Hügel von Orkney in der Dämmerung verschwinden, geht es – meist im Dunkeln – auf die nächste Etappe der Reise. Im Sommer dagegen ist es fast 24 Stunden hell, sodass man auch nachts noch viel sehen kann. Früh am Morgen passiert das Schiff Fair Isle, Großbritanniens entlegenste bewohnte Insel, die auch für ihre Strickwaren bekannt ist. Bald kommen die schroffen Umrisse der Shetlandinseln in Sicht und mit ihnen das Ziel der Reise. Zunächst ist links Mousa zu sehen. Hier befinden sich die besterhaltenen prähistorischen Monumente Europas, Mousa Broch. Kurze Zeit später wird man von den olivgrünen Kaps,

---

In Aberdeen das faszinierende Maritime Museum besuchen.

In einem der exklusiven Restaurants in Aberdeen vor der Abfahrt gemütlich zu Abend essen.

Die Reise mit einem Bier aus der Orkney Brewery beginnen und zusehen, wie die Sandküste von Aberdeenshire langsam verschwindet.

LEGENDÄRE SCHIFFSREISEN

LINKS: Lerwicks Town Hall auf Shetland
UNTEN: Zotteliges Shetlandpony auf Unst
SEITE 228: Felsnadel im Pentland Firth bei Duncansby Head

Buchten, Hügeln und Schären rund um Lerwick begrüßt. Der überraschend belebte Hafen, der mit Heringsfischerei und Walfang sowie mit Ölgeschäften groß wurde, ist aufgrund der Tatsache, dass es weder in der Region noch weiter nördlich eine andere Stadt vor dem Nordpol gibt, die eigentliche Hauptstadt der Shetlands.

❷ AN BORD

Diese Strecke wird von zwei großen Autofähren, der MV *Hrossey* und der MV *Hjaltland*, bedient. Beide sind komfortabel und geräumig, verfügen über Geschäfte, Restaurants, eine Bar und Aussichtsdecks. Die Überfahrt findet nachts statt. Es gibt mehrere unterschiedliche Unterkünfte. Am einfachsten sind die gepolsterten Liegesitze, für die das Personal Decken verteilt. In den Premium-Kabinen gibt's Satelliten-TV, Kaffeemaschinen und Buttergebäck.

❸ ANDERE TOUREN

Northlink Ferries bietet eine alternative, kürzere Tour zu den Orkneys an. Sie führt von Scrabster an Schottlands Nordküste nach Stromness. Die Fahrzeit beträgt kaum eine Stunde, und die Landschaft ist spektakulär. An Steuerbord ist die Felsnadel des Old Man of Hoy zu sehen, bevor man in den malerischen, von Hügeln umgebenen Hafen von Stromness einläuft.

❹ LOS GEHT'S

Jeden Abend fährt ein Schiff von Aberdeen nach Lerwick. Tickets sind bei Northlink Ferries (Jamieson's Quay, www.northlinkferries.co.uk) erhältlich. Übernachten kann man auf Liegesitzen oder in Kabinen für zwei und vier Personen. Auf dem Hinweg lohnt ein Zwischenstopp in Kirkwall, zurück geht es dann von Lerwick direkt nach Aberdeen. **LW**

Im Sommer ist es fast 24 Stunden hell, sodass Schottlands nördlichste Küste und die Inseln nie in der Dunkelheit verschwinden.

Im fotogenen Kirkwall mit der schönen Uferpromenade und der faszinierenden altnordischen Geschichte von Bord gehen.

In Lerwicks grandiosem Shetland Museum die Boat Hall besuchen, in der einige der typischen Inselboote in der Luft schweben.

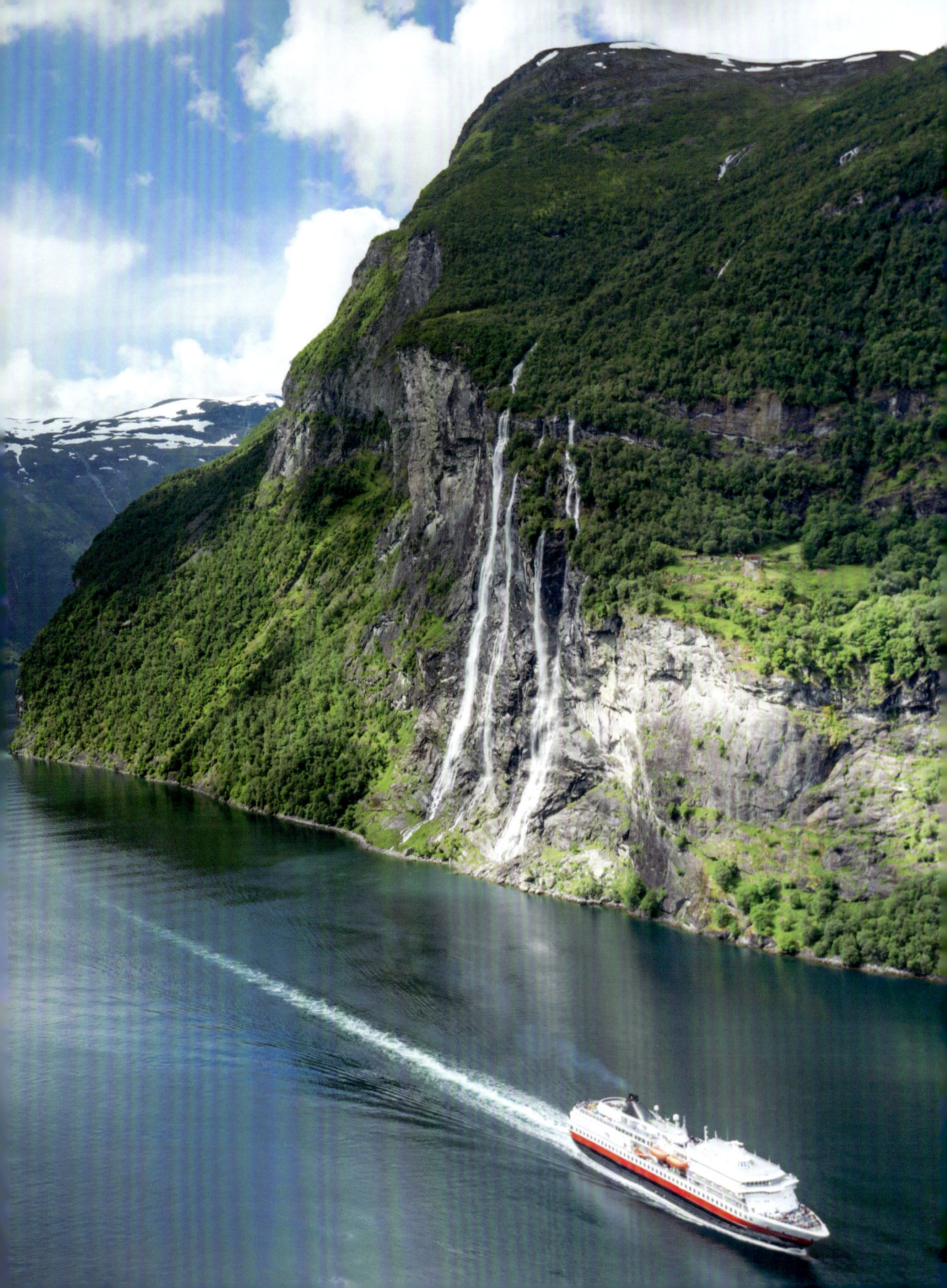

LEGENDÄRE SCHIFFSREISEN

Hurtigruten

NORWEGEN

START	BERGEN
ZIEL	KIRKENES
STRECKE	2358 KM (1464 MEILEN)
DAUER	7 TAGE

Seit 1894 fahren die Hurtigruten-Schiffe an Norwegens einzigartiger Küste auf und ab. Der ganzjährige Fährservice zwischen Bergen und Kirkenes ist eine lebenswichtige Verbindung für die abgelegenen Küstengemeinschaften Norwegens. An Bord zu gehen bedeutet, an einer der ältesten Schiffsreisen der Welt teilzunehmen, ganz zu schweigen von dem überwältigenden Anblick, den das Land mit seinen Fjorden, zerklüfteten Halbinseln, einsamen Fischerdörfern und abgeschiedenen Inseln zu bieten hat. Und mit etwas Glück kann man sogar spektakuläre Polarlichter sehen.

❶ AUF DEM WASSER

Ein echtes Abenteuer: In einer eisigen Winternacht nördlich des Polarkreises steht man irgendwo mitten in der Finsternis des europäischen Nordmeers an Deck eines Schiffs. In der Ferne kann man die schwachen Umrisse der Westküste Norwegens sehen, ansonsten herrscht Dunkelheit. Nur das Plätschern des Wassers und das Surren der Bootsmotoren sind zu hören. Trotz dreier Schichten Polarkleidung ist man bis auf die Knochen durchgefroren. Inzwischen haben sich einige Passagiere in die warmen Kabinen zurückgezogen. Für andere gibt es einen guten Grund, draußen zu bleiben. Denn der Himmel glüht: Ein Kaleidoskop aus Grün, Pink, Purpur und Rot flackert in wechselndem Muster am dunklen Firmament. Für die Möglichkeit, die größte Lightshow der Natur zu sehen, nimmt man gern ein paar kalte Finger in Kauf.

Wer zum ersten Mal das Polarlicht sieht, wird diesen Augenblick nie vergessen – auf einem Schiff der Hurtigruten ist dieses Erlebnis ein festes Versprechen. Der Betreiber ist sich dessen so sicher, dass man eine weitere Woche gratis an Bord bleiben darf, falls sich das Polarlicht auf der zwölftägigen Reise nicht zeigt.

Das Naturschauspiel *Aurora borealis* zu erleben ist aber nur einer von vielen guten Gründen, eine Fahrt auf dieser historischen Schiffsroute zu unternehmen. Mehr als 120 Jahre waren die Hurtigruten wesentlicher Bestandteil des norwegischen Lebens. Sie verbanden den prosperierenden Hafen von Bergen im Süden mit der weit im Norden gelegenen Stadt Kirkenes und etwa 30 Häfen dazwischen. Hurtigruten ist das einzige Unternehmen, das regelmäßig den Polarkreis überquert. Die aus elf Schiffen bestehende Flotte fährt ganzjährig.

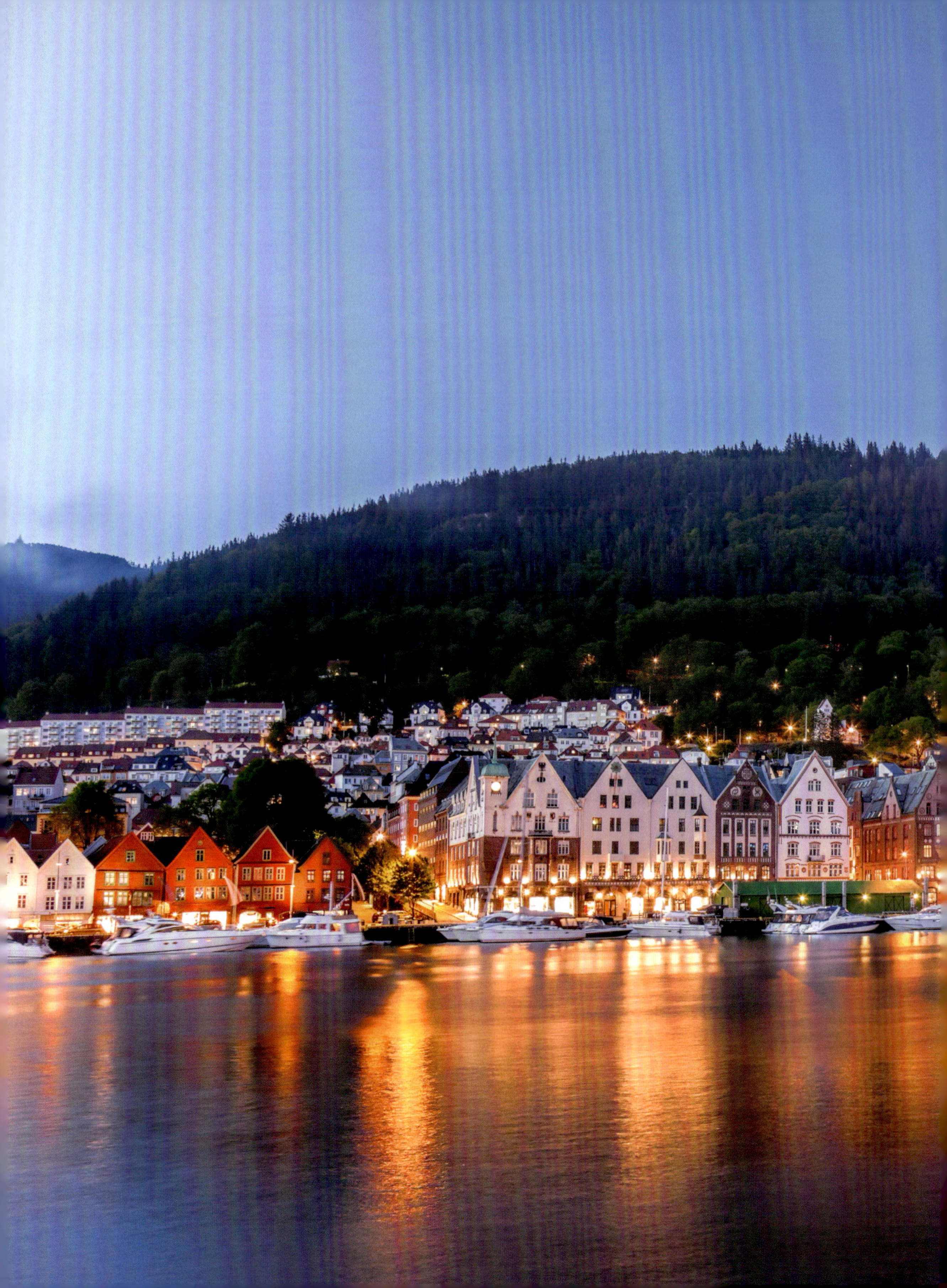

LEGENDÄRE SCHIFFSREISEN

Die Fahrt beginnt in Bergen, dem einstigen Zentrum der Hanse, einem Netzwerk aus Handelshäfen, die früher am Nordatlantik angesiedelt waren. Nach einem Spaziergang vorbei an den bunten Holzhäusern von Bryggen und dem Genuss eines Hummerbrötchens sowie eines extrem teuren Biers auf dem städtischen Fischmarkt gehen die Passagiere zum Hafen, wo die Reise in den hohen Norden beginnt.

Vor Einführung der Hurtigruten war die Reise entlang der norwegischen Küste eine lange, anstrengende und – vor allem im Winter – gefährliche Fahrt. Schiffbruch war keine Seltenheit, und selbst die schnellsten Schiffe benötigten Wochen für die Strecke. Als die norwegische Regierung einen regelmäßigen Fährservice plante, stellte sich ein ambitionierter junger Kapitän namens Richard With der Herausforderung. 1893 bewältigte er mit seinem Dampfschiff DS *Vesteraalen* die Reise in sieben Tagen und nannte diesen neuen Service „Hurtigruten" – „schnelle Route".

Heute sind die Hurtigruten sowohl bei Touristen als auch bei Einheimischen beliebt. Mit gemütlichen Kabinen, Restaurants und abendlichen Vorträgen ermöglichen die Fähren eine stilvolle Kreuzfahrt entlang der Küste. Die Trumpfkarte der Hurtigruten ist aber die grandiose Landschaft: der steil aufragende, von Wasserfällen durchzogene Geirangerfjord, die Bilderbuchstädte Ålesund und Trondheim, der ruhige Hjørundfjord und die schneebedeckten Gipfel der Lofoten.

Jenseits des Polarkreises wird es spannend: Hier ist das Land der Mitternachtssonne und der Polarnacht, wo je nach Jahreszeit die Sonne entweder nie auf- oder nie untergeht. Wenn man an Tromsø und Hammerfest vorbeifährt, übernimmt die Magie der Arktis das Ruder, und man taucht ein in eine Welt mit abgelegenen Fischerdörfern, auf keiner Karte verzeichneten Bergen, wilden Fjorden und der rauen Natur Norwegens. Und genau hier sieht man mit etwas Glück das Polarlicht!

Nach ca. 1273 Seemeilen (2358 km) erreicht die Fähre den Hafen von Kirkenes: 644 km nördlich des Polarkreises und 26 km von der russischen Grenze entfernt. Hier werden die Schiffe der Hurtigruten entladen, beladen und aufgetankt. Bevor es zurück nach Bergen geht, werden neue Passagiere an Bord begrüßt. Egal, ob es regnet oder ob die Sonne scheint, ob Winter oder Sommer ist, man kann sicher sein, dass das ganze Jahr hindurch an jedem Tag in der Woche mindestens ein Hurtigruten-Schiff durch die eiskalten Gewässer des europäischen Nordmeers fährt. Es ist mehr als nur ein Bootstrip, es ist eine Fahrt in das Herz und die Seele Norwegens.

❷ AN BORD

Auf den Hurtigruten-Schiffen gibt es vier Kabinentypen: Polar Inside, Polar Outside, Arctic Superior und Expedition Suite. Die Preise richten sich nach Verfüg-

---

- In Bergen durch Bryggen mit den zum UNESCO-Weltkulturerbe gehörenden Holzhäusern spazieren.
- Durch den Geirangerfjord, einen der mächtigsten und dramatischsten Fjorde Norwegens, fahren.
- An den gezackten Gipfeln der Lofoten vorbeifahren.

LEGENDÄRE SCHIFFSREISEN

DIE HURTIGRUTEN-FLOTTE

Die Hurtigruten-Flotte besteht derzeit aus elf Schiffen, das älteste ist die MS *Lofoten*, die 1964 gebaut wurde. Zur Flotte gehören auch vier speziell angefertigte Expeditionsschiffe, die für Fahrten in der Arktis und Antarktis ausgelegt sind. Zwei von ihnen verdanken ihre Namen berühmten norwegischen Forschern: Fridtjof Nansen und Roald Amundsen.

OBEN: Aurora borealis am Hardangerfjord
SEITE 232: Fahrt durch den Geirangerfjord
SEITE 234: Bergen bei Nacht

barkeit und Komfort. An Bord werden Aktivitäten und Vorträge, in mehreren Häfen Landausflüge angeboten. Essen ist wichtig: Die Schiffe verfügen über ein À-la-Carte-Restaurant und ein Café mit Büffet. Serviert werden traditionelle Gerichte wie Lofoten-Kabeljau, Finnmark-Ren, Geiranger-Lamm und Arktischer Saibling. Auch Vegetarier kommen auf ihre Kosten.

❸ ANDERE TOUREN

Die Süd-Nord-Route von Bergen nach Kirkenes dauert sieben Tage bzw. mit Rückfahrt zwölf Tage. Es besteht auch die Möglichkeit, weiterzufahren gen Norden bis zur arktischen Inselgruppe Spitzbergen oder gen Süden nach Deutschland und in die Niederlande.

❹ BUDGET-ALTERNATIVE

Kabinen sind kein Muss, machen die Fahrt aber angenehmer. Günstig ist es, wenn man früh bucht, sich für eine der weniger beliebten Innenkabinen entscheidet und in der Zwischensaison (März & Okt.) reist.

❺ LOS GEHT'S

Die Boote legen ganzjährig fast täglich in Bergen ab. Wer auf einem bestimmten Schiff reisen will, muss sich nach dem jeweiligen Fahrplan richten. Buchen kann man direkt auf der Hurtigruten-Website. Es gibt drei Klassen (Basic, Select und Platinum) und Vergünstigungen wie Frühbucherrabatte, Landausflüge, Captains-Dinner und Gratis-WLAN.

Die schnellste und angenehmste Art dieser Reise ist die Bootsfahrt von Bergen nach Kirkenes und zurück mit dem Flugzeug nach Oslo. **OB**

Nach Passieren der arktischen Stadt Tromsø Ausschau nach Polarlicht halten.

Den ruhigen, kaum bekannten Hjørundfjord, der nur von wenigen Schiffen angelaufen wird, erkunden.

Ums Nordkap, den nördlichsten Punkt (71° N) des norwegischen Festlands, fahren.

Paris von der Seine aus

FRANKREICH

Im Lauf seiner 2000-jährigen Geschichte entwickelte sich Paris rechts und links der Seine, und bis heute schmücken viele prächtige Bauwerke das schöne Flussufer. Hier verbringt man seine Mittagspause, trifft sich mit Freunden und kann die ganze Pracht der Stadt genießen. Die Seine ist ein lebendiges, fließendes historisches Monument. Während einer Bootsfahrt durch das Herz der Stadt ziehen Jahrhunderte an einem vorbei.

❶ AUF DEM WASSER

Los geht's am Quai de Montebello gegenüber der Kathedrale Notre-Dame de Paris, einem der herausragendsten Beispiele der französischen Gotik-Architektur, die trotz der Brandschäden von 2019 noch immer prächtig ist. Sie steht auf der Île de la Cité, der einstigen Heimat des gallischen Stamms namens Parisii. Um 250 v. Chr. wurde Paris hier gegründet und breitete sich immer weiter aus.

Auf der Fahrt flussaufwärts in Richtung Île St-Louis passiert man elegante Wohnhäuser aus dem 17. und

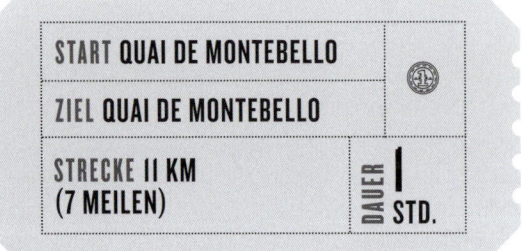

START QUAI DE MONTEBELLO
ZIEL QUAI DE MONTEBELLO
STRECKE 11 KM (7 MEILEN)
DAUER 1 STD.

18. Jh. Nachdem man den östlichen Zipfel umfahren hat, geht es vorbei an der kürzlich als Fußgängerzone ausgewiesenen Rive Droite, an der sich Spaziergänger, Jogger und Skateboarder tummeln. Im Sommer gibt es hier zahlreiche Pop-up-Bars und Cafés, Liegestühle und Sonnenschirme und genügend Schatten unter schönen alten Bäumen.

Etwas vom Flussufer entfernt steht das stattliche Hôtel de Ville, das Pariser Rathaus. Linkerhand liegt die Conciergerie mit ihren kräftigen Rundtürmen. Im Mittelalter war sie ein königlicher Palast, später ein Gefängnis und in der blutigsten Zeit der Französischen Revolution für Hunderte Gefangene der letzte Aufenthaltsort, bevor sie hingerichtet wurden.

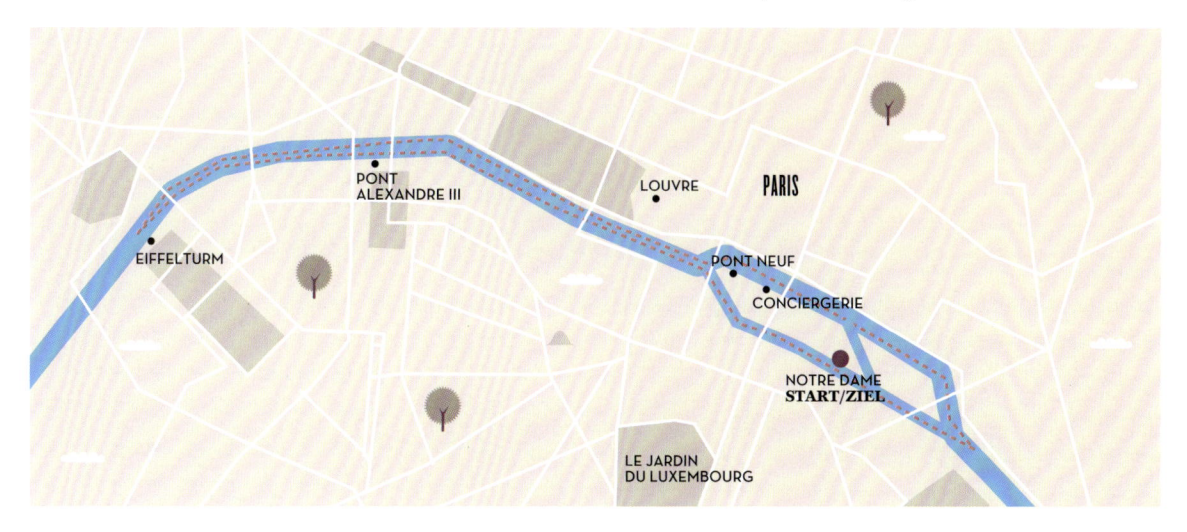

LEGENDÄRE SCHIFFSREISEN

Nun kommt der beeindruckende Pont Neuf (Neue Brücke) in Sicht, der aber eigentlich die älteste Brücke ist, da sie 1606 fertiggestellt wurde. Gleich danach folgt der Louvre. Der königliche Palast aus dem Mittelalter beherbergt die weltgrößte Kunstgalerie. Der lange, kunstvoll verzierte Gebäudeabschnitt auf der Seine-Seite lässt seine ganze Dimension erahnen. Der Jardin des Tuileries ist an einer Reihe perfekt gestutzter Hecken zu erkennen. Jetzt ist die vergoldete Spitze des aus Luxor stammenden Obelisken zu sehen, der mitten auf der riesigen Place de la Concorde steht. Während der Französischen Revolution fanden hier öffentliche Hinrichtungen statt.

Nun eröffnet sich der spektakuläre Blick auf den Pont Alexandre III und den Eiffelturm. Mit vier goldenen Statuen, den originellen Laternenmasten und eleganten Bögen ist die Beaux-Arts-Brücke die verspielteste der ganzen Stadt. Die Bootsfahrt geht fast bis zum Fuß des Turms, der Anblick der *„Dame de Fer"* (Eiserne Lady) vom Wasser aus ist atemberaubend.

Hier kehrt das Boot um und fährt wieder zurück. An der Rive Gauche erblickt man die Assemblée Nationale, das Unterhaus des französischen Parlaments, mit ihrer klassischen Kolonnadenfassade. Ein Stück weiter steht das Musée d'Orsay, ein ehemaliger Bahnhof, der heute die weltweit größte Sammlung impressionistischer Meisterwerke beherbergt. Das *Bijou* (Juwel) mit der goldenen Kuppel am Ende der Fußgängerbrücke Pont des Arts ist die Académie Française.

Kurz vor Ende der Fahrt entdeckt man die Péniches (Frachtkähne) der schwimmenden *Sapeurs Pompiers* (Pariser Feuerwehr) und bekommt so Eindrücke vom modernen Leben am Fluss in dieser zeitlosen Stadt.

❷ AN BORD

Das Aussehen der Boote variiert je nach Anbieter. Alle haben aber oben an Deck große Sitzbereiche. Von dort

KANALFAHRT

Wie wär's mit einer Tour auf den weniger bekannten Wasserstraßen? Die Kanalfahrt startet am Port de l'Arsenal in der Nähe der Bastille, man passiert einen Tunnel und kommt am Canal St-Martin im Herzen des hippen Paris wieder heraus. Man fährt an Doppelschleusen und Drehbrücken vorbei und sieht eine ganz andere Seite der Stadt. Die Fahrt endet im Bassin de la Villette im 19. Bezirk.

Zurückblicken auf die berühmten Strebebögen aus dem 14. Jh. von Notre-Dame (die Kathedrale wurde von 1160–1260 erbaut).

Die imposante Conciergerie, den Hauptpalast der Französischen Könige vom 10. bis zum 14. Jh., betrachten.

Die Galerie grotesker Gesichter bestaunen, wenn man den Pont Neuf mit seinen steinernen Wasserspeiern passiert.

LEGENDÄRE SCHIFFSREISEN

LINKS: Der riesige Palais du Louvre
UNTEN: Die zum Eiffelturm führende Pont d'Iéna
SEITE 238: Blick auf die Seine, wie sie Paris zweiteilt

hat man den besten Blick, vorausgesetzt, das Wetter spielt mit. Auf den Booten gibt's in der Regel eine kleine Imbissbude, außerdem befindet sich an den meisten Anlegern ein Restaurant oder eine Bar, falls man sich vorab einen Drink genehmigen möchte.

❸ LOS GEHT'S

Mehrere Gesellschaften bieten die gleiche Strecke zu ähnlichen Preisen an. Es gibt Unterschiede in Größe und Aussehen der Boote sowie in der Art der Kommentare (Mensch bzw. Audioguide). Ausschlaggebend für die Bootswahl ist wahrscheinlich der Startpunkt, da die Boote an verschiedenen Stellen am Fluss ablegen. Alle Touren enden am Ausgangspunkt.

Bateaux Mouches ist der größte Anbieter (mit den größten Schiffen). Sie starten am Pont d'Alma, Rive Droite. Die Boote von Bateaux Parisiens fahren am Eiffelturm (ebenso die Boote von Vedettes de Paris) und am Quai de Montebello, Rive Gauche, ab. Die Vedettes du Pont Neuf legen am Pont Neuf ab.

Die Schiffe verkehren täglich, oft alle halbe Stunde. Vor allem in der Hauptsaison sollte man im Voraus buchen, insbesondere wenn man einen Platz auf einem bestimmten Boot haben möchte. Die Fahrt kostet in der Regel zwischen 12 und 15 €. **JE**

Am Louvre vorbeifahren. Als an dieser Stelle 1190 die erste Festung errichtet wurde, lag er außerhalb der von Mauern umgebenen Stadt.

Die Nymphen am Pont Alexandre III in Augenschein nehmen, wie sie die französisch-russische Allianz feiern.

Dankbar sein, dass der fotogene Eiffelturm nicht wie geplant 20 Jahre nach seinem Bau für die Weltausstellung 1889 abgerissen wurde.

Fahrt durch die Ostsee

VON FINNLAND NACH SCHWEDEN

Wie wäre es mit einer Reise auf dem Wasserweg von Helsinki nach Stockholm, auf den Spuren der Wikinger? Die entsprechende 21-stündige Autofahrt, die fast bis an den Nördlichen Polarkreis führt, ist jedenfalls eine Schinderei, vom Flugzeug aus kann man bestenfalls einen Eindruck von den Inseln erhaschen. Die Minikreuzfahrt durch den atemberaubenden Stockholmer Schärengarten und vorbei an den malerischen Åland-Inseln bietet dagegen die schönsten Landschaftseindrücke, die man sich nur vorstellen kann.

❶ AUF DEM WASSER

Die spektakuläre Fährfahrt von Helsinki nach Stockholm dauert 16 bis 17 Stunden. An Bord haben etwa 3000 Passagiere und 400 Fahrzeuge Platz. Das Schiff bahnt sich seinen Weg von Helsinki über Mariehamn auf Åland und weiter durch den Stockholmer Schärengarten vor der schwedischen Hauptstadt bis nach Stockholm (oder in umgekehrter Richtung). Die nordischen Locals nutzen diese besondere Schiffsreise gern als preiswerte Mini-Kreuzfahrt, und auch Tou-

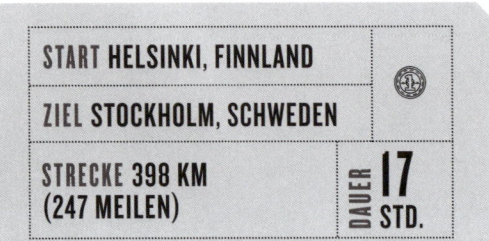

START **HELSINKI, FINNLAND**
ZIEL **STOCKHOLM, SCHWEDEN**
STRECKE **398 KM (247 MEILEN)**
DAUER **17 STD.**

risten haben herausgefunden, dass sie billiger ist als ein einfacher Flug oder eine Hotelübernachtung in einer der beiden Städte – darüber hinaus ist die Fahrzeit auch noch kürzer als bei einer Reise mit dem Zug oder Auto. Eine traumhafte Kulisse gibt's noch gratis dazu, denn die Route der Fähre führt durch die Gewässer zwischen dem Bottnischen Meerbusen und der Ostsee. Der Fährterminal in Helsinki ist vom Stadtzentrum aus fußläufig zu erreichen, und Stockholms Fährterminal ist nur eine kurze Bus- oder Taxifahrt von Gamla Stan, dem historischen Zentrum der schwedischen Hauptstadt, entfernt.

Jede Minikreuzfahrt ist ein Abenteuer. Fähren, die die Ostsee überqueren, haben den Ruf, alkohollastig

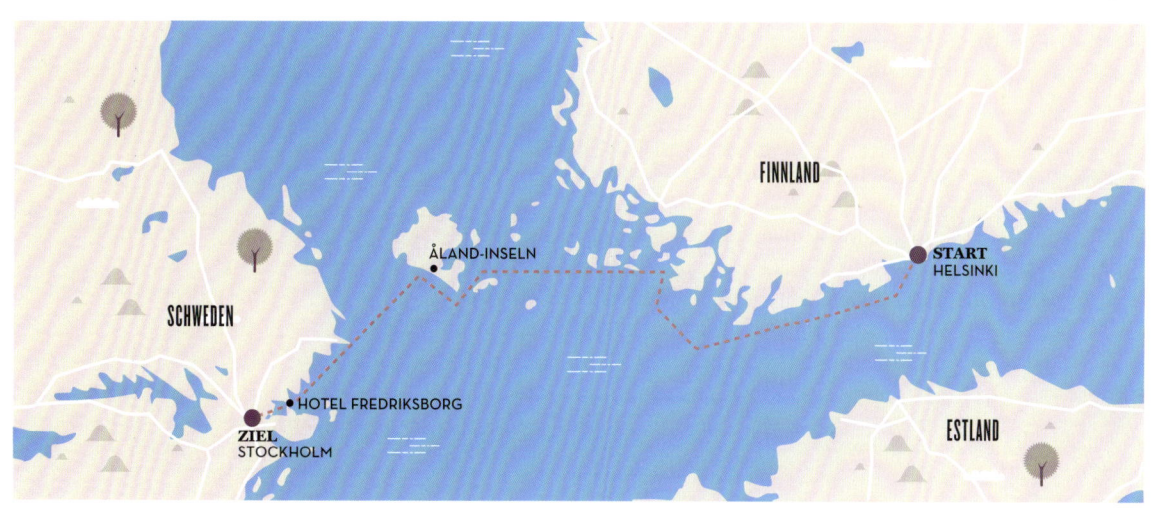

LEGENDÄRE SCHIFFSREISEN

zu sein, vor allem die Freitagabende sind berüchtigt. Jede Fähre legt nachts einen Zwischenstopp auf den mehrwertsteuerfreien Åland-Inseln ein, sodass die Geschäfte Alkohol zollfrei verkaufen können. Wenn man sich aber an den Wochenenden von den Diskos fernhält, kann die Fahrt ausgesprochen familienfreundlich sein. Es gibt kaum etwas Witzigeres als einen Karaoke-Wettbewerb zwischen angeheiterten erwachsenen Passagieren und achtjährigen Kindern. Auf jedem Schiff gibt es Kasinos, Nachtclubs, ein Shoppingzentrum mit zahlreichen Duty-free-Shops, einen Wellnessbereich und die dazugehörigen finnischen Saunen. In dem halben Dutzend Restaurants geht das Angebot von gehobener Küche bis zum schwedischen *Smörgåsbord*-Büffet mit Graved Lachs, Kartoffelsalat und den traditionellen Köttbullar. Da die Fähren ihr Geld mit Glücksspiel, Alkohol, Shoppen und Essen verdienen, ist die Fahrt selbst unglaublich preiswert. Wer den Trubel nicht mag, sollte eine Kabine auf einer ruhigeren – also nicht gerade der günstigsten – Ebene buchen, denn sonst ist Party angesagt. Man hat die Wahl.

Außer an nebligen, dunklen Tagen – von denen es vor allem im Winter viele gibt – liegt einem vom Schiff aus die ganze Schönheit der malerischen Insellandschaft zu Füßen. Und vielleicht trifft man an Bord sogar Mitglieder des finnischen Rockabilly-Clubs mit amerikanischen Hot Rods und aufgebauschten Frisuren. Es gibt wirklich kaum eine bessere und abwechslungsreichere Art, die Ostsee kennenzulernen.

❷ AN BORD

Die beiden großen Fährgesellschaften Viking und Tallink Silja bieten ähnliche Reisen auf fast identischen Schiffen an. Bei Viking Line muss man keine Kabine buchen, sodass viele Fahrgäste, vor allem junge Leute, nachts wach bleiben. Es handelt sich um moderne

SCHWEDISCHE FINNEN

Wussten Sie, dass ca. 5 % der Bevölkerung Finnlands Schwedisch sprechen? Die Åland-Inseln sind eine vorwiegend Schwedisch sprechende Region mit halbautonomem Status. Schweden trat sie 1809 an Russland ab, das aus ihnen das halbautonome Großfürstentum Finnland machte. Es ist die kleinste Region Finnlands mit 0,49 % der Fläche und 0,50 % der Bevölkerung.

- Die Buden am Wasser und auf dem finnischen Hakaniemi-Markt in Helsinkis Stadtzentrum durchstöbern.
- Auf den Hügeln von Suomenlinna, einer Festungsinsel aus dem 18. Jh. in Helsinkis Hafen, ein Picknick machen.
- Die vielen kleinen Inseln in Augenschein nehmen, wenn das Schiff mitten in der Nacht in Mariehamn auf den Åland-Inseln anlegt.

LEGENDÄRE SCHIFFSREISEN

LINKS: Pier in der Altstadt von Helsinki
UNTEN: Ein traditionelles Flachbodenschiff vor der Norröra-Insel in Schweden
SEITE 242: Hütten im Stockholmer Schärengarten

Schiffe mit ordentlichen Kabinen und mehr Annehmlichkeiten als man von einer Fähre erwartet.

❸ ANDERE TOUREN

Ein Dutzend Fährgesellschaften bedienen die Routen in der Ostsee, u. a. auch von und nach Estland, Lettland, Litauen, Deutschland und Polen. Die Preise sind günstig, sodass man eine preiswerte Kreuzfahrt planen kann. Wie wär's z. B. mit einer Tour ab Tallinn? Estlands Hauptstadt hat eines der schönsten mittelalterlichen Stadtzentren Europas.

❹ LOS GEHT'S

Die Fähren zwischen Helsinki und Stockholm fahren in der Regel zweimal täglich in beide Richtungen. Sie starten gegen 16 oder 17 Uhr und kommen um 9 oder 10 Uhr an. Die beiden großen Fährgesellschaften sind Tallink Silja (www.tallinksilja.com) und Viking Line (www.vikingline.com). Preise und Fahrpläne kann man vergleichen unter www.directferries.com. Im Sommer, in Ferienzeiten und an beliebten Wochenenden sollte man rechtzeitig buchen. Wer nur eine Strecke fährt, bekommt alles zu sehen, aber ein Hin- und Rückticket ist in der Regel preiswerter. Es werden keine anderen Formalitäten oder Visa als die für Schweden oder Finnland benötigt. Wer in den Genuss kurzer Nächte kommen möchte, sollte zur Sommersonnenwende reisen. Großen Trubel kann man umgehen, indem man die Kabine um eine oder zwei Klassen upgradet oder montags, dienstags oder mittwochs reist. **AL**

Im Sommer die Mitternachtssonne genießen, im Winter auf Polarlichter hoffen (die Schiffe fahren ganzjährig).

Beim Anblick des Hotel Fredriksborg, einer Festung von 1724, vom einstigen Leben im Stockholmer Schärengarten träumen.

In Stockholms Altstadt am Hafen einen Schaufensterbummel machen und in ein Restaurant einkehren.

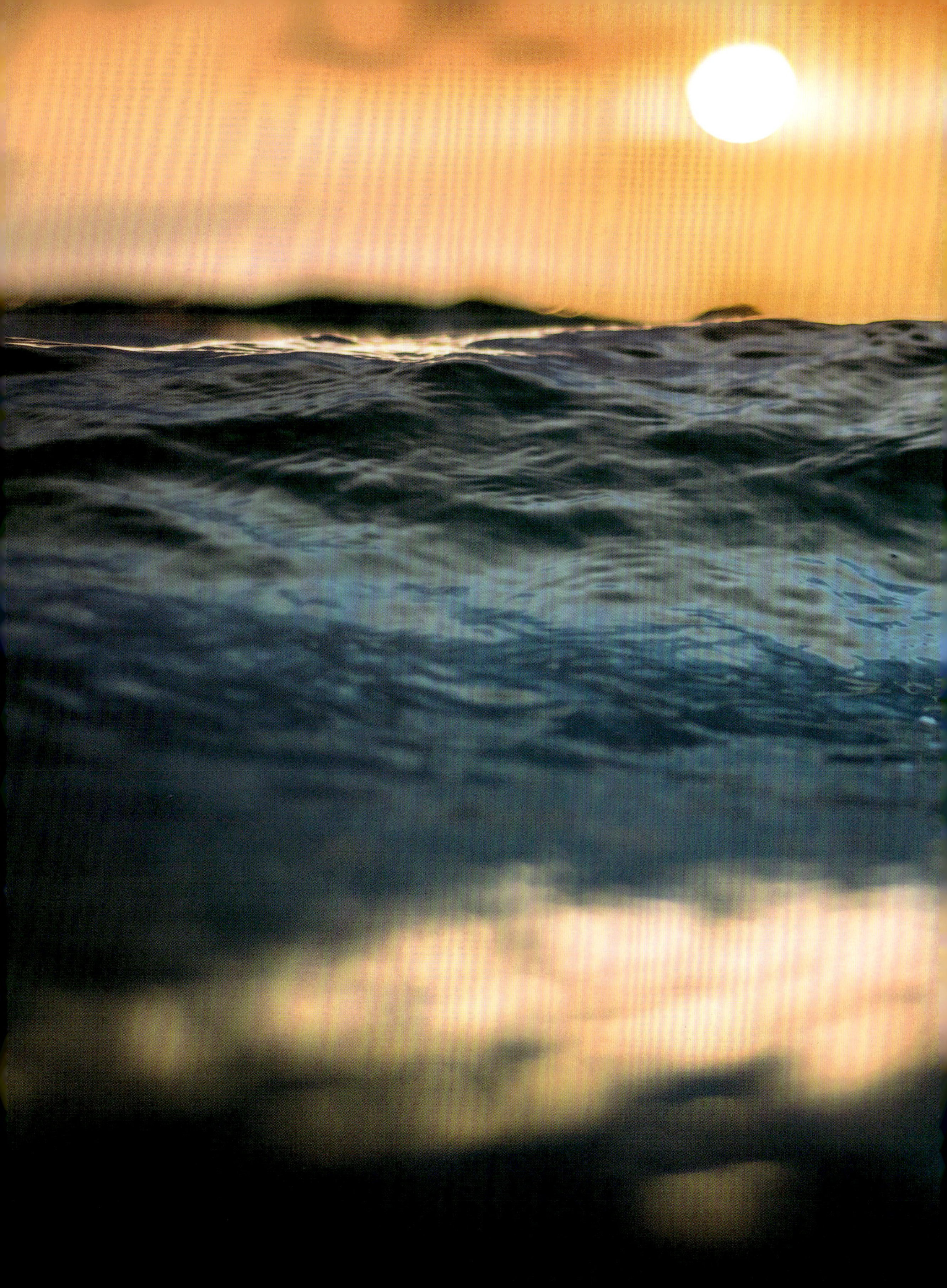

OZEANIEN

LEGENDÄRE SCHIFFSREISEN

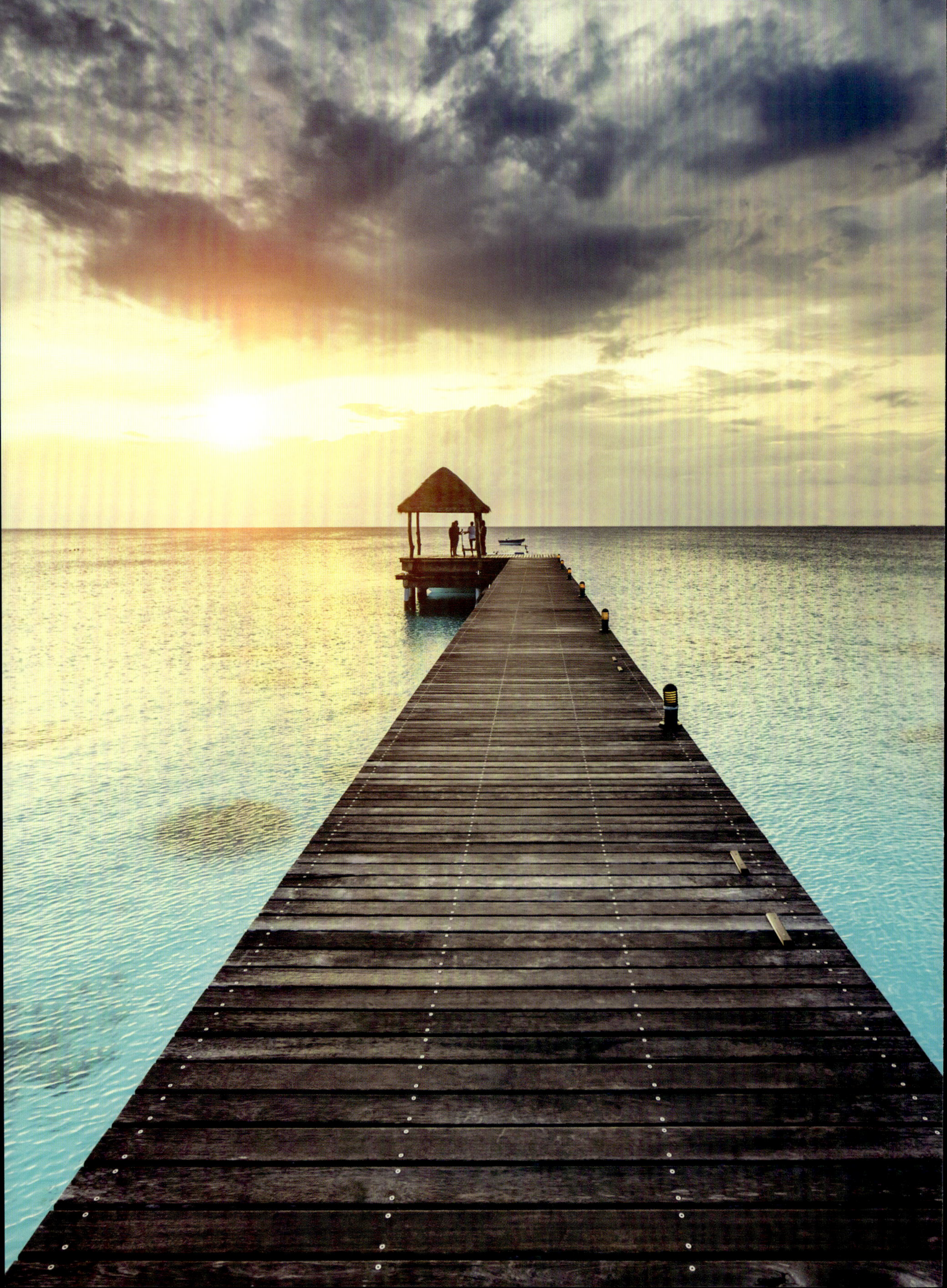

LEGENDÄRE SCHIFFSREISEN

Die Marquesas

FRANZÖSISCH-POLYNESIEN

START PAPE'ETE, TAHITI
ZIEL PAPE'ETE, TAHITI
STRECKE 3800 KM (2361 MEILEN)
DAUER 14 TAGE

Wer schon immer mal davon geträumt hat, mit einem Frachtschiff zu den abgelegenen Inseln im Südpazifik zu fahren, für den ist diese Reise genau das Richtige. Die schroffen Marquesas sind vom restlichen Französisch-Polynesien nur in kleinen Flugzeugen oder auf Versorgungsbooten zu erreichen. Die Aranui 5 ist das größte dieser Schiffe – ein komfortables, kombiniertes Kreuzfahrt-/Frachtschiff. Man kann zuschauen, wie die Güter an den Docks entladen werden, antike Tikis (Menschenfiguren) aus Stein betrachten, in tropischen Bergen wandern, die leckere Küche genießen, Sandstrände auf dem Tuamotu-Archipel und Bora Bora zu besuchen.

❶ AUF DEM WASSER

Trommeln dröhnen durch den Dschungel wie das Wehklagen antiker, moosbedeckter Steine. Unter einem hohen Banyanbaum schlagen sich mit Blätterröcken bekleidete Tänzer im Takt traditioneller Pahu-Trommeln auf die Schenkel und beginnen, kriegsähnliche Klänge anzustimmen. Man fühlt sich in die Vergangenheit zurückversetzt und hat den Eindruck, die zerfallenen polynesischen Tempel würden leben. Es ist keine touristische Vorführung, auch wenn sie für uns und unsere Schiffskameraden bestimmt ist, sie ist ein kultureller Willkommensgruß voller Kraft und Wärme.

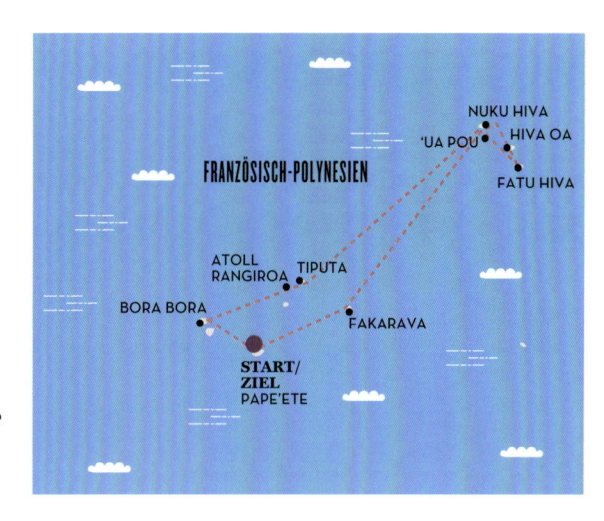

Dies ist die Magie einer Reise auf der *Aranui*: Man ist auf einem Kreuzfahrtschiff, das aber gleichzeitig ein Frachtschiff und lebenswichtig für die Marquesas ist. Die vorgeführten Tänze, das zubereitete Festmahl und das Lächeln der Einheimischen sind Teil der Traditionen der Inselbewohner. Ihre Kunst ist lebendig und die Aufführungen gehören zu ihrer Kultur – sie tun das für sich selbst –, aber die Anwesenheit von Gästen trägt dazu bei, diese zu erhalten.

Die Reise beginnt in Pape'ete, der blumenreichen, nach Abgasen stinkenden Hauptstadt Französisch-Polynesiens. Am zweiten Tag ist man schon auf der flachen, weißsandigen Insel Fakarava im Tuamotu-Archipel. Die leuchtend blaue Lagune mit ihrer großen Biodiversität hat von der UNESCO den Status eines Biosphärenreservats erhalten. Kräne laden die Fracht auf kleinere Barkassen um, die dann zu den Inselanlegern fahren. Dem Anschein nach wartet die halbe Inselbevölkerung darauf, ihre Kisten mit Lebensmitteln, Baumaterial und sogar ein oder zwei Motorrädern abzuholen. Nach einem Tag auf See erreicht man die ho-

LEGENDÄRE SCHIFFSREISEN

he, bergige Insel Nuku Hiva, die größte der Marquesas. In den drei größten Orten werden Zwischenstopps eingelegt, und auch hier versammeln sich die Einwohner am Anleger. Man kann hier Kunsthandwerker besuchen, zu Aussichtspunkten wandern und den Blick über das endlose, dunkelblaue Meer schweifen lassen, archäologische Stätten besichtigen und alles über Herman Melvilles Erlebnisse im Dorf Taipivai erfahren, die Grundlage für sein Buch *Taipi* (1846).

Am nächsten Tag erreicht man die kleine 'Ua Pou mit den surreal aussehenden Basaltspitzen. Nachdem man Spezialitäten wie Ziegen- und Kokosmilcheintopf probiert hat, kann man den Vogeltanz der Insel bewundern. Als Nächstes steht Hiva Oa auf dem Programm, die letzte Wohn- und Grabstätte des französischen Postimpressionisten Paul Gauguin und später auch des belgischen Sängers Jacques Brel. Zu besichtigen sind der Nachbau von Gauguins Haus und Jacques Brels geliebtes Beechcraft-Flugzeug *Jojo*. Mit vier Hafenstopps in zwei Tagen auf Hiva Oa hat man Gelegenheit, die archäologischen Stätten zu besichtigen, u. a. Tiki Takaii, die imposante antike Tiki-Figur (2,67 m) in Iipona.

Nach einer einwöchigen Reise kommt die abgelegenste Insel auf dieser Kreuzfahrt, Fatu Hiva, in Sicht, die nur per Boot zu erreichen ist. Die majestätische Baie des Vierges mit ihren spektakulären Felsformationen und schroffen Felswänden ist absolut überwältigend und ein beliebtes Fotomotiv. Thor Heyerdahl, der die Theorie vertrat, dass die Polynesier aus Südamerika und nicht aus Südostasien stammen (was später durch Genforschung widerlegt wurde), lebte in den 1930er-Jahren hier eine Zeit auf der Suche nach einem unberührten Paradies. Später berichtete er in seinem Buch *Fatu Hiva: Zurück zur Natur* über seine Erfahrungen. Hier bietet sich der Besuch von zwei Dörfern und einigen riesigen Felszeichnungen an.

Der nächste Halt ist wieder eine kleine Insel, 'Ua Huka. Sie ist für ihre Holzschnitzereien bekannt. Hier

© HEMIS / ALAMY STOCK PHOTO

GAUGUIN AUF DEN MARQUESAS

Der französische postimpressionistische Maler Paul Gauguin segelte 1901 nach sechs Jahren auf Tahiti zu den Marquesas. Desillusioniert von der Fortschrittlichkeit auf Tahiti starb er als Alkoholiker an der Syphilis – für die Modernen war dessen Verhalten ebenfalls desillusionierend. Gauguin produzierte in seinen letzten Jahre die Gemälde, die er als seine Meisterwerke des Primitivismus auf Hiva Oa ansah.

In der Fakarava-Lagune schnorcheln und Riffhaie, bunte Fische und wunderschöne Korallen bewundern.

In Puama'u auf Hiva Oa, der zweitgrößten Insel der Marquesas, an hohen Steintikis und zerfallenen polynesischen Tempeln vorbeispazieren.

Dem Maler Paul Gauguin seine Reverenz erweisen und die Skulptur Oviri auf seinem Grabstein bewundern.

LEGENDÄRE SCHIFFSREISEN

OBEN LINKS: Ein Delfin vor Hanavave, Baie des Vierges, Fatu Hiva
OBEN RECHTS: Ein Beiboot der Aranui auf dem Weg zur Küste
SEITE 248: Sonnenuntergang am Fakarava-Bootssteg

kann man große Zeremonialstätten, ein historisches Museum für Holzschnitzerei und einen großen Baumgarten besuchen. Ein Highlight ist es zu sehen, wie Kunsthandwerker aus hiesigen Hölzern fantastische Tikis schaffen. Schalen, Trommeln und andere schöne Gegenstände werden zu annehmbaren Preisen verkauft.

Auf dem Weg zurück zu den Tuamotu-Atollen kommt man nach Rangiroa, dem zweitgrößten Atoll der Welt. Nach den Marquesas fühlt sich das verschlafene Rangiroa regelrecht lebendig an. Neben Resorts und Restaurants gibt es hier eine Perlenfarm. Bei Sonnenuntergang sollte man Ausschau nach Delfinen halten, die durch die Avatoru Passage schwimmen. Wer will, kann dort auch schnorcheln oder mit Haien tauchen.

Bora Bora, der letzte Stopp in Französisch-Polynesien, bietet Luxus pur. Die berühmte Insel mit dem eckig-spitzen Berg ist umgeben von einer außerordentlich blauen Lagune mit dekadenten Bungalow-Resorts über dem Wasser. Hier werden viele Aktivitäten geboten: von Rundflügen in Hubschraubern bis zum Füttern von Haien und Rochen. Nun geht's zurück nach Pape'ete, wo man merkt, dass die restliche Welt noch immer existiert. Die Route kann je nach dem Wochentag, an dem das Schiff Pape'ete verlässt, und nach See- und Witterungsbedingungen variieren.

❷ AN BORD

Die *Aranui 5*, deren Laderäume mit Gütern beladen sind und deren Vordeck mit riesigen Kränen bestückt ist, hat außerdem ein paar komfortable Passagierdecks, ein Restaurant, vier Bars, einen Outdoor-Pool,

- Von den schön geformten Basaltklippen an der abgelegenen Baie des Vierges auf Fatu Hiva überwältigt sein.
- Auf 'Ua Huka typische Speisen der Marquesas und lebendige Tanzvorführungen genießen.
- Auf der Trauminsel Bora Bora, dem Tummelplatz der Jetsetter auf Hochzeitsreise, Spaß haben.

LEGENDÄRE SCHIFFSREISEN

einen Massageraum und ein Fitnessstudio. An Deck werden Vorträge (u. a. von Archäologen und Kulturspezialisten) sowie großartige Tanzvorführungen geboten. Hier kommt man mit anderen Passagieren, Inselbewohnern und mit der freundlichen Mannschaft in Kontakt. Auf dem Schiff haben 254 Passagiere Platz. Übernachtet wird in Schlafsälen, kleinen Doppelkabinen oder Suiten mit eigener Terrasse.

❸ ANDERE TOUREN

Die *Aranui 5* fuhr im Jahr 2019 durch die Inselgruppen Gambier, Austral und Pitcairn. Die Pitcairn-Insel ist bekannt als Heimat der Bounty-Meuterer, die in dem Buch und Film *Meuterei auf der Bounty* romantisiert wurden. Diese Inseln gehört zu den entlegensten bewohnten Orten unseres Planeten, von denen viele nur per Boot oder mit dem Frachtschiff zu erreichen sind.

❹ LOS GEHT'S

Die *Aranui 5* fährt rund 20 Mal pro Jahr. Buchen kann man über ein Reisebüro und per E-Mail direkt bei der *Aranui 5* (https://aranui.com). Spezielle Touren oder Themenreisen sollte man etwa ein Jahr im Voraus buchen, Törns in der Hauptsaison (Juli, Aug. & Weihnachten) mindestens sechs Monate im Voraus. Reisen in der Nebensaison kann man mit etwas Glück auch noch in letzter Minute buchen. **CB**

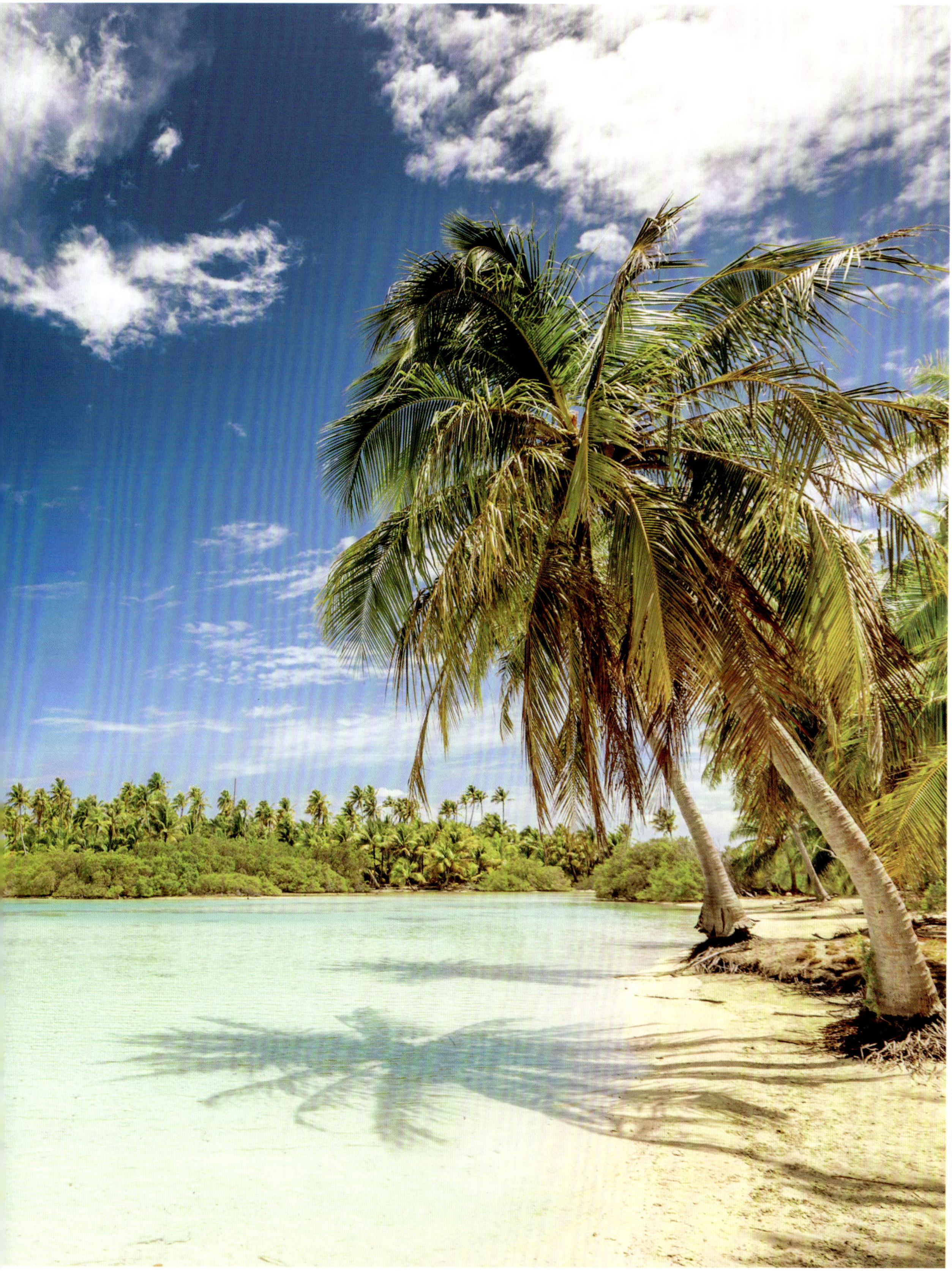

© MLENNY PHOTOGRAPHY / GETTY IMAGES

LEGENDÄRE SCHIFFSREISEN

Sydneys Manly Ferry

AUSTRALIEN

START CIRCULAR QUAY
ZIEL MANLY WHARF
STRECKE 13 KM (8 MEILEN)
DAUER 30 MIN.

Die Manly Ferry ist in Australien sehr bekannt und beliebt. Der Ausflug mit Sydneys Harbour Bridge, dem Opera House, dem Luna Park und den glitzernden Wolkenkratzern als Kulisse bietet wahrhaft beeindruckende Fotomotive. Außer-

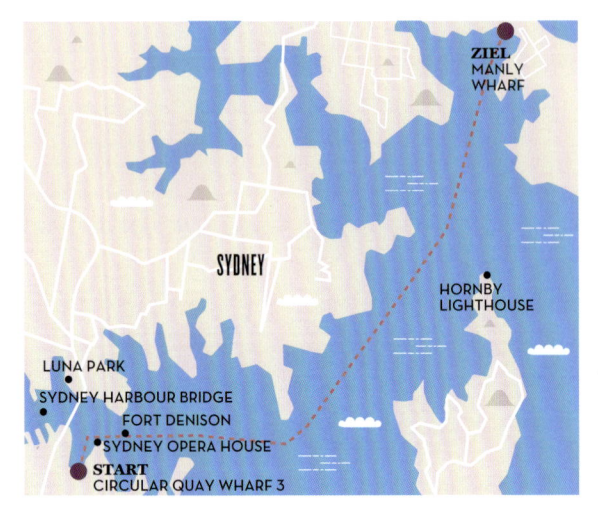

dem kann man so einige der Hauptsehenswürdigkeiten in relativ kurzer Zeit und recht günstig abhaken. In nur 30 Minuten erreicht man Manly mit seiner original Aussie-Strandkultur, bevor man auf der Rückfahrt den fantastischen Sonnenuntergang genießt.

❶ AUF DEM WASSER

Sydneys Circular Quay ist ein geschäftiger Knotenpunkt mit fünf doppelseitigen Anlegebrücken, aber man muss nur direkt zum Anleger 3 gehen, wo die traditionellen Manly-Fähren abfahren. In den 1980er-Jahren wurde er für die Gangways der Freshwater Class Ferries etwas höher als die anderen Anlegebrücken gebaut. Heute verkehren hier vier dieser grün-goldenen Fähren: Collaroy, Freshwater, Narrabeen und Queenscliff. Das Scheppern der Gangway, über die die Passagiere das Schiff verlassen, ist der erste Hinweis dafür, dass es jetzt bald Zeit ist, an Bord zu gehen.

Am schwierigsten ist wohl die Entscheidung, wo man sich für die nächste halbe Stunde positioniert. Da die Fährfahrten zu Recht sehr beliebt sind und es keine festen Sitzplätze gibt, ist es am besten, wenn man flexibel ist. Schon kurz nach dem Ablegen vom Circular Quay kommen die großen Sehenswürdigkeiten in Sicht: die Sydney Harbour Bridge auf der einen Seite und das Sydney Opera House auf der anderen. Es ist nicht ungewöhnlich, dass die Fahrgäste von einer Seite der Fähre zur anderen eilen. Traumhafte Fotomotive gibt's en masse. Das langsame, aufregende Auslaufen aus dem Sydney Harbour beobachtet man am besten vom Vor- oder Achterdeck aus.

Unbedingt Ausschau halten nach dem Luna Park mit dem gigantischen lächelnden Clownsgesicht, der den Eingang in den Vergnügungspark an Sydneys Nordufer markiert! Man kann ihn unter der Sydney Harbour Bridge kurz erspähen. Oh, und oben an der Brücke sieht man die australischen Flaggen und Menschen, die sich im BridgeClimb üben! Dann buhlt die bemerkenswerte Skyline Sydneys um Aufmerksamkeit, dabei ragt der markante Centrepoint Tower über die glänzenden Wolkenkratzer hinaus.

Danach wird es geruhsamer, man bestaunt die gehobenen Villen an der Küste und winkt den Menschen auf anderen Gefährten zu, egal ob es Fahrgäste auf Luxusjachten, Windsurfer, Kanuten oder Motorbootfahrer sind. Lohnenswert ist auf jeden Fall auch ein Blick aufs Wasser und auf die den Hafen säumenden Klippen und Nationalparks, wo man vielleicht sogar Delfine, Wale und Robben erspäht.

LEGENDÄRE SCHIFFSREISEN

„In Manly Wharf ist der Spaß noch nicht zu Ende. Ein kurzer Spaziergang führt zu einem wunderbaren Badestrand und zum Corso."

Jetzt ist es Zeit für einen Kaffee, einen Snack oder auch ein Bier, bevor man historische Stätten passiert wie Mrs Macquarie's Chair, eine in den Sandstein gehauene Sitzbank, die von Häftlingen für die Gattin des Gouverneurs Macquarie bearbeitet wurde, oder das Fort Denison, eine Erinnerung an Australiens Zeit als Strafkolonie. Bevor das Wasser bei South Head etwas bewegter wird, taucht das rot-weiß gestreifte Hornby Lighthouse auf.

In Manly Wharf ist der Spaß noch nicht zu Ende. Ein kurzer Spaziergang führt zu einem wunderbaren Badestrand und zum Corso mit seinen vielen Restaurants und Pubs.

❷ AN BORD

Je nach Tageszeit und Saison könnte diese Fahrt die angenehmste, entspannteste halbe Stunde des ganzen Lebens sein (die Höchstgeschwindigkeit beträgt 15 Knoten, ca. 28 km/h), es könnte aber auch sein, dass man von nervtötenden Selfie-Knipsern, schreienden Kindern, streitsüchtigen Familien und mürrischen, im Internet surfenden Teenagern niedergetrampelt wird. Auch wenn es manchmal nicht so scheint, es ist halt kein Touristenschiff, sondern in erster Linie eine Fähre für Pendler. Man sollte nicht überrascht sein, wenn man seinen Kaffee neben einer Geschäftsfrau genießt, die sich mehr für die *Australian Financial Review* auf ihrem Tablet als für den Ausblick interessiert.

Die Fahrt selbst ist je nach Witterungsbedingungen in der Regel ruhig. Wenn die Fähre aber die Heads am Beginn des Sydney Harbour passiert, wird es meist etwas ruppiger. Als dramatisches Intermezzo sollte man sich auf etwas Gischt und Geschaukel gefasst machen. Wer nicht ganz so mutig ist, zieht dann vielleicht einen Platz drinnen vor.

Seit Anfang 2018 betreibt Sydneys 4 Pines Brewing Company eine Bar auf den Schiffen und verkauft am späten Nachmittag und Abend ihre Biere. Es ist die erste Bar an Bord einer Freshwater-Class-Ferry seit 2012. Trinken darf man das Bier aber nur vorn auf dem Oberdeck. Frühmorgens wird Gesundes wie Gra-

---

Beim Verlassen des Circular Quay den freien Blick auf die Sydney Harbour Bridge genießen.

Unter der Brücke Ausschau halten nach dem Luna-Park-Eingang mit dem riesigen, grinsenden Clownsgesicht.

Am unverwechselbaren Sydney Opera House vorbeifahren und ein Traumfoto schießen.

LEGENDÄRE SCHIFFSREISEN

KÖNIG DER WELLEN

Manly gilt als Geburtsort des Wellenreitens in Australien, und Manly-Freshwater ist neuerdings als World Surfing Reserve anerkannt. Die Dünung erreicht hier im Mittel 1,5 m, kann aber auch mehrere Meter hoch sein. In einem Land, wo es viele Weltklasse Breaks und Surfer gibt, hat es die Surfkultur an den Northern Beaches geschafft, sich von den Massen abzuheben – Schnupperstunde gefällig?

LINKS: Manly Beach, gesäumt von unverwechselbaren Norfolk Island Tannen
SEITE 254: Die Manly-Fähre in Sydney

nola mit griechischem Joghurt, Obst-Coulis und frisches Obst angeboten, mittags getoastete Sandwiches oder Wraps sowie Muffins, Brownies und Smoothies. Badezeug nicht vergessen, man fährt ja schließlich zum Manly Beach!

❸ LOS GEHT'S

Je nach Wetter verkehren die Fähren täglich – bei Nebel muss man mit Verspätungen oder Streichungen rechnen. Am praktischsten ist es, wenn man sich eine Opal Card (www.opal.com.au) kauft, die für die Fähre und die öffentlichen Verkehrsmittel gültig ist. Sie kann online geordert oder bei einem der über 2100 Händler mit dem Opal-Symbol gekauft werden. Einzelfahrscheine sind an Automaten an den Fähranlegern erhältlich. Man kann mit der Fähre in beide Richtungen fahren. Die meisten Touristen nehmen Manly als Ziel für ihren Tagesausflug. Sie starten am Circular Quay und kehren am Ende des Tages auch wieder dorthin zurück. Am idyllischsten ist es, wenn man die Fahrt so legt, dass man den Sonnenuntergang über dem Sydney Harbour genießen kann. Achtung: Unbedingt Sonnencreme auftragen (Australiens UV-Strahlen sind ganzjährig gefährlich, auch an bewölkten Tagen) und einen Hut tragen. **KN**

Einen Blick werfen auf Mrs Macquarie's Chair, eine von Häftlingen 1810 in Sandstein gehauene Sitzbank.

Am historischen Fort Denison vorbeifahren, einer kleinen Insel, auf der in Kolonialzeiten Strafgefangene untergebracht wurden.

Am South Head Ausschau halten nach dem wie eine Zuckerstange gestreiften Hornby Lighthouse (1858), dem drittältesten in New South Wales.

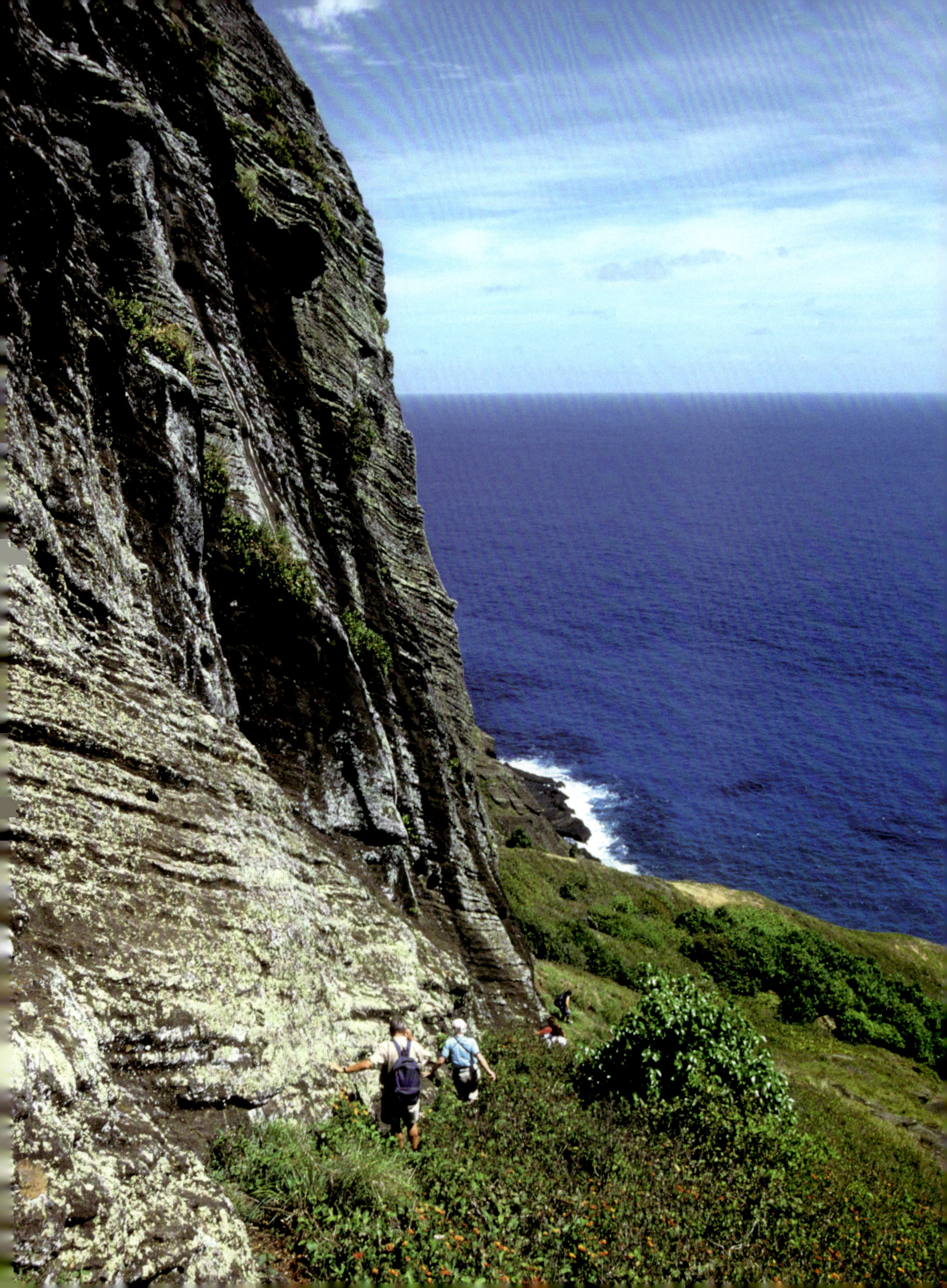

LEGENDÄRE SCHIFFSREISEN

Mit dem Frachter nach Pitcairn

PITCAIRNINSELN

START **MANGAREVA, FRANZÖSISCH-POLYNESIEN**

ZIEL **PITCAIRN**

STRECKE **541 KM (336 MEILEN)**

DAUER **2 TAGE**

Pitcairn, einer der abgelegensten, kaum bewohnten Orte der Welt, könnte Robinson Crusoes Insel Konkurrenz machen. Über diese Insel im Südpazifik, die lange als Produkt der Einbildung eines müden Kapitäns galt, wurde im 18. Jh. unter Seeleuten viel getratscht. Schließlich machten sich Fletcher Christian und seine Meutererbande auf den Weg zu dem mythischen Ort, um der Anklage wegen Landesverrats der Britischen Krone zu entkommen. Im Januar 1790 gingen sie an Land, verbrannten die HMS Bounty im Hafen und lebten als Schiffbrüchige mit ihren tahitischen Frauen bis zum Ende ihrer Tage. Die heutige Bevölkerung der Insel zählt 50 Personen – direkte Nachfahren der Meuterer. Sie alle leben in Adamstown, einer Ansammlung von ein paar Häusern. Die Fahrt auf einem rostigen Frachter zu dieser winzigen Insel, die zum Britischen Überseegebiet gehört, ist eine der abenteuerlichsten Schiffsreisen, die unser Planet zu bieten hat.

❶ AUF DEM WASSER

Wer nach Pitcairn will, muss dafür etwas tun. So reiste Enric Sala, ein Forscher von National Geographic, mit einer kleinen Gruppe von Meereskundlern zu den unberührten Gewässern um die Insel, um die großen Korallengärten und Hunderte herumtobender Haie zu erforschen. Von Washington DC aus brauchte er über fünf Tage, um die tropische Insel zu erreichen, die letzten beiden Tage davon auf einem Frachter. Der letzte Abschnitt beginnt auf Tahiti, wo Reisende im Morgengrauen in eine Propellermaschine steigen, um in einen noch abgelegeneren Winkel Französisch-Polynesiens zu gelangen. Nach einem Zwischenstopp auf einem Atoll im Tuamotu-Archipel erreicht man schließlich Mangareva. Dies ist eine der größeren Inseln des Gambier-Archipels, eine Anhäufung vulkanischer Felsen in der östlichsten Ecke des Südpazifiks. Die meisten Menschen stellen sich Tahiti wohl kaum als eine geschäftige, dicht besiedelte Insel vor: Mit ihren 190 000 Einwohnern ist sie das aber im Vergleich mit Mangareva mit nur 1200 Einwohnern allemal. Das bereitet einen darauf vor, was einen auf den noch entlegeneren und einsameren Pitcairn-Inseln erwartet. Von der Landebahn auf Mangareva – eine auf einem Strand aus zerbrochenen Muscheln gelegene Piste – dauert die Bootsfahrt durch die schillernde Lagune

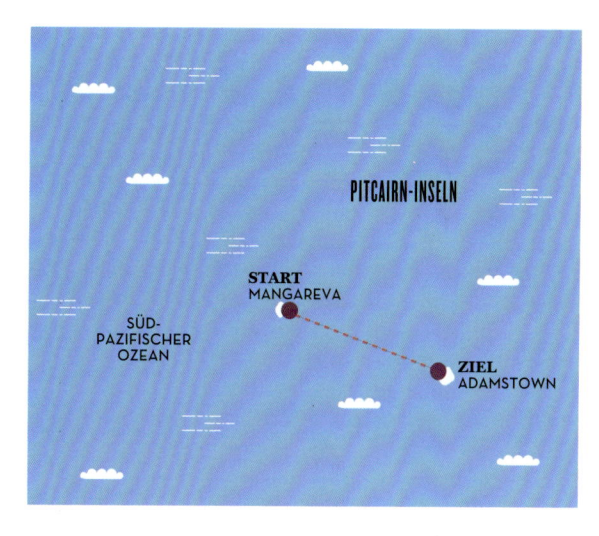

SCHIFFBRÜCHIGE AUF PITCAIRN

Die letzten, lange totgeglaubten Schiffbrüchigen der HMS *Bounty* wurden 1808, 18 Jahre nach Beginn ihres selbst gewählten Exils auf der winzigen Insel Pitcairn, von Mayhew Folger entdeckt, dem Kapitän eines amerikanischen Walfangschiffs. Er muss sehr überrascht gewesen sein, als er feststellte, dass die „Eingeborenen" perfekt Englisch sprachen! Jahrhunderte vorher hatten Polynesier auf der Insel gelebt.

- Die Ruinen des von katholischen Missionaren errichteten Klosters in Rikitea erkunden.
- Auf Mangareva über den Bergrücken zu einer ruhigen Bucht mit ein paar reizenden Unterkünften laufen.
- Die ersten tiefliegenden Wolken inmitten des Pazifiks ohne ein Fleckchen Land in Sicht wahrnehmen.

nach Rikitea, Mangarevas Hauptstadt (wobei der Begriff hier nicht ganz ernst zu nehmen ist) eine Stunde. Die rostige MV *Claymore II*, das Versorgungsschiff von Pitcairn, ragt über die beiden großen Türme der in der Nähe gelegenen katholischen Steinkirche hinaus. Es ist die größte Kirche in der Gegend. Man hat viel Zeit, den Ort zu erkunden, denn die Crew der *Claymore* bereitet sich hier auf die Fahrt über den riesigen Pazifik vor.

Bevor die *Claymore* in Mangareva ankommt, war sie schon zwei Wochen auf See. Zwölf Passagiere können an den letzten beiden Tagen der Reise von Mangareva nach Pitcairn mitfahren, Flugzeuge können auf Pitcairn nicht landen. Die mit drei Betten ausgestatteten Passagierkabinen auf der *Claymore* befinden sich im fensterlosen Deck unterhalb des Wasserspiegels. Die darüber liegenden Crew-Unterkünfte haben Bullaugen. Eine Etage über dem Wasserspiegel gibt es einen Aufenthaltsraum mit TV und vielen DVDs sowie die Messe: zwei zusammengeschobene Picknicktische in einem feuchten, durch eine Klarsichtplane geschützten Raum. Man kann auf die Brücke gehen und den Offizieren beim Abstecken des Kurses zuschauen. Auf dem luftigen Achterdeck kann man den Sonnenuntergang genießen oder mit Crewmitgliedern eine Zigarette rauchen.

Die Augen spielen einem einen Streich, wenn das Schiff Mangareva verlässt und die steinigen Inseln langsam am Horizont verschwinden. Die Wolken fangen an, wie Städte auszusehen, sie scheinen sich zu vermenschlichen, wenn man nichts anderes mehr sieht als die Unendlichkeit des Meeres. Nach etwa 40 Stunden erreicht man bei Sonnenaufgang Pitcairn und freut sich, wenn ein hölzernes Langboot sich dem noch immer im tiefen Blau schaukelnden Frachter nähert. Die Einreiseformalitäten werden an den Picknicktischen in der Messe erledigt. Anschließend werden Gepäck und Passagiere auf das rundkielige Shuttle-Boot verfrachtet.

Die Bewohner Pitcairns umarmen ihre zurückkehrenden Verwandten aufs Herzlichste, selbst Fremde werden Teil der Freude über die Rückkehr der *Claymore*. Nun wartet der Frachter im tiefen Wasser. Er ist so gut wie von jedem Aussichtspunkt der Insel zu sehen und erinnert stets daran, dass man bald wieder die Fahrt zurück in die Zivilisation antreten muss. Noch nie war der Spruch „der Weg ist das Ziel" wahrer als auf der Schiffspassage zur Pitcairn-Insel.

❷ AN BORD

Auf einem Schiff mit quasi genauso vielen Passagieren wie Crewmitgliedern sind die Mahlzeiten auf feste Zeiten beschränkt. Die Kojen sind einfach aber sauber, es gibt Gemeinschaftstoiletten und -duschen sowie viel warmes Wasser.

❸ LOS GEHT'S

Der Frachter bringt vier Mal pro Jahr Waren von Neuseeland nach Pitcairn. Ab Mangareva, Französisch-Polynesien, können Passagiere die letzten beiden Tage mitfahren. Der Frachter pendelt zwischen Pitcairn und Mangareva mehrmals hin und her und bringt Einheimische zwecks medizinischer Versorgung nach Tahiti. Für Traveller besteht so die Möglichkeit, etwa zwölf Mal pro Jahr nach Pitcairn zu fahren. Das Wetter ist für eine tropische Insel recht konstant. Man muss sich weniger um die Jahreszeit kümmern, als vielmehr darum, eine der wenigen Kojen zu ergattern. Für den Trip sollte man sowohl herzhafte als auch süße Snacks im Gepäck haben. Salzcracker sind ein Muss für alle, die leicht seekrank werden. **BP**

LINKS OBEN: Ein sich nähernder Frachter
LINKS UNTEN: Mehr Einsiedlerkrebse als Menschen auf der Insel
SEITE 258: Klippen auf Pitcairn

Dem Guide folgen und sich „abseilen", um die uralten Felszeichnungen an Pitcairns einzigem Sandstrand zu sehen.

Sich im kristallklaren Wasser des Gezeitenbeckens bei St. Paul, einer vulkanischen Abbruchkante auf Pitcairn, abkühlen.

Nach einem Spaziergang auf Pitcairn können Vogelfans mehrere neue Spezies auf ihrer Liste abhaken.

Cook Strait Ferry

NEUSEELAND

Eine Fährfahrt von Neuseelands Hauptstadt durch die Cook Strait ist eine einzigartige Möglichkeit, die Nord- und die Südinsel des Landes kennenzulernen. In Wellington tankt man kulinarische und kulturelle Energie und macht sich dann auf durch die spektakulären Marlborough Sounds zur verschlafenen Hafenstadt Picton. Während die Fähre vorsichtig an bewaldeten Inseln und versteckten Buchten vorbeifährt, mischt man sich unter die Kiwi-Familien auf Urlaub. Nach der Ankunft in Picton locken dann eine Bootsfahrt zu abgelegenen Stränden und Lodges und der Queen Charlotte Track zu Fuß oder mit dem Mountainbike.

❶ AUF DEM WASSER

Stolze Einheimische in Neuseelands Hauptstadt behaupten, dass Wellington an einem guten Tag unschlagbar sei. Wenn die Sonne scheint und die Luft von der für die Südhalbkugel typischen Frische durchdrungen ist, ist die Hafenstadt in der Tat ein toller Ort. Farbenfrohe Holzhäuser säumen die Hügel der Stadt, und das kompakte Stadtzentrum bietet unzählige Restaurants und Bars.

START **WELLINGTON**
ZIEL **PICTON**
STRECKE **93 KM (58 MEILEN)**
DAUER **3½ STD.**

Ausgezeichnetes Craftbier, hervorragender Kaffee und authentische ethnische Aromen einer immer bunter gemischten Bevölkerung Neuseelands ziehen mehr und mehr hippe, junge Menschen in die Stadt, die hier in der Technik- und Filmbranche arbeiten.

Der Hafen selbst ist eingerahmt von zwei der legendärsten Gebäude Wellingtons. Das Museum of New Zealand Te Papa Tongarewa (inoffiziell auch Te Papa oder „Our Place" genannt) ist ein architektonisch umwerfender Schaukasten der Naturgeschichte, Kultur und Gesellschaft des Landes. Am Nordende des Hafens, in der Nähe des Fähranlegers zur Südinsel, steht das kreisrunde Westpac Stadium, das ironisch gern „The Cake Tin" genannt wird. Mit etwas Glück kann

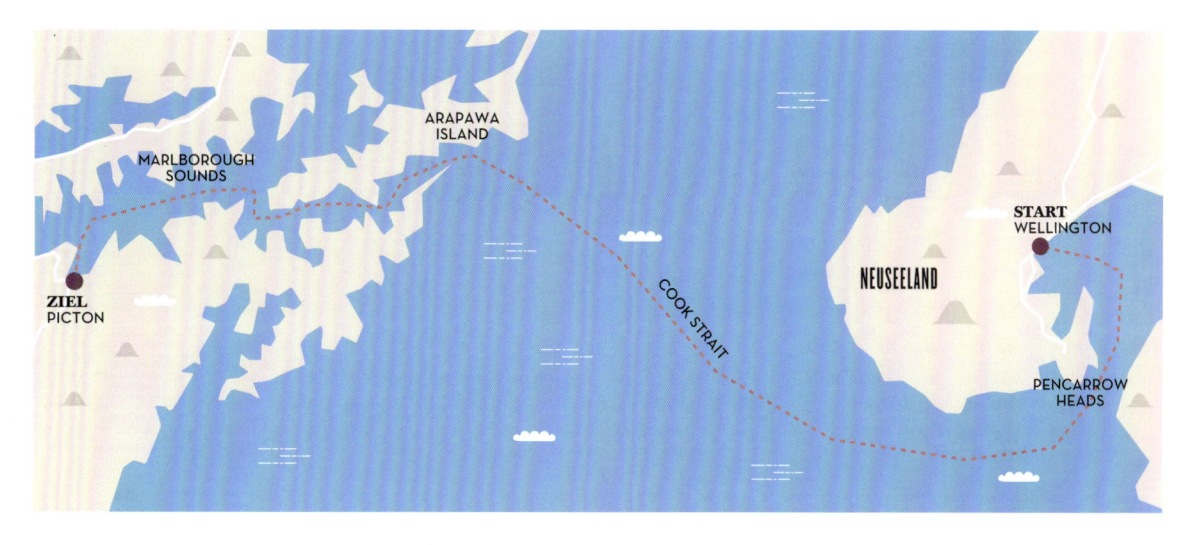

LEGENDÄRE SCHIFFSREISEN

OBEN: Wellington Harbour, Nordinsel
UNTEN: Leuchtturm am Cape Palliser, Cook Strait
SEITE 260: Queen Charlotte Sound

man hier die Stimmung eines internationalen Rugby-Spiels mit den All Blacks, Neuseelands Weltmeister-Mannschaft, erleben.

Von Wellingtons Aotea Quay fahren die Fähren zunächst durch den Wellington Harbour in Richtung Cook Strait. An der Backbordseite des Schiffs ist die kleine Insel Matiu/Somes Island zu sehen, der angebliche Landungsplatz des legendären polynesischen Navigators Kupe. Die ehemalige Quarantänestation ist jetzt ein Naturschutzgebiet. Die in der Nähe gelegenen Bezirke Days Bay und Eastbourne sind ein beliebtes Wochenendziel der Wellingtoner. Die Hafenausfahrt und die Einfahrt in die Cook Strait sind durch die beiden Leuchttürme am Pencarrow Head gekennzeichnet.

Die Meerenge, die ihren Namen dem legendären britischen Seefahrer und Entdecker Kapitän James Cook verdankt – der 1773 wegen des Gezeitenwechsels nicht in den Wellington Harbour einlaufen konnte –, verbindet die Tasmansee mit dem Pazifischen Ozean und ist an ihrer engsten Stelle nur 23 km (14 Meilen) breit. Die Cook Strait ist unberechenbar, aber die kräftigen Fähren meistern auch raue Gewässer ohne Probleme. Außerdem ist man nur ca. 90 Minuten auf dem offenen Meer. Nachdem die Fähre Arapawa Island passiert hat und in die geschützten Marlborough Sounds einfährt, wird die Landschaft spektakulär – und spätestens jetzt wird klar, warum der Trip vorab gebucht werden sollte. Will man in den Tory Channel einbiegen, sieht man vom Deck aus zunächst nur Land – und erst in letzter Sekunde den Wasserweg. In dem Labyrinth aus hoch aufragenden, bewaldeten Küstenlinien und Inseln hat man auf der Fähre manchmal den Eindruck, über einen Fluss zu fahren. Die Marlborough Sounds werden korrekterweise tat-

© MATTEO COLOMBO / GETTY IMAGES

© IMAGE BROKER / ALAMY STOCK PHOTO

- Vorbei an Matiu/Somes Island das kompakte Wellington und seinen Hafen verlassen.
- Bei der Einfahrt in die Cook Strait die beiden Leuchttürme am Pencarrow Head in Augenschein nehmen.
- Zuschauen, wie die Südinsel auf der Fahrt durch die Cook Strait langsam näher kommt.

LEGENDÄRE SCHIFFSREISEN

sächlich als Rias oder überflutete Flusstäler bezeichnet. Vom Queen Charlotte Sound biegen die Fähren in den schmalen Grove Arm ab und erreichen nach zehn Minuten Picton. Delfine und Neuseeländische Seebären sind hier keine Seltenheit.

Picton mit seiner von Palmen gesäumten Esplanade und seinem hübschen, im Stil englischer Gärten angelegten Küstenvorland, ist ein netter Ort für den Start oder das Ende einer Fahrt durch die Cook Strait. Der Ort hat ein paar Luxus-Lodges und einige rustikale Unterkünfte zu bieten. Die Gegend erkundet man am besten, indem man den beliebten Queen Charlotte Track zu Fuß oder mit dem Mountainbike in Angriff nimmt. Für dieses legendäre, 70 km lange neuseeländische Outdoor-Abenteuer sollte man ca. vier Tage veranschlagen. In den Cafés am Hafen von Picton bekommt man guten Kaffee, kaltes Bier und herzhaftes Essen, damit sich „trampers" (Kiwi-Slang für Wanderer) vor oder nach dem Queen Charlotte Track stärken können. Ein paar kleinere Boote bringen Fahrgäste zu abgelegenen Lodges im Grünen oder fahren durch die Sounds, wo man die unterschiedlichsten Tiere beobachten kann.

Eine beliebte Art, die Gegend auf eigene Faust zu erkunden, ist die Fahrt im Mietwagen über die kurvige, schöne Küstenstraße nach Havelock, der Heimat der neuseeländischen Grünschalmuscheln, oder über Neuseelands landschaftlich schöne SH1 gen Süden in die Marlborough-Weingegend rund um Blenheim. Aus den von der Sonne verwöhnten Weinreben werden Neuseelands spritzige Sauvignon-blanc-Weine hergestellt, die man in lockeren, aber kultivierten Restaurants wie dem Arbour und dem Rock Ferry genießen kann. Ein perfekter Ort, um auf eine der spektakulärsten Fährfahrten der Welt anzustoßen. Fans von Neuseelands ebenfalls unverwechselbarem Hopfen können auf diese Fahrt auch mit einem Bier von Blenheim's Renaissance oder Moa Brewing anstoßen.

IN DER MEERENGE SCHWIMMEN

Viele Langstreckenschwimmer haben die 22,5 km breite Cook Strait schon durchquert – so wie auch der Ärmelkanal viele Mutige angezogen hat. Der erste erfolgreiche Schwimmer war 1962 Barrie Devenport. Er benötigte für die Strecke elf Stunden und 13 Minuten. Den Rekord von vier Stunden und 37 Minuten hält seit 2008 der 21-jährige Casey Glover. Der jüngste Bezwinger ist 12 Jahre alt.

☆ Sich bei der Einfahrt in den Tory Channel von Arapawa Island überraschen lassen.

☆ Durch das blau-grüne Labyrinth der Marlborough Sounds fahren.

🥂 Nach der Fahrt durch den Grove Arm mit einem Drink am Hafen in Picton auf den Tag anstoßen.

265

LEGENDÄRE SCHIFFSREISEN

„Die Einfahrt in die Cook Strait ist durch die beiden Leuchttürme am Pencarrow Head gekennzeichnet."

❷ AN BORD

Auf der Fahrt durch die Cook Strait fehlt es nicht an landschaftlichen Highlights, aber auch die modernen Fähren haben einiges an Unterhaltung zu bieten. Es gibt Panoramafenster und Innenbereiche mit guter Sicht, Spielecken für Kinder, ein Kino und während der Schulferien Clowns und Zauberkünstler. Da die Fahrt kaum vier Stunden dauert, gibt es keine privaten Kabinen, Erwachsene können sich aber in die Bars zurückziehen, wo es eine große Auswahl an ausgezeichneten Wellingtoner Craftbieren gibt, zu empfehlen sind z. B. Garage Project, ParrotDog und Tuatara. Beliebte Sportevents laufen auf den Bildschirmen und manchmal treten auch Livebands auf. Ein Café und diverse Restaurants sind während der ganzen Fahrt geöffnet und bieten Snacks und leichte Gerichte an. Wer etwas Kühles mag, sollte das in Neuseeland beliebte Eis am Stil FruJu oder Jelly Tip probieren.

❸ LOS GEHT'S

Die Fähren von Great Journeys of New Zealand (www.greatjourneysofnz.co.nz) und Bluebridge (www.bluebridge.co.nz) fahren täglich tags und nachts. Es gibt eigentlich nur eine Klasse, aber für Passagiere über 18 Jahre gibt's gegen Bezahlung Privat-Lounges. Am üblichsten sind Einwegfahrten. Es ist in der Regel preiswerter, seinen Mietwagen in Wellington zu lassen und sich in Picton ein anderes Auto zu besorgen. Online-Reservierungen werden sehr empfohlen, vor allem um Ostern und Weihnachten/Neujahr. In den neuseeländischen Schulferien sind die Fähren ebenfalls sehr gefragt. **BA**

RECHTS: Vordeck an einem klaren Tag

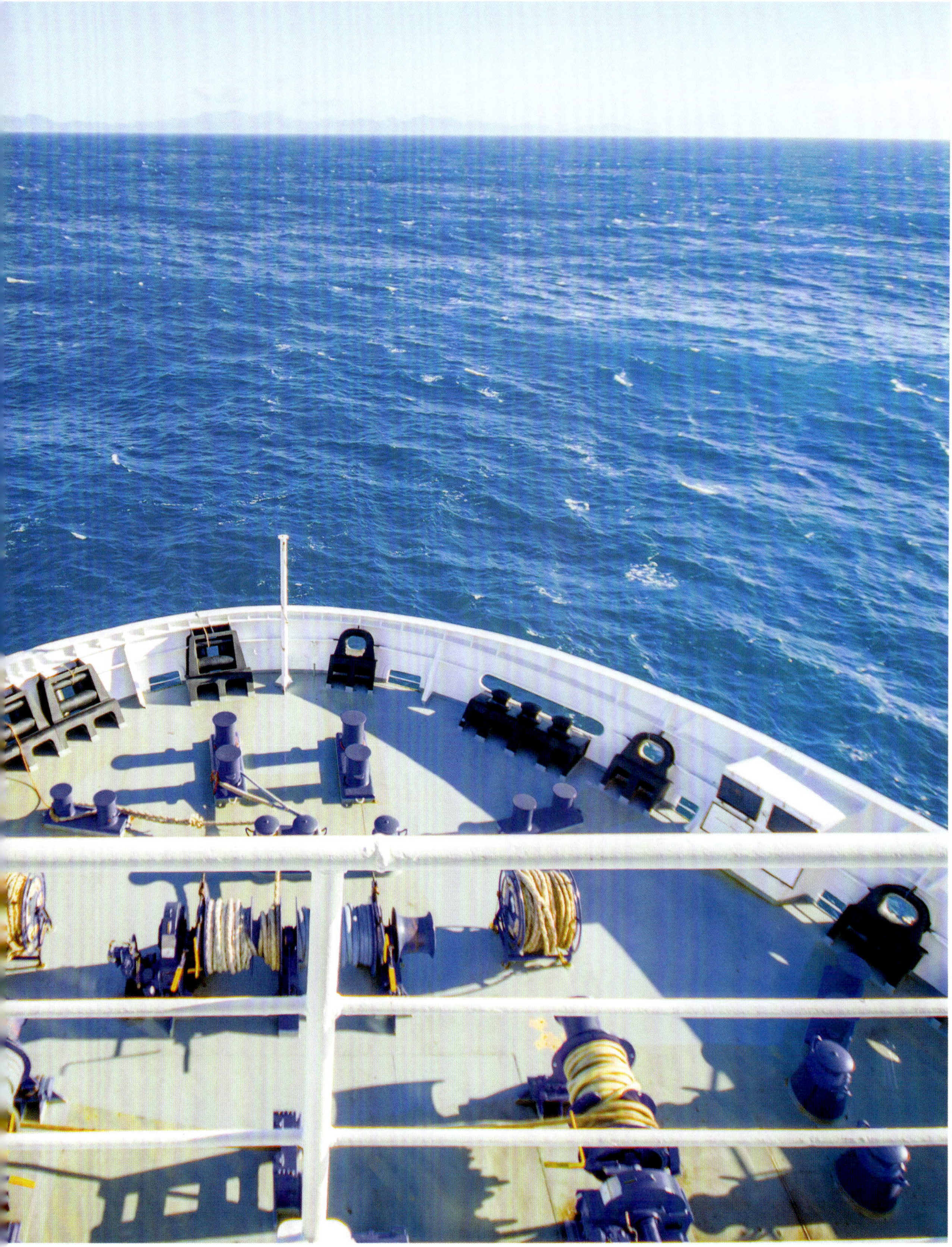

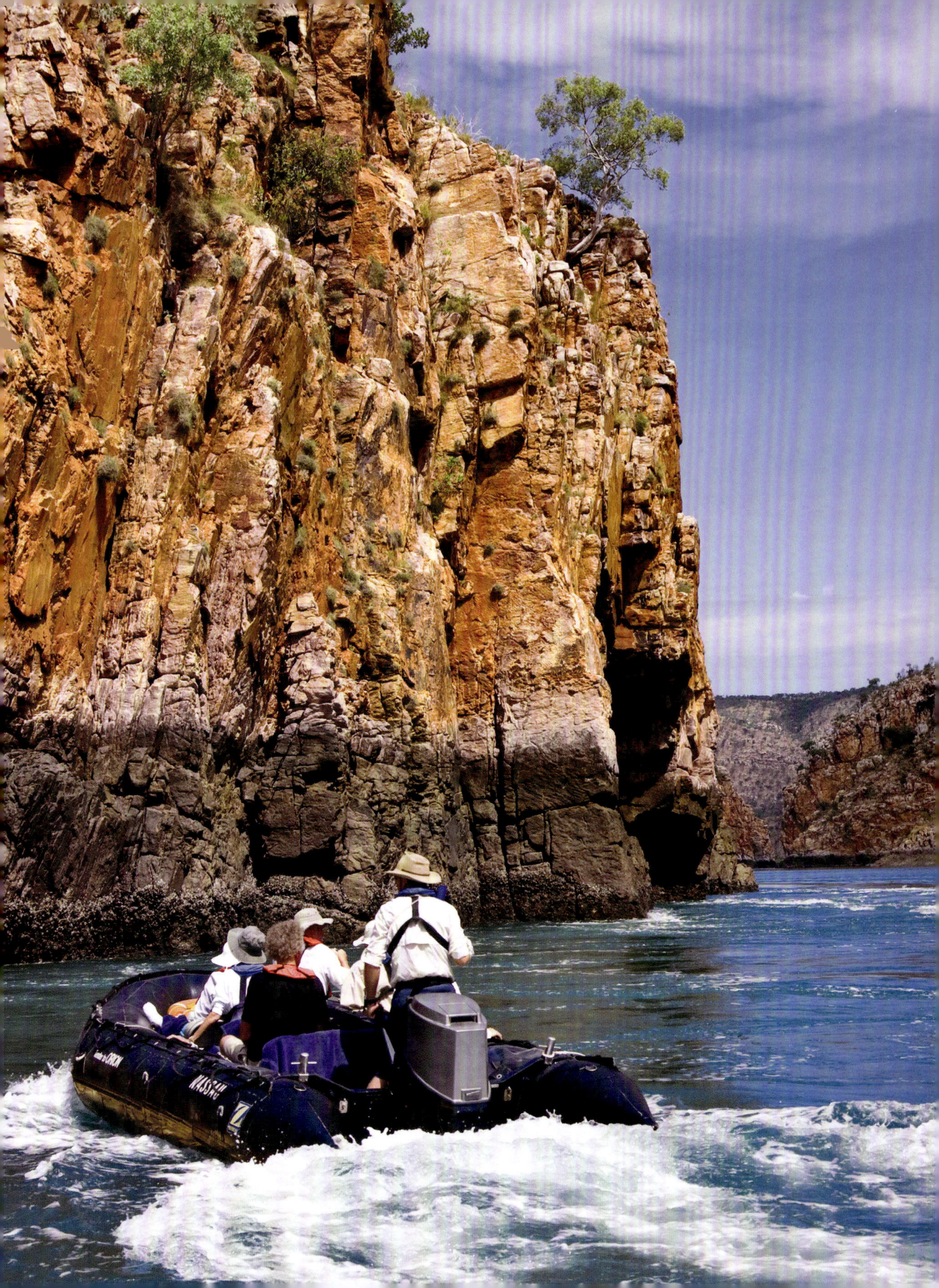
NASSAU

LEGENDÄRE SCHIFFSREISEN

Kimberley Coast

AUSTRALIEN

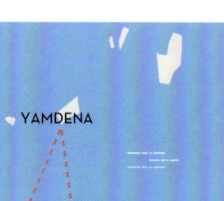

START	BROOME
ZIEL	DARWIN
STRECKE 3219 KM (2000 MEILEN)	DAUER 10 TAGE

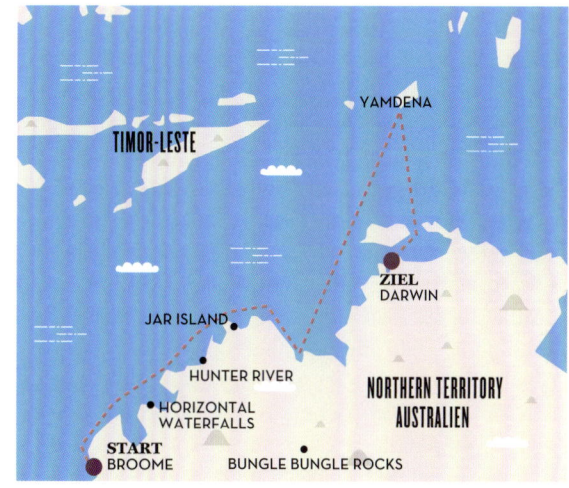

Wenn man sich auf der Landkarte Australiens die abgelegene Kimberley-Region anschaut, ist eines sofort klar: Hier führt nicht eine Straße an die Küste. Diese außergewöhnliche Küstenlinie lässt sich nur mit dem Boot erkunden, und das dauert Stunden und Tage. Unter den Augen von Krokodilen fährt man in Zodiacs durch Buchten und Flussmündungen, vorbei an rostroten Klippen, ungestümen Wasserfällen, eindrucksvollen Felskunststätten der Aborigines und einem nur bei Ebbe zu sehenden Riff. Danach kehren die Gäste zurück in den Luxus mit Butlerservice, Sommelier, Cocktails am Pool und leuchtendem tropischem Sonnenuntergang.

❶ AUF DEM WASSER

Am Ende jeder Regenzeit trocknet Kimberley wie von selbst. Wasserfälle stürzen die roten Klippen hinunter, und Affenbrotbäume zeigen sich in voller Pracht. Die kleinen Silversea-Expeditionsschiffe können auf dieser Reise in Buchten und dicht an die Küste fahren, ja sogar inmitten von gelbbraunen Ammenhaien und Karibischen Riffhaien, die langsam ihre Kreise um das Schiff ziehen, den Anker werfen.

Tagsüber fungiert die Silver Discoverer als Mutterschiff, von dem aus Zodiacs an die Küste, in Flussmündungen und Kanäle fahren, die sich wie Venen durch das bemerkenswerte Montgomery Reef ziehen. Das 400 km² große Riff, das von Sir David Attenborough als „eins der größten Naturwunder der Welt" beschrieben wurde, taucht bei Ebbe aus dem Indischen Ozean auf und verschwindet bei jeder Flut. Wenn das Meer geht, bleiben Nährstoffe auf dem Riff zurück, von denen sich Schildkröten und Haie ernähren.

Auf dieser Fahrt bestimmen die Gezeiten und nicht so sehr das Vorhandensein des Riffs den Tagesablauf. Kimberley hat den größten Tidenhub der Welt – mit bis zu 12 m an einigen Stellen –, sodass der Zeitpunkt für Aktivitäten nach Ebbe und Flut bestimmt wird.

Nördlich von Broome trifft das Schiff auf ein schnittiges 900-PS-Schnellboot, das die Passagiere durch Gischt und Wildwasser zu den Horizontal Waterfalls bringt. Bis zu 1 Mio. Liter Wasser drängen sich jede Sekunde durch zwei schmale Meerengen, die Richtung hängt dabei von der Tidenphase ab.

Auf See ist die Morgendämmerung wie der Beginn einer neuen Zeit: Ruhiges Meer und ein glühender

LEGENDÄRE SCHIFFSREISEN

Horizont passen zu den leuchtenden Klippen an Kimberleys Küste. Die Passagiere kommen an Deck und bekommen einen Kaffee von der vielköpfigen Crew.

In derart friedvollen Momenten ist Lethargie eine ständige Versuchung, aber selbst der Deckpool und der ewige Sonnenschein können nicht mit Kimberleys Küste mithalten. Hier ist die indigene Felskunst schon seit Jahrtausenden sichtbarer Beweis für das Bestehen der Menschheit. Die Zodiacs fahren an die Strände, Affenbrotbäume ragen aus dem Sand und große Salzwasserkrokodile tummeln sich kaum 10 m vor der Küste und rollen mit den Augen.

Der größte Moment des Trips steht bevor, wenn man sich Wyndham am Ostzipfel von Kimberley nähert. Hier stürzt der King George River – ein durch einen keilförmigen Felsvorsprung zweigeteilter Wasserfall – vom Kimberley-Plateau 100 m in die Tiefe.

Am Ende der Regenzeit knallen die Wasserfälle donnernd in die Tiefe und sich nähernde Zodiacs verschwinden in Gischtschwaden. Ein Einschnitt in den Klippen bildet einen kleinen Wanderweg zum oberen Teil der Wasserfälle, wo sich einer der weltweit größten natürlichen Infinity Pools am Rand eines Kontinents befindet und einen Blick hinunter in eine Schlucht bietet, die von Felsen gesäumt ist, die fast halb so alt sind wie die Erde selbst. Kein Pool an Bord eines Schiffes kann jemals dem Vergleich standhalten.

❷ AN BORD

Die Silversea-Expeditionsschiffe haben für nur 116 Passagiere Platz. Für jede Suite ist ein Privatbutler zuständig. Zusätzlich zum Speiseraum gibt es einen Grill am Pool, wo das Abendessen im Freien serviert wird. Jeden Abend treffen sich die Mitglieder der Crew und Gastdozenten in der großen Lounge und halten Vorträge über Kimberley, von deren Geologie bis hin zur indigenen Kunst in der Region.

WANDJINA-KUNST

Die Eröffnungsfeier der Olympischen Spiele in Sydney im Jahr 2000 brachte die Wandjina-Kunst der Welt näher. Wandjina ist für das Worrora-Volk in Kimberley eine gottesähnliche Figur. In der ganzen Gegend ist sie in Form von Felskunst zu sehen. Bei Raft Point befindet sich eine Höhle mit von Donny Woolagoodja gepflegten Wandjina-Malereien. Der Worrora-Mann schuf die Olympia-Figuren.

❸ ANDERE TOUREN

Außerhalb der Kimberley-Saison (Juli & Aug.) bieten die Silversea-Expeditionsschiffe viele anderer Touren an, u. a. von Bali nach Phuket, von Cairns nach Darwin, von Colombo nach Mahé und von Sansibar nach Durban.

❹ LOS GEHT'S

Die Silversea-Schiffe fahren in Juli und August auf dieser Strecke. Es handelt sich um One-Way-Törns, Start ist entweder Broome oder Darwin. Es gibt auch Touren mit einem Abstecher nach Saumlaki auf den indonesischen Molukken. Infos stehen auf der Website von Silversea, Gesellschaften wie Coral Expeditions und Kimberley Cruises bieten diese Schiffsreisen ebenfalls an. Australien-Besucher benötigen ein Visum, am besten über www.homeaffairs.gov.au. **AB**

© RONNYBAS / ALAMY STOCK PHOTO

Im Schnellboot zu den von den Gezeiten abhängigen Horizontal Waterfalls rasen.

Beobachten, wie das Montgomery Reef bei einsetzender Ebbe langsam aus dem Indischen Ozean auftaucht.

Im Zodiac auf dem Hunter River herumfahren und Krokodilen tief in die Augen schauen.

OBEN: Spa-Pool, Hamersley-Schlucht im Karijini National Park
SEITE 268: Zodiac vor den berühmten Horizontal Waterfalls in der Talbot Bay

Über Jar Island spazieren und die kunstvollen Gwion-Gwion-Felsmalereien bewundern.

Zur Kopfzone der donnernden King George Falls klettern und sich in dem wunderschönen Naturbecken abkühlen.

In einem kleinen Flugzeug über die einzigartige, Bienenkörben ähnelnde Bungle Bungle Range fliegen.

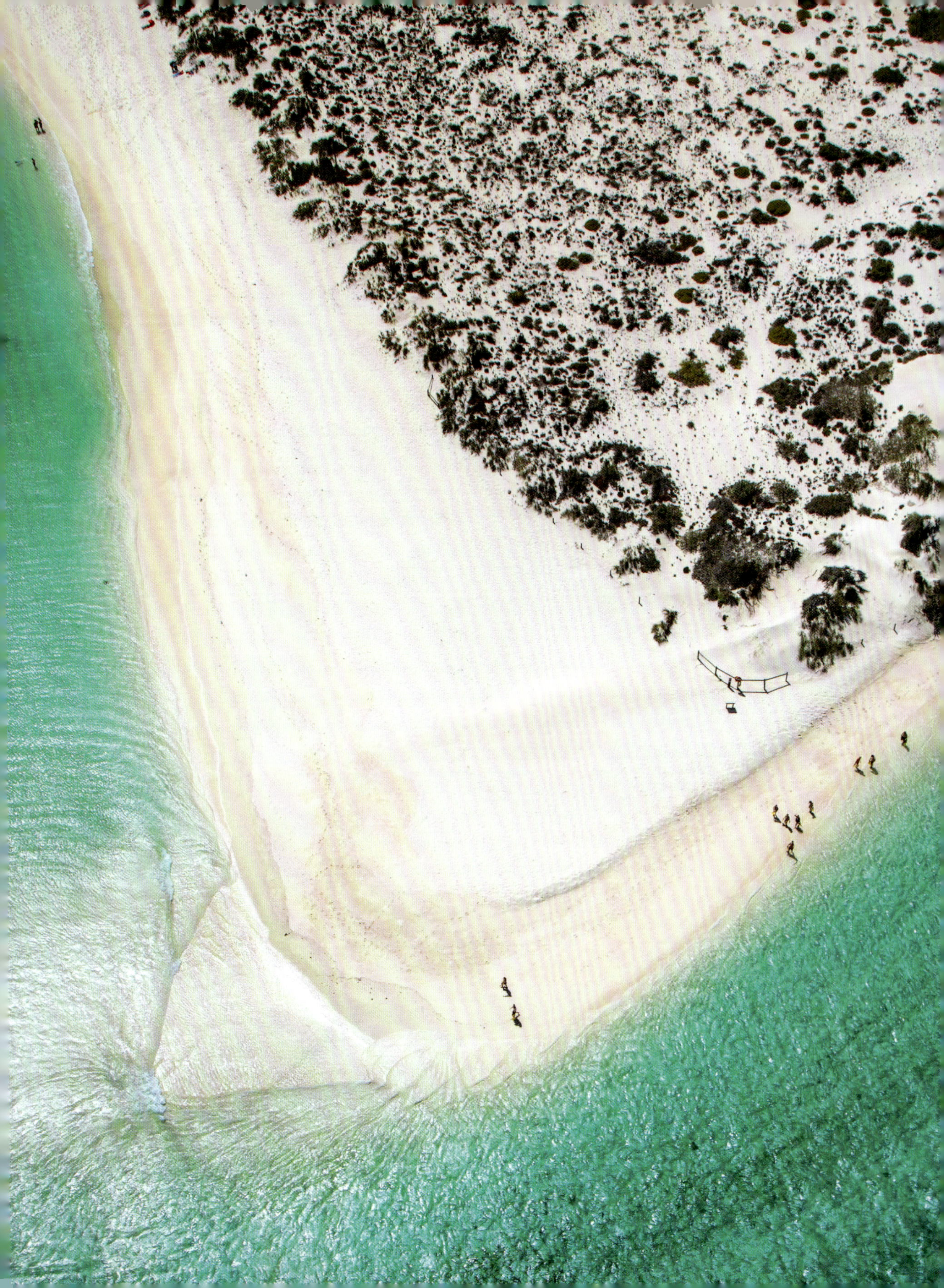

LEGENDÄRE SCHIFFSREISEN

Segeln am Ningaloo Reef

AUSTRALIEN

START CORAL BAY
ZIEL CORAL BAY
STRECKE 74–222 KM (46–138 MEILEN)
DAUER 3–9 NÄCHTE

Natürlich hat jeder schon von Australiens Great Barrier Reef gehört. Das Ningaloo Reef in Westaustralien ist ebenso umwerfend, aber weit weniger besucht. Im zum UNESCO-Welterbe gehörenden Meerespark tummeln sich Buckelwale, Mantarochen, Dugongs, Schildkröten, Walhaie… Es ist eins der längsten, nahe dem Festland gelegenen Riffs und dank einiger Umweltinitiativen noch weitestgehend unberührt. Man kann das Riff bequem auf einem Tagesausflug erkunden. Auf dem super stylischen Katamaran Shore Thing kann man nach der Erkundung der Wasserwelt auch übernachten.

❶ AUF DEM WASSER

Wenn Schnorchler durch das klare türkisfarbene Wasser schwimmen, tauchen kobaltblaue Damselfische wie tropische Wetterwolken in die Tiefe, schmollend dreinschauende Süßlippen stecken ihre Köpfe aus Felslöchern, schillernde Papageifische nagen an Steinkorallenblüten und wie Nemo aussehende Clownfische spielen in den Tentakeln von Seeanemonen Verstecken. Eine Schildkröte schwimmt im Rhythmus des Ozeans über einen Wald von Hirschgeweihkorallen mit blauen Spitzen. Ganze Schwärme bunt schillernder Fische ziehen wie Stroboskoplichter durchs Wasser. Mantarochen mit einer Spannweite von 7 m bieten einen an-

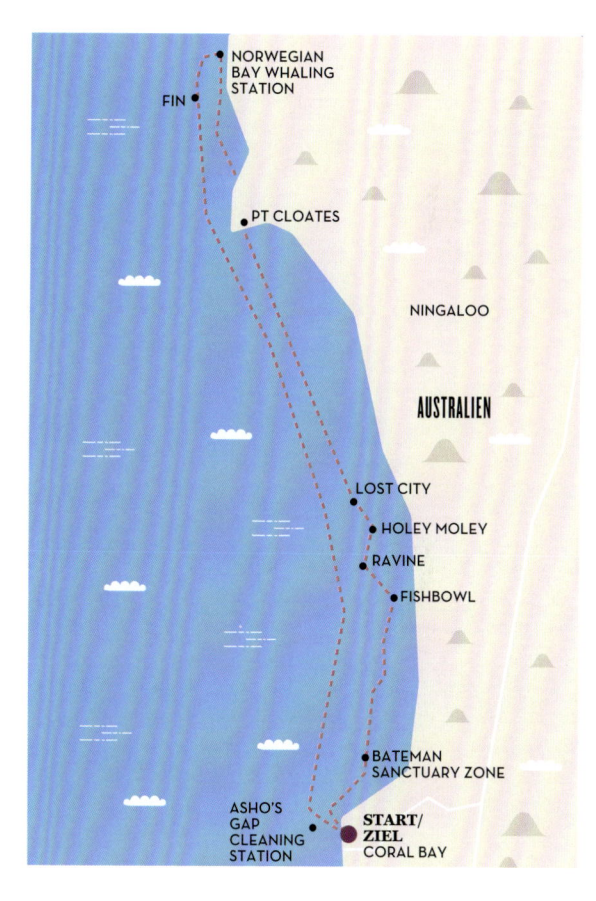

mutigen Wassertanz. Unterdessen warten bei Asho's Gap Graue Riffhaie an einer Reinigungsstation darauf, dass knabbernde Fische die Parasiten entfernen – ein ganz normaler Tag im Unterwasserparadies am Ningaloo Reef. Es gehört zu den weltweit größten und am besten zu erreichenden Saumkorallenriffs und erstreckt sich über ca. 5000 km² vor der mittleren Westküste Westaustraliens. In dem ruhigen, seichten, glasklaren Wasser des Indischen Ozeans tummeln sich

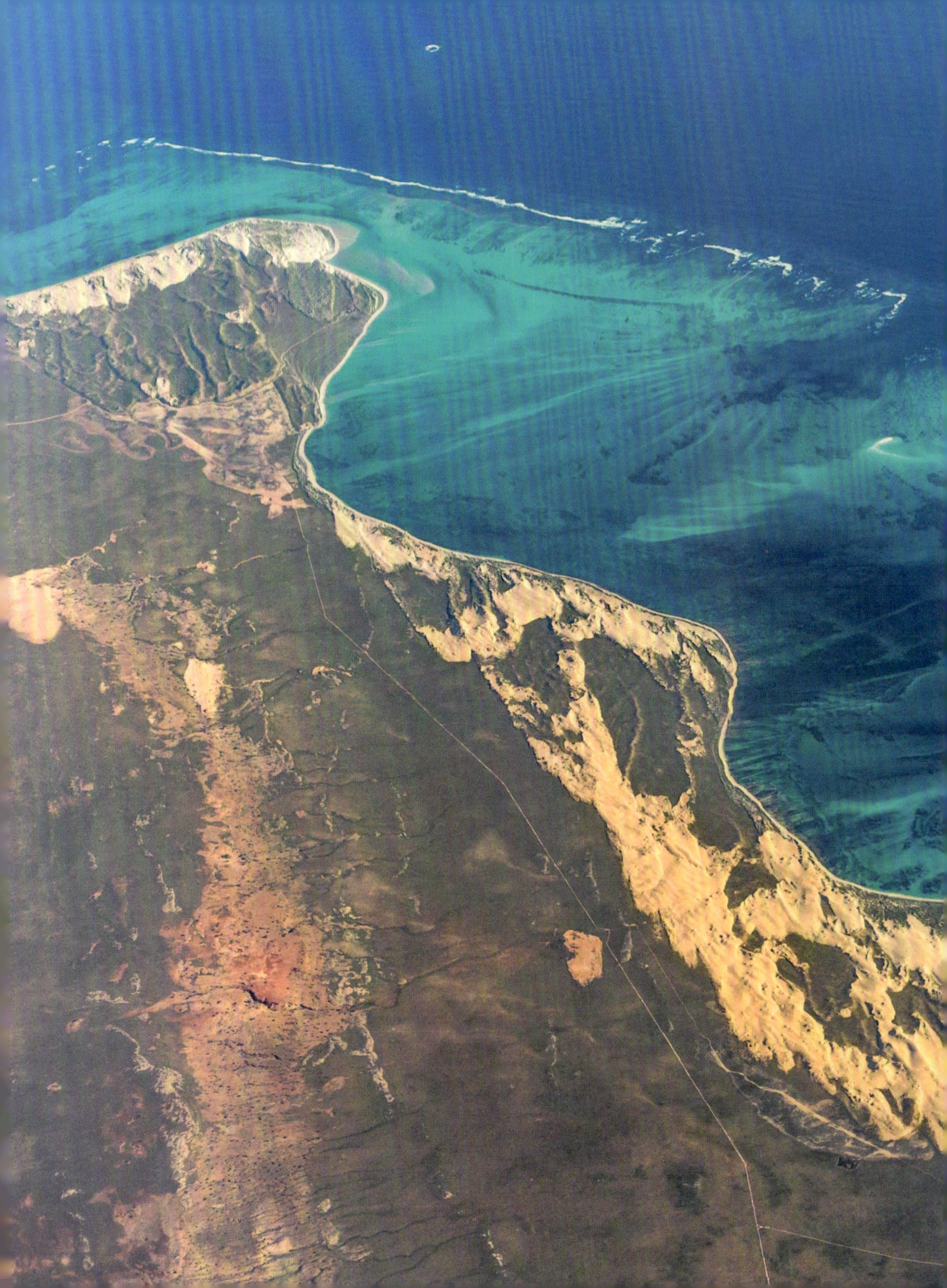

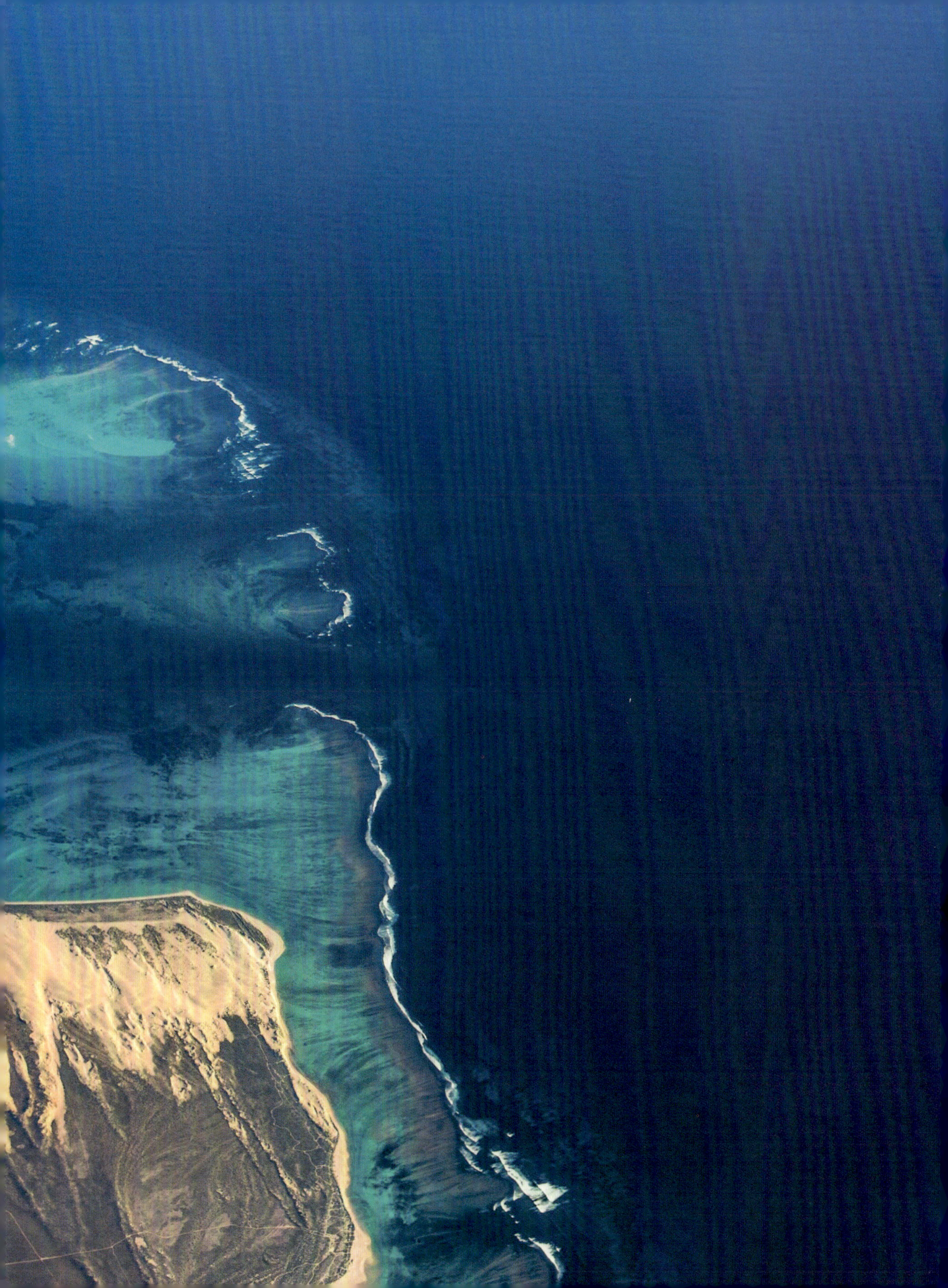

LEGENDÄRE SCHIFFSREISEN

mehr als 500 Fischspezies sowie Schildkröten (Echte und Unechte Karettschildkröten, Grüne Meeresschildkröten), Dugongs, Wale, Walhaie, Delfine etc.

Die wahre Schönheit des Ningaloo Reef liegt darin, dass man hier fast allein ist, vor allem auf dem Katamaran *Shore Thing* von Sail Ningaloo, der von Coral Bay mit maximal zehn Gästen an Bord zum Riff segelt. Skipper Luke und seine Crew zeigen ihren Gästen nicht nur die Highlights, sie sammeln auch Daten über die Meeresflora und -fauna und garantieren, dass ihre Törns absolut umweltfreundlich sind. Auf den drei-, fünf- und neuntägigen Törns gehen die Tage sanft ineinander über und Zeit scheint bedeutungslos zu werden. Das Leben am Riff gestaltet sich intuitiv, es wird beherrscht vom Kommen und Gehen der Gezeiten, der Wanderzeit der Fische und den Entdeckungen unter Wasser. Neoprenanzüge werden auf den täglichen Schnorchel-Touren in den seichten Rifflagunen und auf den Tauchgängen in tieferen Gewässern schnell zur zweiten Haut.

Die Stimmung an Bord ist ungezwungen und angenehm. Die Crew bietet einen guten Einblick in die Meeresflora und -fauna und serviert wunderbar zubereitete Mahlzeiten (z. B. Tandoori-Hähnchen mit Mangosalsa, Lamm mit marokkanischen Gewürzen und selbstgebackenen Käsekuchen). An Deck gibt's natürlich Sundowner. Nach Einbruch der Dunkelheit dreht sich in sternklaren Nächten alles um die Himmelskörper: Hier gibt es keine Lichtverschmutzung, sodass man vielleicht das Kreuz des Südens sehen kann.

Saisonale Highlights sind u. a. Buckelwale, die hier von Juli bis Oktober vorbeiziehen. Wale benutzen das Riff als riesiges Kinderzimmer und man wird oft sehen, wie sie mit ihren Kälbern spielen. Von Mitte März bis Juli ist es etwas ganz Besonderes, mit einem der weltweit größten Fische – dem Walhai – zu schwimmen. Die gigantischen Tiere kommen zur Laichzeit der Korallen hierher, um sich mit Krill vollzustopfen. Walhaie leben in einem Bereich von 35° südlicher und 30° nördlicher Breite vom Äquator, sie werden aber nirgendwo in einer solchen Vielzahl angetroffen wie am Ningaloo Reef. Die 22 t schweren Fische mit ihren meterbreiten Mäulern schwimmen mit offenem Maul durch den Ozean und saugen unterwegs Plankton, Krill und Kleinstlebewesen an. Es ist hier kein Problem, sie aus nächster Nähe zu sehen – her mit dem Schnorchelequipment und los geht's.

❷ AN BORD

Der Luxuskatamaran *Shore Thing* hat komfortable Kabinen: Deluxe-Doppelkabinen mit Gemeinschaftseinrichtungen, klimatisierte King-Staterooms mit Dusche und WC und eine Dreipersonenkabine. In manchen Kabinen kann man durch die Oberlichter vom Bett aus den fantastischen Sternenhimmel bewundern.

- In der Bateman Sanctuary Zone mit Mantarochen schwimmen.
- Tauch- und Schnorchelspots wie die Lost City und die Fishbowl bei „Holey Moley" erkunden.
- Auf den Sanddünen von Point Cloates mit einem kühlen Drink in der Hand zuschauen, wie die Sonne im Indischen Ozean versinkt.

LEGENDÄRE SCHIFFSREISEN

OBEN: Vor Anker in der Coral Bay
UNTEN: Eine Meeresschildkröte am Riff
SEITE 272: Turquoise Bay, Exmouth
SEITE 274: Ningaloo Reef von oben

❸ ANDERE TOUREN

Die klassischen Sail-Ningaloo-Törns bestehen aus drei bis fünf Übernachtungen mit Schnorchel- und Tauchstopps. Je nach Jahreszeit gibt es Spezialtouren: z. B. Buckelwalsafaris oder Walhaitouren mit sieben Übernachtungen und natürlich den Ultimate-Ningaloo-Törn mit neun Übernachtungen.

❹ LOS GEHT'S

Von März bis Dezember legt das Boot zwei Mal pro Woche ab – genaue Termine unter www.sailningaloo.com.au. Im Preis enthalten sind Gourmet-Mahlzeiten und Snacks, Erfrischungsgetränke, Sonnencreme sowie Schnorchel-, Tauch-, Kajak- und Angelausrüstung. Der nächste Regionalflughafen ist Learmonth mit Flügen zum Flughafen Perth International. Der Flughafentransfer kann arrangiert werden. Die Touren am besten mehrere Monate im Voraus buchen. **KW**

© MIGRATION MEDIA – UNDERWATER IMA / GETTY IMAGES

TIEFER EINTAUCHEN

Schnorcheln am Ningaloo Reef ist einfach nur himmlisch. Wer noch tiefer in die Materie eindringen möchte, kann über Tauchgänge nachdenken. Neben dem erforderlichen Equipment bietet Sail Ningaloo Tauchtrips mit drei Übernachtungen an Bord (ab 1650 €) und PADI-Open-Water-Tauchkurse (500 €) sowie PADI-Advanced-Open-Water-Kurse (400 €) an. Ein grandioser Ort, um Tauchen zu lernen.

- Die Reste einer alten Walfangstation in der Norwegian Bay erkunden und rund um das Wrack eines Walfangschiffs bei „The Fin" schnorcheln.
- Harmlose Riffhaie bei Asho's Gap Cleaning Station beobachten.
- Zurück in der Coral Bay den Paradise Beach genießen.

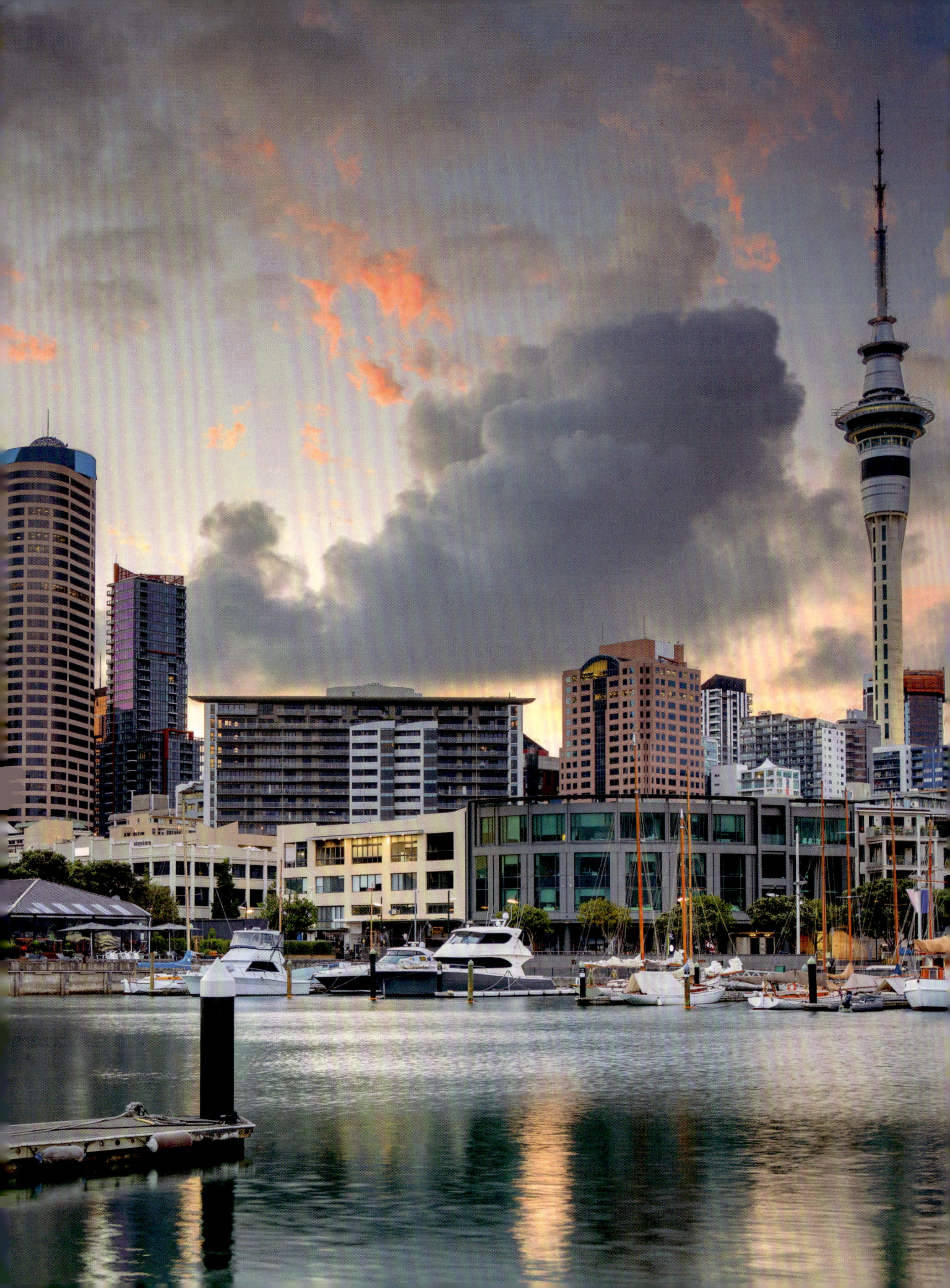

LEGENDÄRE SCHIFFSREISEN

Hauraki Gulf auf der Nordinsel

NEUSEELAND

START **AUCKLAND**

ZIEL **AOTEA / GREAT BARRIER**

STRECKE **90 KM (56 MEILEN)**

DAUER **4 1/2 STD.**

Die wilde, raue Kiwi-Natur ist die Attraktion dieser Fährfahrt von Neuseelands „City of Sails" durch die Gewässer des Hauraki Gulf Marine Park ins abgelegene Paradies der Aotea/Great Barrier Island. Unbedingt das Fernglas griffbereit halten, denn im Golf sieht man Wale, Delfine, Zwergpinguine und eine Vielzahl von Meeresvögeln. Man fährt vorbei an zahlreichen Inseln, Felsnasen, Naturschutzgebieten und an einem aktiven Vulkan. Auf das Frühstück sollte man zunächst verzichten, zumindest bis man das Schutzgebiet im idyllischen Tryphena Harbour erreicht hat, denn es geht durch den berühmt-berüchtigten Colville Channel, der den Wellen des Pazifischen Ozeans ausgesetzt ist.

❶ AUF DEM WASSER

Um Punkt 8 Uhr entfernt sich die Autofähre *Island Navigator* von Sealink von Aucklands Wynyard Wharf und fährt in die glasklaren Gewässer des Waitematā Harbour. Je nach Wetter sucht man sich einen Platz draußen oder drinnen und passiert bald den schlafenden Vulkan Mt. Victoria. Die graswachsene Kuppe von North Head kennzeichnet das Ende von Aucklands nördlichen Vororten.

Die etwas abseits gelegene konische Insel Rangitoto mit ihren dichten Pohutukawa-Wäldern ist Neuseelands jüngster Vulkan. Sie ist mit Motutapu Island durch einen Holzsteg verbunden. Beide Inseln sind Naturschutzgebiete und beliebt für Tagesausflüge. Meeresvögelkolonien bevölkern die Küsten, Robben liegen auf den Felsen und Zwergpinguine tummeln sich im Wasser.

Auf der anderen Seite der Wasserstraße liegt das winzige Motukorea Island mit ihren Austernfischern, Mornellen und mehreren fotogenen grünen Erhebungen. Vulkanologiestudenten werden sich für die Reste der Scoria-Kegel (Schlackekegel) und das uralte Lavagestein interessieren. Gegenüber von Motutapu Island schmücken die ambossförmigen Pare-Torotika-Klippen die Motuihe-Insel, die z. B. eine Māori-Siedlung, Quarantänestation und im Zweiten Weltkrieg ein Internierungslager und Flottenstützpunkt war. Noch immer ist sie die Heimat seltener Pflanzen und Tiere. Mit einem Renaturierungsprogramm sollen heimische Pflanzen und bedrohte Vögel und Reptilien wieder angesiedelt werden, u. a. Neuseelands kultige Brückenechse, das „lebende Fossil" – eine Art Relikt aus der Dino-Zeit.

LEGENDÄRE SCHIFFSREISEN

Jetzt ist Zeit für einen Tee oder Kaffee und ein Sandwich im Bord-Café, wo man sich unter die Mitreisenden mischt. Im Sommer sind es vor allem Familien auf Urlaubsreise, Pärchen, ausländische Rucksacktouristen und Studentengruppen. Die Einwohner von Aotea/Great Barrier sitzen unter Deck, genießen Bier und Pie und schauen sich ein altes Rugby-Spiel im TV an. Im Winter ist man draußen allein, drinnen hocken ein paar Einheimische, Lkw-Fahrer und Staatsdiener an der Bar.

„Am Golf hat man gute Chancen, Brydewale zu erspähen."

Als Nächstes fährt man am an Steuerbord liegenden Waiheke Island vorbei. Wer sich nicht vorstellen kann, eine Quitte auf einer Käseplatte zu genießen, ist auf der falschen Fähre. An den Wochenenden kommen Feinschmecker nach Waiheke, um die Weingüter und Restaurants zu besuchen – mit dem beruhigenden Blick auf die Chrom-und-Glas-Türme des CBD (Central Business District). Die Insel ist ideal für Segler, die sich nicht auf den Hauraki Gulf wagen.

Wenn man den Motuihe Channel verlassen hat, gibt es kaum noch Schutz bietende Inseln, es bleibt nur noch die winzige Insel Rakino (20 Ew.) mit ihren „The Noises" genannten, Felsnasen vor dem Hafen. Trotzdem heißt es nun: warm anziehen und draußen bleiben! Denn jetzt geht es in den Golf, wo man gute Chancen hat, Brydewale sowie Gemeine Delfine und Tümmler zu erspähen. Auch Schwertwale, Zwergwale und Buckelwale sind hier regelmäßige Besucher.

Bei klarer Sicht kann man auch die Spitze von Coromandel Peninsula sehen. Kaum dass man Cape Colville umrundet hat, ändert sich das Motorengeräusch und die See in dem ungeschützten Colville Channel wird rauer. Ob man das nun aufregend oder eher schweißtreibend findet, hängt vom Magen ab. Für ei-

INSEL DES RUHMS

Zwar taufte Kapitän James Cook die Insel auf den Namen *ingoa Pākehā* (fremder Name), Great Barrier ist aber bei den Ngāti Rehua hapū (Stamm) als *Aotea whakahirahira*, „Die Insel des Ruhms", bekannt. Seit 1600 haben die Ngāti Rehua Aotea fortlaufend als ihr *Whenua* (Land ihrer Vorfahren) besetzt. Seit 1987 trägt der Māori Language Act dazu bei, auch die indigenen Namen zu benutzen.

- Bei der Einfahrt in den Waitematā Harbour zusehen, wie Aucklands CBD langsam verschwindet.
- Am rauchenden Rangitoto, Neuseelands jüngstem, mit Pohutukawa-Wäldern bedeckten Vulkan, vorbeifahren.
- Ausschau halten nach Zwergpinguinen und Robben vor Motutapu Island.

LEGENDÄRE SCHIFFSREISEN

LINKS: Luftbild der Putaki Bay
SEITE 278: Aucklands Hafen und Skyline bei Sonnenaufgang

Rugby-Spiele laufen. Bei gutem Wetter sollte man sich draußen an Deck aufhalten, um Tiere zu sichten und die Landschaft zu genießen. Eine Regenjacke schützt vor dem steifen „nor'wester" auf dem Colville Channel.

❸ ANDERE TOUREN

Im Sommer fährt die *Island Navigator* einmal wöchentlich nach Port Fitzroy, dem Ausgangspunkt des Wanderwegs auf Aotea/Great Barrier. Sie passiert dabei Rangitoto, Tiritiri Matangi und Flat Island in der Nähe der Einfahrt zur Man of War Passage und erreicht schließlich Port Fitzroy.

❹ LUXUS-ALTERNATIVE

Wer nicht solange auf dem Wasser sein möchte oder auch nur einen Ort mit mehr Luxus wünscht, sollte nach Waiheke Island fahren. Die Insel ist nur 80 Minuten von Aucklands Stadtzentrum entfernt.

❺ LOS GEHT'S

Im Sommer fahren die Schiffe täglich, im Winter drei Mal wöchentlich. Tickets für Fahrten in Ferienzeiten sollte man sich sehr früh besorgen (www.sealink.co.nz). Beide Richtungen sind umwerfend, man kann aber auch nur eine Strecke mit dem Schiff fahren und dann zurückfliegen. Wanderer sollten nach Port Fitzroy fahren und von Tryphena aus die Rückfahrt antreten. Der Trip ist zu jeder Jahreszeit fantastisch, bei gutem Wetter ist die Überfahrt aber etwas angenehmer. In den Geschäften auf der Insel bekommt man nur die Grundnahrungsmittel, keinen Luxus. Der Fährhafen in Tryphena befindet sich derzeit in Shoal Bay, 4,5 km vom Ort entfernt. **SW**

nige können die ruhigen Gewässer von Tryphena gar nicht schnell genug kommen.

Es gibt auf Aotea/Great Barrier zwar fast keine Infrastruktur – keine öffentlichen Strom-, Wasser- oder Abwassernetze –, aber dafür unberührte Strände, eine tolle Brandung, Kauri-Wälder, Thermalquellen, einfache Campingplätze am Meer und eine Vielzahl heimischer Vögel. Vom Hirakimata/Mt. Hobson (627 m) hat man einen umwerfenden Blick über den Hauraki Gulf und den Pazifischen Ozean. Die Fähre fährt am gleichen Tag zurück, man sollte aber eine Woche auf der Insel bleiben, um wirklich alles hinter sich zu lassen.

❷ AN BORD

Das Passagierdeck der zweirumpfigen Fähre bietet ein kleines Café mit Bar, einfache Sitze, große Panoramafenster und einen TV, in dem höchstwahrscheinlich

---

In der Nähe von Motuihe Island seltene Meeresvögel beobachten.

Delfine und Brydewale im Hauraki Gulf erspähen.

Cape Colville, die Spitze der Coromandel-Halbinsel, sichten.

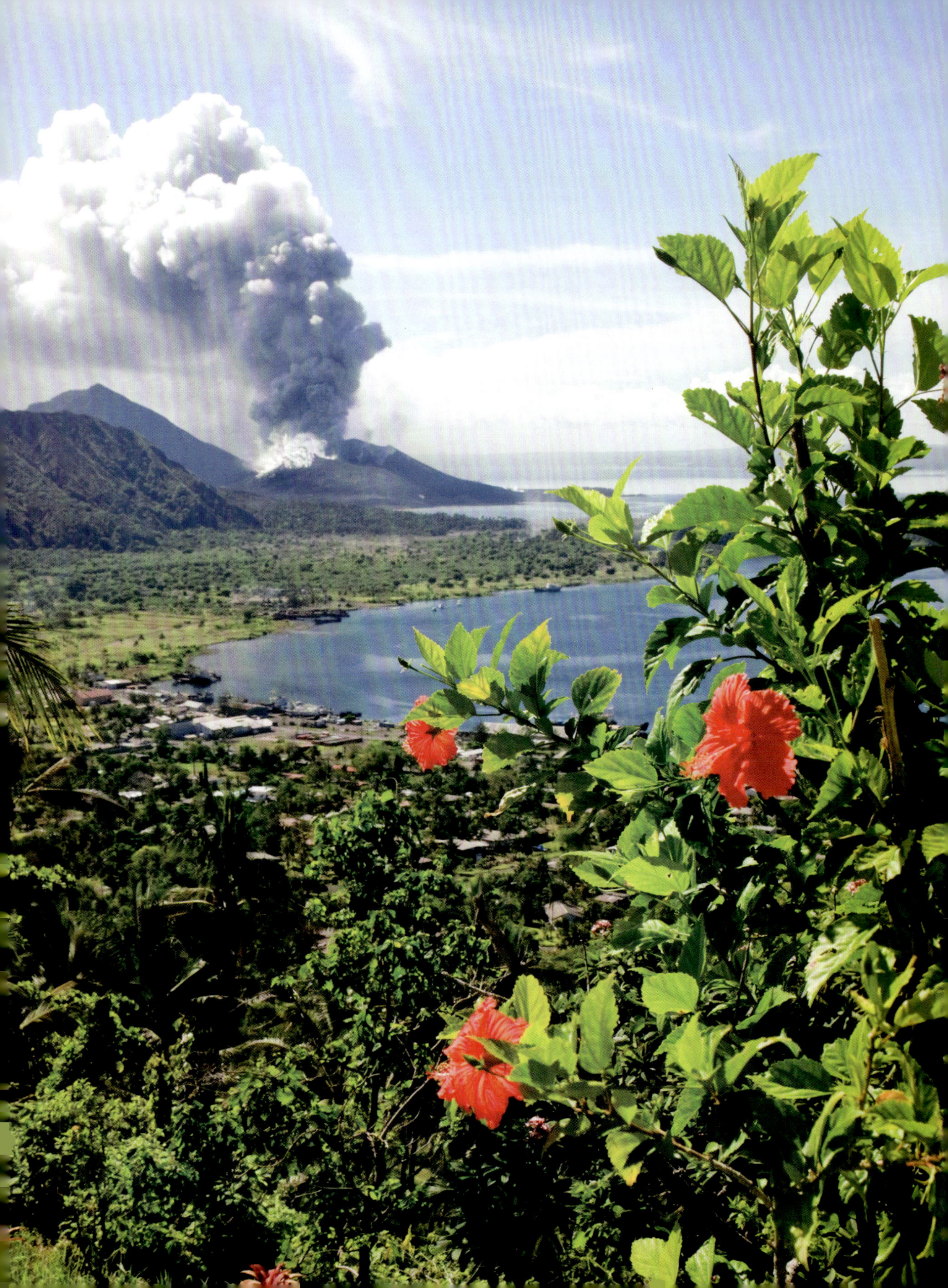

LEGENDÄRE SCHIFFSREISEN

Neuguineas Küste

PAPUA-NEUGUINEA

START BRISBANE, AUSTRALIEN
ZIEL BRISBANE, AUSTRALIEN
STRECKE 5363 KM (3331 MEILEN)
DAUER 10 NÄCHTE

Unberührte Strände, traditionelle Stammesdörfer und Häfen, die erst vor Kurzem für Kreuzfahrtschiffe ihre Pforten öffneten: Papua-Neuguinea wird langsam ein Muss für Traveller auf der Suche nach einer einzigartigen Schiffsreise. Eine der größten Freuden besteht darin, dass das Land größtenteils noch unentdeckt ist und Gästen die Möglichkeit bietet, ihren Abenteuergeist durch das Erkunden der Kultur und Schönheit dieses immens abwechslungsreichen Landes auszuleben. Wer schon immer davon träumte, den Pazifik zu bereisen, sich aber nach mehr als nur nach Palmen und bunten Cocktails sehnt, für den ist Papua-Neuguinea genau das Richtige.

❶ AUF DEM WASSER

Eine Schiffsreise in Papua-Neuguinea hebt sich stark vom üblichen Kreuzfahrttourimus ab. So gibt es z. B. in vielen Häfen keine offiziellen Landausflüge der Passagiere von Kreuzfahrtschiffen, was sich jedoch weniger als Enttäuschung und vielmehr als Freude erweist. Auf der winzigen Insel Kitava, die direkt vor der größeren Trobriand Island Kiriwina liegt, werden die Gäste von Inselbewohnern beider Geschlechter mit nackten Oberkörpern mit Blumenketten und einem schüchternen Lächeln begrüßt. Kunstvoll dekorierte Bambusflöße säumen die Küste und bringen Schnorchler zu einem Sandatoll, das so idyllisch wie ein Postkartenmotiv anmutet.

Die Gäste jubeln, wenn ihre Mannschaft sich paddelnd noch härter ins Zeug legt, um das Floß aus einem anderen Dorf zu übertrumpfen. Die Gäste verbringen den Tag mit Schnorcheln über den unberührten Korallen und genießen die Schönheit der Umgebung. Mittags geht's im Beiboot zum Lunch zurück aufs Schiff.

LEGENDÄRE SCHIFFSREISEN

„Webmatten bilden eine Art Markt, auf dem Holzschnitzereien mit Perlmutt-Intarsien angeboten werden."

In Rabaul auf der Insel New Britain bieten sich zwei Ausflüge an. Am beliebtesten ist der Aufstieg auf den Vulkan Tovanumbatir, eine von acht aktiven Öffnungen in der Rabaul-Caldera (der Aufstieg ist einfacher als man denkt!). Das hiesige vulkanologische Observatorium überwacht 14 aktive und 23 schlafende Vulkane mittels des Global Volcanism Program.

Kiriwina Island, die mit 10 000 Einwohnern größte Insel der Trobriands, ist noch weitestgehend unerschlossen. Wenn die Passagiere aufwachen und feststellen, dass ihr Schiff in Küstennähe, in einem von Felswänden geschaffenen Naturhafen vor Anker liegt, scheinen die schroffen Küstenlinien, das Korallenriff, die Strände und die einsamen Buchten zum Anfassen nahe. Wenn ein Kreuzfahrtschiff kommt, haben die Kinder schulfrei und führen traditionelle zeremonielle Tänze auf. Sie sind mit kunstvoll von Hand gewebten Lap-Laps (Lendenschurzen) bekleidet. Ihr Spaß und ihre Begeisterung beim Tanzen nach jahrhundertealter Musik ist wirklich ergreifend.

Ältere Kinder mischen sich in Einbäumen zwischen die Badenden. Sie beherrschen ihre Boote mit der Geschicklichkeit erfahrener Seeleute und bieten Fahrten zum Saumriff an. Zurück an der Küste bilden Webmatten eine Art Markt, auf dem erlesene Holzschnitzereien mit Perlmutt-Intarsien angeboten werden. Kiriwina ist berühmt für seine Schnitzarbeiten, und viele Passagiere kommen mit wunderschönen Souvenirs aufs Schiff zurück – bestimmt keine „Made in China"-Produkte.

Alotau, die Hauptstadt der Milne Bay Province im südöstlichen Papua-Neuguinea, bildet die Ausnahme, wenn es um organisierte Touren geht. Hier werden

MUSCHELN? NEIN DANKE!

Wahrscheinlich wird man schöne Nautilusmuscheln und Fechterschnecken sehen, die zum Kauf angeboten werden. Durch das Ernten dieser Muscheln werden die Riffs beschädigt. Daher sollte man auf den Kauf von solchen Souvenirs verzichten. Die Einheimischen unterstützt man vielmehr durch den Kauf der qualitativ hochwertigen und umweltfreundlichen Holzschnitzereien, für die die Inseln berühmt sind.

- In Alotau an einer Führung zur Militärgeschichte des Zweiten Weltkriegs teilnehmen.
- Von Kitava Island per Floß zu einem grandiosen Schnorchelspot fahren.
- In Rabaul auf einen aktiven Vulkan zum vulkanologischen Observatorium laufen.

LEGENDÄRE SCHIFFSREISEN

LINKS: Ein Schwarm Süßlippen an einem Korallenriff
SEITE 282: Blick von Rabaul auf den Tavurvur-Vulkan, New Britain Island

Ratespielen bis hin zu Theateraufführungen, Comedy-Shows und köstlichem Abendessen (diese Angebote sind fast alle im Preis enthalten). Es gibt auch den P&O Edge Adventure Park, einen Bereich für mehr als ein Dutzend Outdooraktivitäten auf dem Oberdeck, u. a. Plankengehen, Seilgärten und Abseilen.

❸ ALTERNATIVE TOUREN

Coral Expeditions bieten mehrmals pro Jahr Expeditionen auf kleinen Schiffen zu einigen abgelegeneren Inseln von Papua-Neuguinea an. Schwerpunkt dieser Fahrten ist die Geschichte des Zweiten Weltkriegs in dieser Region. Es bestehen auch viele Möglichkeiten, in die Kultur der traditionellen Dörfer einzutauchen.

zahlreiche Landausflüge angeboten. Diese Gegend spielte eine zentrale Rolle in der Schlacht um die Milne-Bucht im Jahr 1942. Die Touren zur Kriegsgeschichte sind zu Recht beliebt. Manche Kreuzfahrtteilnehmer haben Beziehungen zu jemandem, der hier im Einsatz war, und teilen mit anderen Passagieren faszinierende Familiengeschichten, was der Erfahrung noch einen anderen Aspekt verleiht.

❷ AN BORD

Obwohl die meisten Orte auf der Route abgelegen sind, so ist es doch eine Mainstream-Kreuzfahrt mit mehreren Schiffen von P&O Cruises, die alle die gleiche Strecke fahren. Alle Schiffe sind bis auf geringe Größenunterschiede identisch. P&O Cruises wendet sich an Personen jeden Alters und bietet viel Unterhaltung, vom klassischen Kreuzfahrtschiff-Spaß mit

❹ LOS GEHT'S

Die Kreuzfahrten (hin & zurück) nach Papua-Neuguinea mit zehn Übernachtungen werden das ganze Jahr über angeboten. Los geht's ein oder zwei Mal pro Monat in Brisbane und einmal im Jahr in Sydney. Die Fahrten ab Sydney dauern einen Tag länger, der Hafen von Rabaul wird nicht angefahren. Buchen kann man über P&O Cruises Australia (www.pocruises.com.au). Außerhalb der australischen Schulferien sind die Preise günstiger, denn diese Törns sind bei Familien recht beliebt. Eine Kabine mit Balkon ist zwar etwas Schönes, aber da viele Häfen angelaufen werden und das Unterhaltungsangebot enorm ist, kann man darauf verzichten und so ein paar Euro sparen. Alle Gäste bekommen bei Ankunft in Papua-Neuguinea ihr Visum. Das An-Bord-Kreuzfahrtkonto wird mit den Visums-Kosten belastet. **TT**

Mit den Einheimischen auf Kiriwina Island Trobriand-Cricket spielen.

Sein eigenes kleines Paradies auf den jungfräulichen Conflict Islands finden.

Am Atoll vor den Conflict Islands eins der artenreichsten Riffsysteme der Welt erkunden.

BIS ANS ENDE DER WELT

LEGENDÄRE SCHIFFSREISEN

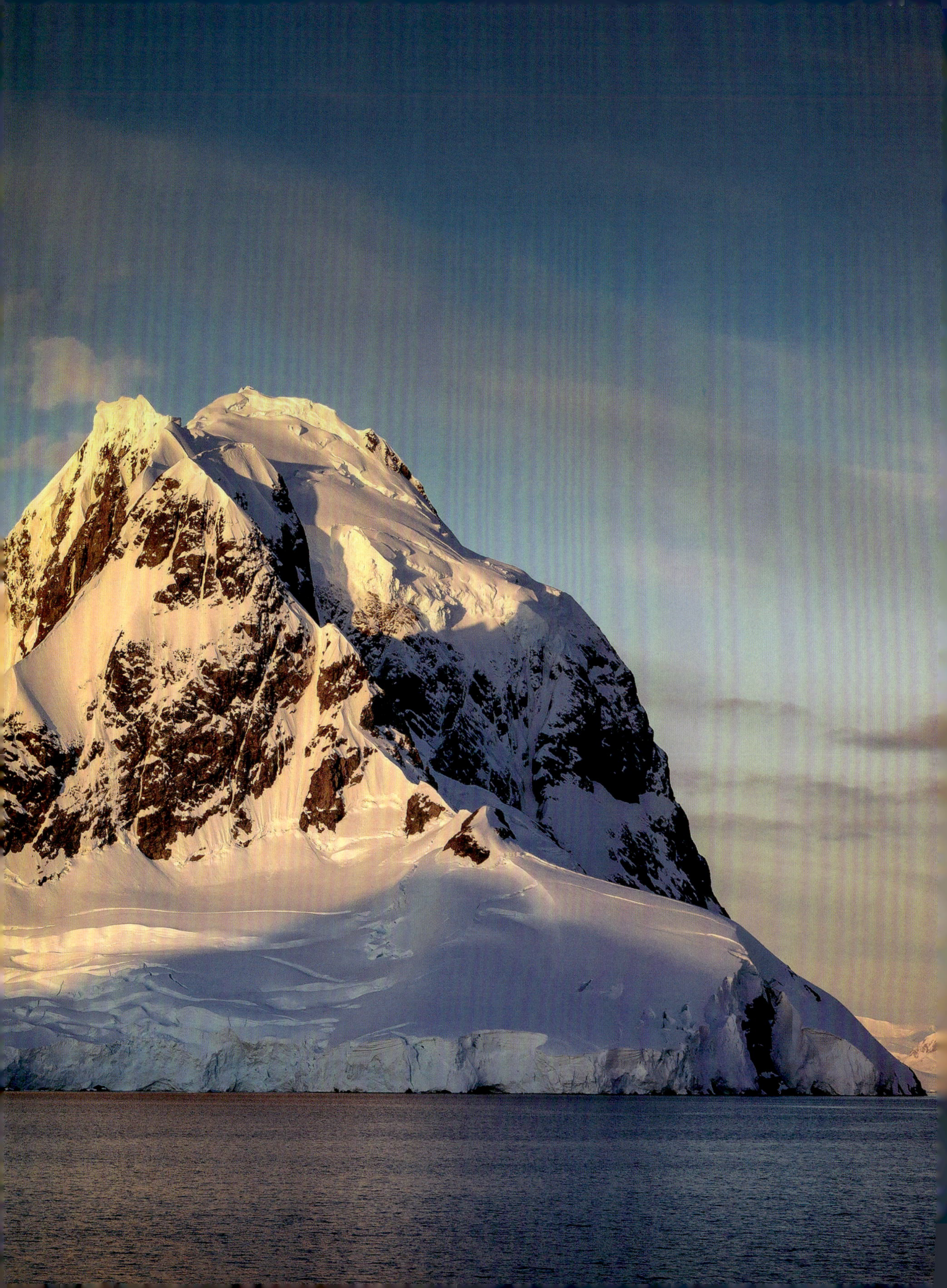

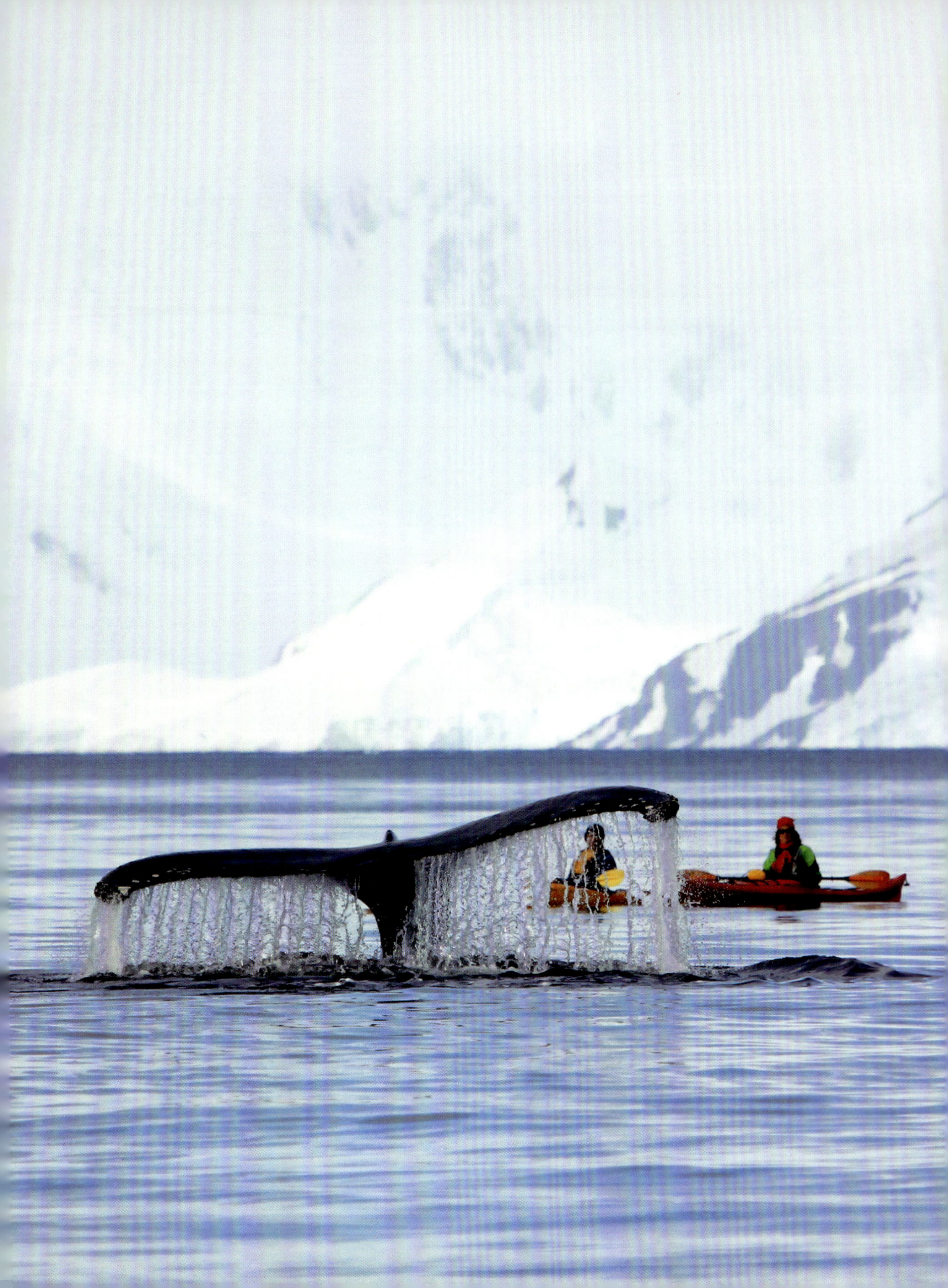

LEGENDÄRE SCHIFFSREISEN

Expedition zu Meeressäugern

ANTARKTIS

START USHUAIA, ARGENTINIEN
ZIEL USHUAIA, ARGENTINIEN
STRECKE 2337 KM (1452 MEILEN)
DAUER 10 NÄCHTE

Eine Antarktis-Expedition ist eine Reise ans Ende der Welt. Hier herrscht die Natur, Menschen sind nur auf Stippvisite. Wer je den Fuß auf den weißen Kontinent setzt, wird unseren Planeten danach mit anderen Augen sehen, seine Kraft und einzigartige Schönheit bleiben auch nach Verlassen der gefrorenen Weite noch lange im Gedächtnis. In Ushuaia geht man an Bord eines Eisbrechers und macht sich auf den Weg zu einem Treffen mit Meeressäugern. Morgens wird man von auftauchenden Walen geweckt, Pinguine tummeln sich hinter Eisbergen, die so groß sind wie Burgen – die Antarktis lässt einen nie wieder los.

❶ AUF DEM WASSER

Obwohl eine Reise in die eisigen Gefilde der Antarktis heute im Vergleich zu den unkalkulierbaren Fahrten der frühen Forscher eine leichte Übung zu sein scheint, so gehört sie doch noch immer zu den kühnsten Reisen, die man unternehmen kann. Nachdem man Ushuaia in Argentinien verlassen hat, geht die Fahrt zum Beagle-Kanal und in die aufgewühlte, 966 km breite, gefürchtete Drake-Passage, wo Südatlantik und Pazifik aufeinandertreffen. Dies ist der raueste Abschnitt, den Ozeane weltweit zu bieten haben. Mit etwas Glück fährt man durch einen ruhigen „Drake Lake", die meisten Reisenden erleben aber eine „Drake Shake"-Überfahrt, auf der das Schiff unerbittlich von einer Seite auf die andere geworfen wird, sich einem der Magen umdreht, was nicht festgenagelt ist durch die Gegend fliegt und man selbst wie betrunken durch die Kabine torkelt. Wenn die Schaukelei dann abnimmt und man an Deck geht, offenbaren sich der endlose Ozean und der steife Wind, während Nördliche Sturmschwalben und Wanderalbatrosse am Himmel kreisen.

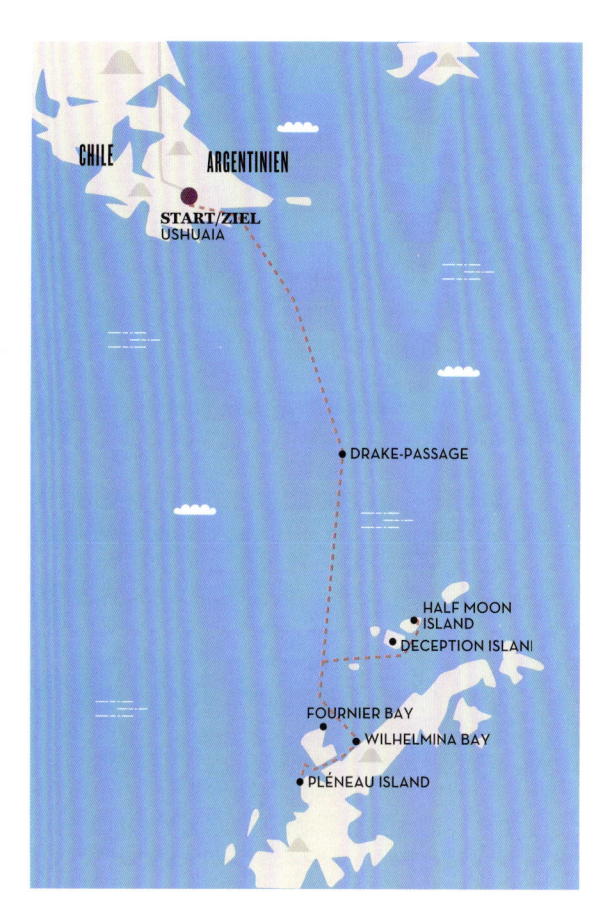

LEGENDÄRE SCHIFFSREISEN

Und genau dann, wenn man denkt, dass man niemals wieder Land sehen wird, erscheint die Antarktis wie Dorothy in *Der Zauberer von Oz*. Egal wie viele Dokus man gesehen hat, es ist einfach nicht möglich, sich auf das pulsbeschleunigende Gefühl des ersten Anblicks vorzubereiten. Zieht man in der Fournier Bay an einem kristallklaren Morgen die Vorhänge vor dem Fenster auf, fühlt es sich an, als würde man die Welt zum allerersten Mal erblicken: Reines Licht prallt von den schroffen, perlweißen Bergen ab. Packeis knistert in ruhigen Gewässern und kolossale Eisberge glitzern in allen erdenklichen Blauschattierungen. In der Ferne hört man das Krachen eines kalbenden Gletschers oder das mächtige „pffft" eines Buckelwals. Auf einer Rundfahrt durch die Bucht an Bord eines Zodiacs kommt man noch näher an das Geschehen heran, d. h. an putzig herumtollende Pinguine und ihre größten Feinde, die mächtigen Seeleoparden, die bis zu 300 kg schwer werden und auf Treibeisstücken chillen.

Am schroffen, eisbedeckten Cuverville Island kann man an Land gehen und sich unter die 15 000 Eselspinguine, eine von vier in der Antarktis lebenden Pinguinspezies, mischen. Darüber, wie nah man diesen Tieren kommen darf, gibt es eine strenge Vorschrift. Aber offenbar haben die wie Esel schreienden Vögel das Dekret nicht gelesen und watscheln oft auf Menschen zu – sie sind nicht nur komisch, sondern auch neugierig. Im Wasser sind sie bis zu 35 km/h schnell, an Land jedoch absolut tollpatschig – zu beobachten, wie sie watscheln und kopfüber über die Eishänge rutschen und schlittern, ist Comedy allererster Sahne.

Eine relativ unbesungene Freude auf dieser umweltfreundlichen Expedition des Anbieters *One Ocean* ist die Möglichkeit, mit den an Bord lebenden Forschern und Wissenschaftlern in Kontakt zu kommen. Sie halten Vorträge und geben Aufschluss über wirklich alles, vom Kennzeichnen der Wale über die Überwachung ihrer Verhaltensweisen bis hin zur Idiosynkrasie von

© PETE SEAWARD / LONELY PLANET

ANTARKTIS IM KAJAK

Zodiacs sind gut geeignet, um dicht an die Meeressäuger heranzukommen, Seekajaks sind aber zweifelsohne besser und weniger aufdringlich. Auf vielen der Reisen hat man die Möglichkeit, sich für ein Kajakprogramm einzuschreiben. Auf geführten Touren geht es in kleinen Gruppen durchs Packeis.

Durch die aufgewühlte Drake Passage – das Eintrittsticket in die Antarktis – fahren.

Sich auf Cuverville Island unter eine Kolonie von 15 000 schreienden Eselspinguinen mischen.

Auf Pléneau Island die gefrorenen Wunder des „Eisbergfriedhofs" bestaunen.

LEGENDÄRE SCHIFFSREISEN

OBEN: Dominikanermöwe auf Half Moon Island
SEITE 288: Buckelwal in den reichen Gewässern der Antarktis **SEITE 292:** Zodiacs Ahoi

Pinguinen. Das Highlight ist vielleicht aber die Chance, auf Anvers Island die kleinste der drei US-Forschungsstationen in der Antarktis zu besuchen und Wissenschaft in Action erleben.

Viele Menschen kommen wegen der Meeressäuger in die Antarktis und kehren später wegen des Eises zurück. Der Grund wird klar, wenn man durch den schmalen Lemaire-Kanal („Kodak Gap") fährt, einen Ort unermesslicher Schönheit mit gewaltigen, dunklen, Zähnen ähnelnden Bergen, die aus dem spiegelglatten Wasser herausragen, wo Pinguine vorbeigleiten und Robben auf Eisbergen faulenzen. In der Nähe steigen die Passagiere in Zodiacs, um sich den „Eisbergfriedhof" rund um Pléneau Island anzuschauen, wo Eisberge auf Grund sitzen und langsam schmelzen. Einige sind kleine bergige Stückchen und Brocken, andere riesig groß. Im abnehmenden Licht des pastellfarbenen Sonnenuntergangs ähneln sie Fantasy-Ruinen.

Wenn eine Erfahrung das Etikett „Einmal-im-Leben" verdient, dann ist es der Moment, in dem man in Neko Harbour den Fuß auf den Antarktischen Kontinent setzt. Wenn die Gletscher mit einem widerhallenden Knall kalben, spülen die entstehenden Wellen die Eselspinguine an den Strand und lassen sie wie Bowlingkegel durcheinander purzeln. An einem ruhigen Morgen zeigt sich die hufeisenförmige Andvord Bay von einem Aussichtspunkt mit klaren Konturen – atemberaubend.

Und wenn man nun denkt, dass die Antarktis nicht noch spektakulärer werden kann, wird man überrascht, z. B. an der Wilhelmina Bay, die aus Gründen, die schnell klar werden, auch „Whalhelmina" Bay genannt wird. An Tagen mit blauem Himmel sind die Gewässer hier glasklar und reflektieren wunderschön die mit Gletschern überzogenen Berge, die hier in den Himmel ragen. Buckelwale, Krabbenfresser, Ohrenrobben und Zwergwale kommen massenweise in die Bucht, um Krill zu futtern. Immer wieder sieht man in unmittelbarer Nähe des Zodiacs prustende, die Schwanzflossen aufs Wasser schlagende Buckelwale.

In der Antarktis ist heute Nachhaltigkeit angesagt, es gelten gelten strenge Umweltschutzvorschriften. Das war nicht immer so. In der Whalers Bay auf Deception Island (Südliche Shetlandinseln) wurde die Walpopulation von 1906 bis 1930 durch kommerziellen Walfang dezimiert. Um dorthin zu kommen, muss man durch die Meerenge Neptune's Bellows und in die Caldera eines aktiven Vulkans fahren. An dem einsamen, aschfarbenen Strand erinnern nur noch verrostete Überreste von Öltanks und marode Hütten an die Walfänger. Die Tiere sind zur Insel zurückgekehrt, Robben und Pinguine tummeln sich zwischen den schaurigen Resten.

- Im von Gletschern gesäumten Neko Harbour den antarktischen Kontinent betreten.
- An der Whalers Bay auf Deception Island zur Caldera eines aktiven Vulkans fahren.
- In einem Zodiac nach Half Moon Island fahren und sich von den vielen Zügelpinguinen überraschen lassen.

Der letzte Zodiac-Trip der Expedition führt rüber nach Half Moon Island mit einer großen Kolonie von Zügelpinguinen, die hier ihre Kletterkünste zeigen. Wenn die untergehende Sonne den Himmel pastellfarben färbt und die Eisformationen wie Silhouetten erscheinen, kommen die Passagiere wieder an Bord und treten die Reise zurück in die Zivilisation an. Der Abschied fällt ungeheuer schwer.

❷ AN BORD

Die eisverstärkten kleinen Expeditionsschiffe von One Ocean sind sehr komfortabel. Sie verfügen über Beobachtungsdecks, Bibliotheken, Vortragsräume und „Dreckschleusen", in denen man sich für die Exkursionen umzieht. Auf der Schiffsbrücke kann man Meeresvögel und Wale zusammen mit der navigierenden Crew beobachten. Es gibt Dreier- und Zweierkabinen sowie geräumige Luxussuiten.

❸ ANDERE TOUREN

One Ocean hat neben der Meeressäugerexpedition diverse weitere Fahrten im Angebot, u. a. den Abenteuertörn Antarctica Off the Beaten Track (12 Übernachtungen) mit Wandern, Schneeschuhlaufen, Seekajak- und Skitouren, Antarktis-Trips mit den Falkland Inseln, South Georgia (17 oder 18 Übernachtungen) und die Epic Antarctica Expedition (21 Übernachtungen).

❹ LOS GEHT'S

Expeditionsreisen in die Antarktis finden von Ende Oktober bis Anfang April statt. Im März, der Hauptsaison für Tierbeobachtungen, werden zwei Meeressäuger-Touren angeboten (www.oneoceanexpeditions.com, Monate im Voraus buchen!). Am günstigsten ist die Reise in einer Dreierkabine. Um den Aufschlag für eine Einzelkabine zu sparen, können Alleinreisende darum bitten, mit einem anderen Gast gleichen Geschlechts eine Kabine zu teilen. In allen Touren sind Exkursionen per Zodiac enthalten. Wasserfeste, windundurchlässige Kleidung und spezielle Gummistiefel für das Polarklima werden gestellt. **KW**

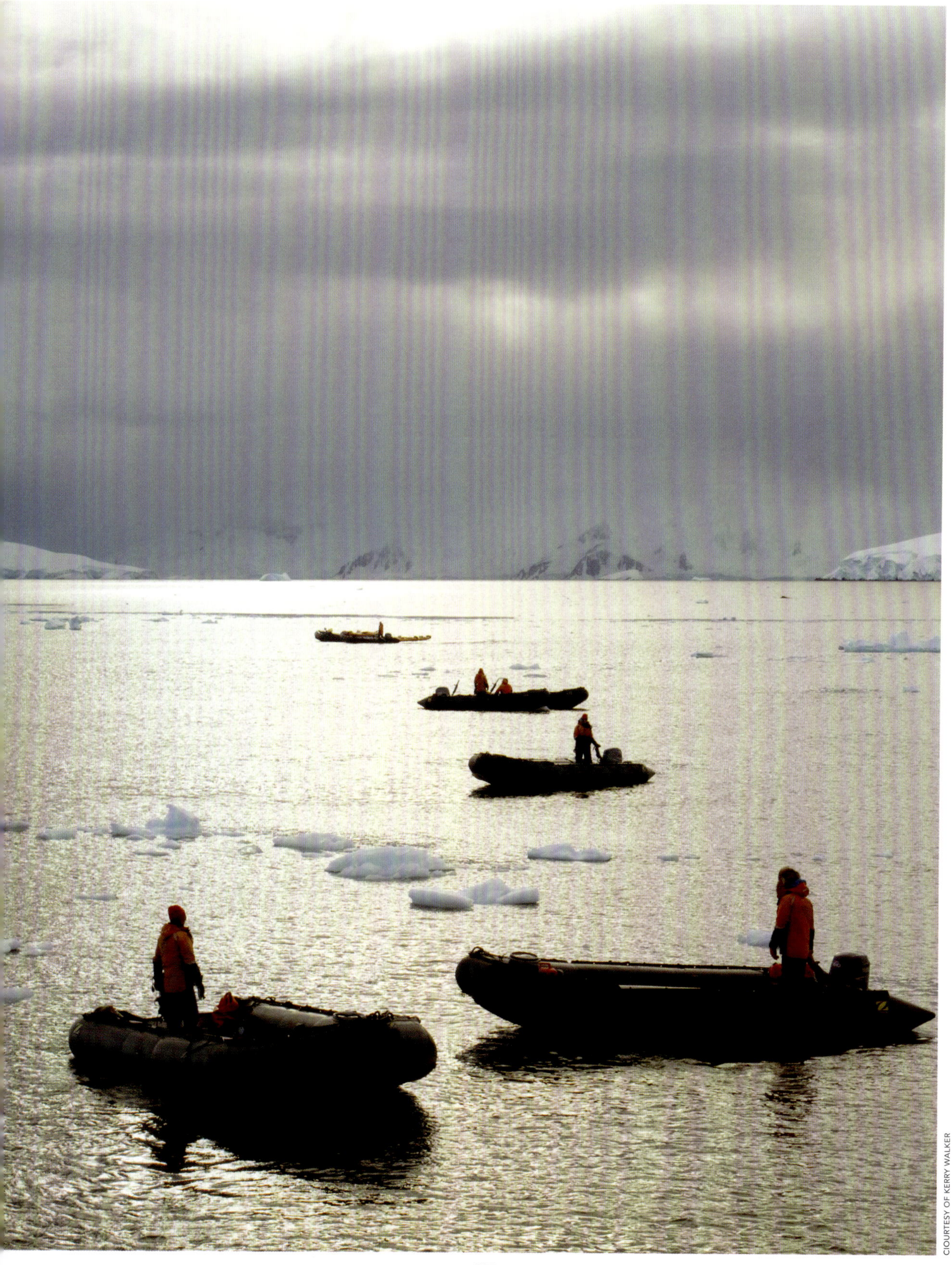

COURTESY OF KERRY WALKER

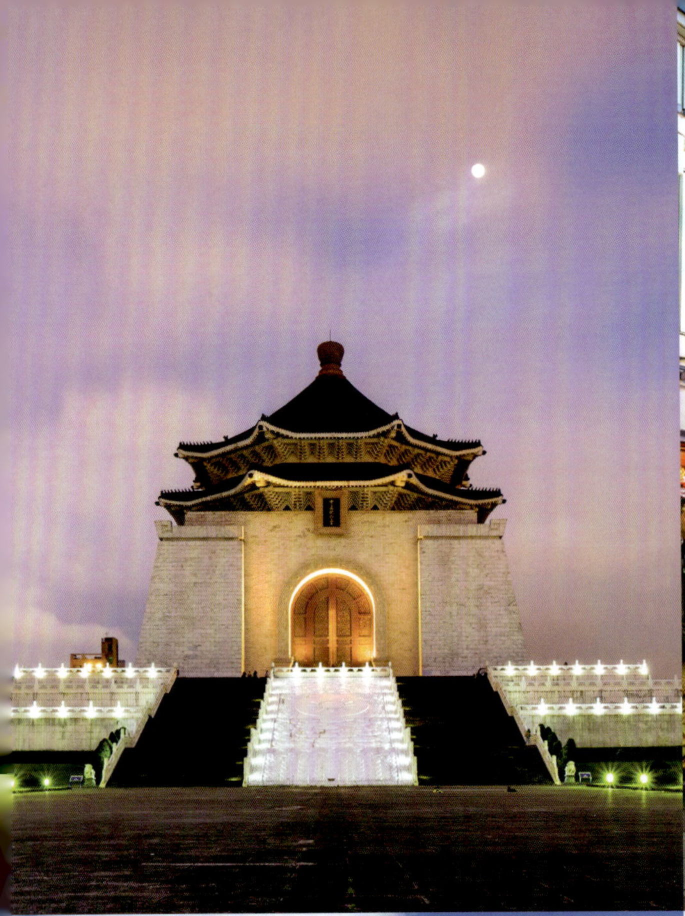

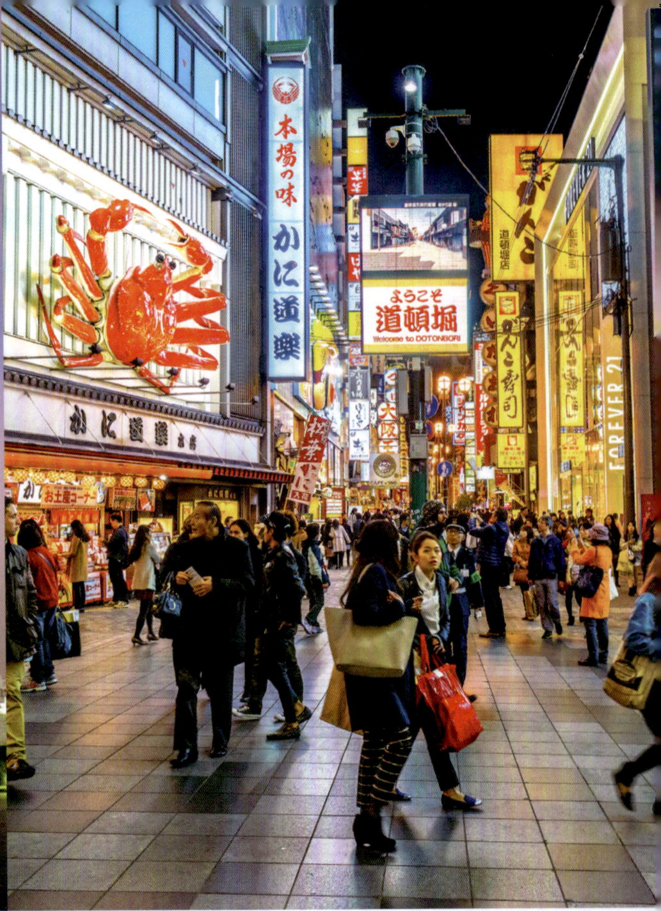
本場の味
かに道楽
ようこそ
道頓堀
Welcome to DOTONBORI
FOREVER 21

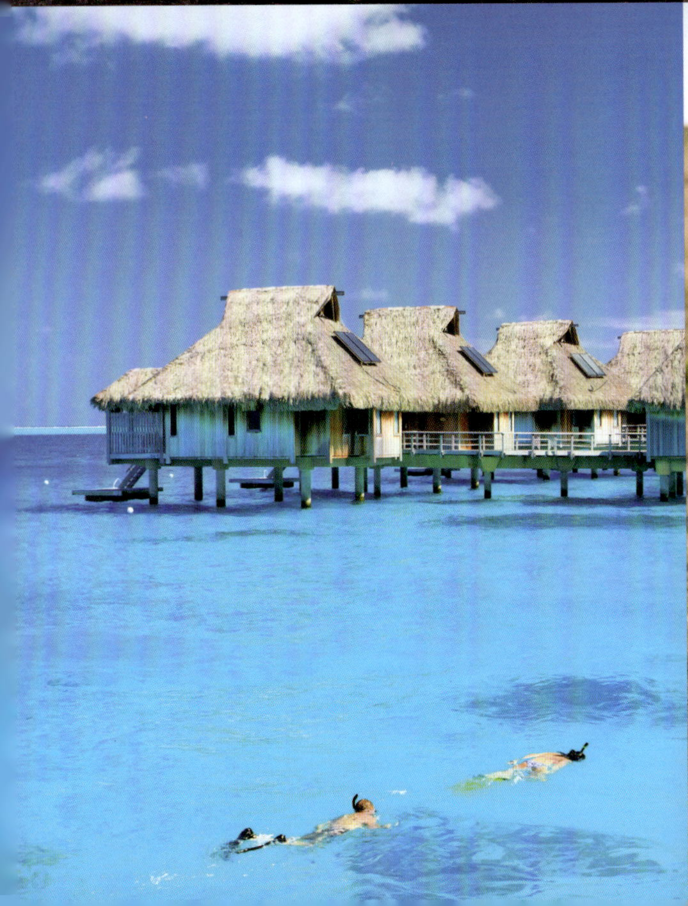

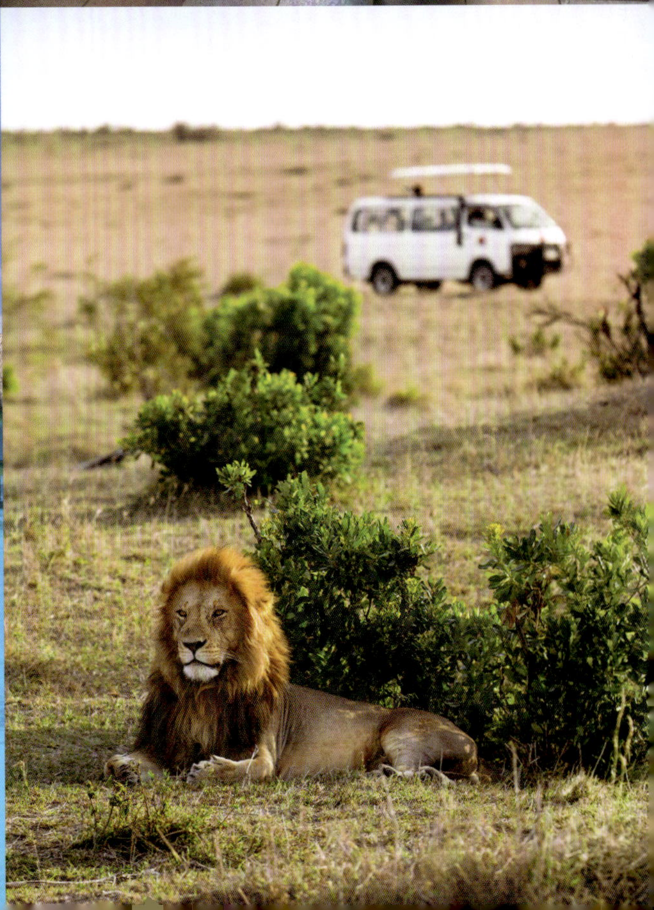

LEGENDÄRE SCHIFFSREISEN

Reise um die Welt

GLOBAL

START	SAN FRANCISCO, USA
ZIEL	LONDON, VEREINIGTES KÖNIGREICH
STRECKE	3249 KM MIT 5 KONTINENTEN, 31 LÄNDERN, 52 HÄFEN
DAUER	130–140 TAGE

Das erste Wort, mit dem man die vier Monate dauernde Weltumrundung beschreiben könnte, ist Luxus. Tagsüber sieht, tut und lernt man etwas, abends gibt es Wein zum Essen und ein Bett mit Bettzeug vom Feinsten. Das zweite Wort ist Freundschaft. Im Unterschied zu kurzen Kreuzfahrten, auf denen man sich nur mit den eigenen Bekannten unterhält, wird das Schiff auf einer derart langen Reise zu einem schwimmenden Dorf mit Gleichgesinnten aus aller Welt. Lebenslange Freundschaften entstehen.

❶ AUF DEM WASSER

Nicht viele können sich eine Kreuzfahrt um die Welt leisten, aber für alle, die es tun, wird sie zu einer unvergesslichen Erfahrung. Die Weltumrundung beginnt mit einem Flug in der Business Class zum Einschiffungshafen. Das Gepäck wurde vorab geschickt, sodass man nur mit Handgepäck anreist. Am ersten Abend findet zur Begrüßung ein Galadinner statt, mit großem Hallo, wenn sich Freunde wiedersehen. Da die Route auf jeder Weltumrundung anders ist, gibt es auch Stammgäste, die sich selbst als „Worlders" bezeichnen. Nach einer Nacht in einem Fünf-Sterne-Hotel werden die Passagiere zum Schiff gebracht, wo sie von Butlern mit Champagner begrüßt werden. Wie von einem solchen monatelangen Abenteuer (zu einem Wahnsinnspreis) nicht anders zu erwarten, gibt es hier keine Kompromisse.

In den Kabinen warten die Koffer. Die Suiten (mindestens 27 m²) sind aufwändig eingerichtet, die Meis-

LEGENDÄRE SCHIFFSREISEN

> **GESELLIGKEIT AUF SEE**
>
> Zu den besten Dingen einer Silversea-Weltreise gehört, dass Jahr für Jahr im Wesentlichen die gleiche Belegschaft und Crew auf dem Schiff sind. Man reist nicht mit Fremden, man ist zu Hause. Das Besondere an dieser Reise sind – neben den über den ganzen Globus verstreuten Zielen – auch die zwischenmenschlichen Beziehungen, die unterwegs entstehen.

Da die *Silver Whisper* ein kleines Schiff (382 Gäste, 302 Crewmitglieder) ist, kann an Orten angelegt werden, die große Schiffe nicht anlaufen können. Der Willkommensgruß in diesen Häfen besteht oft aus Shows von Einheimischen, und die einzelnen Orte sind der Traum eines jeden Fotofans. In jedem der ca. 50 Häfen werden Ausflüge angeboten – von einfachen und kurzen Landgängen bis hin zu ganztägigen Ausflügen mit Mittagessen gibt es so ziemlich alles. Aktivitäten reichen von schwungvoll bis sitzend, es ist für jeden etwas dabei: Kunsthandwerk, Geschichte, Musik, Tiere, Bootstouren, Strände, Weinverkostung. Die Exkursionen müssen gebucht werden, „Worlders" haben dafür aber pro Kabine ein Guthaben von 3600 €. Auch geführte Landausflüge können gebucht werden. Man verlässt das Schiff und fliegt nach Bhutan, Beijing, Myanmar, zur Chinesischen Mauer oder zum Taj Mahal. Man übernachtet in einem Safarizelt und wartet darauf, Flusspferde schnaufen zu hören. Zurück am Schiff wird man mit einem kühlen Handtuch und Champagner empfangen. Eine wirklich opulente Art des Reisens.

ten verfügen über einen Balkon. Alle haben die gleichen Annehmlichkeiten: Wäsche- und Bügelservice, TV, Internet rund um die Uhr. Alle sind mit Marmorbädern und begehbaren Schränken ausgestattet. Butler füllen den Kühlschrank, Speisen und Getränke (auch alkoholische) sind im Preis enthalten – das Abzeichnen von Bestellungen entfällt.

Die meisten Tage verbringt man auf See, und alle lieben es. An Bord wird viel geboten: Vorträge, Bridge, Kunst, Fotografie, Tanzunterricht, Gymnastikkurse, Kochvorführungen, Pool-Volleyball. Es gibt sogar einen Wassergymnastikkurs. Am allerbesten ist aber, dass man seine Mitreisenden kennenlernt.

In den vier Restaurants – von elegant mit weißen Tischdecken bis relaxt am Pool – werden Plätze nicht zugewiesen. Zum Nachmittagstee gibt's Sandwiches und Kuchen. Sobald man sich irgendwo hinsetzt, wird man schon gefragt, ob man etwas essen oder trinken möchte. Der Zimmerservice arbeitet rund um die Uhr.

Es ist auch möglich, nur einzelne Abschnitte der Kreuzfahrt zu buchen, echte „Worlders" kommen aber in den Genuss von nur für sie bestimmten Sonderveranstaltungen, z. B. aufwändigen lokalen Shows, Privatausstellungen usw.

Der Abschied vom Schiff ist oft tränenreich. Niemand möchte gehen. Es wird sich umarmt, es werden Adressen ausgetauscht und man verspricht, auf der nächsten Kreuzfahrt wieder dabei zu sein. Kreuzfahrten dieser Art machen süchtig.

❷ AN BORD

Die Atmosphäre an Bord ist angenehm und gastfreundlich. Das Personal kennt schnell die Namen und Vorlieben der Gäste. Für diese Reise um die Welt be-

---

- Auf Deck 10 gehen und den Sonnenaufgang – vor allem über dem Sydney Harbour – betrachten.
- Unbedingt den Muscat-Souk in Oman besichtigen.
- Beduinen-Camps besuchen und auf einem Kamel durch die Wüste reiten.

nötigt man drei Arten von Kleidung. Erstens: Baumwoll- oder Leinensachen für die Exkursionen. Langärmelige Hemden und Hüte gegen die Sonne sind ein Muss. Zweitens: Hübsche Kleidung, die man tagsüber an Bord trägt. Shorts und Tops sind OK, abgetragene Klamotten sollte man aber zu Hause lassen. Drittens: Abends ist schicke Kleidung angesagt. Glitzer ist immer gut. An formellen Abenden tragen Männer Smoking, Frauen werfen sich in Schale. Man kann aber auch in der Kabine bleiben und sein Abendessen beim Zimmerservice ordern. Die meisten Leute nehmen auf Exkursionen einen kleinen Rucksack oder eine Umhängetasche mit. Außerdem benötigt man Regenkleidung und eine Jacke für kühle Tage.

OBEN: Cádiz in Andalusien

SEITE 294, OBEN LINKS: Chiang-Kai-Shek-Gedächtnishalle in Taipeh **OBEN RECHTS:** Geschäftiges Dotonbori-Viertel in Osaka **UNTEN LINKS:** Bora Bora **UNTEN RECHTS:** Safari in Afrika

dann an jeden gewünschten Ort. Vielerorts werden auch Helikopterrundflüge angeboten.

❹ LOS GEHT'S

Buchen kann man direkt bei Silversea – möglichst mehrere Monate im Voraus. Auf Schiffsreisen spezialisierte Reiseagenturen können Schnäppchen oder Vergünstigungen bieten. Arbeitet die Agentur mit Organisationen wie Virtuoso oder Signature zusammen, besteht die Möglichkeit exklusiver privater Touren. Die Website von Silversea informiert darüber, welche Visa benötigt werden. Die Formalitäten für China, Russland und Indien sind langwierig, und es kann Monate dauern, bis das Visum ausgestellt wird. Sobald man diese Hürden genommen hat, braucht man sich um nichts mehr zu kümmern. **JD**

❸ LUXUS-ALTERNATIVE

Viele Landausflüge werden angeboten, es ist aber auch möglich, sich selbst Touren zusammenzustellen. Abercrombie & Kent veranstaltet viele der Touren für Silversea und kann auch unabhängige Trips organisieren. Gegen Gebühr bietet das Schiff in jedem Hafen auch Privatwagen an. Ein Fahrer/Führer bringt einen

---

Über die Nathan Road in Hongkong spazieren und die faszinierenden Straßen in der Nähe des Ladies' Market erkunden.

Einen Landausflug nach Punjab in Indien machen, wo es mit das beste Essen der Welt gibt.

In Neuseeland weiche, warme Woll- und Possumpullover kaufen.

Register

A

Abras 31–33
Adriatisches Meer 176–181
Ägäische Inseln, Griechenland 212–217
Ägäisches Meer 212–217
Ägypten
 Nil-Reise 16–21
Amazonas 94–99
Antarktis
 Meeressäuger–Expedition 288–293
Aran-Insel-Wallfahrt, Irland 202–207
Arbeitsschiffe 34–37, 82–85, 258–261, 288–293
Argentinien
 Meeressäuger-Expedition 288–293
 Río de la Plata 86–89
Atlantischer Ozean 34–37, 82–85, 182–185, 208–211, 288–293
Australien
 Kimberley-Küstenkreuzfahrt 268–271
 Segeln am Ningaloo-Riff 272–277
 Sydney's Manly-Fähre 254–257
Ayeyarwady, Myanmar 154–157

B

Bahamas, mit dem Postboot 82–85
Bangkok, Chao Phraya River Express 158–161
Bosporus, Türkei 194–197
Botsuana
 Chobe-Fluss-Safari 12–15
 Okavango-Delta Mokoro 22–25

C

Canal du Midi, Frankreich 198–201
Canal Grande, Italien 186–189
Chagres-Fluss 80
Chaland Flachboote 26–29
Chao Phraya River Express, Bangkok, Thailand 158–161
Chile
 Patagonien und Tierra del Fuego 106–111
China
 Star Ferry (Hongkong) 144–147
 Jangtsekiang 148–153
Chobe Fluss-Safari, Botsuana & Namibia 12–15
Cook Strait Ferry, Neuseeland 262–267

D

Dalmatinische Küste, Kroatien 176–181
Deutschland, Donau-Kreuzfahrt 168–171
Drake-Passage, Antarktis 288–293
Dschunken 118–123
Dubai Creek Abra, Vereinigte Arabische Emirate 30–34

E

Ecuador
Eisbrecher 288–293

F

Fähren und Pendlerboote 30–33, 58–61, 66–69, 70–73, 74–77, 82–85, 86–89, 90–93, 94–99, 106–111, 124–127, 140–143, 144–147, 162–165, 186–189, 194–197, 202–207, 208–211, 212–217, 218–221, 228–231, 232–237, 242–245, 248–253, 254–257, 262–267, 278–281
Feluken 16–21
Finnland, Ostsee-Überfahrt 242–245
Fjorde, Norwegen 232–237
Flores-Meer 114–117

Florida-Glasbodenboote, USA 50–53
Flöße 282–285
Flussfahrten 12–15, 16–21, 22–25, 26–29, 40–45, 62–65, 78–81, 86–89, 94–99, 128–133, 134–139, 140–143, 148–153, 154–157, 168–171, 190–193, 218–221, 238–241
Flussschiffe 154–157, 158–161
Frachter nach Pitcairn, Pitcairn-Inseln 258–261
Frankreich
    Canal du Midi 198–201
    Paris 238–241
Französisch-Polynesien, Marquesas-Inseln 248–253

G

Galápagos-Inseln, Ecuador 100–105
Glasbodenboote 50–53
Golf von Hauraki, Neuseeland 278–281
Griechenland, Ägäis 212–217
Grönland, Polarkreis-Kreuzfahrt 66–69

Großbritannien
    Llangollen-Kanal 172–175
    Nördliche Inseln 228–231
    Portsmouth 208–211
    Queen Mary 2 182–185
    Themse 218–221
Gulets 176–181, 222–227

H

Halong-Bucht, Vietnam 118–123
Hausboote 54–57, 128–133
Hongkong (China), Star Ferry 144–147
Hurtigruten-Fjorde, Norwegen 232–237

I

Indien, Kerala-Rückstaugebiete 128–133
Indischer Ozean 268–271, 272–277
Indonesien
    Komodo-Nationalpark 114–117
    Mahakam-Fluss 140–143
Inside-Passage-Tageskreuzfahrt, Kanada 74–77
Irland, Aran-Islands-Pilgerfahrt 202–207
Italien, *Vaporetto* 186–189

J

Jangtsekiang, China 148–153
Japan, Okinawa-Inseln 124–127

K

Kajaks 118–123, 290
Kambodscha
    Schnellboot auf dem Tonlé Sap 162–165
    Mekong 134–139
Kanada
    Polarkreis-Kreuzfahrt 66–69
    Inside-Passage-Tageskreuzfahrt 74–77
    Niagarafälle 62–65
Kanäle 78–81, 128–133, 172–175, 186–189, 198–201
Kanus 22–25
Kapstadt-Fischereischiff, Südafrika 34–37
Karibisches Meer 82–85
Katamarane 62–65, 78–81, 218–221, 272–277
Kerala Backwaters, Indien 128–133
Kimberley-Küstenkreuzfahrt, Australien 268–271
Komodo-Nationalpark, Indonesien 114–117

Kreuzfahrtschiffe und Touristenboote 12–17, 100–105, 114–117, 148–153, 154–157, 168–171, 182–185, 190–193, 238–241, 268–271, 272–277, 282–285, 294–297
Kroatien, Dalmatinische Küste 176–181
Küstenlinien 46–49, 70–73, 74–77, 78–81, 106–111, 114–117, 118–123, 176–181, 222–227, 232–237, 262–267, 268–271, 278–281, 282–285 (siehe auch Seereisen)

L
Lake Powell, Hausboot auf dem, USA 54–57
Llangollen-Kanal, Vereinigtes Königreich 172–175

M
Madagaskar, Tsiribihina 26–29
Mahakam, Indonesien 140–143
Maine, USA Windjammer, 46–49
Manly Ferry, Sydney, Australien 254–257
Marquesas-Inseln, Französisch-Polynesien 248–253
Meeressäuger-Expedition, Antarktis 288–293
Mekong, Kambodscha und Vietnam 134–139
Mississippi 40–45
Mittelmeer 194–197, 222–227
Myanmar, Entlang des Ayeyarwady 154–157

N
Namibia, Chobe-Fluss-Safari 12–15
Neuguinea 282–285
Neuseeland
 Fähre in der Cookstraße 262–267
 Hauraki-Golf 278–281
New York, Hafen 58–61
Niagarafälle 62–65
Nil-Reise, mit einer *Feluke* Ägypten 16–21
Nordsee 228–231, 232–237
Northern Isles (Vereinigtes Königreich) 228–231
Norwegen, Hurtigruten–Fjorde 232–237

O
Okavango Delta Mokoro, Botswana 22–25
Okinawa-Inseln, Japan 124–127
Österreich, Donau-Kreuzfahrt 168–171
Ostsee-Kreuzfahrt 242–245

P
Panama, Reise zwischen den Meeren 78–81
Papua-Neuguinea 282–285
Paris 238–241
Patagonien und Feuerland, Chile 106–111
Pazifischer Ozean 100–105, 106–111, 124–127, 248–253, 258–261, 262–267, 282–285, 288–293
Péniche 198–201
Peru
 Amazonas-Erkundung 94–99
 Titicaca-See 90–93
Pitcairn-Inseln
Polarkreis-Kreuzfahrt 66–69
Portsmouth 211
Powell-See 54–57

Q
Queen Mary 2 182–185

R
Raddampfer, Mississippi, USA 40–45
Reise zwischen den Meeren, Panama 78–81
Río de la Plata, Argentinien und Uruguay 86–89
Russland, Wolga 190–193

S
Safari-Kreuzfahrten 12–15
Sambú-Fluss 78
San Juan-Inseln, USA 70–73
Santander – Portsmouth, Fähre 208–211
Schaufelraddampfer 40–45
Schlauchboot 66–69, 100–105, 268–271
Schmalboot 172–175
Schnellboot-Fähren 94–99
Schwarzes Meer 194–197
Schweden, Ostsee-Kreuzfahrt 242–245
Seen und Quellen 50–53, 54–57, 90–93, 128–133, 162–165
Seereisen (siehe auch Küstenlinien) 34–37, 82–85, 182–185,

208–211, 212–217, 228–231, 242–245, 248–253, 258–261, 294–297
Segelboote
16–21, 46–49, 176–181, 222–227, 272–277
Segeln am Ningaloo-Riff, Australien 272–277
Seine 238–241
Slowakei, Donau-Kreuzfahrt 168–171
Spanien, Fähre Santander–Portsmouth 208–211
Städte
30–33, 40–45, 58–61, 86–89, 124–127, 140–143, 144–147, 150, 158–161, 168–171, 186–189, 190–193, 194–197, 198–201, 218–221, 238–241, 254–257
Star Ferry, Hong Kong (China) 144–147
Staten Island Ferry, USA 58–61
Südafrika, Kapstadt 34–37
Sydney, Australien 254–257

T

Tasmanisches Meer 262–267
Tauchboote 100–105
Thailand, Bangkok
Chao Phraya River Express 158–161
Themse, Vereinigtes Königreich 218–221
Titicacasee, Peru 90–93
Tonlé Sap, Kambodscha 162–165

Touristenboote und Kreuzfahrtschiffe
12–17, 100–105, 114–117, 148–153, 154–157, 168–171, 182–185, 190–193, 238–241, 268–271, 272–277, 282–285, 294–297
Tsiribihina, Madagaskar 26–29
Türkei, Türkisblaue Kreuzfahrt 222–227

U

Ungarn, Donau-Kreuzfahrt 168–171
Uruguay, Río de la Plata 86–89
USA
Florida-Glasbodenboote 50–53
Lake Powell, Hausboot 54–57
Maine-Windjammer 46–49
Mississippi-Raddampfer 40–45

V

Vaporetto 186–189
Vereinigte Arabische Emirate, Dubai Creek Abra 30–33
Victoria Harbour, Hong Kong 144–147
Vietnam
Halong-Bucht 118–123
Mekong-Fluss 134–139

W

Weltkreuzfahrt 294–297
Wild- und Meerestiere
12–15, 22–25, 26–29, 50–53, 66–69, 74–77, 94–99, 100–105, 114–117, 140–143, 190–193, 268–271, 272–277 288–293
Windjammer
46–49
Wolga, Russland
190–193
World Cruise
294–297

Z

Zigarettenboot siehe Schnellboot-Fähren
Zodiacs
66–69, 100–105, 268–271

BA Brett Atkinson schreibt Reise- und Gastroführer. Er lebt in Auckland, Neuseeland, und erinnert sich besonders gern an die Inselhopping-Touren an Kroatiens Adriaküste und die Fahrt von Europa nach Asien in Istanbul.

AB Andrew Bain ist ein australischer Schriftsteller, der sich auf Outdooraktivitäten und -abenteuer spezialisiert hat. Er hat *A Year of Adventures* und *Headwinds*, die Geschichte seiner 20 000 km langen Radtour durch Australien, geschrieben.

RB Ray Bartlett hat mehrere Reiseführer für Lonely Planet sowie die Romane *Sunsets of Tulum* und *The Vasemaker's Daughter* geschrieben.

LB Loren Bell schreibt Features, Artikel und Essays sowie mitunter Reiseführer. Seine Arbeiten sind u. a. auf Mongabay.com, im „Guardian" und bei Lonely Planet erschienen.

GB Greg Benchwick liebte Wasser schon, als er noch ein kleiner Junge war. Er hat seither an Dutzenden Lonely Planet-Büchern mitgewirkt.

OB Oliver Berry ist Schriftsteller, Fotograf und Filmemacher und hat sich auf Reisen, Natur und Outdoorabenteuer spezialisiert. Er hat 69 Länder und fünf Kontinente bereist. Weitere Infos über seine letzten Arbeiten auf www.oliverberry.com.

JB Joe Bindloss schreibt seit über zehn Jahren Reiseführer und reiste durch Indien, Nepal, Südostasien, Afrika, Europa und Australasien. Neben Reiseführern für Lonely Planet, Time Out und andere schreibt Joe auch für mehrere Zeitungen, Magazine und Websites, darunter The Guardian und The Independent.

CB Celeste Brash war an über 75 Lonely Planet-Titeln beteiligt. Ihre Zeit verbringt sie in Französisch-Polynesien und im Pazifischen Nordwesten, wo sie abgelegene Gegenden und Inseln erkundet, wandert oder taucht.

LC Lucy Corne ist freiberufliche Schriftstellerin, Lonely Planet-Autorin und begeisterte Travellerin, die derzeit Kapstadt ihr Zuhause nennt. Sie schreibt über Reisen, Bier und Essen.

AC Alex Crevar, der regelmäßig für National Geographic Travel, The New York Times und Lonely Planet arbeitet, hat über Ziele in Nordamerika, Südamerika, Asien, Afrika und Europa geschrieben.

JD Jude Deveraux ist Autorin von 43 New York Times-Bestsellern, darunter *For All Time*, *Moonlight in the Morning* und *Mehr als nur Träume*. 2003 wurde sie mit dem Romantic Times Pioneer Award ausgezeichnet. Ihre Bücher haben eine Auflage von über 60 Mio. Sie hat fünf Weltreisen unternommen – und das ist beileibe nicht alles.

JE Janine Eberle ist freiberufliche Schriftstellerin, lebt in Paris und hat sich auf Reisen, Gastronomie und Kultur spezialisiert. Sie hat für die LP-Titel *Food Trails*, *Global Beer Tour* und *Legendäre Zugreisen* geschrieben. Weiteres Infos über sie unter janineeberle.com.

EF Emilie Filou ist Journalistin mit Schwerpunkt auf Business und Entwicklung. Besonders interessiert ist sie am französischsprachigen Afrika. Bei Twitter ist sie unter @EmilieFilou und online unter www.emiliefilou.com zu finden.

MG Michael Grosberg hat an über 55 Lonely Planet-Titeln mitgewirkt. Er war auch in der Entwicklung auf Rota im Pazifik tätig und hat über politische Gewalt in Südafrika recherchiert. Er hat einen Master in vergleichender Literaturwissenschaft und unterrichtet als außerordentlicher Professor.

AJ Alicia Johnson bearbeitet die Lonely Planet-Ziele Karibik und Mittelamerika. Früher war sie als Sportredakteurin für den Times Leader in Wilkes-Barre und für die Sportseiten des Post-Star in Glen-Falls zuständig.

AK Anna Kaminski ist freiberufliche Reiseautorin und hat für Lonely Planet an 30 Zielen mitgearbeitet. Sie ist auch an The Independent, BBC Travel und anderen Publikationen und Reise-Websites beteiligt.

JL Jessica Lee hat ihre Karriere als Guide von Abenteuertouren gegen den Job als Reiseautorin eingetauscht. Für Lonely Planet reiste sie durch Afrika, in den Nahen Osten und nach Asien. Sie lebt im Nahen Osten. Sie twittert @jessofarabia.

JL John Lee lebt in Vancouver. Er ist Reise- und Feature-Autor und hat an Dutzenden Lonely Planet-Titeln und mehr als 150 weiteren Publikationen mitgewirkt.

AL Alex Leviton schreibt seit Langem für Lonely Planet (Italien, Happy, Karibik). Sie ist auf einer Halbinsel aufgewachsen, verbrachte vier Monate auf See und unternimmt – wann immer sie kann – Reisen auf dem Wasser.

CM Craig McLachlan ist freiberuflicher Abenteurer, Tourguide, Schriftsteller, Fotograf, Dolmetscher, Medien-Koordinator, Tourismus-Berater und Standesbeamter.

EM Emily Matchar ist eine in Hongkong und in Pittsboro, North Carolina, lebende Autorin. Sie schreibt über Reisen, Kultur, Wissenschaft, Soziales und mehr. Sie hat an Dutzenden von Lonely Planet-Büchern mitgewirkt.

AMM AnneMarie McCarthy ist Koordinatorin für Social News bei Lonely Planet und lebt seit zwei Jahren in Dublin.

CM Carolyn McCarthys Arbeiten sind im BBC Magazine, bei National Geographic, Outside, Boston Globe und anderen Medien erschienen. Sie war Teilnehmerin am Fulbright-Programm und ist Empfängerin des Banff-Mountain-Stipendiums.

SM Sophie McGrath ist eine in London ansässige Reiseautorin und hat für viele Publikationen im Vereinigten Königreich geschrieben. 2017 war sie AITO Young Travel Writer of the Year.

KM Wenn Kate Morgan nicht durch die Welt reist, lebt sie in Victoria, Australien. Sie ist seit über 10 Jahren als Lonely Planet-Autorin und -Redakteurin tätig und wirkte an mehr als 30 Büchern mit.

KN Karyn Noble ist leitende Redakteurin im londoner Lonely Planet-Büro und freiberufliche Schriftstellerin. Sie hat sich u. a. auf Feinkost, Gesundheit und Luxusreisen spezialisiert.

ZO Zora O'Neill ist Autorin des mit dem Lowell Thomas Award ausgezeichneten Werks *All Strangers Are Kin: Adventures in Arabic and the Arab World* (HMH, 2016). Sie hat mehr als ein Dutzend Reiseführer geschrieben (für Rough Guides, Lonely Planet und Moon).

MP Der aus Vancouver stammende Matt Phillips lebt seit 14 Jahren in London und ist derzeit Lonely-Planet-Spezialist für Subsahara-Afrika.

BP Brandon Presser hat ein Apartment in NYC, in dem sich viel Staub ansammelt, wenn er für Bloomberg, Travel + Leisure und seine amerikanische Fernsehshow *Tour Group* unterwegs ist.

NR Nick Ray ist Autor mehrerer Lonely Planet-Titel, u. a. Kambodscha und Vietnam. Er lebt in der Mekong-Region, schreibt und arbeitet als Location Scout, Location Manager und Filmproduzent für Film und Fernsehen.

BS Brendan Sainsbury reist, forscht und schreibt seit 2005 für Lonely Planet. Er ist Co-Autor von drei Büchern über Alaska, eine Region, die er besonders mag.

SS Sarah Stocking ist bei Lonely Planet die für Kalifornien und Mexiko zuständige Redakteurin. Bevor sie ihren Traumjob bei LP bekam, half sie Leuten bei der Planung ihrer Reisen in Polarregionen.

PT Phillip Tang schreibt über seine Reisen in Asien und Lateinamerika. Er hat an den Lonely Planet-Titeln Peru, Mexiko, China, Japan, Korea, Vietnam und Kanada mitgewirkt. Mehr über ihn unter hellophillip.com und @mrtangtangtang (Instagram).

TT Dr. Tiana Templeman ist eine in Brisbane ansässige Reiseautorin, preisgekrönte freiberufliche Journalistin, Radiomoderatorin und lehrt als Dozentin über die Medienbranche. Sie schreibt für australische und internationale Zeitschriften, Magazine und Websites.

KW Kerry Walker ist eine preisgekrönte Reiseautorin und Fotografin. Sie wohnt in Wales, war als Autorin/Co-Autorin an über einem Dutzend Lonely Planet-Titeln beteiligt und hat alle sieben Kontinente bereist.

SW Wenn Steve Waters nicht an seinem Schreibtisch im Lonely-Planet-Büro in Melbourne sitzt, findet man ihn in der Regel in einer einsamen Kimberley-Schlucht oder oberschenkeltief im tasmanischen Sumpf.

LW Luke Waterson ist Romanautor und Reiseschriftsteller mit Sitz in Wales. Für seine Kurzgeschichten ist er vier Mal mit dem Bridport Prize ausgezeichnet worden. Er hat zudem die Romane *Roebuck* und *Song Castle* geschrieben.

Impressum

Titel der englischen Ausgabe: Amazing Boat Journeys
Oktober 2019
Herausgegeben von Lonely Planet Global Limited
www.lonelyplanet.com
© Lonely Planet 2019

Autoren Brett Atkinson, Andrew Bain, Ray Bartlett, Loren Bell, Greg Benchwick, Oliver Berry, Joe Bindloss, Celeste Brash, Lucy Corne, Alex Crevar, Jude Deveraux, Janine Eberle, Emilie Filou, Michael Grosberg, Alicia Johnson, Anna Kaminski, Jessica Lee, John Lee, Alex Leviton, Craig McLachlan, Emily Matchar, AnneMarie McCarthy, Carolyn McCarthy, Sophie McGrath, Kate Morgan, Karyn Noble, Zora O'Neill, Matt Phillips, Brandon Presser, Nick Ray, Brendan Sainsbury, Sarah Stocking, Phillip Tang, Tiana Templeman, Kerry Walker, Steve Waters, Luke Waterson

Managing Director, Publishing Piers Pickard
Associate Publisher Robin Barton
Art Director Katharine Van Itallie
Maps Daniel Di Paolo
Illustrations Jon Dicus
Editor Nora Rawn
Print Production Nigel Longuet

Verlag der deutschen Ausgabe
MAIRDUMONT GmbH & Co. KG
Marco-Polo-Straße 1, 73760 Ostfildern
www.mairdumont.com, www.lonelyplanet.de
Projektbetreuung Andrea Wurth, Valentin Betz
Übersetzerin Marion Matthäus
Produktion und Redaktion red.sign GbR, Stuttgart
Abbildungen Fotos © wie angegeben
1. Auflage 2020
ISBN 978-3-8297-3668-8

Auch wenn alle Autoren, Übersetzer, Redakteure und Lonely Planet selbst alle notwendige Sorgfalt bei der Erstellung dieses Buches haben walten lassen, übernimmt der Verlag für den Inhalt keine Haftung.

Alle Rechte vorbehalten. Das Werk einschließlich all seiner Teile ist urheberrechtlich geschützt und darf weder kopiert, vervielfältigt, nachgeahmt oder in anderen Medien gespeichert werden, noch darf es in irgendeiner Form oder mit irgendwelchen Mitteln – elektronisch, mechanisch oder in irgendeiner anderen Weise – weiterverarbeitet werden. Es ist nicht gestattet, ohne schriftliche Genehmigung des Herausgebers auch nur Teile dieser Publikation zu verkaufen oder zu vermitteln. Lonely Planet und das Lonely Planet Logo sind eingetragene Marken von Lonely Planet und beim US Patent and Trademark Office sowie in anderen Ländern registriert.

Coverfoto © Matt Munro / Lonely Planet; Fotos Buchrücken, im Uhrzeigersinn von oben nach links © Matt Munro / Lonely Planet, Matt Munro / Lonely Planet, Matt Munro / Lonely Planet, f11photo / Shutterstock, Mark Read / Lonely Planet, Andrew Montgomery / Lonely Planet, Matt Munro / Lonely Planet, Drop of Light / Shutterstock

MIX Papier aus verantwortungsvollen Quellen
FSC® C021741

Das Papier in diesem Buch wurde nach den Forest Stewardship Council®-Richtlinien zertifiziert. FSC® fördert die umweltfreundliche, sozialverträgliche und wirtschaftlich tragfähige Bewirtschaftung des weltweiten Waldbestands.